Introdução aos Fundamentos da
COMPUTAÇÃO

Dados Internacionais de Catalogação na Publicação (CIP)
(Câmara Brasileira do Livro, SP, Brasil)

Vieira, Newton José
  Introdução aos fundamentos da computação:
linguagens e máquinas / Newton José Vieira. – São
Paulo : Cengage Learning, 2023.

  4. reimpr. da 1. ed. de 2006.
  Bibliografia.
  ISBN 978-85-221-0508-3

  1. Ciência da computação 2. Ciência da computação –
Matemática 3. Engenharia da computação 4. Informática
5. Sistemas de informação. I. Título.

05-7561   CDD-004

Índice para catálogo sistemático:

1. Computação: Fundamentos: Linguagens e máquinas:
           Processamentos de dados 004

Introdução aos Fundamentos da

COMPUTAÇÃO

Linguagens e Máquinas

Newton José Vieira

CENGAGE
Learning·

Austrália • Brasil • Japão • Coreia • México • Cingapura • Espanha • Reino Unido • Estados Unidos

CENGAGE Learning

Introdução aos Fundamentos da Computação:
Linguagens e Máquinas

Newton José Vieira

Gerente Editorial: Dulcy Grisolia

Editora de Desenvolvimento: Danielle Sales

Supervisora de Produção Editorial: Patricia La Rosa

Produtoras Editoriais: Ligia Cosmo Cantarelli, Gabriela Trevisan

Produtora Gráfica: Fabiana Alencar Albuquerque

Copidesque: Maria Alice da Costa

Revisão: Renata Siqueira Campos, Sueli Bossi da Silva

Capa: Megaart

© 2006 Cengage Learning Edições Ltda.

Todos os direitos reservados. Nenhuma parte deste livro poderá ser reproduzida, sejam quais forem os meios empregados, sem a permissão, por escrito, da Editora.
Aos infratores aplicam-se as sanções revistas nos artigos 102, 104, 106 e 107 da Lei nº 9.610, de 19 de fevereiro de 1998.

Esta editora empenhou-se em contatar os responsáveis pelos direitos autorais de todas as imagens e de outros materiais utilizados neste livro. Se porventura for constatada a omissão involuntária na **identificação de algum deles, dispomo-nos a efetuar, futuramente, os possíveis acertos.**

Para informações sobre nossos produtos, entre em contato pelo telefone **0800 11 19 39**

Para permissão de uso de material desta obra, envie seu pedido para **direitosautorais@cengage.com**

© 2006 Cengage Learning. Todos os direitos reservados.

ISBN-13: 978-85-221-0508-3

ISBN-10: 85-221-0508-1

Cengage Learning
Condomínio E-Business Park
Rua Werner Siemens, 111 – Prédio 11 – Torre A –
Conjunto 12 – Lapa de Baixo
CEP 05069-900 – São Paulo – SP
Tel.: (11) 3665-9900 – Fax: (11) 3665-9901
SAC: 0800 11 19 39

Para suas soluções de curso e aprendizado, visite **www.cengage.com.br**

Impresso no Brasil.
Printed in Brazil.
4. reimpressão de 2023

Sumário

Prefácio	ix
Agradecimentos	xiii

1 Conceitos Preliminares 1
   1.1 Representação 2
   1.2 Prova de Teoremas 3
   1.3 Conjuntos 12
   1.4 Relações 18
   1.5 Funções 21
   1.6 Conjuntos Enumeráveis 23
   1.7 Definições Recursivas 28
   1.8 Indução Matemática 31
   1.9 Grafos 34
   1.10 Linguagens Formais 40
   1.11 Gramáticas 45
   1.12 Problemas de Decisão 51
   1.13 Exercícios 53
   1.14 Notas Bibliográficas 57

2 Máquinas de Estados Finitos 59
   2.1 Alguns Exemplos 60
      2.1.1 Um quebra-cabeças 60
      2.1.2 Um probleminha de matemática 63
      2.1.3 Modelagem do funcionamento de um elevador 64
   2.2 Autômatos Finitos Determinísticos 67
      2.2.1 O que é autômato finito determinístico 67
      2.2.2 Minimização de AFDs 75
      2.2.3 Algumas propriedades dos AFDs 80
   2.3 Autômatos Finitos Não Determinísticos 89
      2.3.1 O que é autômato finito não determinístico . . 90
      2.3.2 Equivalência entre AFDs e AFNs 93
      2.3.3 AFN estendido 96

- 2.4 Linguagens Regulares: Propriedades ... 103
  - 2.4.1 O lema do bombeamento ... 103
  - 2.4.2 Propriedades de fechamento ... 106
- 2.5 Máquinas de Mealy e de Moore ... 110
- 2.6 Expressões Regulares ... 117
- 2.7 Gramáticas Regulares ... 127
- 2.8 Linguagens Regulares: Conclusão ... 132
- 2.9 Exercícios ... 136
- 2.10 Notas Bibliográficas ... 144

3 Autômatos de Pilha — 145
- 3.1 Uma Introdução Informal ... 146
- 3.2 Autômatos de Pilha Determinísticos ... 149
- 3.3 Autômatos de Pilha Não Determinísticos ... 157
- 3.4 Gramáticas Livres do Contexto ... 165
  - 3.4.1 Definição e exemplos ... 166
  - 3.4.2 Derivações e ambigüidade ... 168
  - 3.4.3 Manipulação de gramáticas e formas normais ... 174
  - 3.4.4 GLCs e autômatos de pilha ... 194
- 3.5 Linguagens Livres do Contexto: Propriedades ... 201
- 3.6 Exercícios ... 207
- 3.7 Notas Bibliográficas ... 211

4 Máquinas de Turing — 213
- 4.1 O que É Máquina de Turing ... 213
- 4.2 Algumas Variações de MTs ... 223
  - 4.2.1 Máquina com cabeçote imóvel ... 223
  - 4.2.2 Máquina com múltiplas trilhas ... 224
  - 4.2.3 Máquina com fita ilimitada em ambas as direções ... 226
  - 4.2.4 Máquina com múltiplas fitas ... 227
  - 4.2.5 Máquina não determinística ... 230
- 4.3 Gramáticas e Máquinas de Turing ... 235
- 4.4 Propriedades das LREs e das Linguagens Recursivas ... 243
- 4.5 Exercícios ... 246
- 4.6 Notas Bibliográficas ... 249

5 Decidibilidade — 251
- 5.1 A Tese de Church-Turing ... 251
- 5.2 Máquinas de Turing e Problemas de Decisão ... 253
- 5.3 Uma Máquina de Turing Universal ... 257
- 5.4 O Problema da Parada ... 261
- 5.5 Redução de um Problema a Outro ... 265
- 5.6 Alguns Problemas Indecidíveis Sobre GLCs ... 276
- 5.7 Exercícios ... 278
- 5.8 Notas Bibliográficas ... 280

6 Soluções de Exercícios Selecionados — 281
- 6.1 Conceitos Preliminares 281
- 6.2 Máquinas de Estados Finitos 289
- 6.3 Autômatos de Pilha 297
- 6.4 Máquinas de Turing 302
- 6.5 Decidibilidade 305

Bibliografia — 309

Índice Remissivo — 315

Prefácio

Este livro foi escrito para ser utilizado principalmente por alunos de cursos de graduação na área de computação, como ciência da computação, matemática computacional, engenharia de computação, sistemas de informação e outros. Também pode ser utilizado por alunos de pós-graduação, eventualmente complementado com outras referências que abordem alguns assuntos com maior profundidade ou que apresentem alguns tópicos não cobertos aqui. Além disso, pode ser útil para profissionais da área de computação em geral, tanto para aqueles que desejem fazer uma revisão quanto para aqueles que queiram ter um primeiro contato com a área.

Os textos que tratam sobre os assuntos aqui apresentados podem ser divididos em três grupos. Há os com uma abordagem bastante abstrata e formal, orientados para leitores com uma base matemática forte. Alguns deles preocupam-se em apontar ou desenvolver algumas aplicações, porém o foco é a exploração das estruturas matemáticas em si. Em um segundo grupo, há os com uma abordagem menos abstrata, com uma preocupação em explicar de forma intuitiva as estruturas matemáticas envolvidas, mas que ainda se valem de formalismos e de demonstrações de teoremas para assegurar um mínimo de concisão, precisão e rigor. Estes dirigem-se a leitores que não precisam ter uma base matemática forte, contudo, ainda assim precisam ter uma certa facilidade para lidar com objetos matemáticos. Finalmente, há os que, além de priorizar uma explicação intuitiva das estruturas envolvidas, evitam ao máximo o uso de formalismos e de demonstrações de teoremas. O objetivo principal desses livros é atrair leitores sem a mínima propensão para lidar com formalismos e demonstrações de teoremas. Por evitarem o uso de formalismo, tais textos costumam ser muito prolixos, com uma taxa muito baixa de conteúdo por página, além de terem, aqui e ali, problemas de precisão e até mesmo de clareza.

Com relação aos três grupos mencionados no parágrafo anterior, este livro pode ser classificado como do segundo grupo, mas, ainda que se beneficiando do formalismo matemático para efeitos de concisão e precisão, ele tem uma preocupação especial em apresentar todos os conceitos apelando para a intuição do leitor, principalmente o incluso no público-alvo mencionado anteriormente. Deve-se ressaltar, porém, que aqueles que não tiverem interesse nas demonstrações de teoremas ainda assim podem se beneficiar da leitura do livro, visto que poderão encontrar bastante material, como métodos, algoritmos etc., que pode ser assimilado para uso em ampla gama de situações.

Os conceitos matemáticos necessários para melhor compreensão do assunto são revistos no Capítulo 1, a saber: os conceitos de conjuntos, relações, funções, conjuntos enumeráveis, definições recursivas e grafos, além das principais técnicas para a prova de teoremas, entre as quais se ressalta a de indução matemática. O leitor que já tiver estudado tais tópicos pode ir direto para o Capítulo 2. No entanto, para aquele que sentir necessidade de uma revisão, o conteúdo deste capítulo é suficiente como base para entendimento do restante do livro.

Como se pode depreender pelos títulos dos capítulos, o assunto foi desenvolvido a partir do conceito de *máquinas*. Essa estrutura, que não é a mais comum na literatura, foi escolhida por levar a uma abordagem mais intuitiva ao aluno médio de computação, como constatado pelo autor a partir de sua experiência de mais de 12 anos lecionando uma disciplina com o conteúdo deste livro no curso de bacharelado em ciência da computação da Universidade Federal de Minas Gerais.

As linguagens formais e autômatos são, na área de teoria da computação, das mais profícuas do ponto de vista prático. Ao contrário do que se pode imaginar à primeira vista, vários dos conceitos aqui estudados têm aplicações práticas, não só em ambientes complexos e sofisticados, mas também em ambientes relativamente simples e corriqueiros. Por exemplo, as máquinas de estados finitos, tema do Capítulo 2, podem ser usadas como ferramentas de modelagem nos mais diversos problemas, por exemplo, concepção de analisadores léxicos, confecção de algoritmos para busca em texto, projeto de máquinas para venda de produtos (jornais, refrigerantes etc.), projeto do funcionamento de elevadores e assim por diante.

O conteúdo do livro foi definido para ser lecionado em uma disciplina de um semestre. Dada essa limitação de prazo, e como o assunto é bastante extenso, optou-se por dar ênfase aos aspectos que têm maior contrapartida do ponto de vista prático. Assim, por exemplo, a parte relativa a máquinas de estados finitos, no Capítulo 2, recebeu um espaço maior, visto que essas máquinas encontram aplicações em grande quantidade de situações, como foi ressaltado anteriormente. Já no Capítulo 3, que aborda os autômatos de pilha, é dada maior ênfase a gramáticas e conceitos correlatos, uma vez que estes têm maior aplicabilidade prática que os autômatos de pilha propriamente (pelo menos em sua forma original). Na verdade, os autômatos costumam ser, na prática, obtidos a partir de gramáticas.

No Capítulo 4 são apresentadas as máquinas de Turing, no intuito de dar ao leitor uma noção dos componentes fundamentais de uma máquina que faz *computação*. As máquinas que têm um poder computacional entre o de autômato de pilha e o de máquina de Turing, os denominados autômatos linearmente limitados, recebem um tratamento bastante superficial, por não terem muita importância do ponto de vista prático e não terem a relevância teórica das máquinas de Turing.

Finalmente, no Capítulo 5, que trata de decidibilidade, o foco é fornecer ao leitor uma noção dos limites do conceito de computação, o que é feito por meio da apresentação de alguns problemas de enunciado muito simples para os quais não existem soluções computacionais (algoritmos), entre os quais o tradicional *problema da parada*.

O livro contém cerca de 380 exercícios formulados. Ao final de cada seção, são formulados exercícios para a prática e a consolidação dos conceitos estudados. E, ao final de cada capítulo, é ainda apresentada uma seção com exercícios sobre todo o assunto coberto em cada um. Tais exercícios diferem dos de final de seção por terem, em geral, um nível de dificuldade um pouco maior e por não serem tão direcionados a determinados conceitos. Por exemplo, em um exercício de final de seção, normalmente são apontados o método, a técnica ou o algoritmo a serem empregados para conseguir certo objetivo; já em um exercício de final de capítulo, o método, a técnica ou o algoritmo a serem utilizados não são assinalados, devendo ser escolhidos ou determinados pelo estudante.

Outra característica marcante deste texto é a existência de um capítulo com soluções de exercícios selecionados. Esse capítulo é importante, pois dá aos alunos a oportunidade de conferir ou comparar soluções, além de fornecer uma oportunidade ao autor de abordar tópicos interessantes que naturalmente não cabem no texto normal.

Ao final de cada capítulo, após a seção de exercícios propostos, é apresentada uma bibliografia que contém a origem dos diversos conceitos, assim como sugestões para leituras complementares.

Do ponto de vista do conteúdo, existem vários livros que cobrem os tópicos aqui discutidos. Destes, deve ser especialmente ressaltado o de Hopcroft e Ullman (1979), fonte a partir da qual não apenas a presente publicação, mas também a maioria das outras, buscou inspiração e exemplo. Alguns outros bons textos, do ponto de vista didático, com abordagens alternativas àquelas aqui utilizadas são os de Hopcroft, Motwani e Ullman (2001) (a segunda edição do texto citado anteriormente), Martin (1991), Linz (1997), Sipser (1997), Greenlaw e Hoover (1998), Floyd e Beigel (1994) e Kozen (1997).

Agradecimentos

Vários professores e alunos da Universidade Federal de Minas Gerais e de outras instituições ajudaram na produção deste livro, sugerindo melhorias na apresentação e apontando erros em diversas versões preliminares. Sem dúvida nenhuma, o texto ficou muito melhor a partir de tais sugestões e da correção dos erros apontados. Evidentemente, essas pessoas, as que serão apontadas explicitamente a seguir e as outras não podem ser responsabilizadas pelas imperfeições e erros porventura ainda presentes.

Faço um agradecimento especial ao professor José Luis Braga, da Universidade Federal de Viçosa, por ter dado valiosíssimas sugestões a partir da leitura de uma primeira versão. Ao professor Marcos Alexandre Castilho, agradeço por ter usado versões preliminares deste texto na Universidade Federal do Paraná. Em especial, agradeço ao aluno do professor Marcos, Jonatan Schröeder, por ter encontrado um erro em um dos exemplos do Capítulo 3 e por ter apresentado uma solução elegante, prontamente adotada neste texto. Agradeço aos alunos de pós-graduação em Ciência da Computação da UFMG Paulo Sérgio Silva Rodrigues, Camillo Jorge Santos Oliveira, Luiz Filipe Menezes Vieira, Marcos Augusto Menezes Vieira, Carlos Maurício Seródio Figueiredo e Vilar Fiúza da Câmara Neto por terem tido o trabalho de ler com atenção partes do texto e de anotar os erros encontrados. Aos dois últimos, Carlos Maurício e Vilar, em particular, agradeço por apontarem uma redundância em um dos métodos do Capítulo 2.

Ao Departamento de Ciência da Computação da UFMG, agradeço pelo ambiente propício e por fornecer parte dos recursos computacionais utilizados.

Newton José Vieira
Março de 2005

Capítulo 1

Conceitos Preliminares

Neste capítulo, serão revisados, de forma sucinta, os conceitos matemáticos necessários para o entendimento dos capítulos restantes.

Inicialmente, na Seção 1.1, será abordado o problema fundamental relativo ao uso dos computadores, ou seja, o da representação, com o intuito de fazer transparecer a importância dos conceitos matemáticos a serem introduzidos, tanto no nível de modelagem quanto no de representação propriamente dito. Em seguida, na Seção 1.2, serão revisados superficialmente os principais conceitos da lógica de predicados, culminando com a apresentação de algumas técnicas de prova que devem ser assimiladas, não apenas por aqueles que devem ser capazes de provar teoremas, mas também por aqueles que devem ter a capacidade de ler e entender uma prova. As noções básicas que, juntamente com a lógica de predicados, constituem o alicerce da matemática discreta, em geral, e dos fundamentos da computação em particular, ou seja, as noções de conjuntos, relações e funções, serão introduzidas nas Seções 1.3, 1.4 e 1.5. O conceito de conjunto enumerável, que servirá como base para uma primeira argumentação com relação à existência de funções não computáveis, será visto na Seção 1.6. Ferramentas importantes para quem trabalha com conjuntos enumeráveis, o conceito de definição recursiva e a técnica de prova por indução matemática serão apresentados em seguida, nas Seções 1.7 e 1.8. Os grafos, estruturas matemáticas úteis para a modelagem de problemas reais ou abstratos, que permeiam todas as áreas da computação, tanto do ponto de vista teórico quanto do prático, serão introduzidos na Seção 1.9. O conceito de linguagem formal, a partir do qual será desenvolvido todo o material do restante do texto, será mostrado na Seção 1.10. Para finalizar este capítulo preliminar, será dada a noção de gramática, um dos formalismos mais utilizados para a definição de linguagens formais. Nessas duas últimas seções, os conceitos de linguagem formal e de gramática serão vistos de modo sucinto, nas suas formas mais gerais; nos capítulos seguintes, eles serão retomados em conexão com classes específicas de linguagens.

Entidade	Modelo Matemático	Representação
Mês	Número inteiro no intervalo $[1,12]$	Um dos caracteres 1, 2, 3, 4, 5, 6, 7, 8, 9, 0, A ou B
Remuneração	Número real positivo	Número real na base 10
Presença	Vetor de números, um para cada dia do mês	Seqüência de números reais na base 10
FP	Relação	Tabela de seqüências de símbolos com nome, salário etc.
Cálculo de FP	Algoritmo	Programa

Figura 1.1 A matemática entre a entidade e a representação.

1.1 Representação

Quando se pretende resolver um problema por computador, uma tarefa importante é *representar* as entidades envolvidas, sejam elas concretas ou não. A representação de uma entidade nas formas de um programa, de entrada para um programa ou de saída de um programa é, muitas vezes, constituída por *seqüências de símbolos*.[1] Considere, por exemplo, uma aplicação referente à folha de pagamento de uma empresa. A entidade correspondente ao processo de cálculo da folha de pagamento é representada por uma seqüência de símbolos em uma linguagem de programação, denominada programa; a entrada para tal programa é constituída de seqüências de símbolos representando vários tipos de entidades, como o mês em questão, o ano, os nomes dos empregados, o número de horas trabalhadas para cada empregado etc.; a saída do programa é constituída por seqüências de símbolos representando os empregados, o total de horas trabalhadas, a remuneração etc.

Muitas vezes, é útil considerar, entre uma entidade representada e a seqüência de símbolos que a representa, a existência de um terceiro elemento: *o modelo matemático* correspondente à entidade representada. A Figura 1.1 mostra alguns exemplos (FP refere-se à abreviação de folha de pagamento).

Na coluna *representação*, da Figura 1.1, o elemento fundamental é a *seqüência de símbolos*. Ela é utilizada na representação de qualquer tipo de entidade, de maneira a propiciar o processamento computacional que a envolve. Se não se considerar a concretização das seqüências de símbolos em um meio físico, isto é, se elas forem consideradas apenas do ponto de vista lógico, também podem ser modeladas matematicamente. Em tal modelagem, em geral, as seqüências de símbolos são consideradas como componentes do que se denomina *linguagens formais*.

Uma boa parte deste texto versará sobre linguagens formais. Isso será importante tanto para introduzir técnicas bem fundamentadas para a construção de algoritmos, visando amplo espectro de aplicações, quanto para caracterizar o conceito de computa-

---

[1] Embora cada vez mais estejam sendo usados recursos gráficos bi e tridimensionais, som etc. De qualquer maneira, em algum nível, mesmo tais entidades são representadas mediante seqüências de símbolos.

bilidade. Nesse último aspecto, será visto, por exemplo, que existe uma infinidade de funções que *não* são computáveis; em particular, serão vistos problemas com enunciados bastante simples para os quais não existe algoritmo e, portanto, não há programa em nenhuma linguagem de programação.

Para fazer o estudo das linguagens formais, assim como para considerar modelos alternativos para o conceito de computabilidade, são necessários alguns elementos de matemática, que serão revisados no restante deste capítulo. Esses elementos também são úteis na etapa intermediária de modelagem ilustrada na Figura 1.1.

A revisão começará na próxima seção, com uma síntese dos principais elementos de lógica matemática utilizados na construção de provas de teoremas.

1.2 Prova de Teoremas

O objetivo de quem escreve uma prova é mostrar, sem deixar margens a dúvidas, que determinada afirmativa é verdadeira. Uma prova pode ser mais ou menos formal e mais ou menos concisa, dependendo do tipo de leitor para o qual a ela é construída.

Assim, por exemplo, se a prova deve ser verificada por programa de computador, ela deve ser absolutamente formal. Para isso, deve explicitar todas as hipóteses nas quais se baseia, bem como todos os passos de inferência utilizados, de forma que possa ser verificada mecanicamente. Com isso, a prova é, em geral, muito grande e bastante ilegível.

Entretanto, se a prova for produzida para ser lida apenas por especialistas em determinado assunto, ela pode ser bem concisa, fazendo referência a resultados conhecidos pelos especialistas, sem prová-los de novo. Nesse caso, a prova é informal, o que não significa que não seja escrita em um estilo que assegure certo rigor e relativa clareza.

Entre os dois extremos apontados anteriormente, existem as provas que buscam convencer as pessoas que não são especialistas no assunto de que trata o resultado. Dessa forma, a prova também não é formal, porém é mais prolixa, abordando aspectos que o não-especialista não apreende com facilidade.

Em síntese, quando se escreve uma prova para as pessoas lerem, ela deve ser informal, e seu estilo e nível de detalhes devem depender da audiência intencionada. Geralmente, a prova é expressa utilizando-se uma língua natural (português, no nosso caso), intercalada com algum formalismo matemático. Mas o vocabulário empregado normalmente é bastante limitado, com o objetivo de evitar ambigüidades. Em particular, existem certas palavras e expressões que ocorrem com freqüência e que têm um significado-padrão, intimamente relacionado com a própria conceituação de prova, como "se ... então", "contradição", "portanto" etc.

Além de conter um vocabulário limitado, com determinados termos tendo um significado bem definido, uma prova é estruturada segundo uma ou mais *técnicas básicas de prova*. A seguir, será feito um apanhado conciso da terminologia envolvida na prova de teoremas e serão apresentadas as principais técnicas básicas de prova.

Negação		Conjunção			Disjunção		
α	$\neg\alpha$	α	β	$\alpha \wedge \beta$	α	β	$\alpha \vee \beta$
V	F	V	V	V	V	V	V
F	V	V	F	F	V	F	V
		F	V	F	F	V	V
		F	F	F	F	F	F

Condicional			Bicondicional		
α	β	$\alpha \to \beta$	α	β	$\alpha \leftrightarrow \beta$
V	V	V	V	V	V
V	F	F	V	F	F
F	V	V	F	V	F
F	F	V	F	F	V

Figura 1.2 Tabelas da verdade para conectivos lógicos.

Entre os termos utilizados em provas, destacam-se aqueles para os *conectivos lógicos*:

- negação: ¬, não;
- conjunção: ∧, e;
- disjunção: ∨, ou;
- condicional: →, se ... então;
- bicondicional: ↔, se, e somente se;
- quantificador universal: ∀, para todo;
- quantificador existencial: ∃, existe.

Para cada conectivo, estão mostradas duas notações. A primeira é a mais utilizada nos textos de lógica matemática modernos. A segunda consta de expressões em português que denotam os mesmos conectivos. A primeira notação será utilizada em grande parte desta seção, favorecendo concisão e clareza da apresentação. No restante do livro, serão mais utilizadas as expressões em português, como é mais usual.

Os significados dos cinco primeiros conectivos podem ser dados pelas denominadas *tabelas da verdade* mostradas na Figura 1.2. Nessas tabelas, α e β representam afirmativas quaisquer, e cada uma dessas afirmativas pode ser verdadeira (V) ou falsa (F), ou seja, os *valores-verdade* para α e β podem ser V ou F. Para todas as combinações possíveis de V e F para α e β, cada tabela apresenta o valor resultante da composição de acordo com um conectivo.

Exemplo 1 Sejam as seguintes afirmativas:

- $0 > 1$;
- *2 é um número par*;
- *2 é um número primo*;
- *todo número é um quadrado perfeito*.

Sabe-se que os valores-verdade de tais afirmativas são, respectivamente: F, V, V e F. Assim, a afirmativa "*2 é um número par* ∧ *2 é um número primo*" é verdadeira, de acordo com a primeira linha da tabela da verdade para o conectivo "∧". No entanto, a afirmativa "$0 > 1$ ∧ *2 é um número primo*" é falsa, de acordo com a terceira linha da mesma tabela. Já a afirmativa "$0 > 1$ ∨ *2 é um número primo*" é verdadeira, segundo a terceira linha da tabela da verdade para o conectivo "∨". A afirmativa "*2 é um número par* → *todo número é um quadrado perfeito*" é falsa, pela segunda linha da tabela para o conectivo "→". □

O significado do conectivo "→" pode parecer estranho à primeira vista, pois a expressão "se ... então" é utilizada no dia-a-dia com um sentido diferente. Uma maneira de explicar o significado exibido em uma das tabelas dadas na Figura 1.2 refere-se ao fato de que, em matemática, a expressão "se α e β então α" deve ser verdadeira para qualquer combinação de valores-verdade para α e β, como pode ser observado a seguir:

α	β	$\alpha \wedge \beta$	$(\alpha \wedge \beta) \to \alpha$
V	V	V	V
V	F	F	V
F	V	F	V
F	F	F	V

A primeira linha desta tabela diz que "$(\alpha \wedge \beta) \to \alpha$" deve ser verdadeira quando "$\alpha \wedge \beta$" e α são verdadeiras, justificando a primeira linha da tabela para o conectivo "→" na Figura 1.2. As linhas restantes dizem que "$(\alpha \wedge \beta) \to \alpha$" deve ser verdadeira quando "$\alpha \wedge \beta$" é falsa, tanto no caso em que α é verdadeira quanto no caso em que é falsa; isso justifica as duas últimas linhas da tabela para o conectivo "→".[2]

Outros termos equivalentes a $\alpha \to \beta$, além de "se α então β", são os seguintes: "α é *condição suficiente* para β", e "β é *condição necessária* para α". E "α é *condição necessária e suficiente* para β" quer dizer o mesmo que $\alpha \leftrightarrow \beta$.

Dizer que $\forall x P(x)$ é verdadeira é dizer que, para todo membro x do *universo de discurso* em consideração, a afirmativa $P(x)$ é verdadeira. Informalmente, $P(x)$ é qualquer afirmativa matemática envolvendo a variável x. Como mostrado em exemplos a seguir, $P(x)$ pode ser uma expressão em uma linguagem puramente matemática (formal) ou uma mistura de português e termos matemáticos (informal). Dizer que

---

[2] Essa explicação aparece no livro de Mendelson, E. *Introduction to mathematical logic*, 3. ed. Monterey, CA: Wadsworth & Brooks/Cole, 1987.

$\exists x P(x)$ é verdadeira é dizer que para algum (um ou mais de um) membro x do *universo de discurso* em consideração, a afirmativa $P(x)$ é verdadeira. Algumas vezes o universo U para o qual se faz a afirmativa é explicitado na forma[3] $\forall x \in U\, P(x)$ ou $\exists x \in U\, P(x)$.

Exemplo 2 Considere a afirmativa: todo número natural par ao quadrado é par. Uma notação um pouco mais formal para essa afirmativa, supondo que $\mathbf{N}$ seja o conjunto dos números naturais,[4] seria: $\forall n[n \in \mathbf{N} \rightarrow (n$ é par $\rightarrow n^2$ é par $)]$; ou, alternativamente: $\forall n \in \mathbf{N}\,(n$ é par $\rightarrow n^2$ é par $)$. Mais formalmente, a afirmativa poderia ser assim expressa: $\forall n \in \mathbf{N}[\exists k \in \mathbf{N}(n = 2k) \rightarrow \exists k \in \mathbf{N}(n^2 = 2k)]$. □

Uma afirmativa que é sempre verdadeira, independentemente dos valores-verdade assumidos para as subafirmativas que a compõem, é denominada *válida*. E a que é sempre falsa é dita ser uma *contradição*. Com isso, pode-se dizer que uma afirmativa é válida se, e somente se, a negação dela for uma contradição. Em alguns contextos pode ser útil ter um símbolo específico, $\top$, que é interpretado como sempre verdadeiro, e um símbolo específico, $\bot$, que é interpretado como sempre falso. Dessa forma, uma afirmativa válida tem o mesmo valor-verdade que $\top$, ou seja, V, e uma contradição tem o mesmo valor-verdade que $\bot$, ou seja, F.

Exemplo 3 A seguinte tabela mostra que a afirmativa $[(\alpha \rightarrow \beta) \wedge \alpha] \rightarrow \beta$ é válida, já que contém apenas Vs para essa afirmativa:

α	β	$\alpha \rightarrow \beta$	$(\alpha \rightarrow \beta) \wedge \alpha$	$[(\alpha \rightarrow \beta) \wedge \alpha] \rightarrow \beta$
V	V	V	V	V
V	F	F	F	V
F	V	V	F	V
F	F	V	F	V

Também são exemplos de afirmativas válidas (a denota um elemento do universo em consideração):

- $P(a) \rightarrow \exists x P(x)$;
- $\forall x P(x) \leftrightarrow \neg \exists x \neg P(x)$;
- $\exists x P(x) \leftrightarrow \neg \forall x \neg P(x)$. □

Duas afirmativas α e β são ditas *logicamente equivalentes*, escreve-se $\alpha \equiv \beta$, quando o valor-verdade para cada uma delas for o mesmo, independentemente dos valores-verdade das subafirmativas componentes. A importância desse conceito está em que se $\alpha \equiv \beta$, tanto faz fazer referência a α quanto a β. A Tabela 1.1 mostra algumas equivalências lógicas elementares referentes aos conectivos $\vee$ e $\wedge$. Como se pode notar,

---

[3] A expressão $x \in A$ denota que o elemento x pertence ao conjunto A. Elementos de Teoria dos Conjuntos serão apresentados na próxima seção.

[4] O conjunto dos números naturais é o conjunto dos números inteiros não negativos.

Tabela 1.1 Propriedades elementares dos conectivos $\vee$ e $\wedge$

Idempotência	
$\alpha \vee \alpha \equiv \alpha$	$\alpha \wedge \alpha \equiv \alpha$
Identidade	
$\alpha \vee \bot \equiv \alpha$	$\alpha \wedge \top \equiv \alpha$
$\alpha \vee \top \equiv \top$	$\alpha \wedge \bot \equiv \bot$
Comutatividade	
$\alpha \vee \beta \equiv \beta \vee \alpha$	$\alpha \wedge \beta \equiv \beta \wedge \alpha$
Associatividade	
$(\alpha \vee \beta) \vee \gamma \equiv \alpha \vee (\beta \vee \gamma)$	$(\alpha \wedge \beta) \wedge \gamma \equiv \alpha \wedge (\beta \wedge \gamma)$
Distributividade	
$\alpha \vee (\beta \wedge \gamma) \equiv (\alpha \vee \beta) \wedge (\alpha \vee \gamma)$	$\alpha \wedge (\beta \vee \gamma) \equiv (\alpha \wedge \beta) \vee (\alpha \wedge \gamma)$
Complementação	
$\alpha \vee \neg \alpha \equiv \top$	$\alpha \wedge \neg \alpha \equiv \bot$
$\neg \top \equiv \bot$	$\neg \bot \equiv \top$
Leis de De Morgan	
$\neg(\alpha \vee \beta) \equiv \neg \alpha \wedge \neg \beta$	$\neg(\alpha \wedge \beta) \equiv \neg \alpha \vee \neg \beta$

as propriedades da disjunção e da conjunção vêm aos pares. E mais, elas podem ser obtidas umas das outras substituindo-se $\vee$, $\wedge$, $\top$ e $\bot$ por $\wedge$, $\vee$, $\bot$ e $\top$, respectivamente. A *dual* de uma afirmativa é justamente o resultado de se fazer essas substituições nela. Pode-se mostrar facilmente que a dual de uma equivalência lógica também é uma equivalência lógica.

Já a Tabela 1.2 apresenta equivalências lógicas importantes que são utilizadas em provas, muitas vezes sem menção explícita. As duas primeiras linhas mostram equivalências importantes, referentes ao conectivo condicional, que são utilizadas com bastante freqüência. A terceira linha exibe equivalências relativas ao conectivo bicondi-

Tabela 1.2 Algumas afirmativas logicamente equivalentes

Condicional	
$\alpha \to \beta \equiv \neg \alpha \vee \beta$	$\alpha \to \beta \equiv \neg \beta \to \neg \alpha$
$\alpha \to (\beta \to \gamma) \equiv (\alpha \wedge \beta) \to \gamma$	$\neg(\alpha \to \beta) \equiv \alpha \wedge \neg \beta$
Bicondicional	
$\alpha \leftrightarrow \beta \equiv (\alpha \to \beta) \wedge (\beta \to \alpha)$	$\alpha \leftrightarrow \beta \equiv (\alpha \wedge \beta) \vee (\neg \alpha \wedge \neg \beta)$
Quantificadores	
$\forall x P(x) \equiv \neg \exists x \neg P(x)$	$\exists x P(x) \equiv \neg \forall x \neg P(x)$
$\neg \forall x P(x) \equiv \exists x \neg P(x)$	$\neg \exists x P(x) \equiv \forall x \neg P(x)$

cional. A quarta linha mostra como os conectivos $\forall$ e $\exists$ são definíveis um em função do outro, e a última revela duas equivalências relativas a tais quantificadores, também muito utilizadas.

O conectivo $\rightarrow$, denominado *implicação material*, tem relação íntima na matemática clássica com o conceito de *conseqüência lógica*, também chamado *implicação lógica*. Uma afirmativa α é dita ser conseqüência lógica de um conjunto de afirmativas Γ, $\Gamma \Rightarrow \alpha$, quando α for verdadeira sempre que as afirmativas de Γ forem verdadeiras. O problema de provar um teorema α é justamente o mesmo de mostrar que $\Gamma \Rightarrow \alpha$, sendo que Γ consta das hipóteses que podem ser usadas na prova.

Exemplo 4 Suponha, como hipótese, que $\alpha \rightarrow \beta$ e α sejam verdadeiras. Nesse caso, β também o é, como pode ser verificado na tabela de "$\rightarrow$" na Figura 1.2 (página 4): para cada linha em que $\alpha \rightarrow \beta$ e α são verdadeiras (no caso, apenas a primeira linha), β também o é. Assim, tem-se que[5] $\{\alpha \rightarrow \beta, \alpha\} \Rightarrow \beta$. □

Em uma prova obtém-se, sucessivamente, uma série de afirmativas de forma que cada afirmativa seja conseqüência lógica das anteriores. Uma maneira de obter uma afirmativa que seja conseqüência lógica de outras é mediante uma *regra de inferência*. O exemplo anterior justifica uma das regras de inferência utilizadas em provas de teoremas: a regra *modus ponens*. A Figura 1.3 ilustra várias regras de inferência, em que cada uma delas é apresentada na forma

$$\begin{array}{c} premissa_1 \\ premissa_2 \\ \vdots \\ \underline{premissa_n} \\ conclusão \end{array}$$

Evidentemente, tem-se que

$$\{premissa_1, premissa_2, \ldots, premissa_n\} \Rightarrow conclusão.$$

Seja Γ um conjunto de afirmativas quaisquer. A relação entre o conectivo $\rightarrow$ e a implicação lógica é:[6] se $\Gamma \cup \{\alpha\} \Rightarrow \beta$, então $\Gamma \Rightarrow \alpha \rightarrow \beta$.[7] Em outras palavras, pode-se concluir que $\alpha \rightarrow \beta$ é conseqüência lógica do conjunto de hipóteses Γ se β for conseqüência lógica do conjunto de hipóteses Γ, acrescido da hipótese adicional α. Isso justifica uma das técnicas de prova mais utilizadas.

---

[5] $\{\alpha \rightarrow \beta, \alpha\}$ é o conjunto constituído pelos elementos $\alpha \rightarrow \beta$ e α.
[6] $A \cup B$ é a *união* dos conjuntos A e B, ou seja, é o conjunto constituído pelos elementos de A e de B.
[7] Esse resultado, bastante intuitivo, é denominado *teorema da dedução* na maioria dos textos de lógica matemática.

$$\frac{\alpha,\ \alpha\to\beta}{\beta} \qquad \frac{\alpha,\ \neg\alpha\vee\beta}{\beta} \qquad \frac{\neg\beta,\ \alpha\to\beta}{\neg\alpha}$$

$$\frac{\alpha\to\beta,\ \neg\alpha\to\beta}{\beta} \qquad \frac{\alpha\to\beta,\ \beta\to\gamma}{\alpha\to\gamma} \qquad \frac{\alpha\leftrightarrow\beta,\ \beta\leftrightarrow\gamma}{\alpha\leftrightarrow\gamma}$$

Figura 1.3 Algumas regras de inferência.

Prova direta para a condicional

Para provar $\alpha \to \beta$, supor α e provar β.

Exemplo 5 Seja o problema de provar, para qualquer número natural n, que, se n for par, então n^2 será par.

Usando a técnica de prova direta para a condicional, suponha que n seja um número natural par. Nesse caso, $n = 2k$ para algum número natural k, e $n^2 = (2k)^2 = 4k^2 = 2(2k^2)$. Logo, n^2 é par. Conclui-se: se n é um número natural par, então n^2 é par. □

Uma afirmativa da forma $\neg\beta \to \neg\alpha$ é dita ser a *contrapositiva* de $\alpha \to \beta$. Como diz a Tabela 1.2, $\alpha \to \beta \equiv \neg\beta \to \neg\alpha$. Assim, pode-se utilizar a prova para a condicional como a seguir.

Prova pela contrapositiva

Para provar $\alpha \to \beta$, supor $\neg\beta$ e provar $\neg\alpha$.

No Exemplo 5, foi utilizado implicitamente um resultado relativo ao quantificador universal. Esse resultado é: se $\Gamma \Rightarrow P(a)$ e a não ocorre em Γ, então $\Gamma \Rightarrow \forall x P(x)$. Isso justifica usar a seguinte técnica para provar $\forall x P(x)$.

Prova para a universal

Para provar $\forall x P(x)$, supor um a arbitrário, que não aparece em nenhuma hipótese a ser utilizada, e provar $P(a)$. Ou então, para provar $\forall x \in A\, P(x)$, supor um $a \in A$ arbitrário, que não aparece em nenhuma hipótese a ser utilizada, e provar $P(a)$.

Exemplo 6 Segue uma prova da afirmativa do Exemplo 5, pondo em maior evidência a aplicação da prova para a universal. Será provado, então, que $\forall n \in \mathbf{N}$ se n for par, então n^2 será par.

Seja n um número natural arbitrário. Suponha que n seja par. Assim, $n = 2k$ para algum número natural k, e $n^2 = (2k)^2 = 4k^2 = 2(2k^2)$. Logo, se n é par, então n^2 é par. E como n é um número natural arbitrário, conclui-se que $\forall n \in \mathbf{N}$ se n é par, então n^2 é par. □

Outra técnica bastante empregada é a da prova *por contradição*. Suponha que se queira provar α, a partir de um conjunto de hipóteses Γ. Em vez de provar α diretamente a partir de Γ, supõe-se a negação de α como hipótese adicional e tenta-se chegar a uma contradição. Essa técnica é embasada no fato de que, se $\Gamma \cup \{\neg \alpha\} \Rightarrow c$, sendo c uma contradição qualquer, então $\Gamma \Rightarrow \alpha$.[8] Tem-se, então:

Prova por contradição

Para provar α, supor $\neg \alpha$ e derivar uma contradição.

Exemplo 7 Será provado, por contradição, que existe uma infinidade de números primos. Suponha que exista uma quantidade limitada de números primos $p_1, p_2, \ldots, p_n$, para algum número natural n. Seja o número $k = (p_1 p_2 \cdots p_n) + 1$. Ora, tal número não é divisível por nenhum dos números primos $p_1, p_2, \ldots, p_n$. Logo, k é divisível por algum outro primo diferente de $p_1, p_2, \ldots, p_n$ ou então k é primo. Em qualquer dos casos, tem-se a existência de um primo diferente de $p_1, p_2, \ldots, p_n$. Isso contradiz a suposição original de que existe uma quantidade limitada de números primos. Logo, existe uma infinidade de números primos. □

Observe que, no exemplo dado, mostrou-se que *existe* um número primo diferente de qualquer um dos p_is, sem expor um exemplar. Este é um exemplo de prova de uma afirmativa da forma $\exists x P(x)$, não construtiva: não é exibido (construído) um x tal que $P(x)$. Outra técnica seria:

Prova por construção

Para provar $\exists x P(x)$, provar $P(a)$ para um certo a específico. Ou então, para provar $\exists x \in A P(x)$, provar $P(a)$ para um certo $a \in A$ específico.

Essa técnica é embasada no fato de que, se $\Gamma \Rightarrow P(a)$, então $\Gamma \Rightarrow \exists x P(x)$. Uma generalização dessa técnica, embasada no fato de que se $\Gamma \Rightarrow P(a_1) \vee P(a_2) \vee \cdots \vee P(a_n)$, então $\Gamma \Rightarrow \exists x P(x)$, seria: para provar $\exists x P(x)$, provar $P(a_1) \vee P(a_2) \vee \cdots \vee P(a_n)$ para $a_1, a_2, \ldots,$ e a_n específicos.

Exemplo 8 Será provado que, para qualquer número natural n, existe um número natural com, no mínimo, n divisores distintos. (Observe como são usadas as técnicas de prova para universal e por construção.)

Seja um número natural arbitrário n. Pelo resultado do Exemplo 7, existem n primos $p_1, p_2, \ldots, p_n$. Ora, um número natural com n divisores distintos seria $p_1 p_2 \ldots p_n$. □

Outra técnica, que já foi utilizada no Exemplo 7, é o da *análise de casos*. Ela é embasada no fato de que, se $\Gamma \Rightarrow \alpha_1 \vee \alpha_2 \vee \cdots \vee \alpha_n$ e $\Gamma \cup \{\alpha_1\} \Rightarrow \beta$, $\Gamma \cup \{\alpha_2\} \Rightarrow \beta$, $\ldots$, e $\Gamma \cup \{\alpha_n\} \Rightarrow \beta$, então $\Gamma \Rightarrow \beta$.

---

[8] Tal resultado segue do teorema da dedução no qual se embasa a técnica de prova para a condicional. Por esse teorema, se $\Gamma \cup \{\neg \alpha\} \Rightarrow c$, então $\Gamma \Rightarrow \neg \alpha \to c$. Ora, $\neg \alpha \to c$, sendo c uma contradição qualquer, é logicamente equivalente a α!

Prova por análise de casos

Para provar β, provar primeiro que $\alpha_1 \vee \alpha_2 \vee \cdots \vee \alpha_n$. Em seguida:

1) supor α_1 e provar β;

2) supor α_2 e provar β;

$\vdots$

n) supor α_n e provar β.

Exemplo 9 Seja o problema de provar que $min(x,y) + max(x,y) = x + y$ para quaisquer números reais x e y.

Sejam x e y dois números reais arbitrários. Sabe-se que $x < y$, $x = y$ ou $x > y$. Serão considerados cada um desses três casos. No caso em que $x < y$, tem-se que $min(x,y) = x$ e $max(x,y) = y$; se $x = y$, $min(x,y) = max(x,y) = x = y$; e no caso em que $x > y$, $min(x,y) = y$ e $max(x,y) = x$. Em qualquer um dos três casos, $min(x,y) + max(x,y) = x + y$. Portanto, $min(x,y) + max(x,y) = x + y$ para quaisquer números reais x e y. □

Na primeira técnica de prova vista anteriormente, mostrou-se como provar $\alpha \to \beta$: supor α e provar β, ou então supor $\neg\beta$ e provar $\neg\alpha$. Outra forma de provar $\alpha \to \beta$ seria por contradição: supor $\neg(\alpha \to \beta)$, ou seja, $\alpha \wedge \neg\beta$ e derivar uma contradição. Já para provar $\alpha \leftrightarrow \beta$, baseando-se no fato de que $\alpha \leftrightarrow \beta \equiv (\alpha \to \beta) \wedge (\beta \to \alpha)$, basta provar ambos, $\alpha \to \beta$ e $\beta \to \alpha$, usando tais técnicas.

Prova para a bicondicional

Para provar $\alpha \leftrightarrow \beta$, provar ambos, $\alpha \to \beta$ e $\beta \to \alpha$.

Exemplo 10 A seguir, prova-se que $\forall n \in \mathbf{N}$ n é par se, e somente se, n^2 for par.

Seja n um número natural arbitrário. Basta provar que n é par se, e somente se, n^2 for par.

($\to$) Suponha que n seja par. Nesse caso, $n = 2k$ para algum número natural k, e $n^2 = (2k)^2 = 4k^2 = 2(2k^2)$. Logo, se n é par, n^2 é par.

($\leftarrow$) A prova será feita pela contrapositiva. Para isso, suponha que n seja ímpar. Dessa forma, $n = 2k + 1$ para algum número natural k. Segue-se, portanto, que $n^2 = (2k+1)^2 = 4k^2 + 4k + 1 = 2(2k^2 + 2k) + 1$. Logo, se n é ímpar, n^2 é ímpar. □

Quando se deseja provar uma cadeia de equivalências da forma $\alpha_1 \leftrightarrow \alpha_2 \leftrightarrow \cdots \leftrightarrow \alpha_n$,[9] em que $n \geq 3$, basta provar a seqüência de implicações:

$$\alpha_1 \to \alpha_2, \alpha_2 \to \alpha_3, \ldots, \alpha_n \to \alpha_1.$$

Outra técnica de prova que será muito utilizada neste livro é a *prova por indução*, a ser abordada na Seção 1.8.

---

[9] O conectivo $\leftrightarrow$ é associativo, isto é $(\alpha \leftrightarrow \beta) \leftrightarrow \gamma \equiv \alpha \leftrightarrow (\beta \leftrightarrow \gamma)$, como pode ser facilmente verificado, o que justifica a ausência de parênteses.

Exercícios

1. Mostre que as seguintes afirmativas são válidas:

   a) $(\alpha \land \beta) \to \alpha$;
   b) $\alpha \to (\alpha \lor \beta)$;
   c) $(\alpha \land \neg \alpha) \to \beta$;
   d) $\alpha \to (\beta \lor \neg \beta)$;
   e) $(\alpha \to \beta) \lor \alpha$;
   f) $(\alpha \to \beta) \lor (\beta \to \alpha)$.

2. Mostre as seguintes equivalências lógicas:[10]

   a) $(\alpha \to \beta) \equiv (\neg \beta \to \neg \alpha)$;
   b) $(\alpha \lor \beta) \to \gamma \equiv [(\alpha \to \gamma) \land (\beta \to \gamma)]$;
   c) $\alpha \to (\beta \land \gamma) \equiv [(\alpha \to \beta) \land (\alpha \to \gamma)]$.

3. Mostre as seguintes implicações lógicas:

   a) $\{\alpha, \neg \alpha\} \Rightarrow \gamma$;
   b) $\{\alpha \to \gamma\} \Rightarrow (\alpha \land \beta) \to \gamma$;
   c) $\{\neg \alpha \to \beta, \neg \beta\} \Rightarrow \alpha$.

4. Prove que, se $x > 0$ e $x < y$, em que x e y são números reais, então $x^2 < y^2$.

5. Prove que, se $x^2 + y = 13$ e $y \neq 4$, em que x e y são reais, então $x \neq 3$.

6. Prove que, para todo número real x, se $x > 2$, então existe um real y tal que $y + (1/y) = x$.

7. Prove que, para todo número natural x, se x não é um quadrado perfeito, $\sqrt{x}$ é um número irracional.

8. Prove que, se n é um número inteiro não divisível por 3, então $n^2 = 3k + 1$ para algum inteiro k.

1.3 Conjuntos

Um *conjunto* é uma abstração matemática que captura o conceito de uma coleção de objetos. Os objetos de um conjunto, chamados *elementos* ou *membros* do conjunto, podem ser também conjuntos. Para dizer que um objeto a *pertence a* um conjunto A, ou seja, é membro de A, será usada a notação $a \in A$; e para dizer que a *não pertence* a A, será usada a notação $a \notin A$.

---

[10] Para mostrar que $\alpha \equiv \beta$, pode-se, por exemplo, usar as tabelas da verdade para α e β.

Alguns conjuntos finitos podem ser definidos listando-se seus elementos entre chaves, separados por vírgulas. A ordem dos elementos na lista é irrelevante, pois dois conjuntos com os mesmos elementos são considerados *iguais*, ou seja, são *o mesmo conjunto*.

Exemplo 11 Um exemplo de conjunto de objetos homogêneos seria o conjunto dos planetas do sistema solar:

$$\{Mercúrio, Vênus, Terra, Marte, Júpiter, Saturno, Urano, Netuno, Plutão\}.$$

Outro seria o conjunto dos números inteiros. O seguinte conjunto contém números, planetas e conjuntos:

$$\{10, Marte, \{0\}, \{Terra, 1, 2, 3\}\}.$$

Observe que os seguintes conjuntos são iguais, ou seja, são o mesmo conjunto:

$$\{1,2\} = \{2,1\} = \{1,2,1\} = \{2, 1+1, 2-1, \sqrt{4}\}.$$ □

O conjunto que não possui membros, o *conjunto vazio*, é denotado por $\emptyset$. Assim, $\emptyset = \{\}$. No outro extremo existem os *conjuntos infinitos*, que contêm uma quantidade ilimitada de elementos. Entre estes, alguns são importantes para merecer uma notação especial:

- **N**, o conjunto dos números naturais (inteiros não negativos);

- **Z**, o conjunto dos números inteiros;

- **R**, o conjunto dos números reais;

- **Q**, o conjunto dos números racionais: os números reais que podem ser expressos na forma m/n, em que m e n são números inteiros.

Existem várias outras formas de definir conjuntos, além de listar seus elementos entre chaves. Uma delas é utilizar uma expressão da forma $\{x \mid P(x)\}$, que quer dizer *o conjunto de todos os elementos x tais que x satisfaz a propriedade P*. É muito comum definir "o conjunto dos elementos do conjunto A que satisfazem a propriedade P".[11] Por isso, é comum o uso da notação $\{x \in A \mid P(x)\}$ para denotar o mesmo conjunto que $\{x \mid x \in A \text{ e } P(x)\}$.

Exemplo 12 O conjunto dos números naturais ímpares pode ser denotado por $\{k \mid k = 2n+1 \text{ e } n \in \mathbf{N}\}$.

O conjunto dos números reais entre 0 e 1, incluindo 0 e 1, pode ser denotado por $\{k \in \mathbf{R} \mid 0 \leq k \leq 1\}$. □

---

[11] Sendo A um conjunto bem conhecido, garante-se a existência do conjunto definido. Evita-se, com isso, o surgimento de paradoxos como o de Russell.

Um *conjunto unitário* é um conjunto que contém um único membro. Exemplos: {Terra}, {10}, {∅}. Esse último conjunto tem o conjunto vazio como seu único elemento.

Um conjunto A é dito estar *contido* em um conjunto B, $A \subseteq B$, se todo membro de A é elemento de B, ou seja:

$$A \subseteq B \leftrightarrow \text{para todo } x, \text{ se } x \in A \text{ então } x \in B.$$

Nesse caso, A é dito ainda ser um *subconjunto* de B. Um conjunto A que está contido em B, mas que não é igual a B, é conhecido como subconjunto *próprio* de B; neste caso, escreve-se $A \subset B$. Assim,

$$A \subset B \leftrightarrow A \subseteq B \text{ e } A \neq B.$$

A *união* de dois conjuntos A e B, $A \cup B$, é conjunto constituído pelos elementos de A e de B, ou seja:

$$A \cup B = \{x \mid x \in A \text{ ou } x \in B\}.$$

A *interseção* de dois conjuntos A e B, $A \cap B$, é conjunto constituído pelos elementos comuns de A e B, ou seja:

$$A \cap B = \{x \mid x \in A \text{ e } x \in B\}.$$

A *diferença* entre dois conjuntos A e B, $A - B$, é o conjunto constituído pelos elementos de A que não pertencem a B, ou seja:

$$A - B = \{x \mid x \in A \text{ e } x \notin B\}.$$

Exemplo 13 Sejam os conjuntos $A = \{0, 1, 2, 3\}$ e $B = \{2, 3, 4\}$. Então:

- $A, B \subseteq \mathbf{N}$;
- $A, B \subset \mathbf{N}$;
- $\mathbf{N} \subset \mathbf{Z} \subset \mathbf{Q} \subset \mathbf{R}$;
- $A \cup B = \{0, 1, 2, 3, 4\}$;
- $A \cap B = \{2, 3\}$;
- $A - B = \{0, 1\}$;
- $B - A = \{4\}$;
- $A \cup \mathbf{N} = \mathbf{N}$;
- $A \cap \mathbf{N} = A$;
- $A - \mathbf{N} = \emptyset$;
- $\mathbf{N} - A = \{k \in \mathbf{N} \mid k \geq 4\}$. □

Tabela 1.3 Propriedades da união, interseção e diferença

Idempotência	
$A \cup A = A$	$A \cap A = A$
Identidade	
$A \cup \emptyset = A$	$A \cap \emptyset = \emptyset$
Comutatividade	
$A \cup B = B \cup A$	$A \cap B = B \cap A$
Associatividade	
$(A \cup B) \cup C = A \cup (B \cup C)$	$(A \cap B) \cap C = A \cap (B \cap C)$
Distributividade	
$A \cup (B \cap C) = (A \cup B) \cap (A \cup C)$	$A \cap (B \cup C) = (A \cap B) \cup (A \cap C)$
Complementação	
$A \cup \overline{A} = U$	$A \cap \overline{A} = \emptyset$
$\overline{U} = \emptyset$	$\overline{\emptyset} = U$
Leis de De Morgan	
$\overline{A \cup B} = \overline{A} \cap \overline{B}$	$\overline{A \cap B} = \overline{A} \cup \overline{B}$
Diferença	
$A - \emptyset = A \qquad A - A = \emptyset$	$\emptyset - A = \emptyset$

O *complemento* de um conjunto A com relação a um *conjunto universo* U é $U - A$. Em um determinado contexto, fixando-se um certo conjunto U como o conjunto universo, passa-se a expressar o complemento de um conjunto A por $\overline{A}$. Nesse caso, dizer que $x \in \overline{A}$ é equivalente a dizer que $x \in U - A$ e, também, que $x \notin A$.

A Tabela 1.3 mostra algumas propriedades das operações de união, concatenação e diferença. Deve ser observada a similaridade desta com a Tabela 1.1 (página 7). De forma análoga ao que acontece com os conectivos $\vee$ e $\wedge$ apresentados nessa tabela, aqui as propriedades da união e da interseção vêm aos pares, sendo obtidas umas das outras substituindo-se $\cup$, $\cap$, U e $\emptyset$ por $\cap$, $\cup$, $\emptyset$ e U, respectivamente. A *dual* de uma equação envolvendo conjuntos, E, é justamente o resultado de se fazer tais substituições em E. Pode-se mostrar que a dual de uma identidade é também uma identidade.

Em geral, para provar que dois conjuntos A e B são iguais, prova-se que $A \subseteq B$ e $B \subseteq A$. No entanto, para provar propriedades genéricas sobre conjuntos, como as da Tabela 1.3, pode ficar mais conciso e simples usar as propriedades mostradas a seguir, decorrentes diretamente das definições dos operadores:

$$\begin{aligned} x \in A \cup B &\leftrightarrow x \in A \vee x \in B \\ x \in A \cap B &\leftrightarrow x \in A \wedge x \in B \\ x \in A - B &\leftrightarrow x \in A \wedge x \notin B \\ x \notin A &\leftrightarrow \neg x \in A \end{aligned}$$

Utilizando-se tais propriedades, "traduz-se" o problema em um problema de manipulação lógica, a qual pode ser feita empregando-se as equivalências lógicas conhecidas e a última regra de inferência da Figura 1.3 (página 9). Veja o próximo exemplo.

Exemplo 14 Segue uma prova da propriedade distributiva da união sobre a interseção.

Para provar $A \cup (B \cap C) = (A \cup B) \cap (A \cup C)$, basta provar que, para todo x, $x \in A \cup (B \cap C) \leftrightarrow x \in (A \cup B) \cap (A \cup C)$. Para isso, basta provar que, para um elemento arbitrário x, $x \in A \cup (B \cap C) \leftrightarrow x \in (A \cup B) \cap (A \cup C)$. Seja então um x arbitrário. Tem-se:

$x \in A \cup (B \cap C) \leftrightarrow x \in A$ ou $x \in B \cap C$ pela definição de $\cup$
$\leftrightarrow x \in A$ ou $(x \in B$ e $x \in C)$ pela definição de $\cap$
$\leftrightarrow (x \in A$ ou $x \in B)$ e $(x \in A$ ou $x \in C)$
    pela distributividade de "ou" sobre "e"
$\leftrightarrow x \in A \cup B$ e $x \in A \cup C$ pela definição de $\cup$
$\leftrightarrow x \in (A \cup B) \cap (A \cup C)$ pela definição de $\cap$.

Observe como a última regra de inferência da Figura 1.3 é utilizada aqui de forma implícita. □

As leis de De Morgan para os conjuntos são intimamente relacionadas com as leis de De Morgan para os conectivos lógicos "e" e "ou". Durante a prova de tais leis para os conjuntos, certamente serão utilizadas as leis respectivas para os conectivos lógicos, como poderá ser verificado solucionando-se o Exercício 4a do final desta seção, na página 18.

Dois conjuntos A e B são ditos *disjuntos* se, e somente se, $A \cap B = \emptyset$.

Dados os conjuntos $A_1, A_2, \ldots, A_n$, sendo $n \geq 1$, define-se:

$$\bigcup_{i=1}^{n} A_i = A_1 \cup A_2 \cup \cdots \cup A_n$$

e

$$\bigcap_{i=1}^{n} A_i = A_1 \cap A_2 \cap \cdots \cap A_n$$

Uma *partição* de um conjunto A é um conjunto $\{B_1, B_2, \ldots, B_n\}$, $n \geq 1$, constituído por conjuntos B_i, tal que:

a) $B_i \neq \emptyset$, para $1 \leq i \leq n$;

b) B_i e B_j são disjuntos, para $1 \leq i < j \leq n$; e

c) $\bigcup_{i=1}^{n} B_i = A$.

Nesse caso, diz-se ainda que os conjuntos $B_1, B_2, \ldots, B_n$ *particionam* o conjunto A.

Exemplo 15 Os conjuntos $\mathbf{Q}$, dos números racionais, e $\mathbf{R}-\mathbf{Q}$, dos números irracionais, particionam $\mathbf{R}$, ou seja, $\{\mathbf{Q}, \mathbf{R} - \mathbf{Q}\}$ é uma partição de $\mathbf{R}$. □

O *conjunto potência* de um conjunto A, $\mathcal{P}(A)$, é o conjunto de todos os subconjuntos de A, ou seja,
$$\mathcal{P}(A) = \{X \mid X \subseteq A\}.$$

Em particular, $\emptyset \in \mathcal{P}(A)$ e $A \in \mathcal{P}(A)$.

O número de elementos de um conjunto finito A será denotado por $|A|$. Por exemplo, $|\{\emptyset, a, \{a, b, c, d\}\}| = 3$. Outro exemplo: $|\mathcal{P}(A)| = 2^{|A|}$, se A é finito.

Um conjunto de dois elementos é denominado *par não ordenado*. Um *par ordenado*, também chamado *dupla*, cujo primeiro elemento é a e segundo, b, é denotado por (a, b). A propriedade básica de um par ordenado é que $(a, b) = (c, d)$ se, e somente se, $a = c$ e $b = d$. Uma n-upla (lê-se "ênupla") de elementos $a_1, a_2, \ldots, a_n$, nessa ordem, é denotada por $(a_1, a_2, \ldots, a_n)$.[12] Termos alternativos para 3-upla, 4-upla etc. são tripla, quádrupla, quíntupla, sêxtupla etc.

O *produto cartesiano* de dois conjuntos A e B, $A \times B$, é o conjunto de todos os pares ordenados tais que o primeiro elemento pertence a A e o segundo pertence a B, ou seja,
$$A \times B = \{(a, b) \mid a \in A \text{ e } b \in B\}.$$
Generalizando, o produto cartesiano de n conjuntos $A_1, A_2, \ldots, A_n$ é o conjunto:
$$A_1 \times A_2 \times \cdots \times A_n = \{(a_1, a_2, \ldots, a_n) \mid a_1 \in A_1, a_2 \in A_2, \ldots, a_n \in A_n\}.$$
O produto cartesiano $A \times A \times A \times \cdots \times A$ (n vezes) é denotado, alternativamente, por A^n. Assume-se que $A^0 = \emptyset$ e $A^1 = A$.

Exemplo 16 Sejam $A = \{1, 2\}$ e $B = \{2, 3\}$. Tem-se:

- $A \times B = \{(1, 2), (1, 3), (2, 2), (2, 3)\}$;
- $A \times A = A^2 = \{(1, 1), (1, 2), (2, 1), (2, 2)\}$;
- $A \times B \times A = \{(1, 2, 1), (1, 2, 2), (1, 3, 1), (1, 3, 2), (2, 2, 1), (2, 2, 2), (2, 3, 1), (2, 3, 2)\}$;
- $A^3 = \{(1, 1, 1), (1, 1, 2), (1, 2, 1), (1, 2, 2), (2, 1, 1), (2, 1, 2), (2, 2, 1), (2, 2, 2)\}$. □

Evidentemente, $|A_1 \times A_2 \times \cdots \times A_n| = |A_1||A_2|\cdots|A_n|$, se $A_1, A_2, \ldots, A_n$ são finitos.

Exercícios

1. Sejam os conjuntos $A = \{n \in \mathbf{N} \mid n \leq 8\}$ e $B = \{n \in \mathbf{Z} \mid -5 \leq n \leq 5\}$. Liste os elementos dos conjuntos seguintes:

    a) $A \cap B$;
    b) $C = \{n \in A \cup B \mid n = 2k \text{ para algum } k \in \mathbf{Z}\}$;
    c) $D = (A - B) \cup (B - A)$;
    d) $[(A \cap C) - (A \cap D)] \times [(A \cap D) - (A \cap C)]$.

---

[12] Formalmente, para $n > 2$, uma n-upla seria uma dupla cujo primeiro elemento é a $n - 1$-upla constituída pelos $n - 1$ primeiros elementos da n-upla, e cujo segundo elemento é o último elemento da n-upla.

2. Que condição os conjuntos A e B devem satisfazer para que $A - B = B - A$? E para que $A \cup B = A \cap B$?

3. Que condição os conjuntos A, B e C devem satisfazer para que $A \cup B = A \cup C$ e $B \neq C$?

4. Prove que:

    a) $\overline{A \cup B} = \overline{A} \cap \overline{B}$;
    b) se $A \cap B = A \cup B$, então $A = B$;
    c) $(A - B) \cup (B - A) = (A \cup B) - (A \cap B)$;
    d) $A - (A - B) = A \cap B$;
    e) $(A - B) - C = A - (B \cup C)$;
    f) $(A - B) - C = (A - C) - (B - C)$;
    g) $A \times (B \cap C) = (A \times B) \cap (A \times C)$;
    h) $(A \cap B) \times (C \cap D) = (A \times C) \cap (B \times D)$.

5. Liste todas as partições dos conjuntos $\{1, 2\}$, $\{1, 2, 3\}$ e $\{1, 2, 3, 4\}$. Desenvolva um método sistemático para gerar todas as partições de um conjunto $\{1, 2, \ldots, n\}$.

1.4 Relações

Uma *relação* de n argumentos sobre os conjuntos $A_1, A_2, \ldots, A_n$ é um subconjunto de $A_1 \times A_2 \times \cdots \times A_n$. As relações de dois argumentos são denominadas relações *binárias*, as de três argumentos são conhecidas como relações *ternárias* etc.

Exemplo 17 Um exemplo de relação binária seria:

$$\{(a, d) \mid a \in A \text{ e } d \in D \text{ e } a \text{ está matriculado em } d\},$$

em que A é o conjunto de todos os alunos de certo curso e D é o conjunto das disciplinas do curso.

As relações $<$, $\leq$ etc. sobre os reais são exemplos de relações binárias sobre $\mathbf{R}^2$.

Um exemplo de relação ternária: $\{(x, y, z) \in \mathbf{N}^3 \mid x < y < z\}$. □

O *domínio* de uma relação binária $R \subseteq A \times B$ é o conjunto A, e o *contradomínio* de R é o conjunto B. A *imagem* de R é o conjunto $\{y \mid (x, y) \in R \text{ para algum } x\}$. Uma relação sobre A^2 também é dita ser uma relação sobre A simplesmente. A *relação inversa* de $R \subseteq A \times B$ é a relação $R^{-1} \subseteq B \times A$ dada por $R^{-1} = \{(y, x) \mid (x, y) \in R\}$. Para relações binárias, é comum a notação xRy em vez de $(x, y) \in R$.

Exemplo 18 Seja a relação $<$ sobre $\mathbf{N}$. Tanto o domínio como o contradomínio de $<$ são o conjunto $\mathbf{N}$. A inversa de $<$ é a relação $>$, isto é, $<^{-1} = >$, pois tem-se que $x < y \Leftrightarrow y > x$ para quaisquer $(x, y) \in \mathbf{N}^2$. A imagem de $<$ é o conjunto $\mathbf{N} - \{0\}$, pois nenhum número natural é menor que 0, e qualquer outro número natural possui algum menor que ele (0, por exemplo). A imagem de $>$ é $\mathbf{N}$. □

Uma relação binária $R \subseteq A^2$ é:

a) *reflexiva*, se xRx para todo $x \in A$;

b) *simétrica*, se xRy implica yRx para todo $x, y \in A$;

c) *transitiva*, se xRy e yRz implica xRz para todo $x, y, z \in A$.

Exemplo 19 Tanto a relação $<$ como a relação $>$ do Exemplo 18 não são reflexivas nem simétricas; ambas são transitivas. Já as relações $\leq$ e $\geq$ sobre $\mathbf{N}$ são reflexivas, não são simétricas e são transitivas. A relação $\subseteq$ também é reflexiva, não simétrica e transitiva.

A relação "*é irmã ou irmão de*", considerada sobre o conjunto das pessoas do mundo em certo instante, é:

- não reflexiva: uma pessoa não é irmã de si mesma;

- simétrica: se fulano é irmão de beltrano, então beltrano é irmão de fulano; e

- não transitiva: quando fulano é irmão de beltrano, beltrano é irmão de fulano (simetria), mas fulano não é irmão de fulano. □

Uma *relação de equivalência* é uma relação binária reflexiva, simétrica e transitiva. Uma relação de equivalência R sobre um conjunto A divide A em *classes de equivalência*. Essas classes de equivalência formam uma partição do conjunto A. A classe de equivalência que contém o elemento x é denotada por $[x]$, e é definida como $[x] = \{y \mid xRy\}$. Pode-se provar que $[x] = [y]$ se, e somente se, xRy.

Exemplo 20 Um exemplo simples de relação de equivalência é a de identidade sobre um conjunto C, $\iota_C = \{(x,x) \mid x \in C\}$. O conjunto C é particionado em classes de equivalência unitárias $[x] = \{x\}$.

Outro exemplo é a relação $(mod\ n) = \{(x,y) \in \mathbf{N}^2 \mid x\ mod\ n = y\ mod\ n\}$.[13] A partição de $\mathbf{N}$ induzida pela relação $(mod\ n)$ tem n classes de equivalência, uma para cada resto de 0 a $n-1$: $\{\{0, n, 2n, \ldots\}, \{1, n+1, 2n+1, \ldots\}, \ldots, \{n-1, 2n-1, 3n-1, \ldots\}\}$.

Mais um exemplo: a relação $\mathcal{A} \subseteq P \times P$, em que P é o conjunto das pessoas do mundo, tal que

$$\mathcal{A} = \{(p,q) \in P^2 \mid p \text{ e } q \text{ fazem aniversário no mesmo dia}\}$$

é uma relação de equivalência que particiona P em 366 classes de equivalência, uma para cada dia do ano. □

Os conceitos de fechos de uma relação sob as propriedades reflexiva, simétrica e/ou transitiva, definidos a seguir, terão aplicação nos próximos capítulos. O *fecho reflexivo* de uma relação $R \subseteq A \times A$ é a relação S tal que:

---

[13] $x\ mod\ n$ é o resto da divisão de x por n.

a) $R \subseteq S$;

b) S é reflexiva;

c) S está contida em qualquer outra relação com as propriedades (a) e (b), ou seja, se $R \subseteq T$ e T é reflexiva, então $S \subseteq T$.

De forma análoga define-se *fecho simétrico* e *fecho transitivo*.

Exemplo 21 Seja a relação $<$ sobre $\mathbf{N}$. Então: seu fecho reflexivo é $\leq$; seu fecho simétrico é a relação $\{(x,y) \in \mathbf{N} \mid x < y \text{ ou } x > y\}$; seu fecho transitivo é $<$, pois esta é transitiva; seu fecho transitivo e reflexivo é $\leq$; seu fecho reflexivo e simétrico é a relação $\{(x,y) \mid x,y \in \mathbf{N}\}$; e assim por diante. □

Exercícios

1. Diga que propriedades, entre reflexividade, simetria e transitividade, cada uma das relações têm:

    a) $\subset$ sobre conjuntos;
    b) $\{(x,y) \in \mathbf{R}^2 \mid x = y^2\}$;
    c) $\{(x,y) \in \mathbf{N}^2 \mid x \text{ é divisível por } y\}$;
    d) $\{((x_1,x_2),(y_1,y_2)) \in (\mathbf{N} \times \mathbf{N})^2 \mid x_1 \leq y_1 \text{ e } x_2 \leq y_2\}$;
    e) $\{(x,y) \in \mathbf{R}^2 \mid x - y \text{ é um inteiro}\}$.

2. Sejam duas relações binárias R_1 e R_2. Diga que propriedades as relações $R_1 \cup R_2$ e $R_1 \cap R_2$ devem ter nos seguintes casos:

    a) R_1 e R_2 são reflexivas;
    b) R_1 e R_2 são simétricas;
    c) R_1 e R_2 são transitivas.

3. Mostre que uma relação R sobre um conjunto é simétrica se, e somente se, $R = R^{-1}$.

4. Mostre que uma relação R sobre um conjunto é reflexiva se, e somente se, R^{-1} é reflexiva.

5. Uma relação R sobre A é dita ser *anti-simétrica* se, e somente se, para todo $x,y \in A$, se xRy e yRx, então $x = y$. Mostre que uma relação R sobre A é anti-simétrica se, e somente se, $R \cap R^{-1} \subseteq \iota_A$.

6. Seja a relação $R = \{((x_1,x_2),(y_1,y_2)) \in (\mathbf{N} \times \mathbf{N})^2 \mid x_1/x_2 = y_1/y_2\}$. Prove que R é uma relação de equivalência. Quais são as classes de equivalência de R?

7. Seja a relação $R = \{(a,b),(b,b),(c,d),(d,c),(d,a)\}$ sobre $A = \{a,b,c,d,e\}$. Determine todos os sete fechos de R (reflexivo, simétrico etc.).

1.5 Funções

Uma *função parcial* $f: A \to B$ (lê-se "f de A para B") é uma relação binária $f \subseteq A \times B$ tal que se $(x,y) \in f$ e $(x,z) \in f$, então $y = z$. Uma notação mais utilizada para dizer que $(x,y) \in f$ é $f(x) = y$. Se não existe y tal que $f(x) = y$, diz-se que f é *indefinida* para o argumento x. Se para todo $x \in A$ existe y tal que $f(x) = y$, diz-se que a função é *total*. Ou seja, uma função total $f: A \to B$ é uma função parcial definida para todo argumento $x \in A$.

Uma *função de n argumentos* é uma função da forma $f: A_1 \times A_2 \times \ldots \times A_n \to B$. Em vez de escrever $f((a_1, a_2, \ldots, a_n))$ é mais comum escrever $f(a_1, a_2, \ldots, a_n)$. Diz-se que a_1 é o primeiro argumento, a_2 o segundo etc.

Exemplo 22 Um exemplo de função total é a soma sobre os reais, $+: \mathbf{R}^2 \to \mathbf{R}$, pois a soma $x + y$[14] sempre existe para quaisquer reais x e y. Já a divisão, $/: \mathbf{R}^2 \to \mathbf{R}$, não é total, visto que não é definida quando o segundo argumento for 0. □

Sejam duas funções $f: A \to B$ e $g: C \to D$. A *composição* de g e f é a função $g \circ f: A \to D$ tal que

$$g \circ f(x) = \begin{cases} g(f(x)) & \text{se } f \text{ é definida para } x \text{ e } g \text{ é definida para } f(x) \\ \text{indefinido} & \text{caso contrário.} \end{cases}$$

Exemplo 23 Sejam as funções $f: \mathbf{Z} \to \mathbf{N}$ tal que[15] $f(n) = |n| + 1$ e $g: \mathbf{N} \to \mathbf{Z}$ tal que $g(n) = 1 - n$. Tem-se que $g \circ f: \mathbf{Z} \to \mathbf{Z}$ é tal que $(g \circ f)(n) = g(f(n)) = g(|n| + 1) = 1 - (|n| + 1) = -|n|$. Por outro lado, $f \circ g: \mathbf{N} \to \mathbf{N}$ é tal que $(f \circ g)(n) = f(g(n)) = f(1 - n) = |1 - n| + 1$. □

O termos *domínio*, *contradomínio* e *imagem*, como definidos na Seção 1.4, página 18, aplicam-se a funções. Assim, A é o domínio e B o contradomínio de uma função $f: A \to B$. A imagem é $\{y \in B \mid f(x) = y \text{ para algum } x \in A\}$.

Seja uma função total $f: A \to B$. Diz-se que f é:

- *injetora*, se para $x, y \in A$ quaisquer, $x \neq y \to f(x) \neq f(y)$;

- *sobrejetora*, se B é a imagem de f;

- *bijetora*,[16] se é injetora e sobrejetora.

---

[14] Aqui está sendo utilizada a notação infixada $x + y$ em vez da notação prefixada $+(x,y)$. De forma similar, outras funções comuns da matemática serão empregadas também na forma infixada, ou seja, com o nome da função entre os argumentos.
[15] $|x|$ denota o valor absoluto de x, quando x é um número, e denota o número de elementos de x quando x é um conjunto.
[16] Também chamada *correspondência um para um*.

Exemplo 24 A função $f : \mathbf{N} \to \mathbf{N}$ tal que $f(x) = 2x$ é injetora, mas não sobrejetora. A função $g : \mathbf{Z} \to \mathbf{N}$ tal que $g(x) = |x|$ é sobrejetora, mas não injetora. A função $h : \mathbf{Z} \to \mathbf{N}$ tal que

$$h(x) = \begin{cases} 2x & \text{se } x \geq 0 \\ -(2x+1) & \text{se } x < 0 \end{cases}$$

é injetora e sobrejetora; logo, é bijetora. □

A função *inversa* de $f : A \to B$, $f^{-1} : B \to A$, existe somente no caso em que f é injetora, e é tal que $f^{-1}(f(x)) = x$ para todo $x \in A$. Se f for injetora mas não sobrejetora, f^{-1} será uma função parcial definida apenas para os elementos da imagem de f. Note que, para uma função injetora $f : A \to B$, $(f^{-1} \circ f) = \iota_A$.

Exercícios

1. Sejam A e B dois conjuntos finitos. Qual é o número máximo de elementos que uma relação $R \subseteq A \times B$ pode ter para ela ser uma função?

2. Que condição deve ser satisfeita por duas funções f e g para que $f \cup g$ seja uma função?

3. Verifique se as seguintes funções são injetoras, sobrejetoras e/ou bijetoras e, para cada uma, se possível, determine a função inversa:

    a) $f : \mathbf{N} \to \mathbf{N}$ tal que $f(n) = n \div 2$, em que "$\div$" é divisão inteira;

    b) $g : \mathbf{N} \to \mathbf{N}$ tal que $g(n) = n(n+1)/2$;

    c) $h : \mathbf{N} \to \mathbf{N}$ tal que $h(n) = n - 1$, se n for ímpar, e $h(n) = n + 1$, caso contrário.

4. Sejam A e B conjuntos finitos. Determine quantas funções de A para B existem para cada um dos seguintes tipos de funções:

    a) totais;

    b) parciais;

    c) injetoras;

    d) sobrejetoras;

    e) bijetoras.

5. Sejam duas funções totais $f : A \to B$ e $g : B \to C$. Especifique que propriedades deve ter a função $g \circ f$ nos seguintes casos:

    a) f e g são injetoras;

    b) f e g são sobrejetoras;

    c) f e g são bijetoras.

6. Mostre que qualquer função pode ser representada como a composição de duas funções, uma sobrejetora e outra injetora.

7. Sejam f e g funções sobre $\mathbf{R}$ tais que $f(n) = an + b$ e $g(n) = cn + d$. Se $g \circ f = f \circ g$, que relação existirá entre os coeficientes a, b, c e d?

1.6 Conjuntos Enumeráveis

Para determinar se dois conjuntos finitos A e B têm o mesmo tamanho, basta "contar" o número de elementos de cada um e verificar se o resultado é o mesmo em ambas as contagens. Outra abordagem seria determinar se existe uma função bijetora de A para B (ou vice-versa). No caso de conjuntos infinitos, evidentemente não é possível contar o número de seus elementos, e a noção de "tamanho" como conhecida no dia-a-dia não se aplica. Tal noção, no entanto, pode ser substituída pela noção de cardinalidade, definida a seguir, que permite uma útil hierarquização dos conjuntos infinitos. Em particular, com essa noção é possível mostrar, por exemplo, que existem mais funções que programas em qualquer linguagem de programação; ou seja, o conjunto de todas as funções (que é infinito) é "maior" que o conjunto de todos os programas (também infinito), o que permite concluir que existem funções que *não* são programáveis em qualquer linguagem de programação.

Dois conjuntos A e B têm a mesma *cardinalidade*, isto é, $card(A) = card(B)$, se existe uma função bijetora de A para B. Se A é um conjunto finito, sua cardinalidade pode ser imaginada como o número de elementos do mesmo, ou seja, $card(A) = |A|$. Na Seção 1.3, foi dito que um conjunto infinito é aquele que tem uma "quantidade ilimitada" de elementos. Mais precisamente, um conjunto infinito pode ser definido como aquele que tem um subconjunto próprio de mesma cardinalidade. De maneira inversa, pode-se definir um conjunto A como finito quando ele tem a mesma cardinalidade que $\{k \in \mathbf{N} \mid k \leq n\}$ para algum $n \in \mathbf{N}$; nesse caso, diz-se que $|A| = n + 1$.

Exemplo 25 O conjunto dos naturais, $\mathbf{N}$, é infinito, pois:

a) $\mathbf{N} - \{0\} \subset \mathbf{N}$; e

b) $f : \mathbf{N} \to \mathbf{N} - \{0\}$ tal que $f(x) = x + 1$ é uma função bijetora.

Seja P o conjunto dos números naturais pares (incluindo 0),[17] outro conjunto infinito. Qual conjunto é maior, P ou $\mathbf{N}$? De um lado, tem sentido dizer que $\mathbf{N}$ é maior, pois $\mathbf{N}$ contém todos os elementos de P mais todos os números naturais ímpares. Do outro, existe uma função bijetora $f : \mathbf{N} \to P$ tal que $f(x) = 2x$. Assim, P e $\mathbf{N}$ têm a mesma cardinalidade. □

Um conjunto é *enumerável*[18] se possuir a mesma cardinalidade que $\mathbf{N}$.[19] Um conjunto é dito *contável* se for finito ou enumerável. Neste texto só serão estudados conjuntos que são contáveis.

---
[17] Neste texto, zero será considerado como um número par.
[18] Em inglês, *denumerable* ou *countably infinite*.
[19] A cardinalidade de $\mathbf{N}$ é denotada por $\aleph_0$ ($\aleph$ é a primeira letra do alfabeto hebraico).

```
0   1   2   3   4   5   6   ...
↓   ↓   ↓   ↓   ↓   ↓   ↓
0  -1   1  -2   2  -3   3   ...
```

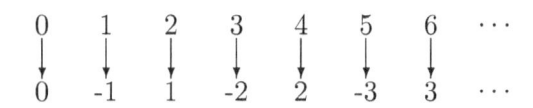

Figura 1.4 Função bijetora de **N** para **Z**.

O Exemplo 25 mostra que o conjunto dos números naturais pares é enumerável. De forma análoga, pode-se mostrar que o conjunto dos números naturais ímpares é enumerável.[20] O seguinte exemplo revela que um conjunto aparentemente maior que **N** tem a mesma cardinalidade que **N**.

Exemplo 26 A função $f : \mathbf{N} \to \mathbf{Z}$ tal que

$$f(x) = \begin{cases} x/2 & \text{se } x \text{ é par} \\ -(x+1)/2 & \text{se } x \text{ é ímpar} \end{cases}$$

demonstra que **Z** tem a mesma cardinalidade que **N** e, portanto, é enumerável. A Figura 1.4 apresenta esquematicamente a relação entre os elementos de **N** e de **Z** dada pela função f. □

A relação de cardinalidade é uma relação reflexiva, simétrica e transitiva e, portanto, uma relação de equivalência. Assim, por exemplo, do fato de que $card(\mathbf{N}) = card(P)$, em que P é o conjunto dos naturais pares, e do fato de que $card(\mathbf{N}) = card(\mathbf{Z})$, segue-se que $card(\mathbf{Z}) = card(P)$.

O seguinte teorema pode facilitar a demonstração de que determinados conjuntos são contáveis.

Teorema 1 *As seguintes afirmativas são equivalentes:*

1. *O conjunto A é contável.*

2. *Existe uma função injetora de A para $\mathbf{N}$.*

3. *$A = \emptyset$ ou existe uma função sobrejetora de $\mathbf{N}$ para A.* □

Segue uma aplicação do Teorema 1.

Exemplo 27 O conjunto dos números racionais não negativos, QP, é enumerável, como mostra a função sobrejetora $g : \mathbf{N} \to QP$, que será definida de forma a espelhar a correspondência apresentada esquematicamente na Figura 1.5. Nessa figura, os números naturais são dispostos em uma matriz infinita com as linhas numeradas 0, 1, 2, ... e as colunas 1, 2, 3, ... Observe que, começando na posição (0,1) da matriz, os números naturais são dispostos nas diagonais inversas, em seqüência, a partir de 0. Com esse esquema, *todo número natural* terá uma posição na matriz. Supondo que o par (linha

---

[20] Isso implica que $\aleph_0 + \aleph_0 = \aleph_0$.

	1	2	3	4	5	⋯
0	0	1	3	6	10	
1	2	4	7	11		
2	5	8	12			
3	9	13				
4	14					
⋮						

Figura 1.5 Função sobrejetora de **N** para QP.

i, coluna j) represente o número racional i/j, observe que cada número racional possui múltiplas representações. Por exemplo, o número 0 tem inúmeras representações: 0/1, 0/2, 0/3 etc. O número 1: 1/1, 2/2 etc. A matriz representa uma função g tal que $g(k) = i/j$, em que k é o número natural especificado na linha i, coluna j. Isso é suficiente para concluir que o conjunto QP é enumerável.[21]

Antes de determinar g, será determinada a função $f : \mathbf{N} \times \mathbf{N} - \{0\} \to \mathbf{N}$, em que $f(i,j) = k$ se $g(k) = i/j$. Observe, inicialmente, que $f(i,j) = S+i$, sendo S o primeiro número natural da diagonal inversa em que se situa k (na linha 0). Para os elementos de uma diagonal inversa, $i+j$ é constante e é exatamente a quantidade de números naturais dispostos na diagonal. Assim, S é a quantidade de números naturais já colocados antes da diagonal, que é $\sum_{k=0}^{i+j-1} k = (i+j)(i+j-1)/2$. Logo, $f(i,j) = (i+j)(i+j-1)/2+i$. A inversa dessa função dá o par (i,j) para o qual $g(k) = i/j$, para cada número natural k. Dado um número k, deve-se, portanto, determinar i e j tais que $k = (i+j)(i+j-1)/2+i$, ou seja, $2k - 2i = (i+j)(i+j-1)$. Veja que $i+j$ deve ser o *maior número natural tal que* $(i+j)(i+j-1) \leq 2k$. Assim, designando-se por n o maior número natural de modo que $n(n-1) \leq 2k$, determina-se i por meio de $i = k - n(n-1)/2$ e, em seguida, encontra-se j por intermédio de $j = n - i$. □

Além do Teorema 1, os seguintes resultados também podem ser úteis para determinar se um conjunto é ou não contável:

a) todo subconjunto de conjunto contável é contável;

b) $A \times B$ é contável, se A e B são contáveis;

c) $A \cup B$ é contável, se A e B são contáveis.

A seguir, é apresentado um exemplo de conjunto não contável. Esse conjunto, em certo sentido, tem tantos elementos que é impossível construir uma função bijetora dos números naturais para ele. A técnica utilizada na demonstração é conhecida como *diagonalização de Cantor*.

---

[21] Desse exemplo segue que $\mathbf{N} \times \mathbf{N}$ é enumerável e, com isso, que $\aleph_0 \times \aleph_0 = \aleph_0$.

	0	1	2	3	...
C_0	$\in$ ou $\notin$	$\in$ ou $\notin$	$\in$ ou $\notin$	$\in$ ou $\notin$	
C_1	$\in$ ou $\notin$	$\in$ ou $\notin$	$\in$ ou $\notin$	$\in$ ou $\notin$	
C_2	$\in$ ou $\notin$	$\in$ ou $\notin$	$\in$ ou $\notin$	$\in$ ou $\notin$	
C_3	$\in$ ou $\notin$	$\in$ ou $\notin$	$\in$ ou $\notin$	$\in$ ou $\notin$	
⋮					

Figura 1.6 Matriz de diagonalização para subconjuntos de **N**.

Exemplo 28 Seja S o conjunto de todos os subconjuntos de **N**. Será mostrado, por contradição, que S não é contável.

Suponha que S seja contável. Como S é infinito, seja então uma função bijetora $f : \mathbf{N} \to S$ tal que $f(i) = C_i$; ou seja, a função f "enumera" os elementos de S: $S = \{C_0, C_1, C_2, \ldots\}$. Observe que se está assumindo apenas a *existência* de f, sem impor uma função f específica. O fundamental é que cada subconjunto de **N** deve ser algum C_i para algum $i \in \mathbf{N}$. Seja, então, o conjunto X tal que para cada $i \in \mathbf{N}$, $i \in X$ se, e somente se, $i \notin C_i$. Ora, tal conjunto é um subconjunto de **N** e, no entanto, é diferente de cada conjunto C_i. Isso implica que a suposição da existência da função bijetora f é incorreta, ou seja, S não é contável. □

É ilustrativo ver em que consiste o argumento da *diagonalização* utilizado no exemplo anterior. Para isso, observe que a seqüência de conjuntos $C_0, C_1, C_2, \ldots$ pode ser disposta como índices das linhas de uma matriz e a seqüência de números naturais $0, 1, 2, \ldots$ como índices das colunas, como pode ser visto na Figura 1.6. O elemento na posição (C_i, k) da matriz é "$\in$" se $k \in C_i$, e é "$\notin$" se $k \notin C_i$. O conjunto X do Exemplo 28 é formado observando-se a *diagonal* da matriz: $i \in X \leftrightarrow i \notin C_i$. Diz-se, então, que X difere de C_i na diagonal, para cada $i \in \mathbf{N}$.

Exemplo 29 Seja o conjunto de todas as funções $f : \mathbf{N} \to \mathbf{N}$. Será mostrado, por contradição, usando a técnica da diagonalização, que tal conjunto não é contável.

Suponha que o conjunto em questão seja enumerável (sabe-se que não é finito). Então, as funções podem ser enumeradas em seqüência $f_0, f_1, f_2, \ldots$ (veja a Figura 1.7, que explicita a matriz para o argumento da diagonalização). Considere agora a função $g : \mathbf{N} \to \mathbf{N}$ tal que $g(i) = f_i(i) + 1$. Mas g é diferente de f_i para todo $i \in \mathbf{N}$, pois g difere de f_i para o argumento i. Logo, a suposição de que o conjunto das funções $f : \mathbf{N} \to \mathbf{N}$ é enumerável não está correta. □

Neste ponto, é conveniente retornar ao problema de representar uma entidade já modelada matematicamente por meio de um número ou de um conjunto, ou de uma função, ou de uma relação, ou de um grafo etc. via uma seqüência de símbolos finita, problema este mencionado na Seção 1.1, que é um problema básico da computação.

Um número natural pode ser representado na base 1 (unário), base 2 (binário) etc. Do ponto de vista tecnológico, pelo menos até agora, a mais conveniente tem

	0	1	2	3	$\cdots$
f_0	$\boxed{f_0(0)}$	$f_0(1)$	$f_0(2)$	$f_0(3)$	
f_1	$f_1(0)$	$\boxed{f_1(1)}$	$f_1(2)$	$f_1(3)$	
f_2	$f_2(0)$	$f_2(1)$	$\boxed{f_2(2)}$	$f_2(3)$	
f_3	$f_3(0)$	$f_3(1)$	$f_3(2)$	$\boxed{f_3(3)}$	
$\vdots$					

Figura 1.7 Matriz de diagonalização para as funções $\mathbf{N} \to \mathbf{N}$.

sido a base 2. Do ponto de vista matemático, no entanto, qualquer base serve. Por exemplo, para representar um número natural n na base 1, pode-se usar uma seqüência de $n + 1$ símbolos. Pode-se determinar que, para representar um número natural n na base b, para $n \geq 2$, usa-se uma seqüência de $\lfloor \log_b n \rfloor + 1$ símbolos. Assim, vê-se que a representação de um número em uma base maior que 1 é exponencialmente mais concisa que a representação em unário.

Já os números reais não podem ser todos representados em qualquer base, já que os números irracionais não podem ser representados. Isso segue do fato de que o conjunto dos números reais não é enumerável: se cada número real pudesse ser representado por uma seqüência de símbolos finita, então, dado que os números naturais também podem, seria possível ter uma função bijetora dos números naturais para os reais. Uma implicação disso é que nenhum computador, mesmo com memória ilimitada, pode manipular todos os números reais. Como os computadores têm memória limitada, eles nem sequer conseguem manipular todos os números racionais; na realidade, só conseguem manipular um subconjunto dos racionais, normalmente denominados números de ponto flutuante.

Generalizando, se um conjunto não é contável, então seus elementos não podem ser (todos) representados por seqüências finitas de símbolos tomados de um conjunto finito de símbolos. No entanto, se um conjunto é contável, seus elementos podem ser (todos) representados por seqüências finitas de símbolos tomados de um conjunto finito de símbolos.

Exercícios

1. Para cada um dos conjuntos a seguir, prove que ele é, ou que não é, enumerável:

   a) $\{n \in \mathbf{N} \mid n \bmod 10 = 0\}$;

   b) $\{(n_1, n_2, n_3) \mid n_1, n_2, n_3 \in \mathbf{N}\}$;

   c) $\{n \in \mathbf{R} \mid 0 < n < 1\}$.

2. O conjunto das funções de **N** para $\{0,1\}$ pode ser visto como o conjunto de todos os problemas de decisão (problemas cuja resposta é sim ou não).[22] Prove que tal conjunto não é enumerável.

3. Uma função total $f : \mathbf{N} \to \mathbf{N}$ é dita *monotônica crescente* se $f(n+1) > f(n)$ para todo $n \in \mathbf{N}$. Prove que o conjunto das funções monotônicas crescentes não é contável.

4. Mostre que todo subconjunto de um conjunto enumerável é contável.

5. Mostre que a união, a interseção e o produto cartesiano de dois conjuntos contáveis são conjuntos contáveis.

6. Sejam F um conjunto finito e E um conjunto enumerável. O conjunto das funções totais $f : F \to E$ é enumerável?

1.7 Definições Recursivas

Uma propriedade importante dos conjuntos enumeráveis é que eles podem ser definidos por meio de uma *definição recursiva* (ou *indutiva*). Uma definição recursiva especifica como um conjunto contável pode ser *gerado* a partir de um subconjunto do mesmo aplicando-se determinadas *operações* um número finito de vezes. Uma definição recursiva de um conjunto A consta de três partes:

a) base: especificação de um conjunto base $B \subset A$;

b) passo recursivo: especificação de um elenco de operações que, se aplicadas a elementos de A, geram elementos de A;

c) fechamento: afirmação que os únicos elementos de A são aqueles que podem ser obtidos a partir dos elementos de B aplicando-se um número finito de vezes as operações especificadas em (b).

O conjunto B deve ser um conjunto contável. Ele pode, inclusive, ter sido definido recursivamente.

Exemplo 30 O conjunto **N** pode ser definido assim, a partir de $\{0\}$, usando-se a operação s (sucessor):

a) $0 \in \mathbf{N}$;

b) se $n \in \mathbf{N}$, então $s(n) \in \mathbf{N}$;

c) só pertence a **N** o número que pode ser obtido de acordo com (a) e (b). □

---

[22] Uma introdução a problemas de decisão será feita na Seção 1.12.

De forma equivalente, pode-se omitir o item (c) de uma definição recursiva e dizer que o conjunto definido é *o menor conjunto* que pode ser obtido por meio de (a) e (b). Neste texto, o item (c) não será explicitado, mas suposto implicitamente quando se disser que o conjunto é definido *recursivamente* por (a) e (b).

Funções também podem ser definidas recursivamente; afinal, funções são conjuntos!

Exemplo 31 A função fatorial, $fat : \mathbf{N} \to \mathbf{N}$ é definida recursivamente por:

a) $fat(0) = 1$;

b) $fat(n) = n \times fat(n-1)$, para $n \geq 1$. □

Evidentemente, a definição do exemplo anterior poderia ser colocada no formato apresentado no início desta seção:

a) $(0,1) \in fat$;

b) se $n \geq 1$ e $(n-1,k) \in fat$, então $(n, nk) \in fat$;

c) só pertence a *fat* o par que pode ser obtido conforme (a) e (b).

No estilo do Exemplo 31, que será adotado aqui, o passo (b) da definição mostra como obter o valor $f(n_1, n_2, \ldots, n_k)$ a partir de valores "mais simples", isto é, de valores $f(n'_1, n'_2, \ldots, n'_k)$ tais que pelo menos um n'_j é menor que n_j e nenhum n'_j é maior que n_j. Segue mais um exemplo.

Exemplo 32 Utilizando a representação de número natural dada pela definição recursiva do Exemplo 30, em que a representação de um número $n > 0$ é dada por $s(s(\cdots s(0) \cdots))$, onde aparecem n ss, é apresentada a seguir uma definição recursiva da operação de soma sobre $\mathbf{N}$:

a) $n + 0 = n$, para todo $n \in \mathbf{N}$;

b) $m + s(n) = s(m+n)$, para todo $m, n \in \mathbf{N}$.

Observe que a soma $m + s(n)$ é obtida a partir da soma "mais simples" $m + n$. A partir do seguinte trecho dá para perceber como uma soma é "construída" (colchetes são usados em vez de alguns parênteses apenas para efeitos de maior legibilidade):

$$\begin{aligned}
s(0) + s(s(s(0))) &= s[s(0) + s(s(0))] \text{ por (b)} \\
&= s[s[s(0) + s(0)]] \text{ por (b)} \\
&= s[s[s[s(0) + 0]]] \text{ por (b)} \\
&= s[s[s[s(0)]]] \quad \text{ por (a)}
\end{aligned}$$
□

Antecipando um pouco do assunto a ser tratado na Seção 1.10, segue um exemplo de definição recursiva da sintaxe de uma linguagem.

Exemplo 33 A seguir, será definida uma (sintaxe de uma) linguagem para a Lógica Proposicional (LP), ou seja, a parte da lógica matemática vista informalmente na Seção 1.2, excluídos os conectivos $\forall$ e $\exists$. Para isso, será suposto um conjunto de *variáveis proposicionais* para expressar as afirmativas primitivas (indivisíveis ou não compostas) constituído pelos símbolos: p, q e r, com ou sem índices. Para os conectivos serão utilizados os símbolos apresentados na Seção 1.2. E também serão utilizados os símbolos auxiliares "(" e ")". A linguagem LP é, então, definida recursivamente assim:

a) cada variável proposicional pertence a LP;

b) se α e β pertencem a LP, então também pertencem a LP:

- $\neg \alpha$;
- $(\alpha \wedge \beta)$;
- $(\alpha \vee \beta)$;
- $(\alpha \rightarrow \beta)$;
- $(\alpha \leftrightarrow \beta)$.

Exemplos de afirmativas pertencentes a LP: p, q, $\neg p$, $(p \rightarrow q)$, $((p \rightarrow q) \wedge \neg p)$. As duas primeiras foram obtidas da base da definição; a terceira e a quarta, aplicando-se o passo recursivo da definição uma única vez; e a última foi obtida aplicando-se o passo recursivo a partir da terceira e da quarta. Observe que, por essa definição, *não* são exemplos de afirmativas pertencentes a LP: pq, $p \wedge q$, (p), $\neg(p)$. Não há como gerar tais seqüências a partir das variáveis proposicionais aplicando-se as regras de composição de (b). □

Diversos outros exemplos de definições recursivas serão vistos nas próximas seções e capítulos.

Exercícios

1. Dê uma definição recursiva de $f : \mathbf{N} \rightarrow \mathbf{N}$, em que $f(n) = \sum_{k=1}^{n} k$.

2. Faça uma definição recursiva do número de elementos do conjunto potência de conjuntos finitos.

3. Faça uma definição recursiva das representações dos números naturais na base 2, sem zeros à esquerda, de forma que cada número tenha uma única representação.

4. Faça uma definição recursiva dos números da série de Fibonacci:

$$0, 1, 1, 2, 3, 5, 8, 13, \ldots$$

5. Continuando no estilo do Exemplo 32, página 29, faça uma definição recursiva da operação de multiplicação sobre $\mathbf{N}$.

6. No Exemplo 33, foi apresentada uma sintaxe muito simples e conveniente do ponto de vista formal, mas que não é adequada na prática, pois o uso exaustivo de parênteses leva a afirmativas longas e ilegíveis. O procedimento usual para resolver esse problema é assumir prioridades para os conectivos e utilizar as leis associativas da conjunção e da disjunção para omitir parênteses. Contudo, a colocação de parênteses em excesso às vezes é tolerado. Faça uma definição recursiva para uma linguagem LP' em que os parênteses possam ser omitidos, mas que também possam ser colocados em excesso. (Observe que a interpretação de uma afirmativa existe à parte da mesma; a definição recursiva deverá gerar apenas as afirmativas *sintaticamente* aceitáveis, sem preocupação com as regras de prioridades dos conectivos, que existirão à parte.)

1.8 Indução Matemática

A maioria dos resultados a serem apresentados nos capítulos vindouros é provada mediante evocação do denominado *princípio de indução matemática*. Esse princípio espelha a definição recursiva dos números naturais, como se pode observar a seguir.

Princípio de indução matemática

Seja uma propriedade P sobre os naturais. Então, caso

- *P se verifique para o número 0, e*

- *para um número natural n arbitrário, se P se verifica para n, então P se verifica para $n+1$,*

pode-se concluir que P se verifica para todo número natural.[23]

Utilizando-se tal princípio, pode-se provar, *por indução sobre n*, que uma propriedade P se verifica para todo número $n \in \mathbf{N}$, em três passos:

1. *base* da indução: provar que P se verifica para o número zero;

2. *hipótese de indução*: supor que P se verifica para n, em que n é um número natural arbitrário; e

3. *passo indutivo*: provar que P se verifica para $n+1$.

Exemplo 34 Um resultado freqüentemente empregado por quem trabalha em computação é o fato de que, para todo $n \in \mathbf{N}$, $\sum_{k=0}^{n} k = n(n+1)/2$ – resultado este que já foi utilizado no Exemplo 27, página 24. Segue uma prova do mesmo por indução.
Inicialmente, veja que $\sum_{k=0}^{0} k = 0 = 0(0+1)/2$. Suponha, como hipótese de indução, que $\sum_{k=0}^{n} k = n(n+1)/2$ para um número natural n arbitrário. Basta provar, então, que $\sum_{k=0}^{n+1} k = (n+1)(n+2)/2$. Ora, $\sum_{k=0}^{n+1} k = \sum_{k=0}^{n} k + (n+1) = n(n+1)/2 +$

---

[23] Mais formalmente: $[P(0) \land \forall n(P(n) \to P(n+1))] \to \forall n P(n)$.

$(n+1)$, pela hipótese de indução. Desenvolvendo: $n(n+1)/2 + (n+1) = [n(n+1) + 2(n+1)]/2 = (n+1)(n+2)/2$. Logo, pelo princípio da indução, $\sum_{k=0}^{n} k = n(n+1)/2$.
□

Vale ressaltar que o princípio da indução é a base para provar uma afirmativa aplicável a todos os elementos de um conjunto enumerável, já que, como existe uma função bijetora dos naturais para esse conjunto, pode-se "transformar" uma afirmativa sobre os elementos do conjunto enumerável infinito em uma afirmativa sobre os naturais (ou vice-versa). Só que, normalmente, em vez de fazer a transformação, raciocina-se com a afirmativa original, adaptando-se o princípio de indução. Assim, por exemplo, para provar que P se verifica para todo natural $n \geq k$, basta:

1. *base* da indução: provar que P se verifica para o número k;

2. *hipótese de indução*: supor que P se verifica para n, sendo $n \geq k$ arbitrário; e

3. *passo indutivo*: provar que P se verifica para $n+1$.

(Nesse caso, a transformação seria trivial: uma afirmativa sobre n, em que $n \geq k$, é o mesmo que uma afirmativa sobre $n+k$, em que $n \geq 0$). Segue um exemplo.

Exemplo 35 A seguir, é apresentada uma demonstração, por indução sobre n, que $n! > 2^n$ para todo $n \geq 4$.

Inicialmente, para $n = 4$ tem-se: $n! = 24 > 16 = 2^n$. Seja um $n \geq 4$ arbitrário, e suponha, como hipótese de indução, que $n! > 2^n$. Deduz-se:

$$\begin{aligned}
(n+1)! &= (n+1) \times n! & \text{pela definição de } fatorial \\
&> (n+1) \times 2^n & \text{pela hipótese de indução, pois } n+1 > 0 \\
&> 2 \times 2^n & \text{pois } n \geq 4 \\
&= 2^{n+1}.
\end{aligned}$$

Logo, $(n+1)! > 2^{n+1}$. Conclui-se que $n! > 2^n$ para todo $n \geq 4$.   □

Existe uma versão do princípio de indução, e conseqüente formato de prova por indução, que pode ser mais fácil e/ou conveniente de ser usada em algumas circunstâncias. Essa versão, chamada *princípio de indução forte*, diz que, se for o caso que

- para um natural arbitrário n, se P se verifica para todo $k < n$, então P se verifica para n,

pode-se concluir que P se verifica para todo número natural.[24] Uma prova por indução baseada nesse princípio teria os passos:

1. *hipótese de indução*: supor que P se verifica para todo $k < n$, em que n é um número natural arbitrário; e

2. *passo indutivo*: provar que P se verifica para n.

---

[24] Mais formalmente: $\forall n[(\forall k < n P(k)) \rightarrow P(n)] \rightarrow \forall n P(n)$.

Exemplo 36 Seja o problema de provar que todo número natural $n \geq 2$ é primo ou produto de números primos.

A prova será feita por indução forte sobre n. Para esse efeito, seja $n \geq 2$ arbitrário e suponha, como hipótese de indução, que todo número natural $2 \leq k < n$ seja primo ou produto de números primos. Basta, então, provar que n é primo ou produto de números primos. Se n é um número primo, a afirmativa é trivialmente verdadeira. Caso contrário, por definição de número primo, $n = i \times j$, sendo $2 \leq i, j < n$. Nesse caso, pela hipótese de indução, ambos, i e j, são primos ou produtos de números primos. Conclui-se que n é primo ou produto de números primos. Logo, pelo princípio de indução, todo número natural $n \geq 2$ é primo ou produto de números primos. □

O exemplo a seguir ilustra a aplicação do princípio de indução a entidades que não envolvem diretamente os números naturais.

Exemplo 37 Seja o conjunto das afirmativas da linguagem LP definido recursivamente no Exemplo 33, página 30. Seja na(α) o número de abre parênteses e nf(α) o número de fecha parênteses da afirmativa α. Será provado, por indução, que na(α) = nf(α) para todo $\alpha \in LP$.

Seja o *grau* de uma afirmativa o número de conectivos lógicos da mesma, o qual pode ser definido recursivamente assim:

- o grau de uma variável proposicional é zero;

- o grau da afirmativa $(\alpha \oplus \beta)$ é um a mais que a soma dos graus de α e β, dado que $\oplus \in \{\wedge, \vee, \rightarrow, \leftrightarrow\}$;

- o grau de $\neg \alpha$ é um a mais que o grau de α.

Será feita indução (forte) sobre o grau das afirmativas. Seja n um natural arbitrário e suponha, como hipótese de indução, que na(α) = nf(α) para todo α de grau menor que n. Basta, então, mostrar que na(α) = nf(α) para todo α de grau n. Considera-se dois casos:

Caso 1 $n = 0$. Nesse caso, α é uma variável proposicional e na(α) = 0 = nf(α).
Caso 2 $n > 0$. Esse caso pode ser subdividido em dois:

2.1 $\alpha = \neg \gamma$. O grau de γ é $n-1$ e, portanto, pela hipótese de indução, na(γ) = nf(γ). Segue-se que na(α) = nf(α), pois na(α) = na(γ) e nf(α) = nf(γ).

2.2 $\alpha = (\gamma_1 \oplus \gamma_2)$. Os graus de γ_1 e de γ_2 são menores que n e, portanto, pela hipótese de indução, na(γ_1) = nf(γ_1) e na(γ_2) = nf(γ_2). Segue-se que na(α) = nf(α), pois na(α) = na(γ_1) + na(γ_2) + 1 e nf(α) = nf(γ_1) + nf(γ_2) + 1.

Segue-se que na(α) = nf(α) para todo $\alpha \in LP$. □

Exercícios

1. Prove, por indução, que $|\mathcal{P}(A)| = 2^{|A|}$ para todo conjunto finito A.

2. Prove, por indução, que para todo número natural $n \geq 0$:

    a) $\sum_{k=0}^{n} k^2 = n(n+1)(2n+1)/6$;

    b) $\sum_{k=0}^{n} k^3 = [n(n+1)/2]^2$;

    c) $2^{2n} - 1$ é divisível por 3;

    d) $n^3 - n$ é divisível por 6;

    e) $7^n - 1$ é divisível por 6.

3. Prove, por indução, que para todo número natural $n \geq 1$:

    a) $\sum_{k=1}^{n} [k(k+1)] = n(n+1)(n+2)/3$;

    b) $\sum_{k=1}^{n} 2^k = 2(2^n - 1)$;

    c) $\sum_{k=1}^{n} [1/k(k+1)] = n/(n+1)$;

    d) $n^3 + (n+1)^3 + (n+2)^3$ é divisível por 9.

4. Seja F a função de Fibonacci definida recursivamente assim:

    a) $F(0) = 0$; $F(1) = 1$;

    b) $F(n) = F(n-1) + F(n-2)$ para $n \geq 2$.

    Prove, por indução, que
    $$F(n) = \frac{1}{\sqrt{5}} \left[\left(\frac{1+\sqrt{5}}{2} \right)^n - \left(\frac{1-\sqrt{5}}{2} \right)^n \right].$$

5. Prove que o número de abre parênteses de qualquer prefixo de qualquer afirmativa da linguagem LP do Exemplo 33, página 30, é maior ou igual ao número de fecha parênteses.

1.9 Grafos

Um grafo é uma estrutura matemática que contém dois tipos de entidades: vértices e arestas. Existem dois tipos básicos de grafos: os dirigidos e os não dirigidos. Nos grafos dirigidos, as arestas (dirigidas) são pares ordenados de vértices e, nos grafos não dirigidos, as arestas (não dirigidas) são pares não ordenados de vértices.

Na representação gráfica de um grafo, um vértice é, em geral, representado por meio de uma curva fechada, como um círculo, uma oval etc. Em um grafo dirigido,

(a) Um grafo dirigido   (b) Um grafo não dirigido

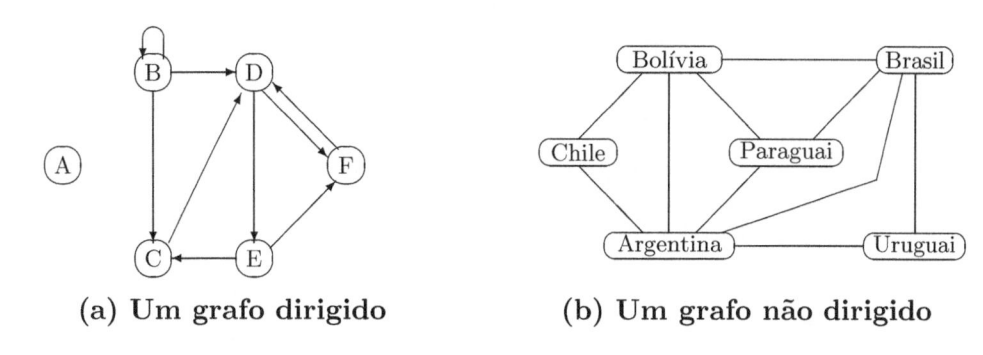

Figura 1.8 Exemplos de grafos dirigido e não dirigido.

uma aresta é representada por meio de uma seta ligando as representações dos dois vértices da aresta no sentido do primeiro para o segundo vértice. E em um grafo não dirigido, uma aresta é representada por meio de uma linha (reta ou curva) ligando as representações dos dois vértices da aresta. As Figuras 1.8a e b mostram exemplos de representações gráficas de um grafo dirigido e de um grafo não dirigido. No grafo não dirigido da Figura 1.8b existe uma aresta conectando dois vértices v e v' se, e somente se, o país v tem fronteira com o país v'.

Sintetizando, um grafo é um par $G = (V, A)$, em que V é um conjunto de vértices e A é um conjunto de arestas. Se G é dirigido, A é um conjunto de pares ordenados de elementos de V; e se G não é dirigido, A é um conjunto de pares não ordenados de elementos de V. Assim, o grafo dirigido da Figura 1.8a é um par (V, A), em que $V = \{A, B, C, D, E, F\}$ e $A = \{(B, B), (B, C), (B, D), (C, D), (D, E), (D, F), (E, C), (E, F), (F, D)\}$. E o grafo não dirigido da Figura 1.8b é um par (V', A'), em que $V' = \{$Argentina, Bolívia, Brasil, Chile, Paraguai, Uruguai$\}$ e $A' = \{\{$Argentina, Bolívia$\}$, $\{$Argentina, Brasil$\}$, $\{$Argentina, Chile$\}$, $\{$Argentina, Paraguai$\}$, $\{$Argentina, Uruguai$\}$, $\{$Bolívia, Brasil$\}$, $\{$Bolívia, Chile$\}$, $\{$Bolívia, Paraguai$\}$, $\{$Brasil, Paraguai$\}$, $\{$Brasil, Uruguai$\}\}$.

Além dos dois tipos básicos de grafos exemplificados anteriormente, existem variações. Por exemplo, existem os grafos mistos, que têm ambos os tipos de arestas, dirigidas e não dirigidas. Em alguns contextos, os grafos contêm não um conjunto de arestas, mas um *multiconjunto*.[25] Nesse último caso, podem existir várias arestas para um único par de vértices.

Um grafo dirigido *rotulado* é uma tripla (V, A, R) em que:

- V é um conjunto finito de vértices;
- $A \subseteq V \times R \times V$ é um conjunto arestas (rotuladas); e
- R é um conjunto de rótulos.

A representação gráfica é similar à de um grafo não rotulado. A diferença é que, para uma aresta (a, r, b), coloca-se, além da seta de a para b, o rótulo r adjacente à seta,

---

[25] Um multiconjunto é um conjunto que admite repetições de elementos. Assim, por exemplo, $\{a\} \neq \{a, a\}$.

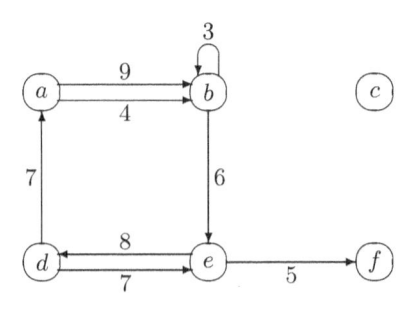

Figura 1.9 Exemplo de grafo dirigido rotulado.

como mostra o exemplo a seguir. Observe que agora podem existir várias arestas que saem do mesmo vértice e entram em um vértice comum; basta que seus rótulos sejam diferentes. Um grafo não dirigido rotulado pode ser definido de forma análoga.

Exemplo 38 A Figura 1.9 dá a representação gráfica de um grafo rotulado $(V, A, \mathbf{N})$ tal que:

- $V = \{a, b, c, d, e, f\}$;
- $A = \{(a, 9, b), (a, 4, b), (b, 3, b), (b, 6, e), (d, 7, a), (d, 7, e), (e, 8, d), (e, 5, f)\}$. □

Os vértices de uma aresta são ditos *adjacentes*. Para uma aresta $x = (a, b)$, em um grafo dirigido não rotulado, ou $x = (a, r, b)$, em um grafo dirigido rotulado, diz-se que x *sai* do vértice a e *entra* em b, e também que a aresta x é uma aresta *de a para b*. O *grau* de um vértice é o número de arestas que o contêm. Em um grafo dirigido, o *grau de entrada* de um vértice é o número de arestas que entram nele, e o grau de saída é o número de arestas que saem dele.

Exemplo 39 Para o grafo da Figura 1.8a, os graus de entrada e de saída de A são zero; o grau de entrada de B é 1 e o de saída, 3, sendo 4 o grau de B. No grafo da Figura 1.9, o grau de entrada de b é 3 e o grau de saída, 2, sendo 5 o grau de b. Na Figura 1.8b, o vértice Brasil tem grau 4. □

Um *caminho* de tamanho n de a para b, em um grafo dirigido, é uma seqüência de vértices e arestas $v_0 x_1 v_1 x_2 v_2 \ldots v_{n-1} x_n v_n$ tal que $a = v_0$, $b = v_n$ e a aresta x_i sai de v_{i-1} e entra em v_i; v_0 é o *vértice inicial* e v_n é o *vértice final* do caminho. Nesse caso, diz-se ainda que o caminho *passa* pelos vértices v_0, v_1 etc., e pelas arestas x_1, x_2 etc. Se o grafo não é rotulado, pode-se representar um caminho usando-se apenas os vértices, na forma $v_0 v_1 v_2 \ldots v_{n-1} v_n$, assumindo-se que há uma aresta de um vértice de v_i para v_{i+1} para $0 \leq i \leq n-1$. Quando $n = 0$, o caminho consta apenas do vértice $v_0 = a = b$, e é dito ser um *caminho nulo*. Um *caminho fechado* é um caminho não nulo em que os vértices inicial e final são o mesmo, isto é, $v_0 = v_n$. Um *ciclo* é um caminho fechado em que $v_i \neq v_j$ para todo $0 \leq i < j \leq n$, exceto para $i = 0$ e $j = n$, e em que cada aresta não ocorre mais de uma vez. Um ciclo de tamanho 1 é denominado *laço*. Um *caminho simples* é um caminho sem vértices repetidos. Define-se caminho, caminho nulo, caminho fechado, ciclo, laço e caminho simples para grafos não dirigidos de forma análoga.

Exemplo 40 Seja o grafo da Figura 1.9. São exemplos de caminhos:

- a: é caminho nulo e é caminho simples;
- $a(a, 4, b)b(b, 3, b)b$: é um caminho de tamanho 2;
- $b(b, 3, b)b$: é um ciclo de tamanho 1 e, portanto, um laço;
- $a(a, 9, b)b(b, 6, e)e(e, 8, d)d(d, 7, a)a$: é um ciclo de tamanho 4;
- $d(d, 7, e)e(e, 8, d)d(d, 7, e)e(e, 8, d)d$: é um caminho fechado de tamanho 4; não é ciclo.

No grafo da Figura 1.8b, Brasil Paraguai Argentina Chile é um caminho simples de tamanho 3; Brasil Bolívia Brasil é um caminho fechado, mas não é ciclo. Brasil Bolívia Argentina Brasil é um ciclo.

Note que o tamanho de um caminho é o número arestas do mesmo, que é igual ao número vértices menos um. □

Um grafo que não tem ciclos é conhecido como um *grafo acíclico*.

Um grafo não dirigido é dito *conexo* se existe caminho de qualquer vértice a qualquer outro. E um grafo dirigido em que existe caminho de qualquer vértice a qualquer outro é chamado *fortemente conexo*. Assim, os grafos das Figuras 1.8a e 1.9 não são fortemente conexos, e o da Figura 1.8b é conexo.

Um tipo de grafo muito comum em computação é a *árvore*. Uma árvore pode ser definida como um grafo acíclico conexo. Na maioria das aplicações, existe um vértice especial denominado *raiz*. Supondo que os vértices sejam tomados de um universo U, pode-se definir recursivamente árvore como uma tripla (V, A, r) tal que:

a) $(\{v\}, \emptyset, v)$ é uma árvore para qualquer $v \in U$;

b) se (V, A, r) é uma árvore, $v \in V$ e $v' \in U - V$, então $(V \cup \{v'\}, A \cup \{\{v, v'\}\}, r)$ é uma árvore.

Se r é a raiz e v um vértice qualquer de uma árvore, pode-se mostrar que existe um, e apenas um, caminho simples de r para v. Se o caminho simples de r para v passa por um vértice v' (que pode ser r ou v), diz-se que v' é *ancestral* de v e que v é *descendente* de v'. Nesse caso, se $\{v', v\}$ é uma aresta da árvore, diz-se ainda que v' é *o ancestral imediato*, ou *pai*, de v e que v é *um descendente imediato*, ou *filho*, de v'. Os filhos do mesmo pai são ditos *irmãos*. Um vértice sem filhos é denominado *folha* e um vértice que não é folha é chamado vértice *interno*. O *nível* de um vértice v de uma árvore de raiz r é o tamanho do caminho simples de r para v. A *altura* de uma árvore é o maior

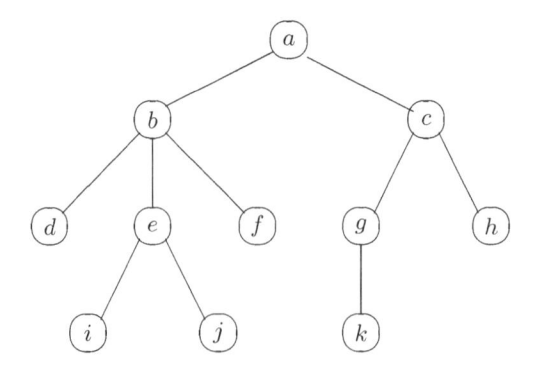

Figura 1.10 Exemplo de árvore com raiz.

dentre os níveis de seus vértices. Se o maior número de filhos de vértices de uma árvore for n, diz-se que a árvore é n-ária (binária, ternária etc.).

Graficamente, uma árvore é, em geral, representada com a raiz no topo, os vértices adjacentes à raiz logo abaixo, os filhos desses últimos mais abaixo etc.

Exemplo 41 A Figura 1.10 mostra a representação gráfica de uma árvore ternária com raiz a e arestas $\{a,b\}$, $\{a,c\}$, $\{b,d\}$, $\{b,e\}$, $\{b,f\}$, $\{c,g\}$, $\{c,h\}$, $\{e,i\}$, $\{e,j\}$, $\{g,k\}$. São ancestrais de f: f, b e a. O pai de f é b e o de b é a raiz a. Os filhos de b são d, e e f. São descendentes de b: b, d, e, f, i e j. As folhas da árvore são: d, f, h, i, j e k. A raiz a tem nível 0, b e c têm nível 1; d, e, f, g e h têm nível 2; e i, j e k possuem nível 3, que é a altura da árvore. □

Em algumas aplicações, pode ser útil considerar árvores dirigidas e/ou com rótulos. Tipicamente, em uma árvore dirigida, uma aresta sempre se dirige do pai para um filho, ou então sempre de um filho para o pai.

Em muitas aplicações, são comuns o uso de árvores em que os vértices são rotulados, já que o uso dos próprios rótulos como vértices é impedido por existirem vértices diferentes com o mesmo rótulo. Nesse caso, pode-se considerar a existência de uma função que associa a cada vértice o seu rótulo. Na representação gráfica, normalmente não se colocam os nomes dos vértices, e sim apenas os rótulos.

São comuns também as aplicações em que os filhos de cada vértice são ordenados, ou seja, fala-se em *primeiro* filho (o mais à *esquerda*), *segundo* etc. Nesse último caso, diz-se que se trata de uma *árvore ordenada* (dirigida ou não). O ordenamento dos filhos de cada vértice induz a um ordenamento dos vértices em geral, como definido a seguir. Para isso, define-se antes o conceito de *ancestral comum mínimo* de dois vértices, v e v', como o ancestral, u, de ambos, v e v', tal que todo ancestral comum de v e v' é ancestral de u. Tem-se, então, que um vértice v está à *esquerda* de v' se, e somente se, v não é ancestral ou descendente de v' e, além disso,

a) v e v' são irmãos e v está à esquerda de v'; ou

b) sendo u o ancestral de v e u' o ancestral de v' que são filhos do ancestral comum mínimo de v e v', então u está à esquerda de u'.

A *fronteira* de uma árvore ordenada é a seqüência das folhas na ordem "está à esquerda" que se acaba de definir.

Exemplo 42 Suponha que a árvore representada graficamente na Figura 1.10 seja ordenada segundo a disposição apresentada na própria figura. Então, sendo v, v', u e u' como na definição de "está à esquerda":

- d está à esquerda dos irmãos e e f; e está à esquerda de f;
- o ancestral comum mínimo de $v = i$ e $v' = f$ é b; logo, i está à esquerda de f, pois $u = e$ está à esquerda de $u' = f$;
- o ancestral comum mínimo de $v = e$ e $v' = k$ é a; logo, e está à esquerda de k, pois $u = b$ está à esquerda de $u' = c$;
- a fronteira é $dijfkh$. □

Exercícios

1. Mostre que todo grafo não dirigido possui um número par de vértices de grau ímpar.

2. Prove, por indução, que o número de arestas de uma árvore é igual ao número de vértices menos 1.

3. Sejam $v_1, v_2, \ldots, v_n$ os vértices de um grafo, e seja $grau(v_i)$ o grau do vértice v_i. Prove que $\sum_{i=1}^{n} grau(v_i) = 2k$, em que k é o número de arestas do grafo.

4. Um grafo não dirigido é dito ser *completo* se há uma aresta para cada par de vértices distintos. Um grafo completo de n vértices é denotado por K_n. Qual é o número de arestas de K_n?

5. Prove, por indução, que toda árvore binária de altura $k \geq 0$ possui no máximo:

    a) 2^k folhas;
    b) $2^{k+1} - 1$ vértices.

6. Mostre que as seguinte afirmativas são equivalentes:

    a) é uma árvore;
    b) é acíclico e o número de vértices é um a mais do que o número de arestas;
    c) tem um único caminho simples de qualquer vértice para qualquer outro.

    Dica: Prove que $(a) \rightarrow (b) \rightarrow (c) \rightarrow (a)$.

1.10 Linguagens Formais

Uma linguagem formal, ao contrário de uma linguagem natural, é tal que:

a) tem uma sintaxe bem definida, de forma que, dada uma sentença, seja sempre possível saber se ela pertence ou não à linguagem; e

b) tem uma semântica precisa, de modo que não contenha sentenças sem significado ou ambíguas.

As linguagens formais são úteis, não só na matemática, mas também nas áreas que utilizam a matemática como ferramenta, como as engenharias, a física, a química e a computação. No caso da computação, as linguagens formais têm uma importância ímpar, pois a maioria dos profissionais da área lida diretamente com uma ou mais no dia-a-dia.

Exemplos de linguagens formais, ou concretizações diretas das mesmas, são as linguagens Java, C, Pascal, HTML etc. Em princípio, se um programador ou analista projeta um programa ou sistema que envolve um diálogo com o usuário, ele tem o problema de projetar a linguagem (formal) de comunicação. Desde o nível de instruções de máquina até os níveis mais altos da programação de um computador, as linguagens formais são uma presença constante.

Nesta seção, será vista uma definição de linguagem formal bastante geral, sem tocar na parte de semântica. À primeira vista isso pode parecer uma limitação, mas o fato é que uma abordagem puramente sintática é suficiente para a caracterização do conceito de "computabilidade", um dos objetivos deste texto, assim como para servir de base para ampla gama de aplicações, como ficará claro no decorrer do livro. Além disso, a especificação e o processamento da sintaxe de linguagens formais já envolve um material bastante extenso, que pode anteceder um estudo posterior de semântica. No entanto, muitas vezes consegue-se uma estrutura sintática rica o suficiente para capturar todos os aspectos relevantes da linguagem, não havendo a necessidade de considerar uma semântica à parte.

Toda *linguagem*[26] tem um *alfabeto* associado. Um alfabeto é um conjunto finito não vazio de elementos que serão referidos como *símbolos*. Uma *palavra*[27] sobre um alfabeto Σ é uma seqüência finita de símbolos de Σ.[28] O *tamanho* de uma palavra x, $|x|$, é o número de símbolos que a compõem. Em particular, existe a *palavra vazia*, constituída de zero símbolos; tal palavra será designada por λ. Assim, $|\lambda| = 0$.

Exemplo 43 Dois exemplos de alfabetos particularmente importantes são: $\Sigma = \{1\}$ e $\Gamma = \{0, 1\}$.

---

[26] Daqui para a frente, quando se disser "linguagem", quer-se dizer "linguagem formal", a menos que se diga o contrário.
[27] Em inglês, são utilizados os termos *string* ou *word*.
[28] Formalmente, uma seqüência é uma função $f : \{1, 2, 3, \ldots, n\} \to \Sigma$. Ela é representada normalmente por $f(1)f(2)f(3)\cdots f(n)$. Por exemplo, a seqüência $f : \{1, 2, 3\} \to \{0, 1\}$ tal que $f(1) = 1$, $f(2) = 0$ e $f(3) = 1$ é representada por 101.

São palavras sobre Γ: λ, 0, 1, 00, 01, 10, 11, 000 etc. Com esse alfabeto, pode-se *representar* qualquer número. Uma possibilidade é utilizar a codificação na base 2: 0 é representado por uma infinidade de palavras: 0, 00 etc.; 1 é representado por uma infinidade de palavras: 1, 01 etc.; apenas λ não representa nenhum número.

São palavras sobre Σ: λ, 1, 11, 111 etc. Observe que, com esse alfabeto, também se consegue representar qualquer número natural! Por exemplo, basta representar o número n por uma palavra de tamanho n. Nesse caso, cada palavra x representaria o número $|x|$. Comparando a representação do parágrafo anterior com a deste, note que a menor palavra x usada para representar um número n na base 2 tem tamanho $\lfloor \log_2 n \rfloor + 1$, e a palavra y usada para representar o mesmo número n na base 1 possui tamanho n. Dessa forma, nessa segunda representação a palavra usada é exponencialmente maior. □

Seja a um símbolo qualquer. A notação a^n, em que $n \in \mathbf{N}$, será utilizada para designar a palavra constituída de n as em seqüência. Assim, por exemplo, dado o alfabeto $\{0,1\}$, são exemplos de palavras sobre tal alfabeto: $1^0 = \lambda$, $0^4 = 0000$, $1^3 01^2 = 111011$ etc.

Uma linguagem sobre um alfabeto Σ é um conjunto de palavras sobre Σ. Denotando o conjunto de todas as palavras sobre Σ por Σ^*, diz-se, então, que uma linguagem sobre Σ é qualquer subconjunto de Σ^*.

Exemplo 44 Seja o alfabeto $\Sigma = \{0,1\}$. O conjunto de todas as palavras sobre Σ é $\Sigma^* = \{\lambda, 0, 1, 00, 01, 10, 11, 000, \ldots\}$. São exemplos de linguagens sobre Σ:

- $\emptyset$. É a linguagem mais simples que existe; não contém palavras;

- $\{\lambda\}$. Contém uma única palavra: a palavra vazia;

- $\{0\}$. Contém uma única palavra: 0;

- $\{\lambda, 0\}$. Contém duas palavras: λ e 0;

- $\{w \in \Sigma^* \mid 1 \leq |w| \leq 5\}$. Contém $\sum_{i=1}^{5} 2^i$ palavras;

- $\{0^n \mid n$ é um número primo$\}$. Esta linguagem é infinita, já que existe uma infinidade de números primos;

- $\{0^n 1^n \mid n \in \mathbf{N}\}$. Linguagem constituída de toda palavra de tamanho par cuja primeira metade só contém 0s e cuja segunda metade só 1s;

- Σ^*. Contém todas as palavras sobre o alfabeto Σ. □

Assim como as três últimas linguagens do Exemplo 44, a maioria das linguagens de interesse é infinita. Como fazer para especificar tais linguagens, se não dá para listar explicitamente todas as suas palavras? Na verdade, como será visto oportunamente, existem muitas opções para isso, cada uma delas possuindo contextos em que é mais apropriada.

Como uma linguagem é um conjunto, pode-se lançar mão das operações sobre conjuntos, definidas na Seção 1.3. Assim, por exemplo, se L_1 e L_2 são linguagens sobre alfabetos Σ_1 e Σ_2, respectivamente, também são linguagens:

- $L_1 \cup L_2$, uma linguagem sobre $\Sigma_1 \cup \Sigma_2$;
- $L_1 \cap L_2$, uma linguagem sobre $\Sigma_1 \cap \Sigma_2$;
- $L_1 - L_2$, uma linguagem sobre Σ_1.

Além dessas, levando-se em consideração que os elementos que constituem as linguagens são as palavras, existem outras operações, tanto sobre palavras quanto sobre linguagens, que podem auxiliar na especificação de uma linguagem.

A *concatenação* de duas palavras $x = a_1 a_2 \ldots a_m$ e $y = b_1 b_2 \ldots b_n$ é a palavra $xy = a_1 a_2 \ldots a_m b_1 b_2 \ldots b_n$. Em particular, note que $\lambda w = w \lambda = w$ para qualquer palavra w. Tal definição implica que a concatenação é uma operação associativa: $x(yz) = (xy)z$ para quaisquer palavras x, y e z. Desse modo, uma seqüência de concatenações poderá ser escrita sem parênteses. O *reverso* de uma palavra $w = a_1 a_2 \ldots a_n$, w^R, é a seqüência dos símbolos de w na ordem reversa, isto é, $w^R = a_n a_{n-1} \ldots a_1$. Uma palavra w tal que $w = w^R$ é um *palíndromo*. Seja uma palavra $w = xzy$, em que x, y e z podem ser λ ou não. A palavra z é uma *subpalavra* de w, x refere-se a um *prefixo* de w, e y corresponde a um *sufixo* de w. Em particular, λ é um prefixo, um sufixo e uma subpalavra de qualquer palavra, e w é um prefixo, um sufixo e uma subpalavra de qualquer palavra w. Seguem exemplos desses conceitos.

Exemplo 45 Seja o alfabeto $\Sigma = \{a, b, c\}$. Todas as palavras exemplificadas a seguir são palavras sobre tal alfabeto.

Estes são alguns exemplos de concatenação: $\lambda(ab) = (ab)\lambda = ab$; $(abc)(aabb) = abcaabb$. Alguns reversos: $\lambda^R = \lambda$; $a^R = a$; $(abcaabb)^R = bbaacba$. Os prefixos de abc são: λ, a, ab e abc. Os sufixos de abc são: λ, c, bc e abc. As subpalavras de abc são: λ, a, b, c, ab, bc e abc. Alguns palíndromos: λ, a, bb, ccc, aba, baab. □

A *concatenação* de duas linguagens L_1 e L_2 é dada por:

$$L_1 L_2 = \{xy \mid x \in L_1 \text{ e } y \in L_2\}.$$

Em particular, $\emptyset L = L \emptyset = \emptyset$ e $\{\lambda\} L = L \{\lambda\} = L$, para qualquer linguagem L.

Exemplo 46 Sejam as linguagens $L_1 = \{w \in \{0,1\}^* \mid |w| = 5\}$ e a linguagem $L_2 = \{0y \mid y \in \{0,1\}^*\}$. Então:

- $L_1 L_1 = \{w \in \{0,1\}^* \mid |w| = 10\}$;
- $L_1 L_2 = \{w \in \{0,1\}^* \mid \text{o sexto símbolo de } w \text{ é 0}\}$;
- $L_2 L_1 = \{w \in \{0,1\}^* \mid w \text{ começa com 0 e } |w| \geq 6\}$;
- $L_2 L_2 = \{0y \mid y \in \{0,1\}^* \text{ e } y \text{ contém no mínimo um 0}\}$. □

Seja L uma linguagem. A notação L^n será utilizada para designar $LL\ldots L$ (n vezes). Recursivamente:

a) $L^0 = \{\lambda\}$;

b) $L^n = L^{n-1}L$ para $n \geq 1$.

A operação *fecho de Kleene* de uma linguagem L, L^*, pode ser definida recursivamente assim:

a) $\lambda \in L^*$;

b) se $x \in L^*$ e $y \in L$, então $xy \in L^*$.

A partir desta e da definição de concatenação de linguagens, pode-se verificar que:

$$L^* = \bigcup_{n \in \mathbf{N}} L^n.$$

Ou seja, $L^* = L^0 \cup L^1 \cup L^2 \cup \cdots = \{\lambda\} \cup L \cup LL \cup \cdots$. Define-se também o *fecho positivo de Kleene* de L: $L^+ = LL^*$. Pode-se verificar que:

$$L^+ = \bigcup_{n \in \mathbf{N}-\{0\}} L^n.$$

Segue diretamente dessas definições que $L^* = L^+ \cup \{\lambda\}$.

Exemplo 47 A seguir, são apresentadas algumas linguagens e seus fechos de Kleene:

- $\emptyset^* = \{\lambda\}$, e $\emptyset^+ = \emptyset$;

- $\{\lambda\}^* = \{\lambda\}^+ = \{\lambda\}$;

- $\{0\}^* = \{0^n \mid n \in \mathbf{N}\}$ e $\{0\}^+ = \{0^n \mid n \geq 1\}$;

- $\{\lambda, 00, 11\}^* = \{\lambda, 00, 11\}^+ = \{\lambda\} \cup \{00, 11\}^+$. □

Com as operações definidas nesta seção, pode-se expressar (ou definir) de forma precisa algumas linguagens, como exemplificado a seguir.

Exemplo 48 Seguem descrições informais, em português, para algumas linguagens sobre $\{0, 1\}$, bem como descrições mais formais utilizando as operações definidas nesta seção:

a) o conjunto das palavras que começam com 0: $\{0\}\{0, 1\}^*$;

b) o conjunto das palavras que contêm 00 ou 11: $\{0, 1\}^*\{00, 11\}\{0, 1\}^*$;

c) o conjunto das palavras que terminam com 0 seguido de um número ímpar de 1s consecutivos: $\{0, 1\}^*\{01\}\{11\}^*$;

d) o conjunto das palavras de tamanho par que começam com 0 ou terminam com 0: $(\{0,1\}\{0,1\})^* \cap [\{0\}\{0,1\}^* \cup \{0,1\}^*\{0\}]$;

e) o conjunto do item (d): $[\{0\}\{0,1\}(\{0,1\}\{0,1\})^*] \cup [\{0,1\}(\{0,1\}\{0,1\})^*\{0\}]$;

f) o conjunto das palavras com um prefixo de um ou mais 0s seguido (imediatamente) de um sufixo de 1s de mesmo tamanho: $\{0^n 1^n \mid n \geq 1\}$;

g) o conjunto das palavras formadas por concatenações de palavras da forma $0^n 1^n$ para $n \geq 1$: $\cup_{k \geq 1} \{0^n 1^n \mid n \geq 1\}^k$. □

Como uma linguagem sobre um alfabeto Σ é sempre um conjunto contável, pois é um subconjunto de Σ^*, que é enumerável, existe a possibilidade de fazer uma definição recursiva, da forma mostrada na Seção 1.7. Mas a verdade é que, na prática, as linguagens raramente são definidas dessa forma. Existe um formalismo, que permite o uso de recursão, porém foi especialmente projetado para a definição de linguagens: a *gramática*. Na próxima seção será apresentada uma breve introdução às gramáticas. Em capítulos posteriores, elas serão mais bem estudadas e exploradas pouco a pouco.

Exercícios

1. Qual é o número de prefixos, sufixos e subpalavras de uma palavra de tamanho n?

2. Descreva mais formalmente as seguintes linguagens sobre o alfabeto $\{0,1\}$:

    a) o conjunto das palavras com, no mínimo, um 0;

    b) o conjunto das palavras de tamanho ímpar;

    c) o conjunto das palavras com um prefixo de um ou mais 0s seguido (imediatamente) de um sufixo de zero ou mais 1s;

    d) o conjunto dos palíndromos que não tenham símbolos consecutivos idênticos;

    e) o conjunto das palavras de tamanho par cuja primeira metade é idêntica à segunda.

    Procure ser bem preciso e conciso.

3. Expresse as linguagens a seguir utilizando as operações sobre conjuntos finitos de palavras de $\{0,1\}^*$. Considere o alfabeto como $\{0,1\}$.

    a) o conjunto das palavras de 10 símbolos;

    b) o conjunto das palavras que têm de 1 a 200 símbolos;

    c) o conjunto das palavras que não têm 00 como prefixo, mas têm 00 como sufixo;

    d) o conjunto das palavras em que todo 0 é seguido de dois 1s consecutivos; exemplos: λ, 1, 1011111, 11011101111;

e) o conjunto das palavras com número par de 0s ou ímpar de 1s (ou ambos);

f) o conjunto das palavras que contêm um ou dois 1s, cujo tamanho é múltiplo de 3.

4. Sejam A, B e C linguagens sobre um alfabeto Σ. Mostre que:

   a) $A(B \cup C) = (AB) \cup (AC)$;

   b) nem sempre $A(B \cap C) = (AB) \cap (AC)$.

5. Mostre que, se $\lambda \in L$, então $L^+ = L^*$ e, se $\lambda \notin L$, então $L^+ = L^* - \{\lambda\}$.

6. Quando L^* é finita?

7. Seja $L^R = \{w^R \mid w \in L\}$, em que L é uma linguagem. Para que linguagens L, $L^R = L$?

8. Prove que $(w^R)^n = (w^n)^R$ para toda palavra w e todo $n \in \mathbf{N}$.

9. Prove que $L^* = \bigcup_{n \in \mathbf{N}} L^n$. (*Dica:* Para provar que $L^* \subseteq \bigcup_{n \in \mathbf{N}} L^n$, use indução sobre $|w|$, e para provar que $\bigcup_{n \in \mathbf{N}} L^n \subseteq L^*$, use indução sobre n.)

10. Prove, por indução, que:

    a) $L^*L^* = L^*$;

    b) $(L^*)^* = L^*$;

    c) $(L_1 \cup L_2)^* L_1^* = (L_1 \cup L_2)^*$;

    d) $(L_1 \cup L_2)^* = (L_1^* L_2^*)^*$.

11. Apresente um exemplo em que $L_1^* \cup L_2^* = (L_1 \cup L_2)^*$, mas $L_1 \not\subseteq L_2$ e $L_2 \not\subseteq L_1$.

12. Dê definições recursivas para as seguintes linguagens:

    a) $\{0\}^*\{1\}^*$;

    b) $\{0^n 1^n \mid n \in \mathbf{N}\}$;

    c) $\{w \in \{0,1\}^* \mid w \text{ contém } 00\}$;

    d) $\{0^0 1 0^1 1 0^2 1 \ldots 0^n 1 \mid n \in \mathbf{N}\}$.

1.11 Gramáticas

As gramáticas são um formalismo originalmente projetado para a definição de linguagens. Nesta seção, será apenas definido o conceito de gramática e apresentados alguns poucos exemplos. Nos próximos capítulos, o estudo de gramáticas, associado a classes específicas de linguagens, será retomado e serão apresentados muitos outros exemplos.

Antes de dar uma definição precisa de gramática, serão apresentados os conceitos envolvidos de maneira informal. Como foi dito na Seção 1.7, uma definição recursiva provê um meio de construir (ou gerar) os elementos de um conjunto (enumerável). Similarmente, uma gramática mostra como *gerar* as palavras de uma linguagem.

O elemento fundamental das gramáticas é a *regra*.[29] Uma regra é um par ordenado (u, v), tradicionalmente escrito na forma $u \to v$, em que u e v são palavras que podem conter símbolos de dois alfabetos disjuntos, um com símbolos denominados *variáveis*, ou *não terminais*, e outro com símbolos chamados *terminais*. As variáveis são símbolos auxiliares para a geração das palavras da linguagem, enquanto o conjunto de terminais nada mais é que o alfabeto da linguagem definida. Nos exemplos a seguir, serão usadas letras maiúsculas para as variáveis e minúsculas para os terminais. Segue um exemplo de regra:

$$\text{a}AB \to \text{ba}A$$

Essa regra especifica que: dada uma palavra que contenha a subpalavra $\text{a}AB$, tal subpalavra pode ser substituída por $\text{ba}A$. Assim, a partir da palavra $\text{a}AB B\text{a}AB$, aplicando-se a regra mencionada, pode-se obter, diz-se *derivar*:

- $\text{ba}AB\text{a}AB$, substituindo a primeira ocorrência de $\text{a}AB$;

- $\text{a}ABB\text{ba}A$, substituindo a segunda ocorrência de $\text{a}AB$.

A relação de derivação é denotada por $\Rightarrow$. Por exemplo, a cadeia de derivações

$$\begin{aligned}
\text{a}ABB\text{a}AB &\Rightarrow \text{ba}AB\text{a}AB && \text{(aplicando-se a regra } \text{a}AB \to \text{ba}A\text{)}\\
&\Rightarrow \text{bba}A\text{a}AB && \text{(aplicando-se a regra } \text{a}AB \to \text{ba}A\text{)}\\
&\Rightarrow \text{bba}A\text{ba}A && \text{(aplicando-se a regra } \text{a}AB \to \text{ba}A\text{)}
\end{aligned}$$

mostra uma derivação de $\text{bba}A\text{ba}A$ a partir de $\text{a}ABB\text{a}AB$.

Uma gramática consta de um conjunto de regras e da indicação de uma variável especial denominada *variável de partida*. Qualquer derivação deve começar com a palavra constituída apenas pela variável de partida.

As palavras de variáveis e/ou terminais geradas a partir da variável de partida são chamadas *formas sentenciais* da gramática. Assim, uma regra pode ser aplicada a uma forma sentencial para gerar uma outra forma sentencial. Uma forma sentencial sem variáveis é conhecida como *sentença*. A linguagem definida pela gramática, também dita *gerada* pela gramática, é o conjunto de sentenças geradas pela gramática. Para uma gramática G, a linguagem gerada por ela é denotada por $L(G)$.

Exemplo 49 Seja a gramática G constituída pela variável de partida P e pelas regras:

1. $P \to \text{a}A\text{bc}$

2. $A \to \text{a}A\text{b}C$

3. $A \to \lambda$

4. $C\text{b} \to \text{b}C$

---

[29] Também chamada *regra de produção*, ou *produção*, simplesmente.

5. $Cc \rightarrow cc$

Toda derivação de G deve começar com a forma sentencial constituída pela variável de partida P. Um exemplo de derivação:

$$P \Rightarrow aAbc \quad \text{(regra 1)}$$
$$\Rightarrow abc \quad \text{(regra 3)}$$

Isso mostra que abc é uma sentença da linguagem gerada por G: $abc \in L(G)$. Outro exemplo de derivação:

$$\begin{aligned}
P &\Rightarrow aAbc & \text{(regra 1)} \\
&\Rightarrow aaAbCbc & \text{(regra 2)} \\
&\Rightarrow aaaAbCbCbc & \text{(regra 2)} \\
&\Rightarrow aaabCbCbc & \text{(regra 3)} \\
&\Rightarrow aaabbCCbc & \text{(regra 4)} \\
&\Rightarrow aaabbCbCc & \text{(regra 4)} \\
&\Rightarrow aaabbCbcc & \text{(regra 5)} \\
&\Rightarrow aaabbbCcc & \text{(regra 4)} \\
&\Rightarrow aaabbbccc & \text{(regra 5)}
\end{aligned}$$

Logo, $a^3b^3c^3 \in L(G)$. Na verdade, pode-se mostrar que $L(G) = \{a^n b^n c^n \mid n \geq 1\}$. □

Agora, define-se formalmente o que é gramática. Uma gramática é uma quádrupla (V, Σ, R, P), em que:

a) V é um conjunto finito de elementos denominados *variáveis*;

b) Σ é um alfabeto; $V \cap \Sigma = \emptyset$;

c) $R \subseteq (V \cup \Sigma)^+ \times (V \cup \Sigma)^*$ é um conjunto finito de pares ordenados chamados *regras*; e

d) $P \in V$ é uma variável conhecida como *variável de partida*.

Observe que o lado esquerdo de uma regra não pode ser λ.

Seja uma gramática $G = (V, \Sigma, R, P)$. Diz-se que $x \Rightarrow y$ em G, em que $x, y \in (V \cup \Sigma)^*$, se há uma regra $u \rightarrow v \in R$ tal que u ocorre em x e y é o resultado de substituir uma ocorrência de u em x por v. A relação $\stackrel{n}{\Rightarrow}$ é definida recursivamente assim, utilizando-se $\Rightarrow$:

a) $x \stackrel{0}{\Rightarrow} x$ para todo $x \in (V \cup \Sigma)^*$;

b) se $w \stackrel{n}{\Rightarrow} xuy$ e $u \rightarrow v \in R$, então $w \stackrel{n+1}{\Rightarrow} xvy$ para todo $w, x, y \in (V \cup \Sigma)^*$, $n \geq 0$.

Quando $x \stackrel{n}{\Rightarrow} y$, diz-se que "de x deriva-se y em n passos", ou então que "há uma derivação de tamanho n de y a partir de x". Diz-se ainda que de x deriva-se y em zero ou mais passos, $x \stackrel{*}{\Rightarrow} y$, se existe $n \geq 0$ tal que $x \stackrel{n}{\Rightarrow} y$.[30] E de x deriva-se y em um ou mais passos, $x \stackrel{+}{\Rightarrow} y$, se existe $n \geq 1$ tal que $x \stackrel{n}{\Rightarrow} y$.[31] Com isso, pode-se definir o que é a linguagem gerada pela gramática G:

$$L(G) = \{w \in \Sigma^* \mid P \stackrel{*}{\Rightarrow} w\}.$$

Exemplo 50 Seja a gramática G do Exemplo 49. As duas derivações demonstram que $P \stackrel{2}{\Rightarrow} abc$ e $P \stackrel{9}{\Rightarrow} a^3b^3c^3$. É fácil mostrar que todas as palavras da forma $a^n b^n c^n$, para $n \geq 1$, são geradas por G. Para isso, basta notar que tais palavras podem ser geradas por derivações da forma:

$$\begin{aligned}
P &\Rightarrow aAbc & &\text{(regra 1)} \\
&\stackrel{k}{\Rightarrow} aa^k A(bC)^k bc & &\text{(regra 2, } k \text{ vezes; } k \geq 0) \\
&\Rightarrow aa^k (bC)^k bc & &\text{(regra 3)} \\
&\Rightarrow a^{k+1}(bC)^{k-1}b^2Cc & &\text{(regra 4, 1 vez)} \\
&\stackrel{2}{\Rightarrow} a^{k+1}(bC)^{k-2}b^3C^2c & &\text{(regra 4, 2 vezes)} \\
&\vdots \\
&\stackrel{k}{\Rightarrow} a^{k+1}b^{k+1}C^k c & &\text{(regra 4, } k \text{ vezes)} \\
&\stackrel{k}{\Rightarrow} a^{k+1}b^{k+1}c^{k+1} & &\text{(regra 5, } k \text{ vezes)}
\end{aligned}$$

Isso mostra que se pode derivar palavras da forma $a^{k+1}b^{k+1}c^{k+1}$, para $k \geq 0$, em $1 + k + 1 + (1 + 2 + \cdots + k) + k$ passos, ou seja, em $(2k+2) + k(k+1)/2$ passos, ou ainda, $(k+1)(k+4)/2$ passos. Tem-se, então, que:

$$P \stackrel{n(n+3)/2}{\Rightarrow} a^n b^n c^n \text{ para } n \geq 1.$$

Logo, conclui-se que $\{a^n b^n c^n \mid n \geq 1\} \subseteq L(G)$. □

No Exemplo 50, mostrou-se como provar que um conjunto A está contido na linguagem gerada por uma gramática G, ou seja, $A \subseteq L(G)$, mediante o que se denomina *esquema de derivação*. Esse esquema indica como as palavras de A podem ser geradas pela gramática G. Para provar que $A = L(G)$, resta então provar que as únicas palavras geradas por G são as do conjunto A, ou seja, que $L(G) \subseteq A$. Infelizmente, não existe uma receita geral para fazer isso. Para a gramática do Exemplo 49, pode-se notar, analisando-se o próprio esquema de derivação apresentado no Exemplo 50, que, qualquer que seja a ordem de aplicação das regras, não se consegue gerar outras sentenças que não sejam as da forma $a^n b^n c^n$ para $n \geq 1$.

A mesma linguagem pode ser gerada por inúmeras gramáticas. Duas gramáticas G e G' são ditas *equivalentes* quando $L(G) = L(G')$. O problema de modificar uma gramática de forma que ela atenda a certos requisitos, mas sem alterar a linguagem

---

[30] Usando a terminologia da Seção 1.4, $x \stackrel{*}{\Rightarrow} y$ é o fecho transitivo e reflexivo da relação $\Rightarrow$.

[31] $x \stackrel{+}{\Rightarrow} y$ é o fecho transitivo da relação $\Rightarrow$.

gerada pela mesma, é importante em determinados contextos, por exemplo, na construção de analisadores sintáticos de linguagens. Algumas técnicas de manipulação de gramáticas serão abordadas na Seção 3.4.3.

É muito comum uma gramática ter duas ou mais regras com o mesmo lado esquerdo. Por exemplo, a gramática do Exemplo 49, página 46, tem as regras 2 e 3 com o mesmo lado esquerdo: A. Nesse caso, pode ser útil a abreviação, colocando-se apenas um lado esquerdo e também os lados direitos das várias regras separados por "|". As regras 2 e 3 do Exemplo 49 seriam substituídas por:

$A \to \mathsf{a}A\mathsf{b}C \mid \lambda$

Segue mais um exemplo de gramática. Neste, as regras têm a característica de que os seus lados esquerdos contêm apenas e tão-somente uma variável. Esse tipo de gramática, muito importante em termos práticos, será estudado na Seção 3.4.

Exemplo 51 Seja a gramática $G = (V, \Sigma, R, E)$, em que:

- $V = \{E, T, N, D\}$;
- $\Sigma = \{+, -, (,), 0, 1, 2, 3, 4, 5, 6, 7, 8, 9\}$;
- R contém as regras:

$$E \to E + T \mid E - T \mid T$$
$$T \to (E) \mid N$$
$$N \to DN \mid D$$
$$D \to 0 \mid 1 \mid 2 \mid 3 \mid 4 \mid 5 \mid 6 \mid 7 \mid 8 \mid 9$$

A gramática G gera expressões aritméticas contendo números na base decimal, operadores de soma e subtração e parênteses. Por meio das três regras com E do lado esquerdo, pode-se gerar uma seqüência de somas e/ou subtrações de Ts (termos); por exemplo:

$$\begin{aligned}
E &\Rightarrow E + T & &(\text{regra } E \to E + T) \\
&\Rightarrow E - T + T & &(\text{regra } E \to E - T) \\
&\Rightarrow E - T - T + T & &(\text{regra } E \to E - T) \\
&\Rightarrow T - T - T + T & &(\text{regra } E \to T)
\end{aligned}$$

Observe como as regras são *recursivas à esquerda*, levando à produção de uma seqüência *da direita para a esquerda*. Entretanto, as regras responsáveis pela produção dos números das expressões são *recursivas à direita*, redundando na produção de números *da esquerda para a direita*. Por exemplo, para gerar um número de quatro dígitos, pode-se derivar:

$$\begin{aligned}
N &\Rightarrow DN & &(\text{regra } N \to DN) \\
&\Rightarrow DDN & &(\text{regra } N \to DN) \\
&\Rightarrow DDDN & &(\text{regra } N \to DN) \\
&\Rightarrow DDDD & &(\text{regra } N \to D)
\end{aligned}$$

e, em seguida, derivar os quatro dígitos usando-se as regras com D do lado esquerdo. Observe também que a geração de parênteses se dá por *recursão* (no caso, indireta), a qual não pode ser classificada como recursão à esquerda nem à direita. Por exemplo, na derivação:

$$E \Rightarrow E + T \quad \text{(regra } E \to E + T\text{)}$$
$$\Rightarrow T + T \quad \text{(regra } E \to T\text{)}$$
$$\Rightarrow (E) + T \quad \text{(regra } T \to (E)\text{)}$$

a variável E aparece (recursivamente) na forma sentencial entre "(" e ")". □

Exercícios

1. Seja a gramática $(\{A, B\}, \{0, 1\}, R, A)$, em que R tem as três regras:

   $A \to BB$
   $B \to 0B1 | \lambda$

   Dê todas as derivações das seguintes palavras:

   a) λ;
   b) 01;
   c) 0101;
   d) 0011.

   Que linguagem é gerada?

2. Considere a gramática G' constituída pela variável de partida P e pelas regras:

   1. $P \to \mathsf{a}Ab D$;
   2. $A \to \mathsf{a}Ab C$;
   3. $A \to \lambda$;
   4. $C\mathsf{b} \to \mathsf{b}C$;
   5. $CD \to D\mathsf{c}$;
   6. $D \to \mathsf{c}$.

   obtida da gramática G do Exemplo 49, página 46, modificando-se as regras 1 e 5, e acrescentando-se a regra 6. $L(G') = L(G)$? Explique sua resposta.

3. Construa gramáticas para as seguintes linguagens:

   a) $\{w \in \{\mathsf{a}, \mathsf{b}\}^* \mid \text{o número de as em } w \text{ é par}\}$;
   b) $\{\mathsf{a}^n \mathsf{b}^n \mid n \in \mathbf{N}\}$;
   c) $\{w \in \{\mathsf{a}, \mathsf{b}\}^* \mid w = w^R\}$;

d) $\{w \in \{\mathtt{a},\mathtt{b}\}^* \mid w = w^R$ e w não contém símbolos consecutivos idênticos$\}$;

e) $\{\mathtt{a}^n\mathtt{b}^n\mathtt{c}^n\mathtt{d}^n \mid n \in \mathbf{N}\}$.

4. Para as gramáticas dos itens (b) e (c) do exercício anterior, determine o número de passos necessário para gerar uma palavra de tamanho n.

5. Seja a gramática $G = (\{A, B\}, \{\mathtt{a},\mathtt{b}\}, R, A)$ em que R é constituído pelas quatro regras:

$$A \to \mathtt{a}A \mid B$$
$$B \to \mathtt{b}B \mid \lambda$$

Que linguagem é gerada por G? Prove sua resposta.

1.12 Problemas de Decisão

Ao longo deste texto serão tratados vários problemas cujas respostas são do tipo *sim* ou *não*. Nesta seção, é apresentada uma introdução genérica e informal a esse tipo de problema.

Um *problema de decisão* (PD) é uma questão que faz referência a um conjunto finito de parâmetros e que, para valores específicos dos parâmetros, tem como resposta *sim* ou *não*. Seguem alguns exemplos.

Exemplo 52 São exemplos de problemas de decisão:

a) determinar se o número 123654789017 é um número primo;

b) determinar se um número natural n é um número primo;

c) determinar se existe um ciclo em um grafo G;

d) determinar se uma palavra w é gerada por uma gramática G.

O primeiro PD não tem parâmetros, o segundo e o terceiro possuem um parâmetro cada um, um número natural n e um grafo G, e o quarto tem dois parâmetros, uma palavra w e uma gramática G. □

A questão referente a um PD pode ser vista como representando um *conjunto de questões*, uma para cada combinação possível dos valores que os parâmetros podem assumir. Cada questão obtida dando aos parâmetros valores específicos, ou seja, instanciando-se os parâmetros, é dita ser uma *instância* do PD. Em particular, um PD sem parâmetros contém uma única instância.

Exemplo 53 O PD (b) do Exemplo 52, "determinar se um número natural n é um número primo", é constituído pelo seguinte conjunto infinito de questões:

- determinar se 0 é um número primo;
- determinar se 1 é um número primo;
- determinar se 2 é um número primo;
- e assim por diante.

O PD "determinar se 123654789017 é um número primo" é constituído por uma única instância, a qual é instância também do PD "determinar se um número natural n é um número primo". □

Para cada instância de um PD, existe uma resposta correta, *sim* ou *não*. Uma *solução para um PD*, denominada *procedimento de decisão*, é um *algoritmo* que, para qualquer instância do PD, determina a resposta correta. Informalmente, um algoritmo é uma seqüência finita de instruções, cada uma executável por uma máquina em tempo finito, e cada uma produzindo o mesmo resultado para os mesmos dados. Adiante, será apresentada uma proposta de formalização do conceito de algoritmo mediante a chamada *hipótese de Church-Turing*. Até lá, fica-se com esta definição informal.

Um PD que tem solução é dito ser *decidível*, e um PD que não tem solução, *indecidível*.

Pelo exposto anteriormente, se um PD tem um conjunto finito de instâncias, então ele é decidível: pode-se construir um algoritmo que simplesmente consulte uma "tabela de respostas" pré-computadas. Assim, o estudo de PDs torna-se mais interessante para PDs com uma infinidade de instâncias.

Observe que uma solução para o PD mais geral "determinar se um número natural n é um número primo" serve também para solucionar o PD mais restrito "determinar se 123654789017 é um número primo". Mas, mesmo que não existisse solução para o primeiro PD, haveria solução para o segundo! Mesmo que não se soubesse a resposta! Para ressaltar esse ponto, observe a famosa conjectura de Fermat, que só foi provada recentemente, 350 anos após enunciada:

Para qualquer número natural $n \geq 3$ não existem números naturais a, b e c tais que $a^n + b^n = c^n$.

O problema de determinar se esta conjectura está correta é um PD que tem solução, pois é um PD sem parâmetros e, portanto, constituído por uma única instância. Mesmo na época em que a conjectura não tinha sido provada, o PD respectivo já tinha solução, embora desconhecida... Considere os dois algoritmos: "*retorne sim*" e "*retorne não*"; um deles é a solução.

Um PD obtido de outro, P, restringindo-se o conjunto de valores possíveis de um ou mais parâmetros de P, é dito ser uma *restrição* de P. Assim, por exemplo o PD "determinar se 123654789017 é um número primo" é uma restrição de "determinar se um número natural n é um número primo". É evidente que, se um PD tem solução, então suas restrições também têm. No entanto, pode acontecer de uma ou mais restrições de um PD terem soluções e o PD não ter. Por exemplo, a restrição do PD "determinar se uma palavra w é gerada por uma gramática G":

"determinar se uma palavra w é gerada por G_0",

em que G_0 é uma gramática na qual o lado esquerdo de cada regra é constituído por uma variável,[32] tem solução, mas, como será mostrado à frente, o PD original não tem solução.

Exercício

1. Diz-se que um PD P é *redutível* a um PD Q, se existe um algoritmo $\mathcal{R}$ que, recebendo x como entrada, produz um resultado y tal que a resposta a P para a entrada x é idêntica ou complementar[33] à resposta a Q para a entrada y, qualquer que seja a entrada x. Diz-se, com isso, que o algoritmo $\mathcal{R}$ pode ser usado para *reduzir* o problema P ao problema Q.

    Seja D um PD decidível e I um PD indecidível. O que se pode dizer de um PD X, com relação à sua decidibilidade, se:

    a) D é redutível a X?
    b) X é redutível a D?
    c) I é redutível a X?
    d) X é redutível a I?

1.13 Exercícios

1. Sejam VP o conjunto das variáveis proposicionais e LP o conjunto das sentenças da lógica proposicional. Uma definição recursiva foi vista no Exemplo 33, página 30. Suponha a existência de uma função $v : \text{VP} \to \{V, F\}$ que atribua valores-verdade para as variáveis proposicionais. Defina recursivamente a função $\hat{v} : \text{LP} \to \{V, F\}$ de forma que $\hat{v}(\alpha)$ seja o valor-verdade de α para a atribuição de valores-verdade dada por v.

2. Toda afirmativa da lógica proposicional é equivalente a uma afirmativa que usa apenas (se usar) os conectivos $\vee$ e $\neg$. Especifique como se pode obter, a partir de uma afirmativa qualquer, uma equivalente que use apenas (se usar) os conectivos $\vee$ e $\neg$. Estenda o método proposto para incluir os conectivos $\forall$ e $\exists$; no caso, além de $\vee$ e $\neg$, a afirmativa final pode ter apenas $\forall$.

3. Prove que para todo $n \in \mathbf{N}$ existe $k \in \mathbf{N}$ tal que $(k+1)^2 - k^2 > n$.

4. Dadas duas funções f e g, ambas de $\mathbf{N}$ para $\mathbf{N}$, f é dita ser de ordem g, ou seja, f é $O(g)$ se, e somente se, existem dois números naturais constantes k e n_0 tais que para todo $n \geq n_0$, $f(n) \leq kg(n)$. Prove que $10n^2 + 100n + 1.000$ é $O(n^2)$. Explicite que técnicas básicas de prova foram utilizadas.

---

[32] Esse tipo de gramática será definido na Seção 3.4 como uma gramática livre do contexto.
[33] A resposta complementar a *sim* é *não*, e a *não* é *sim*.

5. Qual é o número de elementos de $A \cup B$, se A e B são conjuntos finitos? Generalize: qual é o número de elementos de $\bigcup_{i=1}^{n} A_i$, se $A_1, A_2, \ldots, A_n$ são conjuntos finitos? *Dica*: Nesse último caso, use indução matemática.

6. Prove que:

    a) $\mathcal{P}(A) \cup \mathcal{P}(B) \subseteq \mathcal{P}(A \cup B)$;
    b) $\mathcal{P}(A) \cap \mathcal{P}(B) = \mathcal{P}(A \cap B)$.

7. Defina *diferença simétrica* de conjuntos A e B por $A \triangle B = (A - B) \cup (B - A)$. Prove que:

    a) $A \triangle B = (A \cup B) - (A \cap B)$;
    b) $A \triangle (B \triangle C) = (A \triangle B) \triangle C$;
    c) $(A - B) \triangle (B - A) = A \triangle B$;
    d) $A \triangle B = A$ se, e somente se, $B = \emptyset$.

    Em que condições $A - B = A \triangle B$?

8. Seja uma relação binária sobre A. A *relação composta* $R \circ R$ é definida como $\{(x, z) \mid (x, y) \in R \text{ e } (y, z) \in R \text{ para algum } y \in A\}$. A relação R^n, para $n \geq 1$, é definida recursivamente por:

    a) $R^1 = R$;
    b) $R^n = R^{n-1} \circ R$ para $n \geq 2$.

    Prove que para toda relação reflexiva e transitiva $R^n = R$ para todo $n \geq 1$.

9. Seja R uma relação de equivalência sobre A, $A \neq \emptyset$. Mostre que existe uma função $f : A \to A$ tal que xRy se, e somente se, $f(x) = f(y)$.

10. Seja R uma relação de equivalência sobre A, $A \neq \emptyset$. Prove que $\{[a] \mid a \in A\}$ é uma partição de A.

11. Defina $f(A)$ em que f é uma função e A um conjunto, como $f(A) = \{f(x) \mid x \in A\}$. Mostre que:

    a) $f(A \cup B) = f(A) \cup f(B)$;
    b) $f(A \cap B) \subseteq f(A) \cap f(B)$.

12. A *função característica* de um conjunto A é a função $f_A : A \to \{0, 1\}$ tal que $f_A(x) = 1$ se, e somente se, $x \in A$. Mostre que, para todo elemento do conjunto universo:

    a) $f_A(x) = 1 - f_{\overline{A}}(x)$;
    b) $f_{A \cup B}(x) = f_A(x) + f_B(x) - f_A(x)f_B(x)$;

c) $f_{A\cap B}(x) = f_A(x)f_B(x)$;

d) $f_{A-B}(x) = f_A(x)(1 - f_B(x))$.

13. Mostre que há uma função injetora de A para B se, e somente se, há uma função sobrejetora de B para A.

14. Seja um alfabeto qualquer Σ. Prove que Σ^* é enumerável. Prove que $\mathcal{P}(\Sigma^*)$ não é enumerável. Ou seja, qualquer linguagem é enumerável, mas o conjunto de todas as linguagens não! Conseqüência: como o conjunto dos compiladores é enumerável, existem linguagens para as quais não há compiladores.

15. Utilizando o método da diagonalização de Cantor, prove que não existe uma função bijetora de um conjunto não vazio para o conjunto potência do mesmo. Quais são as implicações desse resultado?

16. No Exemplo 43, página 40, verificou-se que números naturais podem ser representados com palavras exponencialmente menores na base 2, com relação à base 1. Generalize esse resultado, isto é, determine a relação que existe entre as representações em duas bases diferentes quaisquer.

17. Faça uma definição recursiva da função $v : \{0, 1\}^* \to \mathbf{N}$ tal que $v(w)$ é o número natural representado por w na base 2. Por exemplo, $v(01) = 1$, $v(101) = 5$, $v(0010) = 2$ etc.

18. Faça uma definição da operação de subtração sobre os números naturais, em que $m-n$ é definida apenas quando $m \geq n$. Use para isso a operação *sucessor*. Defina também as operações: divisão, resto da divisão e máximo divisor comum, todas sobre os números naturais. No caso da divisão, há truncamento para baixo. Na definição de uma operação, podem ser usadas outras já definidas nesta questão ou anteriormente neste texto.

19. Faça uma definição recursiva do *conjunto de ancestrais* de um vértice v de uma árvore (V, A, r). Considere que v é ancestral dele mesmo.

20. Seja a seguinte definição recursiva da função $\psi : \mathbf{N} \to \mathbf{N}$:

    a) $\psi(1) = 0$;

    b) para $n \geq 2$, $\psi(n) = \psi(\lfloor n/2 \rfloor) + 1$.

    Descreva o que vem a ser $\psi(n)$. *Dica*: Determine $\psi(n)$ para alguns valores de n, a partir de 0 até ficar claro o que vem a ser $\psi(n)$.

21. Prove, por indução:

    a) $\sum_{k=1}^{n}[k(k + 1)(k + 2)] = n(n + 1)(n + 2)(n + 3)/4$;

    b) $3^n + 7^n - 2$ é divisível por 8;

    c) $\prod_{k=2}^{n}(1 - 1/k) = 1/n$;

d) para $n \geq 2$, $\sum_{k=1}^{n}(1/\sqrt{k}) > \sqrt{n}$.

22. Suponha que a relação "é amigo de" seja simétrica. Mostre, modelando o problema por meio de grafo, que em um grupo de duas ou mais pessoas sempre existem duas pessoas com o mesmo número de amigos.

23. Qual é a altura mínima de uma árvore de n vértices?

24. Uma *árvore estritamente n-ária* é uma árvore em que cada vértice interno tem exatamente n filhos. Responda às seguintes questões referentes a uma árvore estritamente n-ária:

    a) Quantos vértices ela tem se tiver i vértices internos?
    b) Se ela tiver k vértices, quantos são internos e quantos são folhas?
    c) Se ela tiver k vértices, quais são as alturas mínima e máxima possíveis?

25. Seja a seguinte definição recursiva da linguagem L sobre o alfabeto $\{0,1\}$:

    a) $\lambda \in L$;
    b) se $x \in L$, então $0x \in L$ e $x1 \in L$;
    c) nada mais pertence a L.

    Que linguagem é L? Prove sua resposta.

26. Faça definições recursivas das seguintes linguagens:

    a) $\{w \in \{0,1\} \mid |w| \text{ é par}\}$;
    b) $\{w \in \{0,1\} \mid w \text{ é palíndromo}\}$;
    c) $\{w \in \{0,1\} \mid w \text{ contém } 00\}$;
    d) $\{w \in \{0,1\} \mid w \text{ não contém } 00\}$;
    e) $\{0^{n^2} \mid n \in \mathbf{N}\}$;
    f) $\{w \mid w \text{ é uma permutação dos dígitos 1, 2 e 3}\}$;
    g) $\{w \mid w \text{ é uma permutação dos 10 dígitos decimais}\}$.

27. O conjunto das palavras sobre um alfabeto Σ, Σ^*, pode ser definido recursivamente a partir da operação de "justapor um símbolo à direita" assim:

    a) $\lambda \in \Sigma^*$;
    b) se $x \in \Sigma^*$ e $a \in \Sigma$, então $xa \in \Sigma^*$.

    Utilizando essa mesma operação de justapor um símbolo à direita, defina recursivamente a operação de concatenação. Em seguida, prove por indução que $(xy)z = x(yz)$ para todo $x, y, z \in \Sigma^*$.

Usando as operações de justapor um símbolo à direita e de justapor um símbolo à esquerda, defina recursivamente a operação reverso. Em seguida, prove por indução que $(xy)^R = y^R x^R$ para todo $x, y \in \Sigma^*$. Para isso, o resultado anterior pode ser utilizado. Mostre também que se w é palíndromo, então $w = vv^R$ ou $w = vav^R$ para algum $v \in \Sigma^*$ e $a \in \Sigma$.

28. Mostre que se x, y e xy são palíndromos, então existe uma palavra z e números naturais k e n tais que $x = z^k$ e $y = z^n$.

29. Mostre que se $X \subseteq L^*$, então $(L^* \cup X)^* = L^*$.

30. Mostre que o conjunto $\Sigma_1^* \Sigma_2^*$ é enumerável, sendo que Σ_1 e Σ_2 são alfabetos.

31. Seja um alfabeto $\Sigma = \{0, 1\}$. Seja a função $H_n : \Sigma^n \times \Sigma^n \to \mathbf{N}$ tal que $H_n(x, y)$ é o número de posições em que as palavras (de tamanho n) x e y diferem. Por exemplo, $H_2(01, 01) = 0$, $H_3(101, 111) = 1$, $H_6(101100, 111001) = 3$. Mostre que $H_n(x, y) \leq H_n(x, z) + H_n(z, y)$.

32. Construa gramáticas para as linguagens:

    a) $\{w \in \{0, 1\}^* \mid w \text{ não contém } 00\}$;
    b) $\{0^n 1^{2n+1} 0^n \mid n \in \mathbf{N}\}$;
    c) $\{w 0 w \mid w \in \{1, 2\}^*\}$;
    d) $\{\mathtt{a}^n \mathtt{b}^n \mathtt{c}^k \mid 0 \leq n < k\}$.

1.14 Notas Bibliográficas

Para uma leitura complementar sobre lógica matemática orientada para aplicações em ciência da computação, em nível de graduação, consultar Ben-Ari (2001), Nissanke (1999), Burke e Foxley (1996) ou Souza (2002). Excelentes introduções à lógica são as de Hodges (2001), Suppes (1957) e Copi (1981). Para aqueles com propensão a raciocínio de natureza mais abstrata (matemática), há ampla coleção de bons livros, dentre os quais indica-se os de Mendelson (1987) e Enderton (2000). Para os interessados especificamente em aprender as técnicas e estratégias utilizadas para prova de teoremas, indica-se o excelente livro de Velleman (1994).

Aqueles que querem se aprofundar um pouco mais com relação aos conceitos de conjuntos, funções e relações, podem consultar Halmos (1991). Outros textos que também abordam tais assuntos, e que são orientados para estudantes em nível de graduação, são os de Dean (1997), Rosen (1999), Epp (1990) e Grimaldi (1994), além do já citado livro de Velleman (1994). Esse último tem também uma excelente introdução aos conceitos de recursão, indução matemática e conjuntos enumeráveis.

Os livros de matemática discreta mecionados anteriormente têm capítulos com introduções a grafos. Para os que querem se aprofundar um pouco mais, recomenda-se o livro de West (1996).

As gramáticas foram propostas por Chomsky (1956; 1959).

Vários outros textos que abordam linguagens formais e autômatos contêm capítulos com uma revisão dos conceitos apresentados. Dentre eles, podem-se destacar Hopcroft et al. (2001), Lewis e Papadimitriou (1998), Linz (1997), Martin (1991) e Moret (1997).

Capítulo 2

Máquinas de Estados Finitos

As máquinas de estados finitos[1] são máquinas abstratas que capturam as partes essenciais de algumas máquinas concretas. Essas últimas vão desde máquinas de vender jornais e de vender refrigerantes, passando por relógios digitais e elevadores, até programas de computador, como alguns procedimentos de editores de textos e de compiladores. O próprio computador digital, se considerarmos que sua memória é limitada, pode ser modelado por meio de uma máquina de estados finitos. Embora existam máquinas abstratas conceitualmente mais poderosas que as de estados finitos, como as que serão apresentadas em capítulos posteriores, e que são mais adequadas para a modelagem de certas máquinas como o computador, as máquinas de estados finitos são adequadas, tanto do ponto de vista teórico quanto do prático, para a modelagem de amplo espectro de máquinas (mecânicas, eletrônicas, de software etc.).

Existem, basicamente, dois tipos de máquinas de estados finitos: os transdutores e os reconhecedores (ou aceitadores) de linguagens. Os transdutores são máquinas com entrada e saída, e os reconhecedores são máquinas com apenas duas saídas possíveis; geralmente uma delas significa "aceitação" da entrada, e a outra, "rejeição" da entrada. Nas próximas seções serão abordados inicialmente os reconhecedores de linguagens. Em seguida, serão apresentados de forma sucinta os dois tipos clássicos de transdutores.

As linguagens reconhecidas por máquinas de estados finitos são denominadas *linguagens regulares*. Existem duas notações bastante úteis, tanto do ponto de vista teórico quanto do prático, para a especificação de linguagens regulares: expressões regulares e gramáticas regulares. Tais notações serão abordadas após a apresentação dos dois tipos de transdutores mencionados.

Uma característica fundamental de uma máquina de estados finitos é que sua memória é limitada e exclusivamente organizada em torno do conceito de "estado". Embora uma máquina de estados finitos seja, tecnicamente falando, uma estrutura matemática, e o conjunto de estados um conjunto finito da estrutura, pode ser conveniente introduzir esses conceitos de maneira mais intuitiva do que formal, dado que este livro destina-se a alunos da área de informática, que nem sempre têm uma maturidade matemática consolidada. Isso será feito na próxima seção, por meio de três exemplos.

---

[1] Em inglês, *finite state machines*.

As máquinas de estados finitos do tipo reconhecedor de linguagem são mais conhecidas como *autômatos finitos*.[2] E os transdutores são também conhecidos como autômatos finitos com saída. Assim, esses termos serão usados daqui para a frente.

Após a apresentação dos exemplos, na próxima seção, o conceito de autômato finito será então desenvolvido nas Seções 2.2 e 2.3. Propriedades importantes dos autômatos finitos, com desdobramentos positivos dos pontos de vista teórico e prático, serão apresentados, uma parte já na Seção 2.2.3 e outra na Seção 2.4. Na Seção 2.5, serão mostrados os dois tipos de autômatos finitos com saída. As expressões regulares e as gramáticas regulares serão abordadas em seguida, nas Seções 2.6 e 2.7. Finalmente, será feita uma revisão geral do assunto na Seção 2.8.

2.1 Alguns Exemplos

Para dar uma idéia do que vem a ser autômato finito antes da sua definição formal, e também para introduzir os principais conceitos e a terminologia associada, serão usados três exemplos bem simples. O primeiro refere-se a um quebra-cabeças; o segundo, à modelagem de uma máquina para resolver certo tipo de problema matemático; e o terceiro, à modelagem de um elevador. Apesar de muito simples, eles dão uma noção do espectro de problemas para os quais se pode aplicar o conceito de autômato finito. Essa noção será ampliada nos exercícios e ao longo do capítulo.

2.1.1 Um quebra-cabeças

Um homem, um leão, um coelho e um repolho devem atravessar um rio usando uma canoa, com a restrição de que o homem deve transportar no máximo um dos três de cada vez de uma margem à outra. Além disso, o leão não pode ficar na mesma margem que o coelho sem a presença do homem, e o coelho não pode ficar com o repolho sem a presença do homem. O problema consiste em determinar se é possível fazer a travessia.

A solução de qualquer problema é sempre, ou deveria ser, antecedida por uma fase de modelagem, na qual

a) as informações relevantes, que efetivamente têm influência na solução do problema, são identificadas, deixando-se de lado aquelas que não contribuem para a solução;

b) as informações relevantes são estruturadas (ou seja, representadas), de forma a facilitar a posterior solução.

Essas duas etapas não precisam ocorrer nessa ordem, sendo comum as duas serem consideradas simultaneamente. E, de modo geral, quanto "menos" informações se capturar da realidade que se está modelando, mais fácil e/ou eficiente se tornará a etapa de solução. Esse processo de identificar as informações relevantes e desprezar as que não têm relevância é denominado *abstração*. Assim, por exemplo, quando se diz que

---

[2] Em inglês, *finite automata* ou *finite-state automata*.

um autômato finito é uma *máquina abstrata*, está-se dizendo que ele expressa a parte essencial, desprezando-se os detalhes de implementação que, no presente contexto, são considerados irrelevantes.

Assim, para o problema proposto, pode-se identificar como informações relevantes:

a) em um dado instante, em que margem do rio estão o homem, o leão, o coelho, e o repolho;

b) a seqüência de movimentações entre as margens que propiciou a situação indicada em (a).

Observe a "economia": não é necessário dizer em que margem está a canoa, pois ela estará onde o homem estiver; não é necessário representar uma situação em que a canoa está no meio do rio, porque isso não é importante para se chegar à solução; etc. A primeira informação pode ser representada escrevendo-se apenas o que está na margem esquerda, pois o restante estará na margem direita. Assim, usando as letras h, significando "homem"; l, "leão"; c, "coelho"; e r, "repolho", tal informação poderia ser dada por um conjunto contendo elementos de $\{h, l, c, r\}$. Por exemplo, $\{h, c, r\}$ representa a situação em que o homem, o coelho e o repolho estão na margem esquerda e o leão na margem direita; $\{r\}$ representa o repolho na margem esquerda e o homem, o coelho e o leão na margem direita. A segunda informação importante para o problema, seqüência de movimentações, pode ser representada por uma palavra $a_0 a_1 a_2 \ldots a_n$, em que cada a_i pode ser s, l, c ou r. Supondo que todos estejam na margem esquerda no início, tem-se que a_i denota movimentação da esquerda para a direita se i for par e denota movimentação da direita para a esquerda se i for ímpar. Se a_i for: s, o homem estará indo sozinho; l, estará levando o leão; c, estará levando o coelho; e r, estará levando o repolho. Por exemplo, a palavra csr representa uma movimentação em que

1. $a_0 = $ c: o homem leva o coelho da esquerda para a direita;

2. $a_1 = $ s: o homem volta sozinho da direita para a esquerda; e

3. $a_2 = $ r: o homem leva o repolho da esquerda para a direita.

Observe que cada uma das situações desse exemplo, descrita por um conjunto, é uma "fotografia" dos elementos relevantes da realidade que estamos modelando. Essa fotografia é, em alguns contextos, denominada *estado*. Assim, em termos gerais, embora de forma ainda um pouco imprecisa, um estado pode ser imaginado como uma representação dos elementos essenciais de uma realidade que estamos modelando, e a escolha dos elementos essenciais depende da aplicação. Já cada elemento da palavra que representa uma seqüência de movimentações especifica uma operação que propicia a *transição* de um estado para outro. Assim, o problema pode ser visto como "encontrar uma palavra que represente uma seqüência de transições que leve de um *estado inicial* ($\{h, l, c, r\}$, no exemplo) a um *estado final* ($\{\}$, no exemplo)".

Está apresentada na Figura 2.1 uma representação gráfica do espaço dos estados e transições possíveis para o exemplo, mediante o que se denomina *diagrama de estados*.

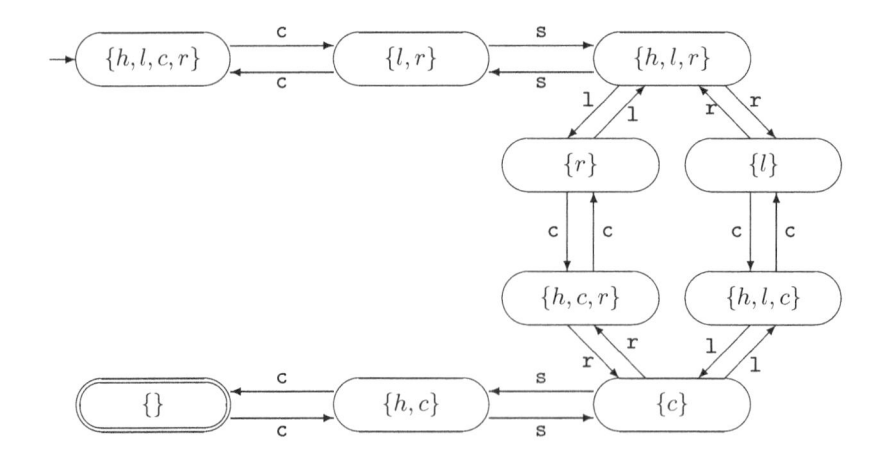

Figura 2.1 Diagrama de estados para o leão, o coelho e o repolho.

Nessa figura, cada estado é representado por uma oval e cada transição possível é representada por uma seta ligando o estado ao qual ela se aplica ao estado que resulta de sua aplicação. O estado inicial é ressaltado por meio de uma seta que o aponta e o estado final é ressaltado por meio de uma oval dupla. Mais precisamente, o espaço de estados e transições pode ser modelado por meio de um grafo dirigido em que os vértices são os estados, as arestas são as transições, e que tem dois vértices destacados como inicial e final.

Se existe uma aresta de e_1 para e_2 com rótulo a no diagrama de estados, será dito que há uma *transição de e_1 para e_2 sob a*.

O conjunto de todas as soluções para o quebra-cabeças é o conjunto das palavras correspondentes aos caminhos do estado inicial ao estado final. Cada palavra é formada concatenando-se os rótulos das arestas percorridas no caminho do estado inicial ao estado final. Pela Figura 2.1, fica evidente que existe um conjunto infinito de soluções, e que existem duas soluções de tamanho mínimo: `cslcrsc` e `csrclsc`.

Dada uma palavra w de $\{\texttt{s}, \texttt{l}, \texttt{c}, \texttt{r}\}^*$, como saber se w é uma solução? Evidentemente, deve-se verificar se o "caminho correspondente" uma w partindo do estado inicial chega ao estado final; se chegar, w é uma solução, caso contrário, não. No primeiro caso, diz-se que w é *reconhecida*, ou *aceita*, e no segundo diz-se que não é reconhecida, e sim *rejeitada*.

Suponha que x seja um prefixo de w, ou seja, $w = xy$, para alguma palavra y. No processo de verificar se w é reconhecida, quando tiver terminado o processamento de x, o que é necessário para se continuar o processo? Apenas duas informações:

- o estado atual; e

- y.

Esse par é denominado *configuração instantânea*. Uma notação útil é a associada à relação ⊢ (resulta em), que permite mostrar, passo a passo, a evolução das configurações instantâneas durante o processamento de uma palavra. Diz-se que $[e_1, w] \vdash [e_2, y]$ se existe uma transição de e_1 para e_2 sob a e $w = ay$. Assim, por exemplo, tem-se:

$$[\{l,r\}, \mathtt{sllr}] \vdash [\{h,l,r\}, \mathtt{llr}] \vdash [\{r\}, \mathtt{lr}] \vdash [\{h,l,r\}, \mathtt{r}] \vdash [\{l\}, \lambda].$$

Essa cadeia de relacionamentos pode ser interpretada como *uma computação* (da máquina cujo diagrama de estados é mostrado na Figura 2.1) iniciada no estado $\{l, r\}$, processando $\mathtt{sllr}$.

O diagrama de estados da Figura 2.1 tem uma característica marcante: a toda transição de um estado e_1 para um estado e_2 corresponde uma transição inversa, de e_2 para e_1 sob o mesmo símbolo. Os diagramas de estado, em geral, não precisam ter essa característica, como ficará evidenciado nos próximos exemplos. Outra característica do diagrama de estados da Figura 2.1, nem sempre presente, é a ocorrência de um único estado final. No entanto, existem duas outras características dignas de nota. A primeira é que para cada par (estado, símbolo) existe, no máximo, *uma* transição, ou seja, se existe uma transição do estado e_1 para o estado e_2 sob a, então não existe outra transição de e_1 para qualquer outro estado sob a. Essa característica confere um caráter de *determinismo* à máquina abstrata representada pelo diagrama: dada uma palavra w, existe um único estado que pode ser atingido a partir de qualquer estado, processando-se w. Esta característica também não é compartilhada por todos os diagramas de estados para autômatos finitos, como será visto na Seção 2.3.

Outra característica do diagrama de estados da Figura 2.1, esta sim compartilhada por qualquer autômato finito, é que *o número de estados é finito*. O conjunto de estados funciona, na realidade, como uma memória em que cada estado representa o conjunto das palavras que levam do estado inicial até ele. Assim, no exemplo, o estado final $\{\}$ representa todas as soluções. O único mecanismo de memória possuído por esse tipo de máquina é o conjunto de estados.

2.1.2 Um probleminha de matemática

Seja o problema de projetar uma máquina que, dada uma seqüência de 0s e 1s, determine se o número representado por ela na base 2 é divisível por 6. O que se deseja é um projeto independente de implementação, ou seja, que capture apenas a essência de tal máquina, não importando se ela será mecânica, eletrônica, um programa ou o que quer que seja.

Esse problema, aparentemente tão distinto do anterior, pode ser modelado de forma semelhante. No exemplo anterior, uma palavra (representando uma seqüência de movimentos de uma margem à outra) é processada da esquerda para a direita, símbolo a símbolo. Aqui, analogamente, a máquina deverá processar a seqüência dígito a dígito, da esquerda para direita. Assim, deve-se considerar, após lido um prefixo x qualquer, estando o autômato em um determinado estado, para qual estado deve ser feita uma transição se o próximo dígito for 0, e para qual estado deve ser feita uma transição se o próximo dígito for 1. Ora, supondo que $\eta(x)$ seja o número representado pela palavra x, sabe-se que a palavra $x0$ representa o número $2\eta(x)$, e a palavra $x1$, o número $2\eta(x) + 1$. E mais, sabe-se que, sendo r o resto da divisão por 6 do número $\eta(x)$:

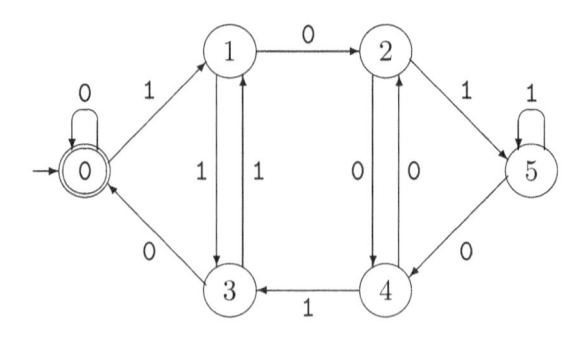

Figura 2.2 Diagrama de estados para binário módulo 6.

- o resto da divisão por 6 do número $2\eta(x)$ é o resto da divisão por 6 de $2r$;

- o resto da divisão por 6 do número $2\eta(x)+1$ é o resto da divisão por 6 de $2r+1$.

Com base nisso, pode-se imaginar uma máquina com seis estados, uma para cada resto de 0 a 5. De cada estado correspondente a resto r ($0 \leq r \leq 5$) emanam duas transições: se o próximo dígito for 0, tem-se uma transição para o estado correspondente ao resto de $2r$ por 6, e se o próximo dígito for 1, tem-se uma transição para o estado correspondente ao resto de $2r+1$ por 6. O estado correspondente a resto 0 é estado inicial e também final. A Figura 2.2 mostra o diagrama de estados correspondente. Nesse diagrama, para maior simplicidade, considera-se que $\eta(\lambda) = 0$ e, assim, a palavra λ é reconhecida pelo autômato.

Com esse mesmo diagrama de estados da Figura 2.2, modificando-se apenas o conjunto de estados finais, obtêm-se vários autômatos. Por exemplo, se os estados finais forem 1, 3 e 5, tem-se um autômato que reconhece toda palavra que representa um número cuja divisão por 6 tem resto ímpar.

2.1.3 Modelagem do funcionamento de um elevador

Seja um elevador destinado a servir a um prédio de três andares. O problema a ser abordado é o de modelar o funcionamento do elevador, o qual deverá satisfazer às seguintes condições:

1. caso não haja chamada, o elevador fica parado onde estiver;

2. o elevador dá prioridade ao chamado mais próximo no sentido em que estiver se movimentando;

3. um chamado pode ser "desligado" manualmente. Assim, por exemplo, é possível existir uma chamada para um andar em certo instante e, logo em seguida, não existir mais, sem que o elevador se mova.

Nos exemplos anteriores, a identificação dos estados e transições é bem evidente a partir da identificação dos aspectos importantes do problema, ou seja, a partir de sua modelagem. Dessa forma, inicialmente, listemos as informações relevantes do presente caso:

- os andares em que o elevador está sendo solicitado;
- o andar em que o elevador se encontra;
- o sentido em que o elevador está se movendo.

A partir dessas informações, o elevador pode "decidir" para qual andar ele deve se dirigir. Dentre elas, quais vão compor um estado e quais vão compor uma transição? Intuitivamente, o que faz o elevador mudar de um estado para outro é a primeira informação dada anteriormente, o conjunto dos andares para os quais o elevador está sendo solicitado; e um estado é composto das outras duas informações, já que, pela condição (3), não há necessidade de conferir compatibilidade de chamadas. A seguir, cada estado será representado por $i\theta$, em que i refere-se ao andar em que o elevador se encontra, e θ corresponde a uma seta $\uparrow$, se o elevador estiver indo para cima, e $\downarrow$, se estiver indo para baixo, e é nulo se o andar for o primeiro (isto é, o elevador só pode se movimentar para cima) ou for o último andar (ou seja, o elevador só pode se movimentar para baixo). Com isso, a máquina para modelar o elevador que atende a três andares terá quatro estados: 1, 2 $\uparrow$, 2 $\downarrow$ e 3. Por esse raciocínio, para modelar um elevador para n andares, seriam necessários, obviamente, $2+2(n-2) = 2(n-1)$ estados. Para cada transição, além de especificar o conjunto de chamadas que a ocasionou, será especificada também uma *saída*: a ação do elevador, representada por um dos três símbolos: $\uparrow$, $\downarrow$ ou $\circ$, conforme o elevador deva se mover para cima, para baixo, ou não se mover.

Um diagrama de estados que modela o problema está mostrado na Figura 2.3. Observe que existem várias transições para o mesmo par de estados. Para simplificar a figura, em vez de colocar uma seta para cada uma dessas transições, optou-se por colocar todo o conjunto de transições para cada par de estados como uma lista rotulando uma única seta; e como, nesse exemplo, a saída é a mesma para cada membro da lista, ela é especificada apenas uma vez, separada da lista por "/". Além disso, para simplificar a figura, é usada a notação $[i]$ significando "a lista de todos os subconjuntos de $\{1,2,3\}$ que contêm i". Observe que:

- se o conjunto de chamadas contém o andar em que está o elevador, este permanece no mesmo andar; apenas quando a chamada é desligada, manualmente ou não, o elevador pode partir para outro andar (e a máquina para outro estado);

- o elevador muda de sentido quando não há chamada no sentido em que está se movendo, caso haja chamada no outro sentido.

É interessante notar que, nesse exemplo, para qualquer palavra de entrada, tem-se uma palavra de saída. Não é utilizado o conceito de estado final.

Aqui é útil estender a configuração instantânea para conter a saída computada até o momento, e redefinir $\vdash$. Uma configuração instantânea será uma tripla $[e, x, y]$, em que

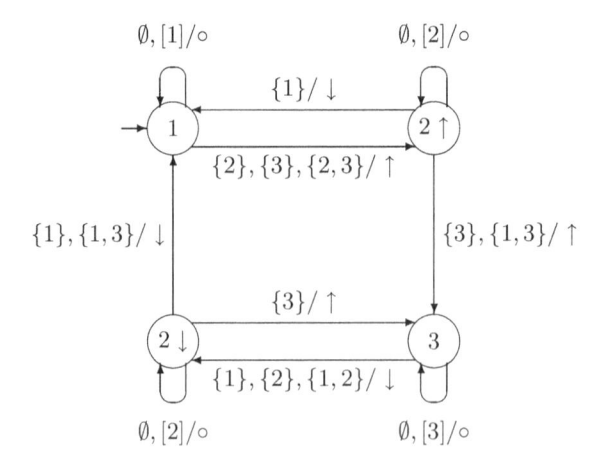

Figura 2.3 Diagrama de estados para um elevador.

e e x são como vistos na seção anterior, e y é uma palavra representando a seqüência das saídas emitidas até o momento. Exemplo:

$$[1, \{2,3\}\{1,3\}\{1\}, \lambda] \vdash [2 \uparrow, \{1,3\}\{1\}, \uparrow] \vdash [3, \{1\}, \uparrow\uparrow] \vdash [2 \downarrow, \lambda, \uparrow\uparrow\downarrow].$$

Assim, à entrada $\{2,3\}\{1,3\}\{1\}$ corresponde a saída $\uparrow\uparrow\downarrow$. Observe que, apesar do último conjunto de chamadas ser $\{1\}$, o elevador não vai até o primeiro andar, porque "alguém" desligou manualmente o chamado depois que o elevador partiu do terceiro em direção ao segundo andar.

Esse tipo de máquina é denominado *Máquina de Mealy*, e será abordado na Seção 2.5.

Exercícios

1. Faça um diagrama de estados, similar àquele da Figura 2.1, página 62, para o problema dos missionários e canibais:

    Três missionários e três canibais devem atravessar um rio. Para isso, dispõem de uma canoa que pode transportar no máximo duas pessoas de cada vez. Durante a travessia, se o número de canibais for maior que o de missionários em qualquer uma das margens, os canibais comem os missionários. Determinar um plano para travessia em que nenhum missionário seja devorado.

2. Faça um diagrama de estados, usando a idéia apresentada na Seção 2.1.2, para uma máquina que determine se uma seqüência ternária (com dígitos 0, 1 e 2) é divisível por 4.

3. Suponha um cruzamento em T, como ilustrado na Figura 2.4, com os sentidos possíveis de tráfego mostrados: um veículo, vindo de B, pode ir em frente ou virar para C, outro, vindo de C, só pode virar para B etc. O cruzamento deve

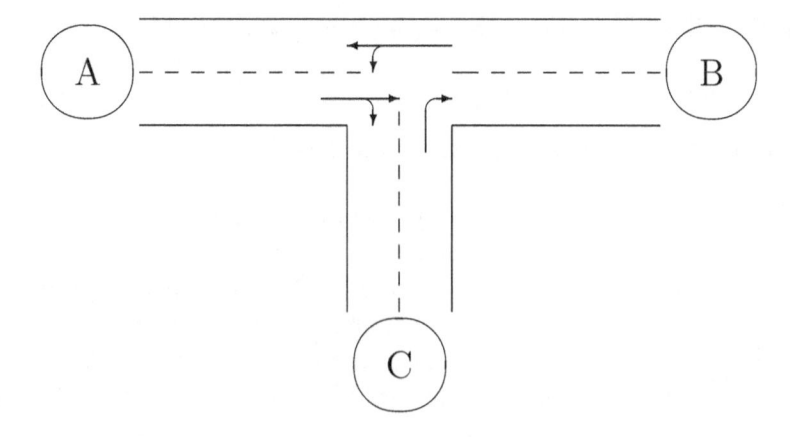

Figura 2.4 Um cruzamento em T.

ser controlado por semáforos que só exibem as cores verde e vermelho; não há amarelo. Suponha que haja sensores que determinem o sentido dos veículos. Por exemplo, há um sensor que estabelece se existe veículo dirigindo-se de B para C, e há outro que mostra se há veículo se dirigindo de A para B etc. Modele o funcionamento dos semáforos por meio de um diagrama de estados, de forma similar àquela utilizada para a modelagem do problema do elevador na Seção 2.1.3.

2.2 Autômatos Finitos Determinísticos

Os exemplos apresentados na seção anterior introduziram informalmente a noção de autômato finito na sua modalidade determinística, bem como a maior parte da terminologia associada. Nesta seção, uma definição precisa de autômato finito determinístico, um método para determinar um autômato mínimo equivalente a outro dado e algumas propriedades importantes de autômatos finitos determinísticos serão apresentados.

2.2.1 O que é autômato finito determinístico

Um autômato finito determinístico é uma estrutura matemática constituída por três tipos de entidades: um conjunto de estados, um alfabeto e um conjunto de transições. Dos estados, destaca-se um como o estado inicial, bem como um subconjunto de estados como composto dos estados finais. A definição, a seguir, apresenta de forma precisa essa caracterização. Em particular, o conjunto de transições é definido como uma função.

Definição 1 *Um autômato finito determinístico* (AFD) *é uma quíntupla* $(E, \Sigma, \delta, i, F)$, *em que:*

- *E é um conjunto finito de um ou mais elementos denominados estados;*
- *Σ é um alfabeto;*

- $\delta: E \times \Sigma \to E$ é a função de transição, uma função total;

- i, um estado de E, é o estado inicial;

- F, subconjunto de E, é o conjunto de estados finais. □

Observe como E precisa apenas ser um conjunto finito, e que nada depende da estrutura de seus elementos. Em verdade, se E tem n elementos, formalmente eles precisam somente ser representados por n nomes distintos (por exemplo, $1, 2, \ldots, n$). No entanto, na prática, costumam-se usar nomes mnemônicos, pelos mesmos motivos que, em programação, usam-se nomes mnemônicos para variáveis. Assim, no primeiro exemplo da seção anterior, o nome de um estado indica claramente a situação, explicitando os indivíduos presentes na margem esquerda. Algumas pessoas acham ainda mais mnemônico indicar, além do conteúdo da margem esquerda, o conteúdo da margem direita. No segundo exemplo, o nome de um estado revela o resto da divisão por 6 do número representado pelo prefixo que leva até o estado. No terceiro exemplo, o nome de um estado é dado pelo andar em que o elevador se encontra e se ele está subindo ou descendo. É evidente que a concepção de cada um dos autômatos e o entendimento de cada um deles são muito facilitados usando-se tais nomes em vez de nomes arbitrários.

O fato de que um autômato tem apenas um estado inicial não diminui seu poder computacional. Será mostrado adiante que o poder computacional de um autômato finito não determinístico, que é o caso de um autômato com mais de um estado inicial, é o mesmo de um AFD.

A Definição 1 modela as transições de um AFD como uma função que mapeia cada par (*estado*, *símbolo*) para **um** estado. Esse fato, que cada par (estado, símbolo) leva a *um único* estado, é que caracteriza o *determinismo* do AFD: a partir do estado inicial, só é possível atingir um único estado para uma dada palavra de entrada. E o fato de a função ser total garante que, para toda palavra de entrada, atinge-se um estado consumindo-se toda a palavra. Essa exigência simplifica o modelo, facilitando sua manipulação do ponto de vista teórico, sem impor qualquer limitação quanto ao seu poder computacional.

Para conciliar o primeiro exemplo da Seção 2.1 com a definição de AFD, basta inserir mais um estado, digamos t (de "tragédia"), e fazer $\delta(e, a) = t$ se não existir transição de e para algum estado sob a; em particular, $\delta(t, a) = t$ para todo $a \in \{\mathtt{s}, \mathtt{l}, \mathtt{c}, \mathtt{r}\}$. Com isso, o exemplo pode ser modelado mediante o autômato (veja a Figura 2.1, página 62)

$$(E, \{\mathtt{s}, \mathtt{l}, \mathtt{c}, \mathtt{r}\}, \delta, \{h, l, c, r\}, \{\{\}\})$$

em que E é o conjunto

$$\{\{h, l, c, r\}, \{l, r\}, \{h, l, r\}, \{l\}, \{r\}, \{h, l, c\}, \{h, c, r\}, \{c\}, \{h, c\}, \{\}, t\}$$

e δ é dada por:[3]

---

[3] Nesse formato tabular, uma função f é representada de forma que $f(i, j)$ seja exibido no cruzamento da linha i com a coluna j.

δ	s	l	c	r
$\{h,l,c,r\}$	t	t	$\{l,r\}$	t
$\{l,r\}$	$\{h,l,r\}$	t	$\{h,l,c,r\}$	t
$\{h,l,r\}$	$\{l,r\}$	$\{r\}$	t	$\{l\}$
$\{l\}$	t	t	$\{h,l,c\}$	$\{h,l,r\}$
$\{r\}$	t	$\{h,l,r\}$	$\{h,c,r\}$	t
$\{h,l,c\}$	t	$\{c\}$	$\{l\}$	t
$\{h,c,r\}$	t	t	$\{r\}$	$\{c\}$
$\{c\}$	$\{h,c\}$	$\{h,l,c\}$	t	$\{h,c,r\}$
$\{h,c\}$	$\{c\}$	t	$\{\}$	t
$\{\}$	t	t	$\{h,c\}$	t
t	t	t	t	t

Assim, para ficar conforme a definição de AFD, o diagrama de estados da Figura 2.1 deveria ser alterado para conter o estado t e as transições relativas a t especificadas. No entanto, é útil assumir que, caso alguma transição de algum estado e sob algum símbolo a não esteja especificada no diagrama de estados, então existe um estado (não mostrado no diagrama) e' tal que:

- existe uma transição de e para e' sob a;

- e' não é estado final;

- existe uma transição de e' para e' sob cada símbolo do alfabeto.

Observe que os dois últimos itens implicam que, se e' for atingido após ser consumida parte de uma palavra, então o sufixo que seguir é irrelevante: ele não vai alterar o fato de que a palavra não é reconhecida. Em muitas aplicações esse estado é referido como um estado de *erro*, o que é consistente com o primeiro exemplo da seção anterior, na forma em que ele foi modelado. Embora nem todas as aplicações contenham esse "estado de erro", naquelas em que ele está presente, muitas vezes a sua omissão no diagrama de estados simplifica o diagrama, tornando-o mais legível. É esse o caso do primeiro exemplo da seção anterior.

Deste ponto em diante, quando se quiser enfatizar que foram omitidos todos os estados de erro porventura existentes, dir-se-á que o diagrama é um *diagrama de estados simplificado*.

O segundo exemplo da seção anterior, que não tem estado de erro, pode ser modelado mediante o autômato

$$(\{0,1,2,3,4,5\},\{0,1\},\delta,0,\{0\})$$

em que δ é dada por:

δ	0	1
0	0	1
1	2	3
2	4	5
3	0	1
4	2	3
5	4	5

Como exposto anteriormente, para qualquer palavra existe um, e apenas um, estado do autômato que pode ser alcançado a partir do estado inicial (e de qualquer outro estado). Assim, define-se a seguir uma função que, dado um estado e e uma palavra w, retorna o estado alcançado. Evidentemente, ela deve coincidir com a função de transição para palavras de tamanho 1.

Definição 2 *Seja um AFD $M = (E, \Sigma, \delta, i, F)$. A função de transição estendida para M, $\hat{\delta}$, é uma função de $E \times \Sigma^*$ para E, definida recursivamente como segue:*

a) $\hat{\delta}(e, \lambda) = e$;

b) $\hat{\delta}(e, ay) = \hat{\delta}(\delta(e, a), y)$, *para todo* $a \in \Sigma$ *e* $y \in \Sigma^*$. □

Observe como $\hat{\delta}(e, a)$ coincide com $\delta(e, a)$:

$$\begin{aligned}\hat{\delta}(e, a) &= \hat{\delta}(\delta(e, a), \lambda) \quad \text{por } b, \text{ Definição 2}\\&= \delta(e, a) \qquad \text{por } a, \text{ Definição 2.}\end{aligned}$$

Exemplo 54 Seja o AFD do segundo exemplo da seção anterior, cujo diagrama de estados é mostrado na Figura 2.2, página 64. Observe como o estado atingido, processando-se a palavra 1010 a partir do estado inicial, 0, é 4:

$$\begin{aligned}\hat{\delta}(0, \texttt{1010}) &= \hat{\delta}(\delta(0, \texttt{1}), \texttt{010}) \quad \text{por } b, \text{ Definição 2}\\&= \hat{\delta}(1, \texttt{010}) \qquad \text{pois } \delta(0, \texttt{1}) = 1\\&= \hat{\delta}(\delta(1, \texttt{0}), \texttt{10}) \quad \text{por } b, \text{ Definição 2}\\&= \hat{\delta}(2, \texttt{10}) \qquad \text{pois } \delta(1, \texttt{0}) = 2\\&= \hat{\delta}(\delta(2, \texttt{1}), \texttt{0}) \quad \text{por } b, \text{ Definição 2}\\&= \hat{\delta}(5, \texttt{0}) \qquad \text{pois } \delta(2, \texttt{1}) = 5\\&= \hat{\delta}(\delta(5, \texttt{0}), \lambda) \quad \text{por } b, \text{ Definição 2}\\&= \hat{\delta}(4, \lambda) \qquad \text{pois } \delta(5, \texttt{0}) = 4\\&= 4 \qquad \text{por } a, \text{ Definição 2.}\end{aligned}$$

□

Utilizando-se $\hat{\delta}$, pode-se definir a *linguagem reconhecida, ou aceita*, por um AFD.

Definição 3 *A linguagem reconhecida (aceita) por um AFD $M = (E, \Sigma, \delta, i, F)$ é o conjunto $L(M) = \{w \in \Sigma^* \mid \hat{\delta}(i, w) \in F\}$. Uma determinada palavra $w \in \Sigma^*$ é dita ser reconhecida, ou aceita, por M se, e somente se, $\hat{\delta}(i, w) \in F$.* □

Entrada: 1. o AFD, dado por i, F e D, e
          2. a palavra de entrada, dada por $prox$.
Saída: *sim* ou *não*.
$e \leftarrow i$; $s \leftarrow prox()$;
enquanto $s \neq fs$ **faça**
    $e \leftarrow D[e, s]$; $s \leftarrow prox()$;
fimenquanto;
se $e \in F$ **então**
    retorne *sim*
senão
    retorne *não*
fimse

Figura 2.5 Algoritmo para simular AFDs.

Dessa forma, a linguagem aceita pelo AFD do primeiro exemplo é o conjunto de todas as palavras que representam seqüências de movimentos que propiciam o transporte seguro dos elementos citados. E a linguagem aceita pelo AFD do segundo exemplo é o conjunto de toda palavra binária que represente um número divisível por 6.

No primeiro exemplo, o objetivo era encontrar uma palavra w tal que $\hat{\delta}(i, w) \in F$. E, no segundo, o propósito era ter uma máquina abstrata para determinar, para qualquer palavra w, se $\hat{\delta}(i, w) \in F$. No primeiro caso, basta usar um algoritmo para determinar um caminho entre dois vértices em um grafo. E, no segundo, a resposta é o próprio AFD obtido. Assim, embora o objetivo original em cada exemplo seja diferente, em ambos foram obtidos *reconhecedores* de linguagens.

Em princípio, pode-se pensar em implementar um dado AFD, visto como reconhecedor, nas mais diversas tecnologias, inclusive via procedimento. Nesse último caso, pode-se usar qualquer paradigma de programação, como o procedural, o funcional ou o lógico. Tendo em vista que os maiores usuários deste livro são estudantes de informática, e que, pelo menos por enquanto, o paradigma procedural é mais comum, será exemplificado como implementar um AFD nesse último paradigma. O procedimento utiliza as seguintes variáveis para representar o AFD:

- i: estado inicial;

- F: conjunto dos estados finais;

- D, uma matriz contendo a função de transição, de forma que $D[e, a] = \delta(e, a)$ para todo estado e e símbolo a.

Assume-se a existência de um procedimento do tipo função, $prox$, que retorna o próximo símbolo de entrada, quando houver, e fs (fim de seqüência), quando não houver. O algoritmo está ilustrado na Figura 2.5. Observe que esse procedimento é geral, podendo ser aplicado a qualquer AFD recebido como entrada. Uma abordagem que resulta em maior eficiência, mas que leva à obtenção de um procedimento específico para um AFD, é codificar cada transição como se fosse uma "instrução" (veja o Exercício 7 proposto no final da Seção 2.2, na página 88). De qualquer forma, em ambos os casos, o tempo de execução é diretamente proporcional ao tamanho da palavra de entrada.

Exemplo 55 Uma das aplicações de AFDs é a análise léxica de compiladores de linguagens de programação, como Pascal, C e Java. Nessa fase, são reconhecidas determinadas entidades sintáticas, como identificadores, constantes inteiras, constantes reais, palavras-chave etc. Na Figura 2.6 está mostrado o diagrama de estados de um AFD para reconhecimento de constantes reais típicas de uma linguagem de programação de alto nível. Cada transição sob d é, na realidade, uma abreviação para dez transições: uma para cada um dos dígitos de 0 a 9. Matematicamente, o AFD é uma quíntupla $(E, \Sigma, \delta, e0, F)$, em que:

- $E = \{e0, e1, e2, e3, e4, e5, e6, e7, ee\}$ (ee é o "estado de erro")
- $\Sigma = \{0, 1, 2, 3, 4, 5, 6, 7, 8, 9, ., +, -, \mathtt{E}\}$
- $F = \{e3, e7\}$
- δ é dada por (novamente, d representa cada um dos dígitos de 0 a 9):

δ	d	.	+	−	E
$e0$	$e2$	$e4$	$e1$	$e1$	ee
$e1$	$e2$	$e4$	ee	ee	ee
$e2$	$e2$	$e3$	ee	ee	$e5$
$e3$	$e3$	ee	ee	ee	$e5$
$e4$	$e3$	ee	ee	ee	ee
$e5$	$e7$	ee	$e6$	$e6$	ee
$e6$	$e7$	ee	ee	ee	ee
$e7$	$e7$	ee	ee	ee	ee
ee	ee	ee	ee	ee	ee

□

Antes de apresentar algumas propriedades dos AFDs e seu relacionamento com outros formalismos importantes, serão apresentados mais alguns exemplos. Daqui para a frente, será dada ênfase a autômatos finitos como reconhecedores. Tenha em mente, entretanto, que o conceito pode ser usado em vários contextos, não necessariamente como reconhecedores, como mostra o primeiro exemplo da seção anterior.

Exemplo 56 Será apresentado um AFD M tal que:

$$L(M) = \{w \in \{\mathtt{0}, \mathtt{1}\}^* \mid w \text{ tem um número par de símbolos}\}.$$

Após ter lido um prefixo x de uma palavra, o que se deve saber para prosseguir no seu reconhecimento? Ora, não é difícil perceber que se deve saber apenas se x tem um número par ou ímpar de símbolos. Assim, o autômato terá apenas dois estados: *par* e

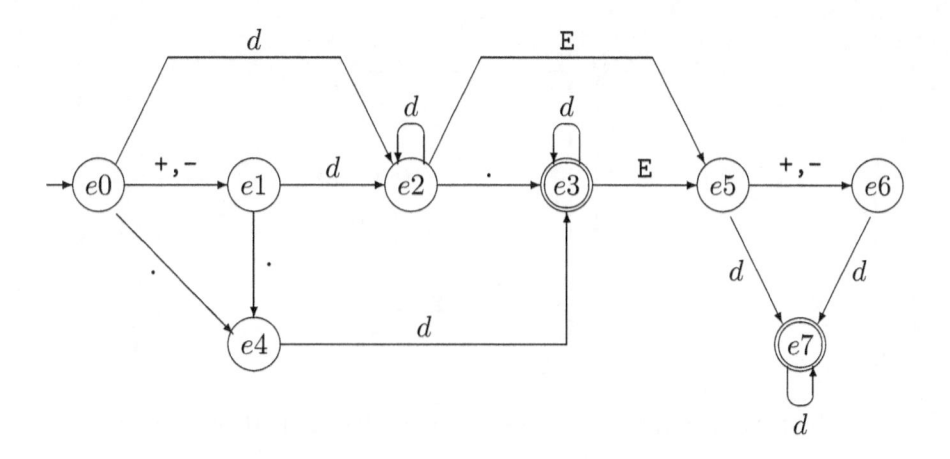

Figura 2.6 Reconhecendo constantes reais.

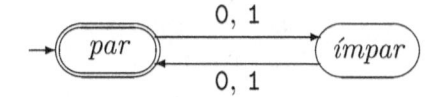

Figura 2.7 Reconhecendo número par de símbolos.

ímpar. O diagrama de estados está ilustrado na Figura 2.7. Em linguagem matemática, o autômato seria uma quíntupla

$$M = (\{par, ímpar\}, \{0, 1\}, \delta, par, \{par\})$$

em que δ é dada por:

δ	0	1
par	*ímpar*	*ímpar*
ímpar	*par*	*par*

□

Exemplo 57 Agora, apresenta-se um AFD N tal que $L(N) = \{w \in \{0,1\}^* \mid w$ tem um número par de 0s e um número par de 1s$\}$.

Nesse caso, após um prefixo, deve-se saber se o número de 0s é par ou ímpar e se o número de 1s é par ou ímpar, para que se tenha controle da paridade de ambos os dígitos o tempo todo. O diagrama de estados está mostrado na Figura 2.8. O estado pp representa a situação em que o número de 0s e de 1s é par, pi corresponde à situação em que o número de 0s é par e o de 1s é ímpar e assim por diante. Em linguagem matemática, o autômato seria uma quíntupla

$$N = (\{pp, pi, ip, ii\}, \{0, 1\}, \delta, pp, \{pp\})$$

em que δ é dada por:

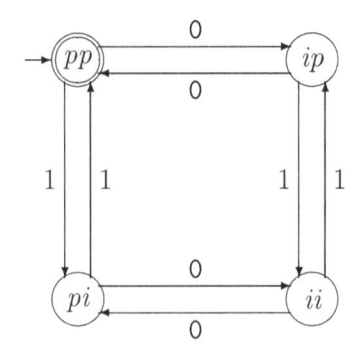

Figura 2.8 Reconhecendo números pares de 0s e de 1s.

δ	0	1
pp	ip	pi
pi	ii	pp
ip	pp	ii
ii	pi	ip

□

Se o autômato N do Exemplo 57 tivesse como estados finais os estados pp e ii, ele aceitaria a mesma linguagem que o AFD do Exemplo 56. É fácil perceber que, se uma linguagem pode ser reconhecida por AFDs, ela pode ser reconhecida por inúmeros AFDs.

Definição 4 *Dois AFDs, M_1 e M_2, são ditos equivalentes se, e somente se,* $L(M_1) = L(M_2)$. □

Dado que podem existir vários AFDs equivalentes para uma linguagem, tem sentido indagar se existiria um AFD "mínimo" para uma linguagem. Se for assumido um alfabeto mínimo (sem símbolos inúteis), existem duas entidades que influenciam o tamanho de um AFD: os números de estados e de transições. Como a função de transição é total, o número de transições é função apenas do número de estados: quanto menos estados, menos transições. Ou seja, tem sentido dizer que um AFD para reconhecer uma linguagem é *mínimo* se nenhum outro que reconheça a mesma linguagem possuir um número de estados menor. Na próxima seção, será apresentado um algoritmo que, dado um AFD qualquer, determina um AFD mínimo equivalente. Antes disso, porém, será mostrado mais um exemplo.

Exemplo 58 Na Figura 2.9 apresentam-se os diagramas de estado de dois AFDs: um que reconhece $A_0 = \{0y \mid y \in \{0,1\}^*\}$ e outro que reconhece $A_1 = \{x1 \mid x \in \{0,1\}^*\}$. O estado inicial de cada um dos autômatos é denominado λ, o estado ci é atingido para as palavras que começam com i e o estado ti, para as palavras que terminam com i, para $i = 0$ ou 1. □

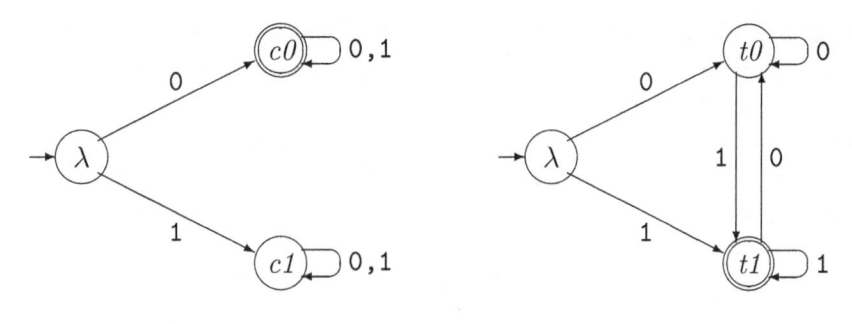

(a) Reconhecendo $\{0\}\{0,1\}^*$ **(b) Reconhecendo** $\{0,1\}^*\{1\}$

Figura 2.9 Reconhecendo $\{0\}\{0,1\}^*$ e $\{0,1\}^*\{1\}$.

Suponha que se queira um AFD que reconheça a linguagem de todas as palavras de $\{0,1\}^*$ que começam com 0 ou terminam com 1 e que tenham um número par de 0s e um número par de 1s, ou seja, a linguagem $L = (A_0 \cup A_1) \cap L(N)$, em que A_0 e A_1 são as linguagens do Exemplo 58 e N é o AFD do Exemplo 57. Seria possível obter um AFD para L a partir de N e dos AFDs cujos diagramas de estado estão representados na Figura 2.9? A resposta é sim; e os algoritmos para isso serão esboçados na Seção 2.2.3.

2.2.2 Minimização de AFDs

Como já foi dito, sempre existe um AFD mínimo equivalente a um AFD. Mínimo, no sentido de que não existe nenhum outro com menor número de estados.

Definição 5 *Um AFD M é dito ser um AFD mínimo para a linguagem $L(M)$ se nenhum AFD para $L(M)$ contém menor número de estados que M.* □

Pela Definição 5, nenhum AFD que contenha estados não alcançáveis a partir do estado inicial pode ser mínimo. Assim, um primeiro passo para obter um AFD mínimo é a eliminação pura e simples desses estados. Em seguida, deve-se determinar grupos de estados *equivalentes*, no sentido ditado pela Definição 6 a seguir, e substituir cada grupo por um único estado.

Definição 6 *Seja um AFD $M = (E, \Sigma, \delta, i, F)$. Dois estados $e, e' \in E$ são ditos equivalentes, $e \approx e'$, se, e somente se:*

$$\text{para todo } y \in \Sigma^*, \hat{\delta}(e, y) \in F \text{ se, e somente se, } \hat{\delta}(e', y) \in F.$$ □

Pode-se mostrar que a relação "$\approx$", definida anteriormente, é de fato uma relação de equivalência, ou seja, uma relação reflexiva, simétrica e transitiva.

Dada a Definição 6, durante o processamento de uma palavra, tanto faz atingir e como e': um sufixo y será reconhecido passando-se por e se, e somente se, ele for reconhecido passando-se por e'. O que justifica eliminar um dos estados e substituir toda referência a ele por referências ao outro. Ou seja, se $[e] = \{e_1, e_2, \ldots, e_n\}$ é a classe de equivalência de e na partição induzida por $\approx$, os estados $e_1, e_2, \ldots, e_n$ podem ser substituídos por um único estado.

Por outro lado, se os estados e e e' *não* forem equivalentes no sentido da Definição 6, ou seja, se $e \not\approx e'$ (equivalentemente, $[e] \neq [e']$), então é porque existe uma palavra $y \in \Sigma^*$ para a qual:

$$\hat{\delta}(e, y) \in F \text{ e } \hat{\delta}(e', y) \notin F, \text{ ou vice-versa.}$$

Nesse caso, atingir e pode significar o reconhecimento de uma palavra e alcançar e' pode significar o não reconhecimento da palavra: basta que o sufixo restante da palavra seja y. Assim, se tanto e quanto e' forem alcançáveis a partir do estado inicial, os dois estados não podem ser reduzidos a um único.

Na definição a seguir, mostra-se como construir um autômato mínimo equivalente a um AFD M, dadas as classes de equivalência induzidas pela relação $\approx$. Não será demonstrado formalmente que um autômato reduzido, como na definição apresentada, é um autômato mínimo. Para os propósitos deste texto são suficientes as evidências apontadas na argumentação anterior mais o resultado do Teorema 2, exposto a seguir.

Definição 7 *Seja um AFD $M = (E, \Sigma, \delta, i, F)$. Um* autômato reduzido *correspondente a M é o AFD $M' = (E', \Sigma, \delta', i', F')$, em que:*

- $E' = \{[e] \mid e \in E\}$;
- $\delta'([e], a) = [\delta(e, a)]$ *para todo* $e \in E$ *e* $a \in \Sigma$;
- $i' = [i]$;
- $F' = \{[e] \mid e \in F\}$. □

Note que δ' é bem definida, pois se $[e] = [e']$, então $[\delta(e, a)] = [\delta(e', a)]$ para qualquer $a \in \Sigma^*$. Para provar isso, suponha que $[e] = [e']$, ou seja, $e \approx e'$, e sejam $a \in \Sigma$ e $y \in \Sigma^*$ arbitrários. Então:

$$\begin{aligned}
\hat{\delta}(\delta(e, a), y) \in F &\leftrightarrow \hat{\delta}(e, ay) \in F && \text{pela definição de } \hat{\delta} \text{ (Definição 2)} \\
&\leftrightarrow \hat{\delta}(e', ay) \in F && \text{pela Definição 6, pois } e \approx e' \\
&\leftrightarrow \hat{\delta}(\delta(e', a), y) \in F && \text{pela definição de } \hat{\delta}.
\end{aligned}$$

Pela Definição 6, conclui-se que $[\delta(e, a)] = [\delta(e', a)]$.

Teorema 2 *Um autômato reduzido correspondente a um AFD M é equivalente a M.*

Prova

Sejam AFDs M e M' como na Definição 7. Primeiramente, mostra-se que

$$\hat{\delta}'([e], w) = [\hat{\delta}(e, w)] \text{ para todo } w \in \Sigma^* \tag{2.1}$$

por indução sobre $|w|$. Se $|w| = 0$, tem-se:

$\hat{\delta}'([e], \lambda) = [e]$ pela definição de $\hat{\delta}$ (Definição 2)
            $= [\hat{\delta}(e, \lambda)]$ pela definição de $\hat{\delta}$.

Seja $y \in \Sigma^*$ arbitrário, e suponha, como hipótese de indução, que $\hat{\delta}'([e], y) = [\hat{\delta}(e, y)]$. Basta, então, provar que $\hat{\delta}'([e], ay) = [\hat{\delta}(e, ay)]$ para um $a \in \Sigma$ arbitrário. De fato:

$\hat{\delta}'([e], ay) = \hat{\delta}'(\delta'([e], a), y)$ pela definição de $\hat{\delta}$
           $= \hat{\delta}'([\delta(e, a)], y)$ pela definição de δ'
           $= [\hat{\delta}(\delta(e, a), y)]$ pela hipótese de indução
           $= [\hat{\delta}(e, ay)]$ pela definição de $\hat{\delta}$.

Agora, para provar que $L(M) = L(M')$, prova-se que para todo $w \in \Sigma^*$, $\hat{\delta}'(i', w) \in F' \leftrightarrow \hat{\delta}(i, w) \in F$:

$\hat{\delta}'(i', w) \in F' \leftrightarrow \hat{\delta}'([i], w) \in F'$ pela definição de i'
               $\leftrightarrow [\hat{\delta}(i, w)] \in F'$ por (2.1)
               $\leftrightarrow \hat{\delta}(i, w) \in F$ pela definição de F'.   □

Assim, o problema básico do algoritmo de minimização é encontrar as classes de equivalência induzidas pela relação $\approx$. A definição indutiva a seguir será a base para a obtenção das partições passo a passo, mediante aplicações simples da função de transição δ. Define-se uma seqüência de relações de equivalência $\approx_0, \approx_1, \approx_2 \ldots$, de forma que $\approx_{n+1}$ é um refinamento de $\approx_n$, ou seja, cada classe de equivalência de $\approx_{n+1}$ está contida em uma classe de equivalência de $\approx_n$.

Definição 8 *Seja um AFD $M = (E, \Sigma, \delta, i, F)$. Segue uma definição de $\approx_i$ (lê-se "é i-equivalente"), $i \geq 0$:*

a) $e \approx_0 e'$ *se, e somente se, $(e, e' \in F$ ou $e, e' \in E - F)$;*

b) *para $n \geq 0$: $e \approx_{n+1} e'$ se, e somente se, $e \approx_n e'$ e $\delta(e, a) \approx_n \delta(e', a)$ para todo $a \in \Sigma$.*   □

A notação $\approx_n$ é justificada pelo lema a seguir.

Lema 1 *Seja um AFD $M = (E, \Sigma, \delta, i, F)$, e dois estados $e, e' \in E$. Então $e \approx_n e'$ se, e somente se, para todo $w \in \Sigma^*$ tal que $|w| \leq n$, $\hat{\delta}(e, w) \in F \leftrightarrow \hat{\delta}(e', w) \in F$.*

Prova

A demonstração será feita por indução sobre n. Para $n = 0$, tem-se:

$e \approx_0 e' \leftrightarrow [e, e' \in F$ ou $e, e' \in E - F]$ pela Definição 8
         $\leftrightarrow [\hat{\delta}(e, \lambda) \in F \leftrightarrow \hat{\delta}(e', \lambda) \in F]$ pela definição de $\hat{\delta}$.

Supondo que o resultado seja válido para um certo $n \geq 0$, deve-se provar que $e \approx_{n+1} e'$ se, e somente se, para todo $w \in \Sigma^*$ tal que $|w| \leq n + 1$, $\hat{\delta}(e, w) \in F \leftrightarrow \hat{\delta}(e', w) \in F$. De fato,

$e \approx_{n+1} e' \leftrightarrow [e \approx_n e'$ e para todo $a \in \Sigma$, $\delta(e,a) \approx_n \delta(e',a)]$ pela Definição 8
$\leftrightarrow$ [para todo $x \in \Sigma^*$ tal que $|x| \leq n$, $\hat{\delta}(e,x) \in F \leftrightarrow \hat{\delta}(e',x) \in F$,
e para todo $a \in \Sigma$ e todo $y \in \Sigma^*$ tal que $|y| \leq n$,
$$\hat{\delta}(\delta(e,a),y) \in F \leftrightarrow \hat{\delta}(\delta(e',a),y) \in F]$$
pela hipótese de indução
$\leftrightarrow$ [para todo $x \in \Sigma^*$ tal que $|x| \leq n$, $\hat{\delta}(e,x) \in F \leftrightarrow \hat{\delta}(e',x) \in F$,
e para todo $a \in \Sigma$ e todo $y \in \Sigma^*$ tal que $|y| \leq n$,
$$\hat{\delta}(e,ay) \in F \leftrightarrow \hat{\delta}(e',ay) \in F]$$
pela definição de $\hat{\delta}$
$\leftrightarrow$ [para todo $x \in \Sigma^*$ tal que $|x| \leq n$, $\hat{\delta}(e,x) \in F \leftrightarrow \hat{\delta}(e',x) \in F$,
e para todo $z \in \Sigma^*$ tal que $1 \leq |z| \leq n+1$, $\hat{\delta}(e,z) \in F \leftrightarrow \hat{\delta}(e',z) \in F]$
$\leftrightarrow$ [para todo $w \in \Sigma^*$ tal que $0 \leq |w| \leq n+1$, $\hat{\delta}(e,w) \in F \leftrightarrow \hat{\delta}(e',w) \in F]$. □

Finalmente, a ligação entre as Definições 6 e 8 é feita pelo teorema a seguir.

Teorema 3 $e \approx e'$ se, e somente se, $e \approx_n e'$ para todo $n \geq 0$.

Prova

$e \approx e' \leftrightarrow$ para todo $w \in \Sigma^*$, $\hat{\delta}(e,w) \in F \leftrightarrow \hat{\delta}(e',w) \in F$ pela Definição 6
$\leftrightarrow$ para todo $n \geq 0$ e todo $w \in \Sigma^*$ tal que $|w| \leq n$,
$$\hat{\delta}(e,w) \in F \leftrightarrow \hat{\delta}(e',w) \in F$$
$\leftrightarrow$ para todo $n \geq 0$, $e \approx_n e'$ pelo Lema 1.   □

A seguinte reformulação da Definição 8, em termos das partições sucessivas induzidas pelas relações $\approx_n$, serve de base para a formulação do algoritmo a ser apresentado em seguida. Será usada a notação $[e]_n$ para denotar a classe de equivalência a que pertence o estado e na partição induzida por $\approx_n$. Seja um AFD $M = (E, \Sigma, \delta, i, F)$ e um estado $e \in E$. Segue uma definição de $[e]_i$, $i \geq 0$:

a) $[e]_0 = \begin{cases} F & \text{se } e \in F \\ E - F & \text{se } e \in E - F; \end{cases}$

b) para $n \geq 0$, $[e]_{n+1} = \{e' \in [e]_n \mid [\delta(e',a)]_n = [\delta(e,a)]_n \text{ para todo } a \in \Sigma\}$.

O algoritmo de minimização, baseado nessa última definição, está mostrado na Figura 2.10. No algoritmo, as partições sucessivas do conjunto de estados E são denotadas $S_0, S_1, \ldots, S_n$. Assim, tem-se que $S_i = \{[e]_i \mid e \in E\}$. Ao atingir o estágio em que $S_n = S_{n-1}$, tem-se que S_n é o conjunto de estados do AFD mínimo.

Exemplo 59 No Exemplo 58 foram apresentados dois AFDs simples, um para a linguagem $A_0 = \{0y \mid y \in \{0,1\}^*\}$ e outro para $A_1 = \{x1 \mid x \in \{0,1\}^*\}$. Seus diagramas de estado estão explicitados na Figura 2.9, página 75. Aplicando-se o algoritmo de minimização da Figura 2.10 para o primeiro AFD, as partições do conjunto de estados evoluem assim:

Entrada: um AFD $P = (E, \Sigma, \delta, i, F)$.
Saída: um AFD mínimo equivalente a P.

elimine de P todo estado não alcançável a partir de i;
se $F = \emptyset$ **então**
    retorne $(\{i\}, \Sigma, \delta', i, \emptyset)$, sendo $\delta'(i, a) = i$ para todo $a \in \Sigma$
senãose $E - F = \emptyset$ **então**
    retorne $(\{i\}, \Sigma, \delta', i, \{i\})$, sendo $\delta'(i, a) = i$ para todo $a \in \Sigma$
fimse;
$S_0 \leftarrow \{E - F, F\}$; $n \leftarrow 0$;
repita
    $n \leftarrow n + 1$
    $S_n \leftarrow \emptyset$;
    para cada $X \in S_{n-1}$ **faça**
        repita
            selecione um estado $e \in X$;
            para cada $a \in \Sigma$:
                seja $[\delta(e, a)]$ o conjunto que contém $\delta(e, a)$ em S_{n-1};
            seja $Y = \{e' \in X \mid \delta(e', a) \in [\delta(e, a)]$ para todo $a \in \Sigma\}$;
            $X \leftarrow X - Y$;
            $S_n \leftarrow S_n \cup \{Y\}$
        até $X = \emptyset$
    fimpara;
até $S_n = S_{n-1}$;
$i' \leftarrow$ conjunto em S_n que contém i;
$F' \leftarrow \{X \in S_n \mid X \subseteq F\}$;
para cada $X \in S_n$ e $a \in \Sigma$:
    $\delta'(X, a) =$ conjunto em S_n que contém $\delta(e, a)$, para qualquer $e \in X$;
retorne $(S_n, \Sigma, \delta', i', F')$

Figura 2.10 Algoritmo de minimização de AFDs.

S_0: $\{\lambda, c1\}, \{c0\}$ (inicializado pelo algoritmo)
S_1: $\{\lambda\}, \{c1\}, \{c0\}$ (pois $\delta(\lambda, 0) \in \{c0\}$ e $\delta(c1, 0) \in \{\lambda, c1\}$)
S_2: $\{\lambda\}, \{c1\}, \{c0\}$

e, portanto o AFD não muda. Aplicando-se o mesmo algoritmo para o segundo AFD, obtém-se apenas as partições S_0 e S_1:

S_0: $\{\lambda, t0\}, \{t1\}$ (inicializado pelo algoritmo)
S_1: $\{\lambda, t0\}, \{t1\}$.

Portanto, o AFD mínimo é $(\{\{\lambda, t0\}, \{t1\}\}, \{0, 1\}, \delta, \{\lambda, t0\}, \{\{t1\}\})$, em que δ é dada por:

δ	0	1
$\{\lambda, t0\}$	$\{\lambda, t0\}$	$\{t1\}$
$\{t1\}$	$\{\lambda, t0\}$	$\{t1\}$

Seu diagrama de estados é mostrado na Figura 2.11. □

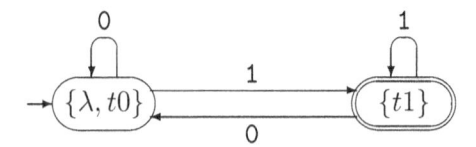

Figura 2.11 AFD mínimo para reconhecer $\{0,1\}^*\{1\}$.

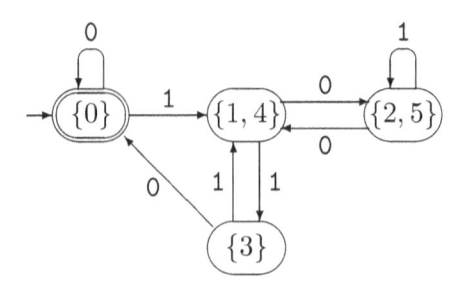

Figura 2.12 AFD mínimo para AFD da Figura 2.2.

O seguinte exemplo revela que, às vezes, pode-se obter um AFD mais conciso em situações não muito óbvias (pelo menos à primeira vista).

Exemplo 60 Seja o AFD cujo diagrama de estados está exposto na Figura 2.2, página 64. Aplicando-se o algoritmo de minimização da Figura 2.10, as partições evoluem da seguinte forma:

S_0: $\{0\}, \{1, 2, 3, 4, 5\}$
S_1: $\{0\}, \{1, 2, 4, 5\}, \{3\}$
S_2: $\{0\}, \{1, 4\}, \{2, 5\}, \{3\}$
S_3: $\{0\}, \{1, 4\}, \{2, 5\}, \{3\}$.

A Figura 2.12 mostra o diagrama de estados para o AFD mínimo correspondente. □

Pode ser demonstrado também que os AFDs mínimos equivalentes a um AFD são *isomorfos*, ou seja, eles são idênticos a menos dos nomes dos estados.

2.2.3 Algumas propriedades dos AFDs

A seguir, serão apresentadas algumas propriedades dos AFDs importantes dos pontos de vista prático e teórico.

O seguinte teorema mostra que se existem AFDs para duas linguagens, então existem também AFDs para a união e a interseção delas; mostra ainda que existe AFD para o complemento da linguagem aceita por qualquer AFD.

Em preparação para o teorema, será mostrado como construir um AFD, M_3, que simula o funcionamento "em paralelo" de dois AFDs $M_1 = (E_1, \Sigma, \delta_1, i_1, F_1)$ e $M_2 = (E_2, \Sigma, \delta_2, i_2, F_2)$. Para isso, serão colocados como estados de M_3 pares de estados de $E_1 \times E_2$, e a função de transição δ_3 será tal que, para todo $e_1 \in E_1$, $e_2 \in E_2$ e $a \in \Sigma$:

$$\delta_3([e_1, e_2], a) = [\delta_1(e_1, a), \delta_2(e_2, a)]. \tag{2.2}$$

O estado inicial será $[i_1, i_2]$. E a composição do conjunto dos estados finais, F_3, que será especificada no Teorema 4 a seguir, vai depender do que se quer para M_3: que reconheça $L(M_1) \cup L(M_2)$ ou $L(M_1) \cap L(M_2)$.

O seguinte lema será usado na prova do Teorema 4.

Lema 2 *Sejam dois estados $e_1 \in E_1$ e $e_2 \in E_2$ de um AFD M_3 definido como exposto anteriormente. Então,*

$$\hat{\delta}_3([e_1, e_2], w) = [\hat{\delta}_1(e_1, w), \hat{\delta}_2(e_2, w)], \text{ para todo } w \in \Sigma^*.$$

Prova

A prova será feita por indução sobre $|w|$. Para $|w| = 0$, tem-se:

$\hat{\delta}_3([e_1, e_2], \lambda) = [e_1, e_2]$ pela definição de $\hat{\delta}$
$\qquad\qquad\quad = [\hat{\delta}_1(e_1, \lambda), \hat{\delta}_2(e_2, \lambda)]$ pela definição de $\hat{\delta}$.

Suponha que $\hat{\delta}_3([e_1, e_2], w) = [\hat{\delta}_1(e_1, w), \hat{\delta}_2(e_2, w)]$, como hipótese de indução, para um determinado $w \in \Sigma^*$. Basta, então, mostrar que $\hat{\delta}_3([e_1, e_2], aw) = [\hat{\delta}_1(e_1, aw), \hat{\delta}_2(e_2, aw)]$ para qualquer $a \in \Sigma$. De fato:

$\hat{\delta}_3([e_1, e_2], aw) = \hat{\delta}_3(\delta_3([e_1, e_2], a), w)$ pela definição de $\hat{\delta}$
$\qquad\qquad\quad = \hat{\delta}_3([\delta_1(e_1, a), \delta_2(e_2, a)], w)$ por (2.2)
$\qquad\qquad\quad = [\hat{\delta}_1(\delta_1(e_1, a), w), \hat{\delta}_2(\delta_2(e_2, a), w)]$ pela hipótese de indução
$\qquad\qquad\quad = [\hat{\delta}_1(e_1, aw), \hat{\delta}_2(e_2, aw)]$ pela definição de $\hat{\delta}$.   □

Segue, então, o Teorema 4.

Teorema 4 *Sejam dois AFDs M_1 e M_2. Existem AFDs para as seguintes linguagens:*

1. $\overline{L(M_1)}$;

2. $L(M_1) \cap L(M_2)$;

3. $L(M_1) \cup L(M_2)$.

Prova

Suponha que $M_1 = (E_1, \Sigma, \delta_1, i_1, F_1)$ e $M_2 = (E_2, \Sigma, \delta_2, i_2, F_2)$.

Prova do item (1) Um AFD M_1' que aceita $\overline{L(M_1)}$ pode ser obtido a partir de M_1 simplesmente colocando-se como estados finais aqueles que não são finais em M_1, ou seja, $M_1' = (E_1, \Sigma, \delta_1, i_1, E_1 - F_1)$.

Prova do item (2) Seja o AFD $M_3 = (E_1 \times E_2, \Sigma, \delta_3, [i_1, i_2], F_3)$, construído como descrito anteriormente, antes do Lema 2, e sendo $F_3 = F_1 \times F_2$. (O caso em que M_1 e M_2 têm alfabetos diferentes é abordado no Exercício 13 no final da seção, página 88).

A seguir, para provar que $L(M_3) = L(M_1) \cap L(M_2)$, prova-se que $w \in L(M_3) \leftrightarrow w \in L(M_1) \cap L(M_2)$ para $w \in \Sigma^*$ arbitrário:

$$\begin{aligned}
w \in L(M_3) &\leftrightarrow \hat{\delta}_3([i_1, i_2], w) \in F_1 \times F_2 &&\text{pela Definição 3}\\
&\leftrightarrow [\hat{\delta}_1(i_1, w), \hat{\delta}_2(i_2, w)] \in F_1 \times F_2 &&\text{pelo Lema 2}\\
&\leftrightarrow \hat{\delta}_1(i_1, w) \in F_1 \text{ e } \hat{\delta}_2(i_2, w) \in F_2 &&\text{pela definição de produto}\\
&\leftrightarrow w \in L(M_1) \text{ e } w \in L(M_2) &&\text{pela Definição 3}\\
&\leftrightarrow w \in L(M_1) \cap L(M_2) &&\text{pela definição de interseção.}
\end{aligned}$$

Prova do item (3) Ora, a existência de AFD para os itens (1) e (2) implica a existência de AFD para o item (3), pela lei de De Morgan: $L(M_1) \cup L(M_2) = \overline{\overline{L(M_1)} \cap \overline{L(M_2)}}$. E mais, essa lei mais as técnicas exibidas anteriormente podem ser usados para construir um AFD para $L(M_1) \cup L(M_2)$: a técnica da complementação seria usada duas vezes, depois a da concatenação e, novamente, a da complementação. Além disso, de forma análoga ao item (2), pode-se mostrar que $M_3 = (E_1 \times E_2, \Sigma, \delta_3, [i_1, i_2], F_3)$, sendo $F_3 = (F_1 \times E_2) \cup (E_1 \times F_2)$, também reconhece $L(M_1) \cup L(M_2)$. □

A prova do Teorema 4 mostra como construir AFDs para $L(M_1) \cup L(M_2)$, $L(M_1) \cap L(M_2)$ e $\overline{L(M_1)}$, a partir de dois AFDs quaisquer M_1 e M_2. Evidentemente, tais técnicas podem ser úteis para a obtenção de autômatos passo a passo, a partir de autômatos menores e/ou mais simples. Assim, por exemplo, se você tivesse dificuldades para conceber um AFD para o conjunto das palavras binárias divisíveis por 6, você poderia construir um AFD M_1 para o conjunto das palavras binárias divisíveis por 2 e um AFD M_2 para o conjunto das palavras binárias divisíveis por 3; e usando a técnica do Teorema 4, bastaria obter então um AFD para $L(M_1) \cap L(M_2)$.

Exemplo 61 Sejam os AFDs cujos diagramas de estado estão representados na Figura 2.9, página 75, que reconhecem as linguagens $A_0 = \{0y \mid y \in \{0, 1\}^*\}$ e $A_1 = \{x1 \mid x \in \{0, 1\}^*\}$. O diagrama de estados de um AFD para reconhecer $A_0 \cup A_1$, construído utilizando-se a técnica do Teorema 4, está ilustrado na Figura 2.13. Nela, não estão mostrados os estados inatingíveis a partir do estado inicial nem as transições relativas a eles.

Um AFD para reconhecer $A_0 \cap A_1$ teria como única diferença o conjunto de estados finais, que seria $\{[c0, t1]\}$. □

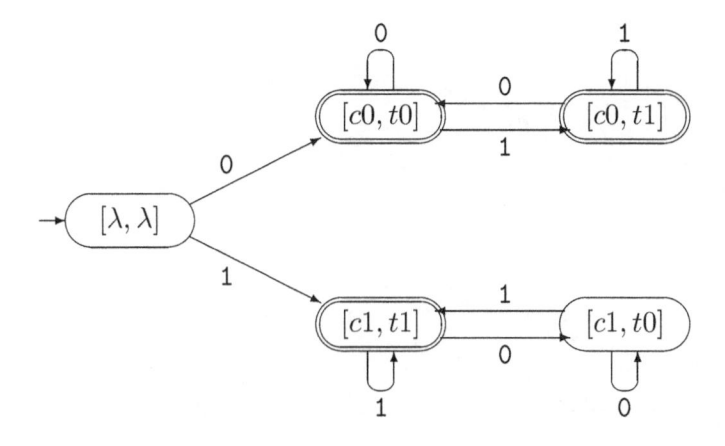

Figura 2.13 Reconhecendo $\{0\}\{0,1\}^* \cup \{0,1\}^*\{1\}$.

A beleza conceitual e a aplicabilidade dos autômatos finitos devem-se muito à possibilidade, delineada anteriormente, de composição e decomposição. Um pouco mais sobre o assunto será visto na Seção 2.4.2.

Não é difícil perceber que, *para toda linguagem finita, existe um AFD que a reconhece*. E mais, dentre os AFDs que reconhecem uma linguagem finita, existem aqueles cujos diagramas de estado simplificados *não contêm* ciclos. O exemplo a seguir ilustra que é sempre possível construir um AFD para uma linguagem finita cujo diagrama de estados simplificado tem um formato de árvore, em que o estado inicial é a raiz. Neste exemplo, não são colocados nomes para os estados para não sobrecarregar o diagrama de estados.

Exemplo 62 Um exemplo de linguagem finita que contém uma quantidade grande de palavras é o conjunto de todas as palavras do dicionário de uma língua natural. Existem analisadores léxicos e corretores ortográficos embasados em autômatos finitos. Para dar uma idéia de como seria um AFD nesse caso, considere o seguinte conjunto cuja única diferença para com o dicionário completo é o número de palavras:

$K = \{\texttt{a}, \texttt{alma}, \texttt{asa}, \texttt{barco}, \texttt{brasa}, \texttt{broa}, \texttt{ca}, \texttt{calma}, \texttt{casa}, \texttt{disco}\}$.

Um diagrama de estados simplificado do tipo árvore pode ser construído facilmente para o reconhecimento de K (não tão facilmente para o dicionário, por causa da grande quantidade de palavras), aproveitando-se a mesma seção do diagrama para cada prefixo, como mostrado na Figura 2.14. Um AFD mais conciso (com menor número de estados) pode ser construído, levando-se em conta que algumas palavras têm sufixos idênticos, como mostra a Figura 2.15. □

Baseando-se no Exemplo 62, vê-se que é fácil construir um AFD com um diagrama de estados simplificado do tipo árvore para qualquer conjunto finito; a essência é a existência de um único caminho no diagrama para cada prefixo. E mais, é possível construir um algoritmo que, recebendo como entrada as palavras do conjunto, obtém

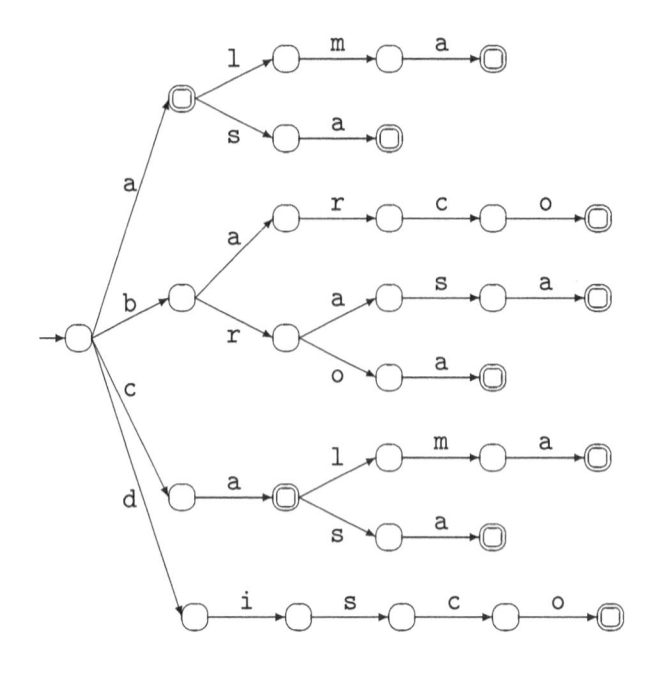

Figura 2.14 Um diagrama de estados do tipo árvore.

o AFD (ver o Exercício 14, no final da seção, página 89). Vê-se ainda que, se forem sendo introduzidas mais e mais palavras, a construção do AFD mais conciso vai se tornando mais e mais difícil, correndo-se o risco de obter um AFD incorreto ou com um número de estados maior que o necessário. Assim, é oportuno que exista o algoritmo de minimização da Figura 2.10, página 79: basta aplicar este algoritmo ao AFD do tipo árvore para obter o AFD mais conciso possível.

Assim, se uma linguagem é finita, existe um AFD que a reconhece cujo diagrama de estados simplificado não contém ciclos. Por outro lado, se um diagrama de estados simplificado de um AFD não contém ciclos, então a linguagem que tal AFD reconhece é finita. Assim, tem-se que: *uma linguagem é finita se, e somente se, existe algum AFD que a reconhece cujo diagrama de estados simplificado não tem ciclos*. Dizer isso é equivalente a dizer que *uma linguagem L é infinita se, e somente se,*

a) *não existe AFD que reconhece L; ou*

b) *o diagrama de estados simplificado de qualquer AFD que a reconhece tem ciclo.*

Ora, se um AFD reconhece uma linguagem infinita, é óbvio que seu diagrama de estados simplificado deve ter ciclo, pois uma linguagem infinita tem palavra de todo tamanho; em particular, há palavra de tamanho maior ou igual ao número de estados do AFD. E para reconhecer uma palavra de tamanho maior ou igual ao número de estados, deve-se passar por um ciclo.

Seja uma linguagem infinita. Como saber se existe ou não um AFD que a reconhece?

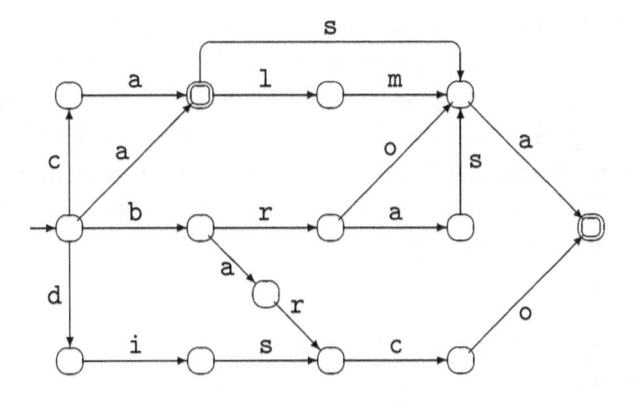

Figura 2.15 AFD mais conciso para o Exemplo 62.

Mais especificamente, como mostrar que *não existe* um AFD que reconhece uma linguagem quando todas as tentativas de construir um foram infrutíferas ou, melhor ainda, quando "se desconfia" que a linguagem tem uma estrutura um pouco complexa para ser reconhecível por AFD? Existem várias técnicas para isso, como será visto adiante. Uma delas tem como base o que foi descrito anteriormente, como mostra o exemplo a seguir.

Exemplo 63 Seja $L = \{a^n b^n \mid n \geq 0\}$. Como L é infinita, pode existir ou não um AFD para L. Suponha que exista um AFD M para L. Pelo exposto anteriormente, o diagrama de estados simplificado de M contém ciclo. Um ciclo é percorrido necessariamente para a computação correspondente ao reconhecimento de alguma palavra z de tamanho maior ou igual ao número de estados do AFD. Seja v uma subseqüência de z consumida ao se percorrer o ciclo (obviamente, $v \neq \lambda$). Nesse caso, $z = uvw$ para algum prefixo u e sufixo w. Ora, o ciclo pode ser percorrido quantas vezes se queira, inclusive 0, antes de consumir o sufixo w. Assim,

$$uv^i w \in L \quad \text{para todo} \quad i \geq 0. \qquad (1)$$

Seja $z = a^k b^k$ para algum k tal que $|z|$ é maior ou igual ao número de estados de M. Então $uv^2 w \notin L$, qualquer que seja v, pois:

- se v contém apenas as, $uv^2 w = a^{k+|v|} b^k$;
- se $v = a^i b^j$ para $1 \leq i, j \leq k$, $uv^2 w = a^{k-i}(a^i b^j)^2 b^{k-j} = a^k b^j a^i b^k$; e
- se v contém apenas bs, $uv^2 w = a^k b^{k+|v|}$.

Isso contradiz a afirmativa (1). Observe, então, que a existência de ciclo implicaria o reconhecimento de palavras que não pertencem a L. Logo, não existe AFD para L. □

A técnica empregada no Exemplo 63 pode ser utilizada para mostrar que várias outras linguagens não podem ser reconhecidas por AFDs. Se, ao usar essa mesma técnica, se utilizar ainda o fato de que, ao percorrer um ciclo de um diagrama de estados de um AFD de k estados, consome-se no máximo k símbolos, pode-se mostrar, para uma classe ainda maior de linguagens, que elas não podem ser reconhecidas por AFDs. Na realidade, esta é a essência do uso do denominado *lema do bombeamento*, que será apresentado na Seção 2.4.1, para demonstrar que uma linguagem não pode ser reconhecida por AFD. A seguir, é apresentado um teorema cujo formato é muito parecido com o lema do bombeamento, que, no fundo, é uma formulação da técnica utilizada no Exemplo 63.

Teorema 5 *Seja um AFD M de k estados, e $z \in L(M)$ tal que $|z| \geq k$. Então existem palavras u, v e w tais que:*

- $z = uvw$;
- $v \neq \lambda$; e
- $uv^i w \in L(M)$ para todo $i \geq 0$.

Prova

Ora, se $z \in L(M)$ é tal que $|z| \geq k$, então a computação que leva ao reconhecimento de z percorre um ciclo. Basta então tomar $z = uvw$, em que v é uma subpalavra de z consumida ao percorrer o ciclo. □

O teorema seguinte mostra alguns problemas decidíveis no contexto de AFDs. Esses problemas para outros tipos de máquinas podem não ser decidíveis, como será visto posteriormente.

Teorema 6 *Existem procedimentos de decisão para determinar, para qualquer AFD M, se:*

1. $L(M) = \emptyset$; e
2. $L(M)$ é finita.

Prova

Seja M' um AFD mínimo equivalente a M, obtido de acordo com o algoritmo da Figura 2.10. Então:

1. $L(M) = \emptyset$ se, e somente se, M' não tiver estados finais, ou seja, M' tem um único estado e este não é final;

2. $L(M)$ é finita se, e somente se, o diagrama de estados simplificado de M' não possuir ciclos.

No primeiro caso, é trivial verificar se M' possui estados finais. No segundo, sabe-se que existe algoritmo para verificar se um grafo tem ciclos. □

Exercícios

1. Construa AFDs para as seguintes linguagens sobre o alfabeto $\{0,1\}$:

    a) o conjunto das palavras de tamanho 3;

    b) o conjunto das palavras de tamanho menor que 3;

    c) o conjunto das palavras de tamanho maior que 3;

    d) o conjunto das palavras de tamanho múltiplo de 3;

    e) o conjunto das palavras com no máximo três 1s;

    f) o conjunto das palavras que contêm um ou dois 1s, cujo tamanho é múltiplo de 3.

2. Construa AFDs para as seguintes linguagens:

    a) $\{\lambda, 0\}^2$;

    b) $\{w \in \{0,1\}^* \mid$ cada 0 de w é imediatamente seguido de, no mínimo, dois 1s$\}$;

    c) $\{w \in \{0,1\}^* \mid$ os primeiros quatro símbolos de w contêm, no mínimo, dois 1s$\}$;

    d) $\{w \in \{0,1\}^* \mid w$ não contém 000 nem 111$\}$;

    e) $\{w \in \{0,1\}^* \mid$ os últimos três símbolos de w **não** são 000$\}$;

    f) $\{w \in \{0,1,2\}^* \mid w$ tem número par de 0s, par de 1s e par de 2s$\}$.

3. Construa AFDs para as linguagens sobre o alfabeto $\{0,1\}$, a seguir. Considere que o símbolo na posição 1 de uma palavra é o primeiro símbolo desta, o símbolo na posição 2 é o segundo, e assim por diante.

    a) o conjunto das palavras em que o símbolo na posição $2i$ é diferente do símbolo na posição $2i+2$, para $i \geq 1$;

    b) o conjunto das palavras em que o símbolo na posição $2i-1$ é diferente do símbolo na posição $2i$, para $i \geq 1$;

    c) o conjunto das palavras em que o símbolo na posição i é diferente do símbolo na posição $i+2$, para $i \geq 1$;

    d) o conjunto das palavras com número ímpar de 0s nas posições ímpares e número par de 0s nas posições pares;

    e) o conjunto das palavras de tamanho par com 1s nas posições pares, acrescido das palavras de tamanho ímpar com 1s nas posições ímpares.

4. A função de transição de um AFD foi definida como uma função total. Suponha que essa função fosse parcial, e que a linguagem reconhecida por um AFD $M = (E, \Sigma, \delta, i, F)$ com δ parcial fosse o conjunto de todas as palavras w tais que há uma computação
$$[i, w] \vdash \cdots \vdash [e, \lambda]$$
em que $e \in F$, ou uma computação da forma
$$[i, w] \vdash \cdots \vdash [e, ay]$$
em que $a \in \Sigma$, $y \in \Sigma^*$, $\delta(e, a)$ é indefinido e $e \in F$. Mostre como obter um AFD com função de transição total, equivalente a esse outro tipo de AFD.

5. Prove que $\hat{\delta}(e, xy) = \hat{\delta}(\hat{\delta}(e, x), y)$, em que δ é a função de transição de um AFD, e é um estado e x e y são palavras.

6. Implemente o algoritmo da Figura 2.5, página 71, em sua linguagem de programação favorita. O AFD pode ser codificado "à mão", ao invés de lido.

7. O algoritmo da Figura 2.5, página 71, mostra como implementar o reconhecimento de palavras via AFDs. Esse algoritmo é geral, já que recebe o AFD como entrada. Outro algoritmo, específico para um AFD, e um pouco mais eficiente, pode ser implementado via comando de desvio múltiplo (*case* em Pascal, *switch* em C e Java, por exemplo), no qual a variável de controle do desvio contém o *estado atual* durante o processamento de uma palavra. Para cada estado, e, tem-se um local no código em que se testa qual é o próximo símbolo de entrada, a, e se atribui $\delta(e, a)$ à variável de controle do desvio múltiplo. Utilizando-se essa idéia, implemente o AFD do Exemplo 57 (Figura 2.8, página 74).

8. Mostre que a relação "$\approx$" da Definição 6 é uma relação de equivalência.

9. Seja $\approx_n$ a relação definida na Definição 8. Prove que $[e]_n$ é a classe de equivalência de e na partição induzida por $\approx_n$.

10. Minimize o AFD da Figura 2.13, página 83.

11. Minimize o AFD da Figura 2.14, página 84.

12. Utilizando a técnica do Teorema 4, determine AFDs que reconheçam

    a) a união e

    b) a interseção

    das linguagens dos Exercícios 1d e 2b.

13. Na prova do Teorema 4 assumiu-se que M_1 e M_2 tinham o mesmo alfabeto. Ajuste a prova do Teorema 4 e também do Lema 2, para o caso em que os alfabetos possam ser distintos.

14. Faça um algoritmo que receba como entrada um conjunto de palavras e construa um AFD que o reconheça.

15. Utilizando um raciocínio análogo ao empregado no Exemplo 63 (com base no Teorema 5), página 85, prove que não existe AFD que reconheça $\{xcy \mid |x| = |y|$ e $x, y \in \{\mathtt{a}, \mathtt{b}\}^*\}$.

16. Sejam as linguagens:

    a) $\{0^n 1^n 0^n \mid n \in \mathbf{N}\}$;
    b) $\{0^n 0^n 0^n \mid n \in \mathbf{N}\}$.

    Mostre que a primeira não pode ser reconhecida por AFD, e que a segunda pode.

17. Mostre que existem procedimentos de decisão para verificar, para qualquer AFD M e qualquer número natural n:

    a) se $L(M)$ tem alguma palavra de tamanho n;
    b) se $L(M)$ possui alguma palavra de tamanho maior que n;
    c) se $L(M)$ contém alguma palavra que tem n ocorrências do símbolo a.

18. Sim ou não? Por quê?

    a) Existe linguagem infinita que pode ser reconhecida por um AFD de apenas um estado.
    b) Existe linguagem finita que pode ser reconhecida por um AFD de, no mínimo, um trilhão de estados.
    c) Se uma linguagem pode ser reconhecida por um AFD, qualquer subconjunto dela também pode.
    d) Se uma linguagem não pode ser reconhecida por um AFD e ela é subconjunto de L, então L também não pode ser reconhecida por um AFD.

2.3 Autômatos Finitos Não Determinísticos

Como foi dito na Seção 2.2.1, o fato de que, para cada par (estado, símbolo) há transição para um único estado, confere um caráter determinístico às computações do autômato. Se essa restrição for eliminada, ou seja, se para algum par (estado, símbolo) houver transições para dois ou mais estados, tem-se o que se denomina autômato finito não determinístico (AFN). Com isso, em um AFN podem existir várias computações possíveis para a mesma palavra. Seja o AFN cujo diagrama de estados é dado a seguir:

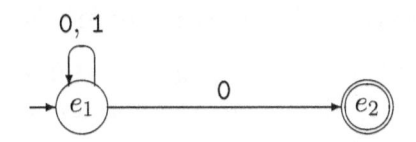

O não determinismo se verifica por causa da "indecisão" associada ao estado e_1: nesse estado existem duas transições possíveis sob o símbolo 0, uma que leva ao próprio e_1 e outra que conduz a e_2. Assim, por exemplo, para a palavra 1010, existiriam as seguintes computações possíveis, dependendo da alternativa tomada nesse ponto de indecisão:

$$[e_1, 1010] \vdash [e_1, 010] \vdash \begin{array}{l} [e_1, 10] \vdash [e_1, 0] \vdash \begin{array}{l} [e_1, \lambda] \\ [e_2, \lambda] \end{array} \\ [e_2, 10] \end{array}$$

Dessa forma, surge a pergunta: em que situações deve ser considerado que um AFN reconhece uma palavra? Para a palavra 1010 do exemplo existem três computações possíveis, e para uma delas a palavra é consumida e a computação termina em estado final. Não é difícil perceber, para o exemplo, que:

a) se a palavra termina em 1, não existe computação que a consome e termina em estado final; e

b) se a palavra termina em 0, **existe** computação que a consome e termina em estado final, embora existam outras computações que não a consomem ou não terminam em estado final.

O critério de reconhecimento para AFNs é justamente

"uma palavra é reconhecida se, e somente se, **existe** *uma computação que a consome e termina em estado final"*.

Assim, o AFN descrito acima reconhece o conjunto das palavras de $\{0,1\}^*$ que terminam em 0.

Outra maneira, bastante comum, de explicar o processamento de uma máquina não determinística é dizer que, em todo ponto de indecisão, a máquina *adivinha* qual escolha (se houver alguma) leva a uma computação que resulta em sucesso no reconhecimento. Caso não haja computação que resulte em sucesso, a máquina escolhe qualquer uma das transições alternativas, já que todas levam à rejeição. Ou seja, a máquina tem tanta "sorte" nas escolhas relativas aos pontos de indecisão que, quando existe uma computação que resulta em aceitação da palavra, suas escolhas conduzem justamente a uma computação com aceitação.

Na próxima seção, será apresentada a definição de autômato finito não determinístico e serão apontados alguns exemplos ilustrando seu uso. Em seguida, será mostrado como obter um autômato finito determinístico equivalente a um autômato finito não determinístico.

2.3.1 O que é autômato finito não determinístico

Os componentes de um AFN são basicamente os de um AFD, exceto que (1) um AFN pode ter mais de um estado inicial e que (2) a função de transição dá, para cada par (estado, símbolo), um **conjunto** de estados. Segue a definição de AFN.

Definição 9 *Um autômato finito não determinístico é uma quíntupla* $(E, \Sigma, \delta, I, F)$, *em que:*

- *E é um conjunto finito de um ou mais elementos denominados estados;*
- *Σ é um alfabeto;*
- *I, subconjunto de E, é um conjunto não vazio de estados iniciais;*
- *F, subconjunto de E, é o conjunto de estados finais;*
- *δ, a função de transição, é uma função total de $E \times \Sigma$ para $\mathcal{P}(E)$.* □

Ao contrário da maioria dos textos em que se abordam autômatos finitos não determinísticos, considera-se aqui que um AFN pode ter mais de um estado inicial. Isso não aumenta o poder expressivo, mas é conveniente em alguns contextos.

Observe que $\delta(e, a)$, no presente caso, é um **conjunto** que especifica os estados para os quais há transições de e sob a. Em particular, se ele for o conjunto vazio, significa que não há transição de e sob a para qualquer estado.

Os diagramas de estado para AFN são construídos da forma óbvia. Em particular, se $\delta(e, a) = \{e_1, e_2, \ldots, e_n\}$, haverá uma aresta do vértice e para cada um dos vértices $e_1, e_2, \ldots, e_n$, todas com rótulo a. No caso em que $\delta(e, a) = \emptyset$, não haverá aresta de e para qualquer vértice com rótulo a. Assim, não há necessidade de ter o conceito de diagrama de estados simplificado para AFNs. Colocar algum estado de erro em um AFN e/ou em seu diagrama de estados é desnecessário do ponto de vista teórico.

O diagrama de estados visto no início desta seção seria, então, um diagrama de estados para o AFN $(\{e_1, e_2\}, \{0, 1\}, \delta, \{e_1\}, \{e_2\})$, em que δ é dada por:

δ	0	1
e_1	$\{e_1, e_2\}$	$\{e_1\}$
e_2	$\emptyset$	$\emptyset$

Observe que um AFD é um caso particular de AFN em que, para todo par (e, s), $|\delta(e, s)| \leq 1$, levando-se em conta que quando $\delta(e, s) = \emptyset$ é como se houvesse uma transição para um "estado de erro". Logo, se cada entrada da representação tabular for $\emptyset$ ou conjunto unitário, o AFN pode ser considerado, na realidade, um AFD.

Assim como no caso dos AFDs, antes de definir precisamente a linguagem reconhecida por AFNs, define-se a seguir uma extensão da função δ que, no presente caso, dado um conjunto de estados A e uma palavra w, dá o **conjunto** de estados alcançáveis a partir dos estados de A, consumindo-se w.

Definição 10 *Seja um AFN $M = (E, \Sigma, \delta, I, F)$. A função de transição estendida para M, $\hat{\delta}$, é uma função de $\mathcal{P}(E) \times \Sigma^*$ para $\mathcal{P}(E)$, definida recursivamente como segue:*

a) $\hat{\delta}(\emptyset, w) = \emptyset$, *para todo* $w \in \Sigma^*$;

b) $\hat{\delta}(A, \lambda) = A$, *para todo* $A \subseteq E$;

c) $\hat{\delta}(A, ay) = \hat{\delta}(\bigcup_{e \in A} \delta(e, a), y)$, para $A \subseteq E$, $a \in \Sigma$ e $y \in \Sigma^*$. □

Em particular, observe que, para um símbolo a e $A \neq \emptyset$:

$$\begin{aligned}\hat{\delta}(A, a) &= \hat{\delta}(\bigcup_{e \in A} \delta(e, a), \lambda) \quad \text{por } c, \text{ Definição 10}\\ &= \bigcup_{e \in A} \delta(e, a) \quad \text{por } b, \text{ Definição 10}.\end{aligned}$$

Exemplo 64 Considere novamente o AFN visto anteriormente cuja função de transição é reproduzida a seguir:

δ	0	1
e_1	$\{e_1, e_2\}$	$\{e_1\}$
e_2	$\emptyset$	$\emptyset$

Os estados referentes às duas computações que consomem inteiramente a palavra 1010, como exemplificado no início da seção, são determinados assim, via $\hat{\delta}$:

$$\begin{aligned}\hat{\delta}(\{e_1\}, 1010) &= \hat{\delta}(\delta(e_1, 1), 010) & \text{por } c, \text{ Definição 10}\\ &= \hat{\delta}(\{e_1\}, 010) & \text{por } \delta\\ &= \hat{\delta}(\delta(e_1, 0), 10) & \text{por } c, \text{ Definição 10}\\ &= \hat{\delta}(\{e_1, e_2\}, 10) & \text{por } \delta\\ &= \hat{\delta}(\delta(e_1, 1) \cup \delta(e_2, 1), 0) & \text{por } c, \text{ Definição 10}\\ &= \hat{\delta}(\{e_1\} \cup \emptyset, 0) & \text{por } \delta\\ &= \hat{\delta}(\{e_1\}, 0) &\\ &= \hat{\delta}(\delta(e_1, 0), \lambda) & \text{por } c, \text{ Definição 10}\\ &= \hat{\delta}(\{e_1, e_2\}, \lambda) & \text{por } \delta\\ &= \{e_1, e_2\} & \text{por } b, \text{ Definição 10}. \quad \square\end{aligned}$$

A linguagem reconhecida por um AFN pode, então, ser definida com o auxílio da função $\hat{\delta}$.

Definição 11 *A linguagem reconhecida (aceita) por um AFN $M = (E, \Sigma, \delta, I, F)$ é o conjunto $L(M) = \{w \in \Sigma^* \mid \hat{\delta}(I, w) \cap F \neq \emptyset\}$. Uma determinada palavra $w \in \Sigma^*$ é dita ser reconhecida (aceita) por M se, e somente se, $\hat{\delta}(I, w) \cap F \neq \emptyset$.* □

Além do fato de que, em geral, um AFN não pode ser implementado tão diretamente quanto um AFD, para todo AFN existe um AFD equivalente, como será mostrado na próxima seção. Então, pergunta-se: por que o conceito de AFN tem alguma importância? Em primeiro lugar, algumas vezes é mais fácil construir um AFN que um AFD. Em segundo, além de mais fácil, o AFN pode ser mais claro que um AFD equivalente, dando mais confiança quanto à sua correção. Portanto, justifica-se, pelo menos em alguns casos, construir o AFN e usar um algoritmo para obter um AFD equivalente. Em terceiro, o conceito de não determinismo é importante em outras áreas da ciência da computação. Justifica-se, assim, introduzir esse conceito em um contexto mais simples, como o de autômatos finitos.

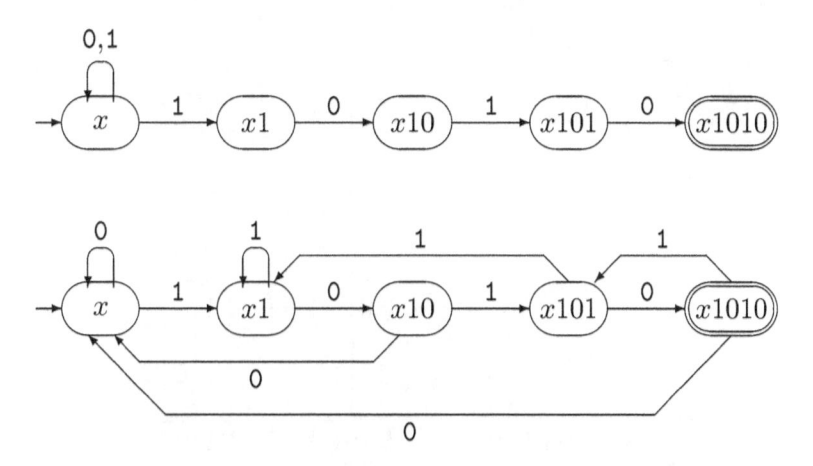

Figura 2.16 AFN e AFD para $\{0,1\}^*\{1010\}$.

Exemplo 65 Na Figura 2.16 estão os diagramas de estados de um AFN e de um AFD que aceitam a linguagem $\{0,1\}^*\{1010\}$. Observe como o AFN é bem mais fácil de construir e de entender. □

No Exemplo 65, o AFN e o AFD equivalente têm, coincidentemente, o mesmo número de estados. Isso nem sempre acontece, como demonstra o exemplo a seguir.

Exemplo 66 Na Figura 2.17 estão representados os diagramas de estado de um AFN e de um AFD para a linguagem $\{w \in \{0,1\}^* \mid |w| \geq 3$ e o terceiro símbolo da direita para a esquerda é 1$\}$. Novamente, o AFN é bem mais fácil de construir e de entender. Além disso, o AFD tem mais estados. É fácil perceber que, usando a mesma técnica desse exemplo, o AFN para $\{w \in \{0,1\}^* \mid |w| \geq n$ e o n-ésimo símbolo da direita para a esquerda é 1$\}$ tem $n+1$ estados, e o AFD tem 2^n estados. □

2.3.2 Equivalência entre AFDs e AFNs

Como pode ser visto na seção anterior, um AFD é um caso particular de AFN. Assim, para mostrar a equivalência dos dois formalismos, basta mostrar que para qualquer AFN pode-se construir um AFD que reconhece a mesma linguagem.

A idéia a ser utilizada para isso é a mesma que foi empregada no Teorema 4, na página 81, para construir um AFD para $L(M_1) \cup L(M_2)$ a partir dos AFDs M_1 e M_2: nesse teorema, tratou-se de simular as computações de M_1 e M_2 "em paralelo"; aqui, basicamente, vão ser simuladas todas as computações possíveis do AFN "em paralelo". Enquanto lá um estado era um par, significando os estados de M_1 e M_2 atingidos após processar a mesma palavra, aqui um estado será um conjunto, significando todos os estados do AFN atingidos por todas as computações possíveis para a mesma palavra. O AFD equivalente a um AFN $M = (E, \Sigma, \delta, I, F)$, usando essa idéia, seria: $M' = (\mathcal{P}(E), \Sigma, \delta', I, F')$, em que:

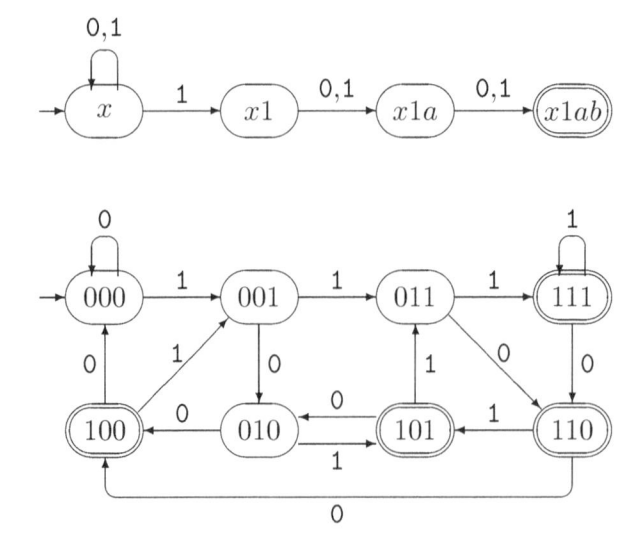

Figura 2.17 AFN e AFD para $\{0,1\}^*\{1\}\{0,1\}\{0,1\}$.

- para cada $X \subseteq E$ e $a \in \Sigma$, $\delta'(X,a) = \bigcup_{e \in X} \delta(e,a)$; para cada $a \in \Sigma$, $\delta'(\emptyset, a) = \emptyset$;
- $F' = \{X \subseteq E \mid X \cap F \neq \emptyset\}$.

O seguinte lema será utilizado em seguida para provar a equivalência de ambos os autômatos.

Lema 3 *Sejam M e M' como exposto anteriormente. Então para todo $X \subseteq E$ e $w \in \Sigma^*$, $\hat{\delta}'(X,w) = \hat{\delta}(X,w)$.*

Prova

A prova será feita por indução sobre $|w|$. Para $w = \lambda$, tem-se:

$$\begin{aligned}\hat{\delta}'(X,\lambda) &= X && \text{pela Definição 2} \\ &= \hat{\delta}(X,\lambda) && \text{pela Definição 10.}\end{aligned}$$

Suponha, como hipótese de indução, que $\hat{\delta}'(X,w) = \hat{\delta}(X,w)$ para certo $w \in \Sigma^*$. Basta, então, provar que $\hat{\delta}'(X,aw) = \hat{\delta}(X,aw)$ para todo $a \in \Sigma$. Devem ser considerados dois casos:

Caso 1 $X = \emptyset$.

$$\begin{aligned}\hat{\delta}'(\emptyset, aw) &= \hat{\delta}'(\delta'(\emptyset,a), w) && \text{pela Definição 2} \\ &= \hat{\delta}'(\emptyset, w) && \text{pela definição de } \delta' \\ &= \hat{\delta}(\emptyset, w) && \text{pela hipótese de indução} \\ &= \emptyset && \text{pela Definição 10} \\ &= \hat{\delta}(\emptyset, aw) && \text{pela Definição 10.}\end{aligned}$$

Caso 2 $X \neq \emptyset$.

$$\begin{aligned}\hat{\delta}'(X,aw) &= \hat{\delta}'(\delta'(X,a),w) &&\text{pela Definição 2}\\ &= \hat{\delta}'(\bigcup_{e\in X}\delta(e,a),w) &&\text{pela definição de } \delta'\\ &= \hat{\delta}(\bigcup_{e\in X}\delta(e,a),w) &&\text{pela hipótese de indução}\\ &= \hat{\delta}(X,aw) &&\text{pela Definição 10.} \quad\square\end{aligned}$$

Segue o teorema.

Teorema 7 *Para qualquer AFN existe AFD equivalente.*

Prova

Seja um AFN $M = (E, \Sigma, \delta, I, F)$ e um AFD $M' = (\mathcal{P}(E), \Sigma, \delta', I, F')$, em que δ' e F' são definidos como descrito anteriormente. Para provar que $L(M') = L(M)$, basta mostrar que $w \in L(M) \leftrightarrow w \in L(M')$ para todo $w \in \Sigma^*$. Para esse fim, seja um $w \in \Sigma^*$ arbitrário. Tem-se:

$$\begin{aligned}w \in L(M') &\leftrightarrow \hat{\delta}'(I,w) \in F' &&\text{pela Definição 3}\\ &\leftrightarrow \hat{\delta}'(I,w) \cap F \neq \emptyset &&\text{pela definição de } F'\\ &\leftrightarrow \hat{\delta}(I,w) \cap F \neq \emptyset &&\text{pelo Lema 3}\\ &\leftrightarrow w \in L(M) &&\text{pela Definição 11.} \quad\square\end{aligned}$$

Na técnica mostrada anteriormente, para construir o AFD M', pode acontecer de certos estados de M' serem "inúteis", no sentido de não serem alcançáveis a partir dos estados em I. Ali não houve a preocupação de eliminar tais estados, com o objetivo de manter o texto mais conciso e centrado nos conceitos realmente importantes.

Não é difícil ver que, em geral, na obtenção manual de um AFD equivalente a um AFN dado, aplicando-se a técnica do Teorema 7, é mais fácil trabalhar com ambas as funções de transição no formato tabular que com os diagramas de estado. Suponha que se tenha $\delta(e_i, a) = A_i$ para $i = 1, 2, \ldots, n$; em formato tabular:

δ	$\cdots$	a	$\cdots$
		$\vdots$	
e_1	$\cdots$	A_1	$\cdots$
		$\vdots$	
e_2	$\cdots$	A_2	$\cdots$
		$\vdots$	
e_n	$\cdots$	A_n	$\cdots$
		$\vdots$	

O valor de $\delta'(\{e_1, e_2, \ldots, e_n\}, a)$ é obtido simplesmente fazendo-se a união dos A_is.

Exemplo 67 Na Figura 2.18 está ilustrado o diagrama de estados de um AFN que reconhece o conjunto das palavras de $\{\texttt{0},\texttt{1}\}^*$ com um prefixo de um ou dois 0s e um sufixo com um número par de dois ou mais 1s, e o diagrama de estados para um AFD equivalente, construído utilizando-se a técnica apresentada. Só estão mostrados, nessa última figura, os estados alcançáveis a partir do estado inicial $\{1, 2\}$. $\quad\square$

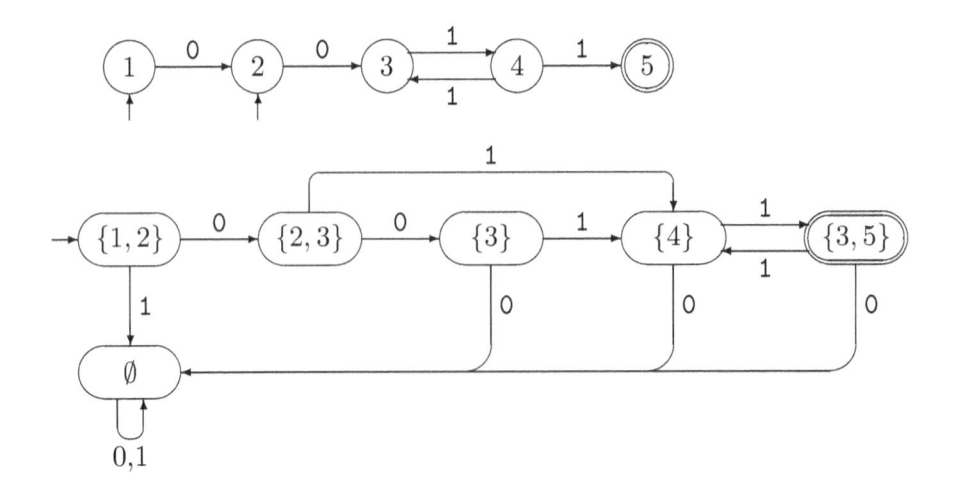

Figura 2.18 AFN e AFD equivalentes.

2.3.3 AFN estendido

Outro conceito que pode ser útil, tanto do ponto de vista teórico quanto do prático, é o de autômato finito não determinístico *estendido* (AFNE), embora este não aumente o poder computacional com relação a AFN ou a AFD. A diferença entre autômato finito não determinístico estendido e AFN é que, enquanto neste último as transições são sob símbolos do alfabeto, no primeiro elas são sob palavras.

Definição 12 *Um autômato finito não determinístico estendido é uma quíntupla $(E, \Sigma, \delta, I, F)$, em que:*

- *E, Σ, I e F são como em AFNs; e*

- *δ é uma função parcial de $E \times D$ para $\mathcal{P}(E)$, em que D é algum subconjunto finito de Σ^*.* □

Na Figura 2.19 mostra-se o diagrama de estados para um AFNE que reconhece a linguagem

$$\{w \in \{0\}^* \mid |w| \text{ é par}\} \cup \{w \in \{1\}^* \mid |w| \text{ é ímpar}\}.$$

Veja como ele é bem conciso e fácil de entender.

É fácil notar que, se $a_1 a_2 \ldots a_n$ é uma palavra de tamanho maior que 1, ou seja, $n \geq 2$, então uma transição da forma

$$e \xrightarrow{a_1 a_2 \ldots a_n} e'$$

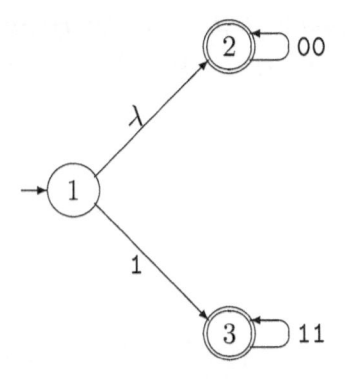

Figura 2.19 Um exemplo de AFNE.

pode ser substituída por n transições:

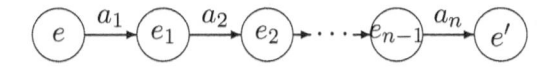

$$e \xrightarrow{a_1} e_1 \xrightarrow{a_2} e_2 \rightarrow \cdots \rightarrow e_{n-1} \xrightarrow{a_n} e'$$

em que $e_1, e_2, \ldots, e_{n-1}$ são *novos* estados; e a linguagem reconhecida pelo autômato continua a mesma. Assim sendo, uma transição da forma como exposta pode ser considerada simplesmente como uma abreviação das n equivalentes. Esse tipo de transição é utilizado apenas por comodidade.

Por outro lado, transições sob λ são mais importantes que sob palavras de tamanho maior que 1. Embora também possam ser eliminadas sem alterar a linguagem reconhecida pelo autômato, elas apresentam maior aplicabilidade, tanto do ponto de vista prático quanto do teórico. Assim, justifica-se definir a classe dos autômatos finitos não determinísticos com transições λ.

Definição 13 *Um* autômato finito não determinístico com transições λ *(AFNλ) é uma quíntupla $(E, \Sigma, \delta, I, F)$, em que:*

- E, Σ, I e F são como em AFNs; e

- δ é uma função total de $E \times (\Sigma \cup \{\lambda\})$ para $\mathcal{P}(E)$. □

O conceito de reconhecimento de palavras e de linguagem continua sendo dado pela Definição 11, mas com a função $\hat{\delta}$ alterada para acomodar a nova função δ. Para esse efeito, é útil definir uma função denominada *fecho* λ que, aplicada a um conjuntos de estados X, fornece todos os estados alcançáveis a partir dos estados de X, utilizando-se apenas transições sob λ. Observe que uma transição sob λ ocorre sem consumo de símbolo algum; dessa forma, a função *fecho* λ aplicada a X gera todos os estados alcançáveis a partir dos estados de X sem consumo de símbolos.

Definição 14 *Seja um autômato finito não determinístico com transições λ $M = (E, \Sigma, \delta, I, F)$. A função fecho λ para M, $f\lambda$, é uma função de $\mathcal{P}(E)$ para $\mathcal{P}(E)$, definida recursivamente como:*

a) $X \subseteq f\lambda(X)$;

b) *se $e \in f\lambda(X)$, então $\delta(e, \lambda) \subseteq f\lambda(X)$.* □

Segue a definição de $\hat{\delta}$ para AFNλ.

Definição 15 *Seja um AFNλ $M = (E, \Sigma, \delta, I, F)$. A função de transição estendida, $\hat{\delta}$, é uma função de $\mathcal{P}(E) \times \Sigma^*$ para $\mathcal{P}(E)$, definida recursivamente como:*

a) $\hat{\delta}(\emptyset, w) = \emptyset$, *para todo $w \in \Sigma^*$;*

b) $\hat{\delta}(A, \lambda) = f\lambda(A)$, *para $A \subseteq E$;*

c) $\hat{\delta}(A, ay) = \hat{\delta}(\bigcup_{e \in f\lambda(A)} \delta(e, a), y)$, *para $A \subseteq E$, $a \in \Sigma$ e $y \in \Sigma^*$.* □

Segue um exemplo de AFNλ.

Exemplo 68 Dados dois AFNs M_1 e M_2, pode-se construir um AFNλ que reconhece $L(M_1)L(M_2)$ simplesmente colocando-se uma transição sob λ de cada estado final de M_1 para cada estado inicial de M_2; os estados iniciais do AFNλ corresponderiam aos estados iniciais de M_1, e os finais seriam os estados finais de M_2. Seja, por exemplo, o problema de construir um autômato para reconhecer $L = L_1L_2$, em que $L_1 = \{w \in \{\texttt{0},\texttt{1}\}^* \mid w$ tem um número par de 0s$\}$ e $L_2 = \{w \in \{\texttt{0},\texttt{1}\}^* \mid w$ tem um número ímpar de 1s$\}$. Construir diretamente um AFD (ou mesmo um AFN comum) para L não é trivial. No entanto, é extremamente fácil obter AFDs para L_1 e L_2 e, em seguida, um AFNλ para L a partir destes, como mostra o diagrama de estados da Figura 2.20. □

Para obter um AFN equivalente a um AFNλ, basta "eliminar" as transições λ, o que pode ser feito facilmente com o auxílio da função $f\lambda$, como será visto em seguida.

Teorema 8 *Para qualquer AFNλ existe um AFN equivalente.*

Prova

Seja um AFNλ $M = (E, \Sigma, \delta, I, F)$. Um AFN equivalente a M seria $M' = (E, \Sigma, \delta', I', F)$, em que:

- $I' = f\lambda(I)$; e

- $\delta'(e, a) = f\lambda(\delta(e, a))$, para cada $e \in E$ e $a \in \Sigma$.

Para provar que $L(M') = L(M)$, é suficiente mostrar que

$$\hat{\delta}'(f\lambda(X), w) = \hat{\delta}(X, w) \text{ para todo } X \subseteq E \text{ e } w \in \Sigma^* \qquad (2.3)$$

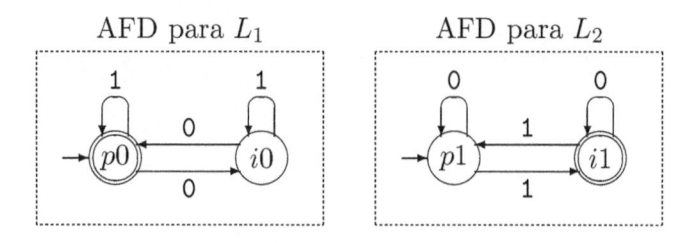

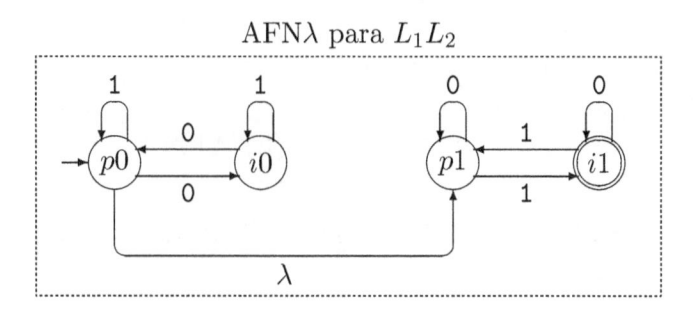

Figura 2.20 AFNλ para L_1L_2.

pois, em particular, ter-se-á que:

$\hat{\delta}'(I', w) = \hat{\delta}'(f\lambda(I), w)$ pela definição de I'
$= \hat{\delta}(I, w)$ por 2.3.

Será mostrado, então, que a afirmativa 2.3 é verdadeira, por indução sobre $|w|$. Para $w = \lambda$, tem-se:

$\hat{\delta}'(f\lambda(X), \lambda) = f\lambda(X)$ pela Definição 10
$= \hat{\delta}(X, \lambda)$ pela Definição 15.

Suponha que $\hat{\delta}'(f\lambda(X), y) = \hat{\delta}(X, y)$ para $y \in \Sigma^*$. Basta provar, então, que $\hat{\delta}'(f\lambda(X), ay)$ $= \hat{\delta}(X, ay)$ para $a \in \Sigma$. De fato,

$\hat{\delta}'(f\lambda(X), ay) = \hat{\delta}'(\bigcup_{e \in f\lambda(X)} \delta'(e, a), y)$ pela Definição 10
$= \hat{\delta}'(\bigcup_{e \in f\lambda(X)} f\lambda(\delta(e, a)), y)$ pela Definição de δ'
$= \hat{\delta}'(f\lambda(\bigcup_{e \in f\lambda(X)} \delta(e, a)), y)$ pelo Exercício 13
$= \hat{\delta}(\bigcup_{e \in f\lambda(X)} \delta(e, a), y)$ pela hipótese de indução
$= \hat{\delta}(X, ay)$ pela Definição 15. □

Seguem exemplos de obtenção de AFNs a partir de AFNλ utilizando-se o método apresentado na prova do Teorema 8.

Exemplo 69 Na Figura 2.21 estão mostrados (a) o AFNλ equivalente ao AFNE da Figura 2.19 (página 97), após a eliminação das transições sob 00 e 11 e (b) o AFN obtido após a eliminação da transição λ. Note que o AFN tem como estados iniciais $f\lambda(\{1\}) = \{1, 2\}$, e que $\delta'(e, a) = \delta(e, a)$ para $a \in \Sigma$, pois, para esse exemplo, $f\lambda(\delta(e, a)) = \delta(e, a)$ para todo $(e, a) \in E \times \Sigma$. □

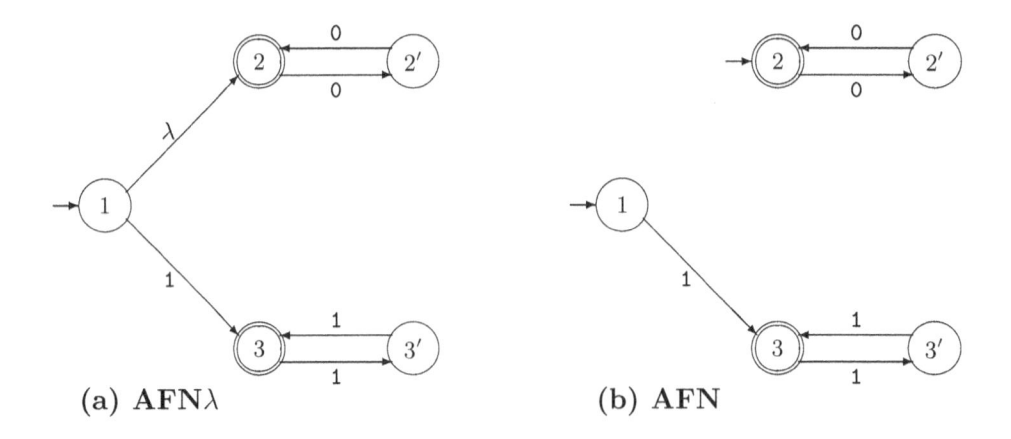

Figura 2.21 AFN equivalente a AFNE da Figura 2.19.

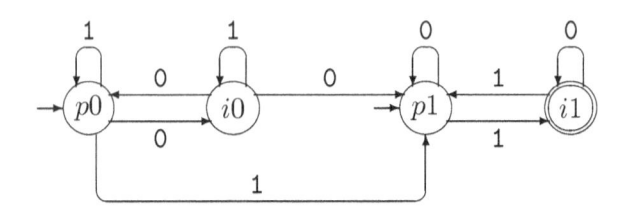

Figura 2.22 AFN para AFNλ do Exemplo 68.

Assim, por exemplo, para se obter um AFD equivalente a um autômato finito não determinístico estendido, basta obter um AFN equivalente, como pode ser visto anteriormente, e depois obter um AFD equivalente ao AFN.

Exemplo 70 Na Figura 2.22 está representado o diagrama de estados de um AFN equivalente ao AFNλ do Exemplo 68 (Figura 2.20, página 99). Existem apenas duas transições para as quais $f\lambda(\delta(e,a)) \neq \delta(e,a)$: a de $i0$ para $p0$ sob 0, e a de $p0$ para $p0$ sob 1. Elas originam, então, as seguintes transições no AFN resultante (conforme a prova do Teorema 8):

$$\begin{aligned}\delta'(i0, 0) &= f\lambda(\delta(i0, 0)) \\ &= f\lambda(\{p0\}) \\ &= \{p0, p1\}.\end{aligned}$$

$$\begin{aligned}\delta'(p0, 1) &= f\lambda(\delta(p0, 1)) \\ &= f\lambda(\{p0\}) \\ &= \{p0, p1\}.\end{aligned}$$

□

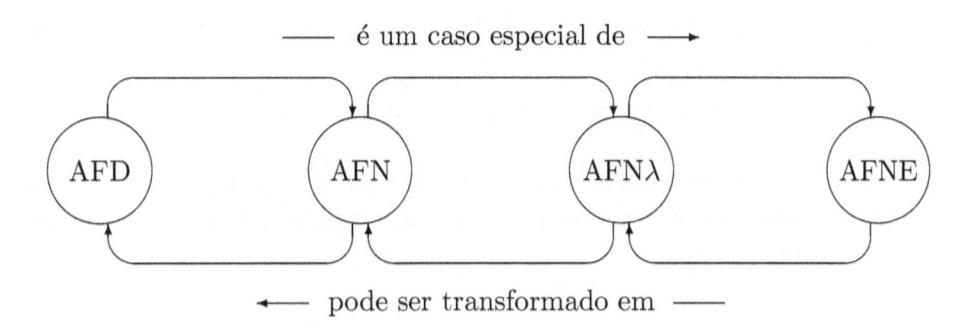

```
——— é um caso especial de ———>

   ( AFD )    ( AFN )    ( AFNλ )    ( AFNE )

<——— pode ser transformado em ———
```

Figura 2.23 Relações entre autômatos finitos.

A Figura 2.23 resume as relações entre os diversos tipos de autômatos já vistos. Daqui para a frente será utilizada a denominação "autômato finito" (AF) para englobar AFDs, AFNs, AFNEs e AFNλ.

Definição 16 *Uma linguagem é dita ser uma* linguagem regular (*ou* linguagem de estados finitos[4] *ou, ainda,* conjunto regular) *se existe um autômato finito que a reconhece.*
□

Que características interessantes dos pontos de vista teórico e prático têm as linguagens regulares? Como identificar se uma linguagem é regular? Esses assuntos, já estudados superficialmente, serão tratados na Seção 2.4.

Exercícios

1. Construa AFNs para as seguintes linguagens sobre $\{a, b, c\}$:

    a) o conjunto das palavras com, no mínimo, três ocorrências de abc;

    b) o conjunto das palavras com, no mínimo, três ocorrências de as ou três ocorrências de bs ou três de cs;

    c) o conjunto das palavras com sufixo abc ou bca;

    d) o conjunto das palavras em que existem duas ocorrências de abc com um número ímpar de símbolos entre elas;

    e) o conjunto das palavras em que o último símbolo seja idêntico ao primeiro;

    f) o conjunto das palavras em que o último símbolo seja diferente do primeiro;

    g) o conjunto das palavras em que o último símbolo tenha ocorrido antes;

---
[4] Em inglês, *finite state language*.

- h) o conjunto das palavras em que o último símbolo tenha ocorrido antes no máximo uma vez;
- i) o conjunto das palavras em que o último símbolo não tenha ocorrido antes.

2. Sejam as linguagens da forma $L_n = \{xyx \mid x, y \in \{\mathsf{a}, \mathsf{b}\}^* \text{ e } |x| = n\}$. Determine o menor número de estados para um AFN e para um AFD que reconheçam L_n, nos seguintes casos:
   - a) $n = 1$;
   - b) $n = 2$;
   - c) n arbitrário.

3. Seja um AFN $M = (E, \Sigma, \delta, I, F)$. Sejam $X_1, X_2, \ldots, X_n$ tais que $X_i \neq \emptyset$ para $1 \leq i \leq n$. Prove que, para qualquer $w \in \Sigma^*$, $\hat{\delta}(\bigcup_{i=1}^n X_i, w) = \bigcup_{i=1}^n \hat{\delta}(X_i, w)$.

4. Mostre que para todo AFN existe um AFN equivalente com um único estado inicial.

5. Seja o AFN $M = (\{1, 2, 3\}, \{a, b\}, \delta, \{1\}, \{1, 2, 3\})$, em que δ é dada por:

δ	a	b
1	{2}	{}
2	{3}	{}
3	{}	{3}

   Obtenha um AFN com *um único estado final* equivalente a M.

6. Mostre que sim ou que não: para todo AFN existe um AFN equivalente com um único estado final.

7. Seja o AFNλ $M = (\{0, 1, 2\}, \{\mathsf{a}, \mathsf{b}, \mathsf{c}\}, \delta, 0, \{2\})$, sendo δ dada por:

δ	a	b	c	λ
0	{0}	$\emptyset$	$\emptyset$	{1}
1	$\emptyset$	{1}	$\emptyset$	{2}
2	$\emptyset$	$\emptyset$	{2}	$\emptyset$

   - a) Determine $f\lambda(e)$ para $e = 0, 1, 2$.
   - b) Determine um AFN M' equivalente a M, usando a técnica do Teorema 8.
   - c) Determine um AFD equivalente a M', usando a técnica do Teorema 7.

8. Obtenha um AFD equivalente ao AFN cujo diagrama de estados está mostrado na Figura 2.21b, página 100, usando a técnica do Teorema 7.

9. Obtenha um AFD equivalente ao AFN cujo diagrama de estados está representado na Figura 2.22, página 100, usando a técnica do Teorema 7.

10. Construa AFNEs para as linguagens do Exercício 1, com um mínimo de transições possível.

11. Defina uma função $\hat{\delta}$ para AFNE, de forma que $\hat{\delta}(X, w)$, em que X é um conjunto de estados, seja o conjunto de todos os estados alcançáveis a partir dos estados de X consumindo-se w.

12. Na prova do Teorema 4 mostrou-se como construir um AFD para reconhecer a união das linguagens reconhecidas por dois AFDs. Suponha que voce tenha dois AFs M_1 e M_2. Explique como construir um AF que reconheça $L(M_1) \cup L(M_2)$ usando, além das transições de M_1 e M_2, apenas algumas transições λ adicionais.

13. Seja um AFNλ qualquer $M = (E, \Sigma, \delta, I, F)$. Prove que para qualquer $X \subseteq E$ e $a \in \Sigma$, $\bigcup_{e \in X} f\lambda(\delta(e, a)) = f\lambda(\bigcup_{e \in X} \delta(e, a))$.

14. Mostre que para todo AFNλ existe um AFNλ equivalente com um único estado inicial e um único estado final, sendo que não existem transições entrando no estado inicial, nem transições saindo do estado final.

2.4 Linguagens Regulares: Propriedades

Considere a classe de todas as linguagens regulares. Haveria uma ou mais caracterizações adicionais dessa classe de linguagem, além do fato de que elas são reconhecidas por AFs, de forma que, dada uma linguagem L:

- seja possível determinar se ela pertence ou não à classe (antes de tentar construir um AF para ela)?

- seja facilitada a obtenção de um AF para L?

A resposta é sim para ambas as perguntas. Na realidade, existem várias caracterizações adicionais que podem servir de auxílio em uma ou ambas as situações. Nesta seção, dois tipos de resultados serão apresentados. O primeiro, o lema do bombeamento,[5] explicita uma característica importante de toda linguagem regular, que é útil, por exemplo, para mostrar que uma linguagem não é regular. Em seguida, serão indicadas algumas propriedades de fechamento[6] da classe das linguagens regulares. Essas propriedades são úteis para as duas aplicações referidas anteriormente. Outras caracterizações serão exibidas na Seção 2.6.

2.4.1 O lema do bombeamento

A visão de um AFD como um grafo facilita o raciocínio para a obtenção de diversas propriedades da classe das linguagens reconhecidas por esse tipo de máquina. Uma das principais é dada pelo chamado lema do bombeamento, que especifica uma propriedade

---

[5] Em inglês, *pumping lemma*.
[6] Em inglês, *closure properties*.

que qualquer linguagem regular possui. Além dessas, outras linguagens (não reconhecidas por AFDs) também têm essa mesma propriedade. Assim, ao mostrar que uma linguagem L satisfaz o lema do bombeamento, isso não implica que L seja regular. Mas ao demonstrar que L não satisfaz o lema do bombeamento, pode-se concluir que L não é linguagem regular.

Segue o lema do bombeamento (LB), uma extensão do Teorema 5.

Lema 4[7] *Seja L uma linguagem regular. Então existe uma constante $k > 0$ tal que para qualquer palavra $z \in L$ com $|z| \geq k$ existem u, v e w que satisfazem as seguintes condições:*

- $z = uvw$;
- $|uv| \leq k$;
- $v \neq \lambda$; e
- $uv^i w \in L$ para todo $i \geq 0$.

Prova

Seja um AFD M que reconheça L. Será mostrado que o número de estados, n, de M, pode ser tomado como a constante k referida no enunciado (na verdade, qualquer constante maior ou igual a n serve). Assim, seja uma palavra arbitrária $z \in L$ com $|z| \geq n$ (se não existir nenhum z tal que $|z| \geq n$, o lema vale por vacuidade). Seja $c(z)$ o caminho percorrido no grafo de estados de M para reconhecer z (esse caminho existe e é único, pela definição de AFD). Como $|z| \geq n$ e $|c(z)| = |z| + 1$, $c(z)$ repete algum estado. Seja e tal estado (qualquer estado que se repita serve). É óbvio que u, v e w do enunciado podem ser tomados da seguinte forma: u é a subpalavra consumida antes da primeira ocorrência de e; v é a subpalavra consumida da primeira à segunda ocorrência de e; e w é o resto. □

Quando a linguagem é finita, não existe $z \in L$ tal que $|z| \geq n$, em que n é o número de estados do AFD. Por outro lado, se a linguagem é infinita, ela poderá ser reconhecida ou não por AFDs. O Lema 4 mostra que, se tal linguagem for regular, então o grafo de estados simplificado do AFD terá no mínimo um ciclo, e um ciclo será percorrido necessariamente no reconhecimento de uma palavra de tamanho maior ou igual a n; os ciclos tornam possível reconhecer palavras de tamanho maior ou igual ao número de estados do AFD (que, obviamente, sempre existirão, se a linguagem for infinita).

Exemplo 71 A linguagem $L = \{a^n b^n \mid n \in \mathbf{N}\}$ não é regular, como mostrado a seguir, por contradição, aplicando-se o lema do bombeamento.

Suponha que L seja uma linguagem regular. Seja k a constante referida no LB, e seja $z = a^k b^k$. Como $|z| > k$, o lema diz que existem u, v e w de forma que as seguintes condições se verificam:

---

[7] Para aqueles com tendência para a formalidade, aqui vai um enunciado mais formal:
L é uma linguagem regular $\rightarrow \exists k \in \mathbf{N} \forall z \in L [|z| \geq k \rightarrow \exists u, v, w \, (z = uvw \wedge |uv| \leq k \wedge |v| \geq 1 \wedge \forall i \in \mathbf{N} \, uv^i w \in L)]$.

- $z = uvw$;
- $|uv| \leq k$;
- $v \neq \lambda$; e
- $uv^i w \in L$ para todo $i \geq 0$.

Nesse caso, v só tem as, pois $z = uvw = \mathsf{a}^k\mathsf{b}^k$ e $|uv| \leq k$, e v tem pelo menos um a, porque $v \neq \lambda$. Isso implica que $uv^2 w = \mathsf{a}^{k+|v|}\mathsf{b}^k \notin L$, o que contraria o LB. Logo, a suposição original de que L é linguagem regular não se justifica. Conclui-se que L não é linguagem regular. □

Observe, pois, que o LB é usado para provar que uma linguagem infinita, L, não é regular da seguinte forma:[8]

1. supõe-se que L seja linguagem regular;
2. escolhe-se uma palavra z cujo tamanho seja maior que k, a constante do LB;
3. mostra-se que, para toda decomposição de z em u v e w, existe i tal que $uv^i w \notin L$.

Dessa maneira, existem dois aspectos fundamentais: a escolha de z (item 2) e a escolha de i (item 3). A escolha de z deve ser feita de forma que facilite mostrar, para algum i, que $uv^i w \notin L$.

Exemplo 72 Seja $L = \{0^m 1^n \mid m > n\}$. Suponha que L seja uma linguagem regular. Seja k a constante referida no LB, e seja $z = 0^{k+1} 1^k$. Como $|z| > k$, o lema diz que existem u, v e w de forma que as seguintes condições se verificam:

- $z = uvw$;
- $|uv| \leq k$;
- $v \neq \lambda$; e
- $uv^i w \in L$ para todo $i \geq 0$.

Como $0 < |v| \leq k$ e $v \neq \lambda$, v só tem 0s e v possui no mínimo um 0. Logo, $uv^0 w = 0^{k+1-|v|} 1^k \notin L$, contrariando o LB. Conclui-se que L não é linguagem regular. Observe que, para a palavra z escolhida, o único valor para i que contraria o LB é 0. □

O seguinte exemplo *determina* um i tal que $uv^i w \notin L$ de forma sistemática, a partir das informações disponíveis.

---

[8] Mais formalmente, supondo que L seja regular, deveria valer, por *modus ponens*:
$\exists k \in \mathbf{N} \forall z \in L[|z| \geq k \rightarrow \exists u, v, w(z = uvw \wedge |uv| \leq k \wedge |v| \geq 1 \wedge \forall i \in \mathbf{N} uv^i w \in L)]$. Assim, para derivar uma contradição, basta provar a negação disso, que é equivalente a:
$\forall k \in \mathbf{N} \exists z \in L[|z| \geq k \wedge \forall u, v, w((z = uvw \wedge |uv| \leq k \wedge |v| \geq 1) \rightarrow \exists i \in \mathbf{N} uv^i w \notin L)]$.

Exemplo 73 A linguagem $L = \{0^n \mid n \text{ é primo}\}$ não é regular, como mostrado a seguir, por contradição, aplicando-se o lema do bombeamento (LB).

Suponha que L seja uma linguagem regular. Seja k a constante referida no LB, e seja $z = 0^n$, em que n é um número primo maior que k. Como $|z| > k$, o lema diz que existem u, v e w, de forma que as seguintes condições se verificam:

- $z = uvw$;
- $|uv| \leq k$;
- $v \neq \lambda$; e
- $uv^i w \in L$ para todo $i \geq 0$.

Para provar que L não é linguagem regular, basta então mostrar um i tal que $uv^i w \notin L$ (contrariando o LB). Pelas informações anteriores, tem-se que $uv^i w = 0^{n+(i-1)|v|}$ (pois $z = 0^n$). Assim, i deve ser tal que $n + (i-1)|v|$ não seja um número primo. Ora, para isso, basta fazer $i = n+1$, obtendo-se $n + (i-1)|v| = n + n|v| = n(1+|v|)$, que não é primo (pois $|v| > 0$). Desse modo, $uv^{n+1}w \notin L$, contradizendo o LB. Logo, L não é linguagem regular. □

É interessante notar que o Teorema 6, que diz que existem procedimentos de decisão para verificar, para qualquer AFD M, se (a) $L(M) = \emptyset$ e se (b) $L(M)$ é finita, pode ser demonstrado utilizando-se o LB. Veja o Exercício 24 da Seção 2.9, página 140.

2.4.2 Propriedades de fechamento

Seja uma classe de linguagens, $\mathcal{L}$, e uma operação sobre linguagens, O. Por exemplo, $\mathcal{L}$ poderia ser o conjunto de todas as linguagens regulares e O, a operação de união. Diz-se que $\mathcal{L}$ é *fechada* sob O se a aplicação de O a linguagens de $\mathcal{L}$ resulta sempre em uma linguagem de $\mathcal{L}$.

Teorema 9 *A classe das linguagens regulares é fechada sob:*

1. *complementação;*
2. *união;*
3. *interseção;*
4. *concatenação;*
5. *fecho de Kleene.*

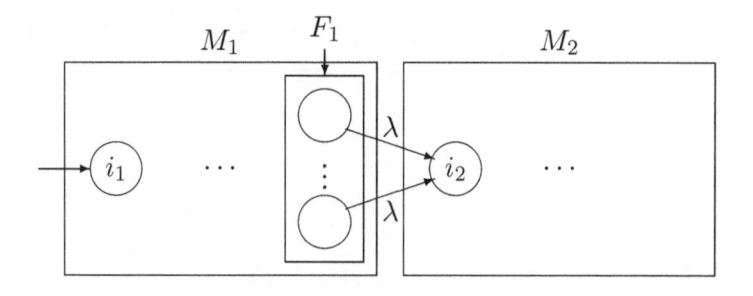

Figura 2.24 Fechamento sob concatenação.

Prova

Os fechamentos sob complementação, união e interseção são corolários do Teorema 4.

Prova do item 4 Sejam duas linguagens regulares quaisquer L_1 e L_2. Sejam dois AFDs $M_1 = (E_1, \Sigma_1, \delta_1, i_1, F_1)$ e $M_2 = (E_2, \Sigma_2, \delta_2, i_2, F_2)$, tais que $L(M_1) = L_1$ e $L(M_2) = L_2$, e tais que $E_1 \cap E_2 = \emptyset$ (é fácil ver que existem). O seguinte AFNλ M_3, definido a seguir, reconhece $L(M_1)L(M_2)$ (veja a Figura 2.24 para uma representação esquemática de M_3):

$$M_3 = (E_1 \cup E_2, \Sigma_1 \cup \Sigma_2, \delta_3, \{i_1\}, F_2)$$

em que δ_3 é dada por:

- $\delta_3(e, a) = \{\delta_1(e, a)\}$ para todo $e \in E_1$ e $a \in \Sigma_1$;
- $\delta_3(e, a) = \{\delta_2(e, a)\}$ para todo $e \in E_2$ e $a \in \Sigma_2$;
- $\delta_3(e, \lambda) = \{i_2\}$ para todo $e \in F_1$, e $\delta_3(e, \lambda) = \emptyset$ para $e \in (E_1 \cup E_2) - F_1$.

Prova do item 5 Seja uma linguagem regular qualquer L. Seja um AFD $M = (E, \Sigma, \delta, i, F)$ tal que $L(M) = L$. O seguinte AFNλ, M', reconhece $L(M)^*$ (veja a Figura 2.25 para uma representação esquemática de M'):

$$M' = (E \cup \{i'\}, \Sigma, \delta', \{i'\}, F \cup \{i'\})$$

em que $i' \notin E$, e δ' é dada por:

- $\delta'(i', \lambda) = \{i\}$;
- $\delta'(e, a) = \{\delta(e, a)\}$ para todo $e \in E$ e $a \in \Sigma$;
- $\delta'(e, \lambda) = \{i'\}$ para todo $e \in F$, e $\delta'(e, \lambda) = \emptyset$ para $e \in E - F$. □

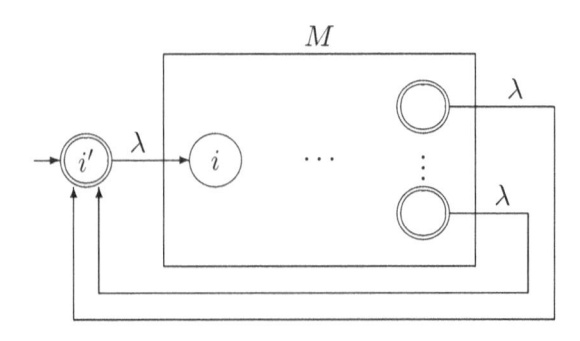

Figura 2.25 Fechamento sob fecho de Kleene.

Observe como a introdução de transições sob λ torna simples a obtenção de AFs para os casos da concatenação e do fecho de Kleene.

Três exemplos de aplicações das propriedades das linguagens regulares: (1) permitem provar que uma linguagem é regular; (2) permitem provar que uma linguagem não é regular; e (3) facilitam a obtenção de AF para uma linguagem regular.

Seguem-se exemplos das três aplicações. Primeiramente, uma aplicação do tipo (1).

Exemplo 74 Seja a linguagem constituída por todas as palavras binárias que representem números divisíveis por 6, com exceção daquelas em que o terceiro dígito da direita para a esquerda seja 1. Ora, essa linguagem nada mais é do que $L = L_1 - L_2$, em que:

- $L_1 = \{w \in \{0,1\}^* \mid w \text{ representa número divisível por 6}\}$; e
- $L_2 = \{w \in \{0,1\}^* \mid \text{ o terceiro dígito de } w, \text{ da direita para a esquerda, é 1}\}$.

Sabe-se que L_1 e L_2 são linguagens regulares: as Figuras 2.2, página 64, e 2.12, página 80, apresentam AFs para L_1, e a Figura 2.17, página 94, mostra AFs para L_2. Como $L = L_1 - L_2 = L_1 \cap \overline{L_2}$, e a classe das linguagens regulares é fechada sob complementação e sob interseção (pelo Teorema 9), segue-se que L é linguagem regular. □

A seguir, um exemplo de aplicação do tipo (3).

Exemplo 75 Seja a linguagem L do exemplo anterior. Como ressaltado neste exemplo, $L = L_1 - L_2$, em que:

- $L_1 = \{w \in \{0,1\}^* \mid w \text{ representa número divisível por 6}\}$; e
- $L_2 = \{w \in \{0,1\}^* \mid \text{ o terceiro dígito de } w, \text{ da direita para a esquerda, é 1}\}$.

Na Figura 2.12, página 80, tem-se um AFD para L_1 e, na Figura 2.17, página 94, um AFD para L_2. Usando-se as técnicas do Teorema 4, pode-se construir um AFD para $\overline{L_2}$ e, em seguida, um AFD para $L_1 \cap \overline{L_2}$. Este último seria um AFD para L. □

Para uma aplicação do tipo (2), provar que uma linguagem L não é regular, raciocina-se por contradição. Primeiramente, supõe-se que L seja uma linguagem regular. Depois, aplica-se uma propriedade de fechamento envolvendo L e, eventualmente, outras linguagens, estas comprovadamente linguagens regulares. Obtendo-se uma linguagem que, comprovadamente, *não* é regular, ter-se-á uma contradição já que, pela propriedade de fechamento, deveria ter sido obtida uma linguagem regular. Logo, a suposição de que L seria linguagem regular não se sustentaria. Segue um exemplo.

Exemplo 76 Seja $L = \{\mathtt{a}^k\mathtt{b}^m\mathtt{c}^n \mid k = m+n\}$. Prova-se, a seguir, que L não é regular.

Suponha que L seja uma linguagem regular. Como $\{\mathtt{a}\}^*\{\mathtt{b}\}^*$ é linguagem regular e a classe das linguagens regulares é fechada sob interseção, segue-se que $L \cap \{\mathtt{a}\}^*\{\mathtt{b}\}^*$ deve ser uma linguagem regular. Mas, $L \cap \{\mathtt{a}\}^*\{\mathtt{b}\}^* = \{\mathtt{a}^n\mathtt{b}^n \mid n \geq 0\}$, que não é linguagem regular. Logo, L não é linguagem regular. □

Exercícios

1. Em ambos os Exemplos 63 e 71, nas páginas 85 e 104, mostrou-se que a linguagem $\{\mathtt{a}^n\mathtt{b}^n\} \mid n \geq 0\}$ não é regular. Em que diferem ambas as provas?

2. Formalmente, o LB seria enunciado assim: L é regular $\to \exists k \in \mathbf{N} \forall z \in L[|z| \geq k \to \exists u,v,w(z = uvw \land |uv| \leq k \land |v| \geq 1 \land \forall i \in \mathbf{N} uv^iw \in L)]$. Mostre que a contrapositiva é: $\forall k \in \mathbf{N} \exists z \in L[|z| \geq k \land \forall u,v,w((z = uvw \land |uv| \leq k \land |v| \geq 1) \to \exists i \in \mathbf{N} uv^iw \notin L)] \to L$ não é regular.

3. Prove que os seguintes conjuntos não são linguagens regulares, utilizando o LB:

    a) $\{\mathtt{0}^m\mathtt{1}^n \mid m < n\}$;

    b) $\{\mathtt{0}^n\mathtt{1}^{2^n} \mid n \geq 0\}$;

    c) $\{\mathtt{0}^m\mathtt{1}^n\mathtt{0}^m \mid m,n \geq 0\}$;

    d) $\{x\mathtt{c}x \mid x \in \{\mathtt{a},\mathtt{b}\}^*\}$;

    e) $\{\mathtt{10}^n\mathtt{1}^n \mid n \geq 0\}$;

    f) $\{\mathtt{0}^{n^2} \mid n \geq 0\}$.

4. Prove que os seguintes conjuntos não são linguagens regulares, utilizando propriedades de fechamento:

    a) $\{\mathtt{0},\mathtt{1}\}^* - \{\mathtt{0}^n\mathtt{1}^n \mid n \geq 0\}$;

    b) $\{\mathtt{0}^m\mathtt{1}^n \mid m < n\} \cup \{\mathtt{0}^m\mathtt{1}^n \mid m > n\}$;

    c) $\{w \in \{\mathtt{0},\mathtt{1}\}^* \mid$ o número de 0s em w é igual ao número de 1s$\}$;

    d) $\{w \in \{\mathtt{0},\mathtt{1}\}^* \mid$ o número de 0s em w é igual ao número de 1s$\} - \{\mathtt{0}^n\mathtt{1}^n \mid n \geq 0\}$.

5. Seja L uma linguagem regular sobre o alfabeto $\{a, b, c\}$. Mostre que cada uma das linguagens seguintes é regular:

   a) $\{w \in L \mid w \text{ contém pelo menos um } a\}$;

   b) $\{w \mid w \in L \text{ ou } w \text{ contém pelo menos um } a \text{ (ou ambos)}\}$;

   c) $\{w \mid \text{ou } w \in L \text{ ou } w \text{ contém pelo menos um } a\}$;

   d) $\{w \notin L \mid w \text{ não contém } as\}$.

6. Complete o Exemplo 75 (página 108): utilizando a receita dada no exemplo, obtenha um AFD que reconheça a linguagem constituída por todas as palavras binárias que representem números divisíveis por 6, com exceção daquelas em que o terceiro dígito da direita para a esquerda seja 1.

7. Prove que os seguintes conjuntos são linguagens regulares:

   a) $\{0^m 1^n \mid m < n\} \cup \{0^m 1^n \mid m > n\} \cup \{0^n 1^n \mid n \geq 0\}$;

   b) $\{0, 1\}^* - \{01, 10\}^*$;

   c) $\{0^n 1^n \mid 0 \leq n \leq 10^{1000}\}$.

8. Seja L uma linguagem regular sobre um alfabeto Σ_1. Prove que o conjunto de todas as palavras sobre Σ_2 (que pode ser igual ou não a Σ_1) que têm como sufixo alguma palavra de L é linguagem regular.

2.5 Máquinas de Mealy e de Moore

As máquinas de Mealy e de Moore são autômatos finitos com saída. Uma máquina de Mealy associa um símbolo de saída a cada transição. E uma máquina de Moore associa um símbolo de saída a cada estado. Apesar de um ou outro tipo de máquina ser mais conveniente em aplicações específicas, uma máquina de Moore pode ser convertida em uma máquina de Mealy equivalente, e vice-versa. Neste capítulo, serão apresentados ambos os tipos de máquina de forma sucinta, assim como os procedimentos de conversão de um tipo em outro.

Uma máquina de Moore nada mais é do que um AFD com um símbolo de saída associado a cada estado, como mostra a definição a seguir.

Definição 17 *Uma máquina de Moore é uma sêxtupla* $(E, \Sigma, \Delta, \delta, \sigma, i)$, *em que:*

- *E (o conjunto de estados), Σ (o alfabeto de entrada), δ (a função de transição) e i (o estado inicial) são como em AFDs;*

- *Δ é o alfabeto de saída; e*

- *$\sigma : E \to \Delta$ é a função de saída, uma função total.* □

Uma máquina de Moore funciona de forma similar a um AFD. A diferença é que, em vez de uma saída binária do tipo sim ou não, existirá uma *palavra de saída*; esta é inicializada com $\sigma(i)$ e, ao ser efetuada uma transição para um estado e, $\sigma(e)$ é concatenado à direita da palavra de saída.

Para uma definição mais precisa da saída computada para uma máquina de Moore M, será definida a função $r : E \times \Sigma^* \to \Delta^*$. Dado um estado e e uma palavra w, $r(e, w)$ será a palavra de saída correspondente à computação que leva ao estado $\hat{\delta}(e, w)$. A definição de $\hat{\delta}$ para máquina de Moore é igual à apresentada na Definição 2 (página 70). Segue a definição de r.

Definição 18 *Seja uma máquina de Moore* $M = (E, \Sigma, \Delta, \delta, \sigma, i)$. *A função de saída estendida para* M, $r : E \times \Sigma^* \to \Delta^*$ *é definida recursivamente como segue:*

a) $r(e, \lambda) = \sigma(e)$;

b) $r(e, ay) = \sigma(e) r(\delta(e, a), y)$, *para todo* $a \in \Sigma$ *e* $y \in \Sigma^*$. □

Com isso, pode-se então definir saída de uma máquina de Moore.

Definição 19 *A* saída computada *por uma máquina de Moore* $M = (E, \Sigma, \Delta, \delta, \sigma, i)$ *para a palavra* $w \in \Sigma^*$ *é* $r(i, w)$. □

Dado um AFD $M = (E, \Sigma, \delta, i, F)$ é possível construir uma máquina de Moore $M' = (E, \Sigma, \Delta, \delta, \sigma, i)$ tal que:

$$w \in L(M) \text{ se, e somente se, } P(r(i, w)),$$

em que P é uma propriedade bem definida. Desse modo, pode-se dizer que qualquer AFD pode ser "simulado" por meio de máquina de Moore. Uma possibilidade é fazer:

- $\Delta = \{0, 1\}$; e
- $\sigma(e) = 1$ se $e \in F$, e $\sigma(e) = 0$ se $e \notin F$.

Tem-se, com isso, que:

$$w \in L(M) \text{ se, e somente se, } r(i, w) \text{ termina em } 1.$$

O diagrama de estados de uma máquina de Moore é similar ao de um AFD. A única diferença é que cada vértice, em vez de representar um estado, representa um estado e a saída correspondente. Dessa forma, a transição $\delta(e, a) = e'$ é representada assim, juntamente com $\sigma(e)$ e $\sigma(e')$:

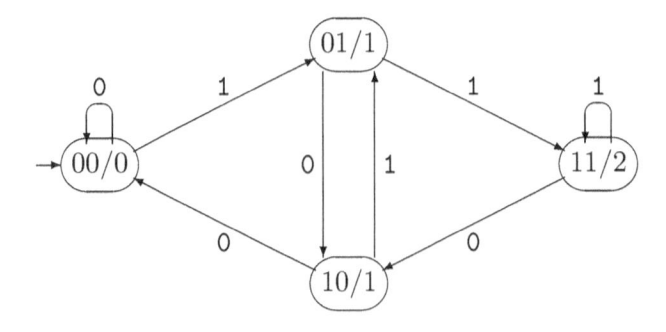

Figura 2.26 Uma máquina de Moore.

Exemplo 77 Na Figura 2.26 está ilustrado o diagrama de estados para uma máquina de Moore que determina o número de 1s presentes nos dois últimos dígitos de uma palavra de $\{0,1\}^*$. No caso, tal número é dado pelo último símbolo da palavra de saída. Por exemplo:

$$\begin{aligned}
r(00, 1110) &= 0r(01, 110) \\
&= 01r(11, 10) \\
&= 012r(11, 0) \\
&= 0122r(10, \lambda) \\
&= 01221.
\end{aligned}$$
□

Uma máquina de Mealy é um AFD com um símbolo de saída associado a cada transição, como definido a seguir.

Definição 20 *Uma máquina de Mealy é uma sêxtupla* $(E, \Sigma, \Delta, \delta, \sigma, i)$, *em que:*

- *E (o conjunto de estados),* Σ *(o alfabeto de entrada),* δ *(a função de transição) e i (o estado inicial) são como em AFDs;*

- Δ *é o alfabeto de saída;*

- $\sigma: E \times \Sigma \to \Delta$ *é a função de saída, uma função total.*
□

Seja uma transição $\delta(e, a) = e'$ e a saída $\sigma(e, a) = d$ ($e, e' \in E$, $a \in \Sigma$, $d \in \Delta$). Tal transição será dita ser uma transição de e para e' sob a/d. Ela é representada em um diagrama de estados da seguinte maneira:

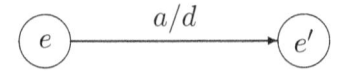

como exemplifica a Figura 2.3, na página 66.

Assim como uma máquina de Moore, uma máquina de Mealy é similar a um AFD, com a diferença que, em vez de aceitação ou rejeição, existirá uma *palavra de saída*.

No caso, esta é inicializada com λ e, ao ser efetuada uma transição para um estado e sob a/d, d é concatenada à direita dela.

A seguir, será definida a função $s : E \times \Sigma^* :\to \Delta^*$, em que $s(e,w)$ é a palavra de saída emitida pela máquina de Mealy para a palavra de entrada w, quando a máquina é iniciada no estado e.

Definição 21 *Seja uma máquina de Mealy $M = (E, \Sigma, \Delta, \delta, \sigma, i)$. A função de saída estendida para M, $s : E \times \Sigma^* \to \Delta^*$, é definida recursivamente como segue:*

a) $s(e, \lambda) = \lambda$;

b) $s(e, ay) = \sigma(e,a)s(\delta(e,a), y)$, para todo $a \in \Sigma$ e $y \in \Sigma^*$. □

Define-se, com isso, a saída de uma máquina de Mealy.

Definição 22 *A saída computada por uma máquina de Mealy $M = (E, \Sigma, \Delta, \delta, \sigma, i)$ para a palavra $w \in \Sigma^*$ é $s(i,w)$.* □

A máquina de Mealy apresentada na Seção 2.1.3, cujo diagrama de estados está mostrado na Figura 2.3, página 66, seria então uma sêxtupla

$$(\{1, 2\uparrow, 2\downarrow, 3\}, \mathcal{P}(\{1,2,3\}), \{\uparrow, \downarrow, \circ\}, \delta, \sigma, 1)$$

em que δ e σ são dadas por (na linha e, coluna a, está o par $\delta(e,a)/\sigma(e,a)$):

δ/σ	$\emptyset$	$\{1\}$	$\{2\}$	$\{3\}$	$\{1,2\}$	$\{1,3\}$	$\{2,3\}$	$\{1,2,3\}$
1	1/∘	1/∘	2↑/↑	2↑/↑	1/∘	1/∘	2↑/↑	1/∘
2↑	2↑/∘	1/↓	2↑/∘	3/↑	2↑/∘	3/↑	2↑/∘	2↑/∘
2↓	2↓/∘	1/↓	2↓/∘	3/↑	2↓/∘	1/↓	2↓/∘	2↓/∘
3	3/∘	2↓/↓	2↓/↓	3/∘	2↓/↓	3/∘	3/∘	3/∘

Exemplo 78 Na Figura 2.2, página 64, foi mostrado um diagrama de estados para um AFD que determina se um número em notação binária é divisível por 6. Tal AFD pode ser complementado para tornar-se uma máquina de Mealy que determina também o quociente da divisão. Seja $x \in \{0,1\}^*$, e sejam q_1 e r_1 o quociente e o resto da divisão de $\eta(x)$ por 6, em que $\eta(x)$ é o número representado por x. Assim, $\eta(x) = 6q_1 + r_1$. Supondo que após x venha outro símbolo $a \in \{0,1\}$, sejam q_2 e r_2 o quociente e o resto da divisão de $\eta(xa)$ por 6. Tem-se dois casos a considerar:

Caso 1 $a = 0$. Nesse caso, tem-se que $\eta(x0) = 2\eta(x) = 6q_2 + r_2$ e, portanto, $2(6q_1 + r_1) = 6q_2 + r_2$. Dessa forma, $q_2 = 2q_1 + (2r_1 - r_2)/6$.

Caso 2 $a = 1$. Assim, $\eta(x1) = 2\eta(x)+1 = 6q_2+r_2$ e, portanto, $2(6q_1+r_1)+1 = 6q_2+r_2$. Portanto, $q_2 = 2q_1 + (2r_1 + 1 - r_2)/6$.

Veja, então, que se o próximo dígito da palavra de entrada é 0, o próximo dígito do quociente é dado por $(2r_1 - r_2)/6$, e se o próximo dígito da palavra de entrada for 1, o próximo dígito do quociente será dado por $(2r_1 - r_2 + 1)/6$. Com isso, obtém-se a máquina mostrada na Figura 2.27.

Note que essa máquina fornece, além do quociente (via transições), também o resto (via estados). Pode-se dizer, no caso, que se tem "duas máquinas em uma", uma de Mealy (para o quociente) e outra de Moore (para o resto). □

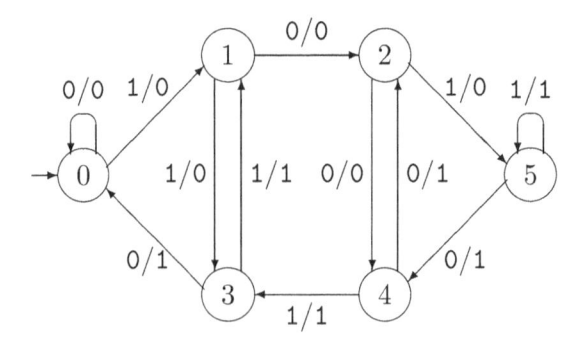

Figura 2.27 Máquina de Mealy para quociente da divisão por 6.

Estritamente falando, pode não haver uma máquina de Mealy equivalente a uma máquina de Moore: para uma máquina de Moore de estado inicial i, $r(i,\lambda) = \sigma(i)$, que pode não ser λ, ao passo que, para uma máquina de Mealy de estado inicial i', $s(i',\lambda)$ é sempre λ! Assim, na definição de equivalência a seguir, não se leva em conta a saída da máquina de Moore para o prefixo λ da palavra de entrada.

Definição 23 *Uma máquina de Moore* $(E_1, \Sigma, \Delta, \delta_1, \sigma_1, i_1)$ *e uma máquina de Mealy* $(E_2, \Sigma, \Delta, \delta_2, \sigma_2, i_2)$ *são ditas* equivalentes *se, para todo* $w \in \Sigma^*$, $r(i_1, w) = \sigma_1(i_1)s(i_2, w)$.
□

O teorema a seguir mostra como obter uma máquina de Mealy equivalente a uma máquina de Moore.

Teorema 10 *Para toda máquina de Moore existe uma máquina de Mealy equivalente.*

Prova

Seja uma máquina de Moore $M = (E, \Sigma, \Delta, \delta, \sigma, i)$. Uma máquina de Mealy equivalente é $M' = (E, \Sigma, \Delta, \delta, \sigma', i)$, em que para cada $e \in E$ e $a \in \Sigma$, $\sigma'(e,a) = \sigma(\delta(e,a))$. Será mostrado, por indução sobre $|w|$, que $r(e,w) = \sigma(e)s(e,w)$ para $e \in E$ arbitrário. Com isso, conclui-se, em particular, que $r(i,w) = \sigma(i)s(i,w)$.

Para $w = \lambda$ tem-se:

$$\begin{aligned} r(e, \lambda) &= \sigma(e) &&\text{pela definição de } r \\ &= \sigma(e)\lambda \\ &= \sigma(e)s(e,\lambda) &&\text{pela definição de } s. \end{aligned}$$

Suponha, como hipótese de indução, que $r(e,y) = \sigma(e)s(e,y)$, para $y \in \Sigma^*$ tal que $|y| = n$. Seja uma palavra de tamanho $n+1$, $w = ay$, $a \in \Sigma$. Então:

$$\begin{aligned} r(e,ay) &= \sigma(e)r(\delta(e,a),y) &&\text{pela definição de } r \\ &= \sigma(e)\sigma(\delta(e,a))s(\delta(e,a),y) &&\text{pela hipótese de indução} \\ &= \sigma(e)\sigma'(e,a)s(\delta(e,a),y) &&\text{pela definição de } \sigma' \\ &= \sigma(e)s(e,ay) &&\text{pela definição de } s. \end{aligned}$$
□

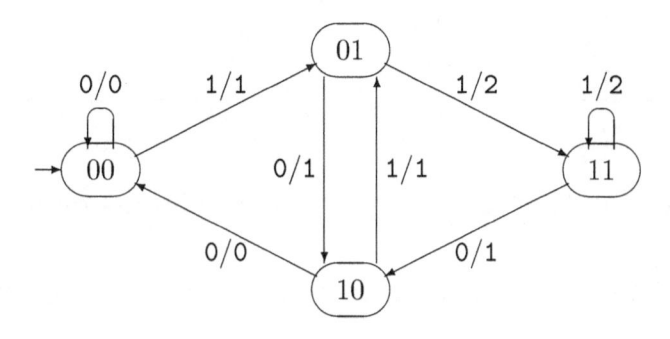

Figura 2.28 Uma máquina de Mealy obtida de uma máquina de Moore.

Segue um exemplo de aplicação da técnica descrita na prova do Teorema 10.

Exemplo 79 Na Figura 2.28 está o diagrama de estados da máquina de Mealy equivalente à máquina de Moore do Exemplo 77, página 112, obtida de acordo com a técnica descrita na prova do Teorema 10. □

A seguir, o Teorema 11 mostra como obter uma máquina de Moore equivalente a uma máquina de Mealy dada.

Teorema 11 *Para toda máquina de Mealy existe uma máquina de Moore equivalente.*

Prova

Seja uma máquina de Mealy $M = (E, \Sigma, \Delta, \delta, \sigma, i)$. Uma máquina de Moore equivalente seria $M' = (E', \Sigma, \Delta, \delta', \sigma', i')$, em que:

- $i' = [i, d_0]$ para um certo $d_0 \in \Delta$ (qualquer um serve);
- $E' = \{[\delta(e, a), \sigma(e, a)] \mid e \in E \text{ e } a \in \Sigma\} \cup \{i'\}$;
- $\delta'([e, d], a) = [\delta(e, a), \sigma(e, a)]$ para cada $[e, d] \in E'$ e $a \in \Sigma$;
- $\sigma'([e, d]) = d$ para cada $e \in E$ e $d \in \Delta$.

Para provar a equivalência entre M e M', deve-se mostrar que $r([i, d_0], w) = d_0 s(i, w)$ para todo $w \in \Sigma^*$. Isso segue do resultado mais geral $r([e, d], w) = ds(e, w)$ para todo $[e, d] \in E'$ e $w \in \Sigma^*$, que será provado a seguir, por indução sobre $|w|$.

Seja $[e, d] \in E'$ arbitrário. No caso em que $|w| = 0$, tem-se que:

$$\begin{aligned}
r([e, d], \lambda) &= \sigma'([e, d]) && \text{pela definição de } r \\
&= d && \text{pela definição de } \sigma' \\
&= d\lambda \\
&= ds(e, \lambda) && \text{pela definição de } s.
\end{aligned}$$

(a) Máquina de Mealy (b) Máquina de Moore

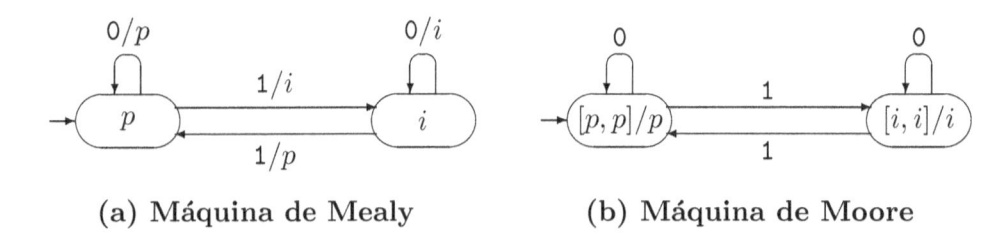

Figura 2.29 Uma máquina de Moore obtida de uma máquina de Mealy.

Suponha, como hipótese de indução, que $r([e,d],z) = ds(e,z)$ para palavras $z \in \Sigma^*$ de tamanho n. Seja $w = ay$, sendo $a \in \Sigma$, $y \in \Sigma^*$ e $|y| = n$. Tem-se:

$$\begin{aligned}
r([e,d], ay) &= \sigma'([e,d])r(\delta'([e,d],a), y) && \text{pela definição de } r \\
&= dr(\delta'([e,d],a), y) && \text{pela definição de } \sigma' \\
&= dr([\delta(e,a), \sigma(e,a)], y) && \text{pela definição de } \delta' \\
&= d\sigma(e,a)s(\delta(e,a), y) && \text{pela hipótese de indução} \\
&= ds(e, ay) && \text{pela definição de } s.
\end{aligned}$$

□

A técnica descrita na prova do Teorema 11 é exemplificada a seguir.

Exemplo 80 Na Figura 2.29b encontra-se o diagrama de estados da máquina de Moore equivalente à máquina de Mealy da Figura 2.29a, obtida de acordo com a técnica descrita na prova do Teorema 11. Essas máquinas emitem p quando a palavra de entrada possui número par de 1s, e emitem i quando a palavra tem número ímpar de 1s. O estado inicial da máquina de Moore poderia ser $[p,i]$. Nesse caso, a máquina teria três estados em vez de dois. □

Exercícios

1. Construa uma máquina de Moore que determine o resto da divisão por 3 de um número na representação binária.

2. Construa uma máquina de Moore que determine a quantidade de 1s presente nos últimos 3 dígitos de palavras sobre {0, 1}.

3. Construa uma máquina de Mealy que determine o quociente da divisão por 3 de um número na representação binária.

4. Construa uma máquina de Mealy que some dois números na base binária. Os números devem ser supridos por meio do alfabeto {[0, 0], [0, 1], [1, 0], [1, 1]}, dígitos menos significativos em primeiro lugar. Por exemplo, para somar os números 13 e 20, pode-se suprir a palavra $[0, 1][1, 0][1, 1][0, 0[1, 0]^R$, em que os primeiros dígitos, 01101^R, codificam o número 13, e os segundos, 10100^R, codificam o número 20; nesse caso, a saída deve ser 100001, que codifica o número 33.

5. Determine uma máquina de Mealy equivalente à máquina de Moore do Exercício 1 usando a técnica da prova do Teorema 10.

6. Determine uma máquina de Moore equivalente à máquina de Mealy do Exercício 3 usando a técnica da prova do Teorema 11.

2.6 Expressões Regulares

Até o momento, foram vistas duas formas de especificar uma linguagem regular: uma, mediante o uso da notação usual de teoria de conjuntos e, outra, por meio do desenho de um diagrama de estados, este último favorecendo a visão do reconhecedor como um grafo. As duas têm suas aplicações. Por exemplo, geralmente a primeira é mais conveniente no desenvolvimento da teoria e, em geral, a segunda é mais conveniente durante um processo de concepção de um reconhecedor específico. As duas têm em comum o fato de que se destinam à especificação de uma linguagem mediante um *reconhecedor* para a mesma.

Nesta seção e na próxima, serão apresentadas duas outras formas de especificar linguagens regulares: expressões regulares e gramáticas regulares. A primeira especifica uma linguagem por meio de uma expressão que a *denota* e a segunda, por intermédio de um conjunto de regras que a *gera*. A denotação de uma linguagem via expressão regular pode ser útil quando se deseja uma maneira concisa de se referir à linguagem como um todo. Essa utilidade manifesta-se tanto no plano da teoria, na qual as expressões regulares são adequadas para as manipulações formais, quanto no plano prático, em que as expressões regulares, ou notações derivadas delas, têm sido utilizadas para referência compacta a conjuntos de palavras (por exemplo, em editores de texto e comandos de sistemas operacionais). As gramáticas regulares, de menor aplicabilidade, têm o mérito teórico de prover um lugar para as linguagens regulares na denominada Hierarquia de Chomsky. A partir de uma expressão regular ou de uma gramática regular, pode-se construir um AF de forma automática. Assim, os dois formalismos são também mais dois instrumentos alternativos que podem ser utilizados como etapa intermediária para a obtenção de reconhecedores.

A seguir, serão abordadas as expressões regulares e, na Seção 2.7, as gramáticas regulares. Finalmente, será feito um apanhado geral dos principais resultados do capítulo na Seção 2.8.

Dado um AF M, seria possível obter uma formulação *linear* para $L(M)$? Ou seja, seria possível obter uma expressão r que denotasse $L(M)$? A resposta é sim: mediante uma *expressão regular*, como pode ser visto a seguir, após a definição de expressão regular. Além disso, será mostrado também que, dada uma expressão regular, é possível construir um AF que reconhece a linguagem denotada por ela. Logo, ter-se-á mostrado que a família das linguagens que podem ser denotadas por expressões regulares é exatamente a família das linguagens regulares.

Na definição recursiva, a seguir, ao mesmo tempo em que se define o que é expressão regular, define-se também qual é o conjunto denotado por ela. Será usada a notação $L(r)$ para significar o conjunto denotado pela expressão regular r.

Definição 24 *Uma expressão regular (ER) sobre um alfabeto Σ é definida recursivamente como segue:*

a) *$\emptyset$, λ, e a para qualquer $a \in \Sigma$ são expressões regulares; tais ERs denotam, respectivamente, os conjuntos $\emptyset$, $\{\lambda\}$ e $\{a\}$;*

b) *se r e s são expressões regulares, então são expressões regulares: $(r+s)$, (rs), e r^*; tais ERs denotam, respectivamente, $L(r) \cup L(s)$, $L(r)L(s)$ e $L(r)^*$.* □

Um conjunto que pode ser denotado por uma ER é geralmente denominado *conjunto regular*. Adiante, será mostrado que os conjuntos regulares nada mais são que as linguagens regulares. Seguem alguns exemplos de expressões e conjuntos regulares.

Exemplo 81 Seja o alfabeto $\Sigma = \{0,1\}$. Os seguintes exemplos de ERs sobre Σ e conjuntos regulares denotados por elas são imediatos a partir da Definição 24:

- $\emptyset$ denota $\emptyset$;

- λ denota $\{\lambda\}$;

- (01) denota $\{0\}\{1\} = \{01\}$;

- $(0+1)$ denota $\{0\} \cup \{1\} = \{0,1\}$;

- $((0+1)(01))$ denota $\{0,1\}\{01\} = \{001, 101\}$;

- 0^* denota $\{0\}^* = \{0^n \mid n \geq 0\}$;

- $(0+1)^*$ denota $\{0,1\}^* = \Sigma^*$;

- $(((0+1)^*1)(0+1))$ denota $(\{0,1\}^*\{1\})\{0,1\} = \{w \in \Sigma^* \mid$ o penúltimo símbolo de w é 1$\}$. □

Quando uma ER possui muitos parênteses, ela costuma ficar difícil de escrever e de entender. Assim, torna-se útil formular algumas regras para omissão de parênteses:

a) como a união é associativa, isto é, $A \cup (B \cup C) = (A \cup B) \cup C$, pode-se escrever $(r_1 + r_2 + \cdots + r_n)$, omitindo-se os parênteses internos. Exemplo: $((0+(11))+1)$ e $(0+((11)+1))$ podem, ambas, serem escritas como $(0+(11)+1)$;

b) idem, para a concatenação. Exemplo: $((01)((00)1))$ pode ser escrita como (01001);

c) se a expressão tem parênteses externos, eles podem ser omitidos. Exemplos: os dois exemplos anteriores poderiam ser escritos assim: $0 + (11) + 1$ e 01001;

d) para omissão de mais parênteses, será assumindo que o fecho de Kleene tem maior prioridade que união e concatenação, e que concatenação tem maior prioridade que união. Exemplo: $(0 + (10^*))$ pode ser escrita como $0 + 10^*$.

Tabela 2.1 Algumas equivalências de expressões regulares

1.	$r + s = s + r$	11.	$r^{**} = r^*$
2.	$r + \emptyset = r$	12.	$r^* = (rr)^*(\lambda + r)$
3.	$r + r = r$	13.	$\emptyset^* = \lambda$
4.	$r\lambda = \lambda r = r$	14.	$\lambda^* = \lambda$
5.	$r\emptyset = \emptyset r = \emptyset$	15.	$r^* r^* = r^*$
6.	$(r + s)t = rt + st$	16.	$rr^* = r^* r$
7.	$r(s + t) = rs + rt$	17.	$(r^* + s)^* = (r + s)^*$
8.	$(r + s)^* = (r^* s)^* r^*$	18.	$(r^* s^*)^* = (r + s)^*$
9.	$(r + s)^* = r^*(sr^*)^*$	19.	$r^*(r + s)^* = (r + s)^*$
10.	$(rs)^* = \lambda + r(sr)^* s$	20.	$(r + s)^* r^* = (r + s)^*$

Exemplo 82 Existem duas abordagens básicas para tentar obter diretamente uma ER que denote uma linguagem. Elas serão introduzidas mediante exemplo.

Seja L o conjunto das palavras sobre $\{\mathtt{a}, \mathtt{b}\}$ com pelo menos um $\mathtt{b}$. A primeira abordagem é tentar visualizar a linguagem como um todo, utilizando não determinismo quando possível. Assim, uma palavra de L tem um $\mathtt{b}$, que é precedido por zero ou mais símbolos (inclusive $\mathtt{b}$s – veja o "não determinismo") e seguido por zero ou mais símbolos; traduzido em termos de ER, obtém-se: $(a + b)^* b(a + b)^*$.

A segunda abordagem é tentar visualizar como as palavras podem ser construídas, deterministicamente, da esquerda para a direita ou da direita para a esquerda. Analisando-se uma palavra de L, da esquerda para a direita, determina-se que a mesma pertence a L quando se encontra um $\mathtt{b}$; traduzido em termos de ER, tem-se: $a^* b(a + b)^*$. Analisando-se uma palavra de L, da direita para a esquerda, determina-se que ela pertence a L quando se encontra um $\mathtt{b}$; traduzido em termos de ER, obtém-se: $(a + b)^* ba^*$. □

O mesmo conjunto pode ser denotado por várias ERs, como visto no Exemplo 82. É comum a notação $r = s$, para duas ERs r e s, para dizer que r e s denotam a mesma linguagem, ou seja, $L(r) = L(s)$. Às vezes pode ser interessante tentar obter uma ER "mais simples", no sentido de que se possa visualizar com mais facilidade, a partir dela, qual é a linguagem denotada. As propriedades da união, concatenação e fecho de Kleene fornecem subsídios para a obtenção de ERs equivalentes, eventualmente mais simples. A Tabela 2.1 mostra algumas equivalências derivadas direta ou indiretamente de tais propriedades.

Pode-se mostrar que qualquer equivalência que não envolva fecho de Kleene pode ser derivada a partir das equivalências 1 a 7 mais as propriedades de associatividade da união e da concatenação, $r + (s + t) = (r + s) + t$ e $r(st) = (rs)t$, que se está assumindo implicitamente. No entanto, quando se introduz o fecho de Kleene, deixa de haver um conjunto finito de equivalências a partir das quais se possa derivar qualquer equivalência. Assim, as equivalências da Tabela 2.1 não são suficientes para derivar qualquer equivalência. No entanto, várias são redundantes, no sentido de que podem ser obtidas a partir de outras. Por exemplo, 13 pode ser obtida a partir de 2, 5 e 10:

$$\begin{aligned}\emptyset^* &= (r\emptyset)^* && \text{por } 5\\ &= \lambda + r(\emptyset r)^*\emptyset && \text{por } 10\\ &= \lambda + \emptyset && \text{por } 5\\ &= \lambda && \text{por } 2\end{aligned}$$

Exemplo 83 A seguir, apresenta-se uma série de simplificações de uma ER utilizando-se as equivalências da Tabela 2.1. As subexpressões simplificadas em cada passo estão sublinhadas.

$$\begin{aligned}\underline{(00^* + 10^*)}0^*(1^* + 0)^* &= (0+1)\underline{0^*0^*}(1^* + 0)^* && \text{por } 6\\ &= (0+1)0^*\underline{(1^* + 0)^*} && \text{por } 15\\ &= (0+1)0^*\underline{(1 + 0)^*} && \text{por } 17\\ &= (0+1)\underline{0^*(0+1)^*} && \text{por } 1\\ &= (0+1)\underline{(0+1)^*} && \text{por } 19\end{aligned}$$
□

Existem várias outras equivalências que podem ser úteis para simplificação de ERs, além das exemplificadas na Tabela 2.1. Lembrando que uma ER é apenas uma expressão que denota um *conjunto* sobre certo alfabeto e que a justaposição significa *concatenação*, "+" refere-se à *união* e "∗" corresponde ao *fecho de Kleene*, e usando-se as propriedades conhecidas de tais entidades, pode-se obter novas equivalências, como mostra o próximo exemplo.

Exemplo 84 Dados os significados dos operadores, pode-se verificar que $(r + rr + rrr + rrrr)^* = r^*$. Como outro exemplo, considere a ER: $((0(0+1)1 + 11)0^*(00+11))^*(0+1)^*$. Observando que ela é da forma $r(0+1)^*$, em que r denota um conjunto de palavras sobre $\{0,1\}$ *que contém* λ, pode-se imediatamente concluir que ela é equivalente a $(0+1)^*$, sem analisar r! Utilizando-se raciocínio análogo, pode-se concluir que $r^*(r+s^*) = r^*s^*$: veja que $r^*(r+s^*) = rr^* + r^*s^*$ e $L(rr^*) \subseteq L(r^*s^*)$. □

Uma notação bastante útil é r^+, em que r é uma ER, para significar (rr^*). Assim, por exemplo, a última ER do Exemplo 83 poderia ser escrita da seguinte forma: $(0+1)^+$. Outra notação útil é r^n, $n \geq 0$; recursivamente:

a) $r^0 = \lambda$;

b) $r^n = rr^{n-1}$, para $n \geq 1$.

Exemplo 85 O conjunto de todas as palavras de tamanho 10 sob $\{0,1\}$ é denotado por $(0+1)^{10}$. Como outro exemplo, considere as equivalências da seguinte forma: $r^* = (r^n)^*(\lambda + r + r^2 + \cdots + r^{n-1})$, para $n > 1$ (observe que para $n = 2$, tem-se a identidade 12 da Tabela 2.1). □

(a) AF para ∅   (b) AF para {λ}   (c) AF para {a}

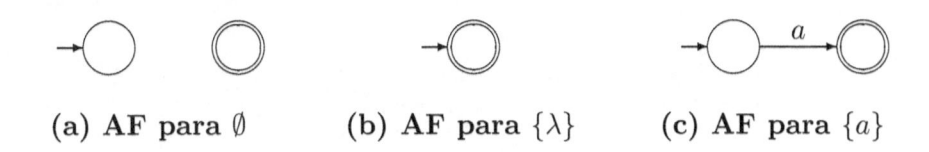

Figura 2.30 AFs para ∅, {λ} e {a}.

A seguir, mostra-se que toda linguagem regular é denotada por uma expressão regular e vice-versa, que toda expressão regular denota uma linguagem regular.

Teorema 12 *Toda expressão regular denota uma linguagem regular.*

Prova

A prova será feita por indução construtiva, ou seja, será mostrado (a) como construir AFs para os elementos primitivos dos conjuntos regulares, quais sejam, ∅, {λ} e {a} para cada $a \in \Sigma$, e (b) como combinar AFs para simular as operações de união, concatenação e fecho de Kleene. A Figura 2.30 apresenta diagramas de estado para AFs que reconhecem ∅, {λ} e {a}. Resta então mostrar que, dados AFs para duas linguagens L_1 e L_2, é possível construir AFs para $L_1 \cup L_2$, $L_1 L_2$ e L_1^*. Mas isso já foi descrito no Teorema 9. (Observe que os AFs da Figura 2.30 são AFDs. A prova do Teorema 9 constrói AFD para $L_1 \cup L_2$, a partir de quaisquer AFDs para L_1 e L_2, e AFNλ para $L_1 L_2$ e L_1^* a partir de quaisquer AFDs para L_1 e L_2. Os Teoremas 8 e 7, em seqüência, indicam como construir AFDs a partir de AFNλ. Assim, conclui-se que, não só é possível construir AFDs para quaisquer conjuntos regulares, mas também se tem uma forma de construí-los.) □

A construção de um AFD que reconhece a linguagem denotada por uma ER usando os passos apontados no final da prova do Teorema 12, que envolve a aplicação das técnicas dos Teoremas 9, 8 e 7, é bastante trabalhosa, mesmo para ERs relativamente simples. Nos Exercícios 34 e 35, no final do capítulo, são propostos dois outros métodos, um para obtenção de um AFNλ, e outro para obtenção de um AFN. O primeiro gera AFs ainda maiores e mais redundantes, mas é conceitualmente bastante simples, sendo, inclusive, o método geralmente apresentado em textos de linguagens formais. O segundo, embora ainda possa produzir AFNs grandes e redundantes, pode servir de base para uma implementação real.

A prova do teorema seguinte revela como construir uma ER que denota a linguagem reconhecida por um AFD. Antes, porém, deve-se introduzir uma extensão do conceito de diagrama de estados de um AF, que será denominado *diagrama ER*.

Definição 25 *Um diagrama ER sobre Σ é um diagrama de estados cujas arestas, em vez de serem rotuladas com símbolos do alfabeto Σ, são rotuladas com ERs sobre Σ.* □

Uma transição sob uma ER r pode ser imaginada como representando uma submáquina que lê qualquer palavra do conjunto denotado por r. Seja, por exemplo, a transição:

(a) $e_1 \neq e_2$ (b) $e_1 = e_2$

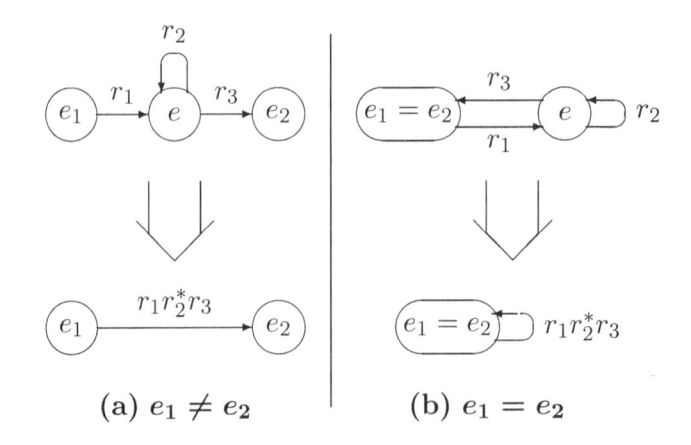

Figura 2.31 Eliminado um estado de um diagrama ER.

Do estado e há transição para e' sob w se, e somente se, $w \in L((0+1)1(0+1)^*0)$, ou seja, o segundo símbolo de w é 1 e o último, 0. Assim, por exemplo, as menores palavras para as quais há transição de e para e' são 010 e 110.

Os Exercícios 36 e 37, no final do capítulo, permitem formular o conceito de linguagem definida por um diagrama ER. A prova do próximo teorema mostra como obter uma ER a partir de um diagrama ER.

Teorema 13 *Toda linguagem regular é denotada por alguma expressão regular.*

Prova

Seja um AFD $M = (E, \Sigma, \delta, i, \{f_1, f_2, \ldots, f_n\})$. Primeiramente, note que $L(M) = L_1(M) \cup L_2(M) \cup \cdots \cup L_n(M)$, em que $L_k(M) = \{w \in \Sigma^* \mid \hat{\delta}(i, w) = f_k\}$ para $1 \leq k \leq n$. Seja p_k uma expressão regular para $L_k(M)$. Então, $L(M)$ seria denotada por meio da expressão regular: $p_1 + p_2 + \cdots + p_n$. Assim, o problema se reduz a encontrar uma ER p_k, para cada $L_k(M)$. A seguir, mostra-se como fazer isso a partir de um diagrama ER obtido a partir de M.

Inicialmente, o diagrama ER é como o diagrama de estados de M, apenas considerando-se cada transição sob um símbolo a como uma transição sob uma ER a. Em seguida, elimina-se um a um os estados do diagrama ER, com exceção de i e f_k. Para que um estado e possa ser eliminado, "simula-se" todas as passagens por e possíveis: para cada par de estados $[e_1, e_2]$ tais que há transição de e_1 para e e transição de e para e_2 (e_1 e e_2 podem ser o mesmo estado, mas nenhum deles pode ser e), produz-se uma transição de e_1 para e_2, como ilustra a Figura 2.31. Durante todo o processo, é interessante manter apenas uma transição de um vértice para outro. Para isso, se há transições de e para e' sob $s_1, s_2, \ldots, s_m$, substitui-se todas elas por uma só transição

(a) Diagrama ER para r^* (b) Diagrama ER para $q^*r(s+tq^*r)^*$

Figura 2.32 Diagramas ER básicos.

de e para e' sob $s_1 + s_2 + \cdots + s_m$. Após eliminados todos os estados em $E - \{i, f_k\}$, chega-se a uma das situações básicas mostradas na Figura 2.32. Como mostra a figura, a ER final para r_k será da forma r^* ou $q^*r(s + tq^*r)^*$. Nesse último caso, qualquer uma das quatro transições do diagrama ER da Figura 2.32b pode estar ausente; basta, então, substituir a ER correspondente na ER $q^*r(s+tq^*r)^*$ por $\emptyset$ e simplificar; exemplo: se as transições de i para i sob q e de f_k para i sob t não existirem, a ER simplificada será: $\emptyset^*r(s + \emptyset q^*r)^* = rs^*$. Veja o Exercício 6 no final desta seção. □

A prova do Teorema 13 é o esboço de um algoritmo para obtenção de uma ER que denota a linguagem reconhecida por um AFD. A seguir, tal esboço é tomado como base para a concretização de um algoritmo. Para propiciar a obtenção de um algoritmo mais conciso e simples, será assumido, para um diagrama ER, que, se não houver transição de um estado e para um estado e' (que podem ser o mesmo estado), então "haverá uma transição de e para e' sob $\emptyset$". É evidente que o efeito, em ambos os casos, é o mesmo. Entretanto, essa suposição serve apenas para simplificar a apresentação do algoritmo; em uma aplicação do mesmo, ou em uma implementação, pode ser mais conveniente trabalhar sem tal suposição. Neste último caso, as alterações requeridas, embora um pouco trabalhosas, são triviais. Na Figura 2.33 está exibido o algoritmo.

Exemplo 86 Seja o diagrama de estados mostrado na Figura 2.34a, de um AFD que reconhece a linguagem $\{w \in \{\mathtt{a}, \mathtt{b}\}^* \mid |w|$ é ímpar e w contém exatamente um $b\}$. Após o primeiro comando **para** do algoritmo da Figura 2.33, tem-se o diagrama ER exposto na Figura 2.34b. No presente caso, será obtido apenas p_1, pois há apenas um estado final. Para isso, o algoritmo elimina os estados: e, $i0$ e $p1$ (qualquer ordem serve). Supondo que a eliminação ocorra nesta ordem, tem-se:

1. Eliminando e. Como não existe transição de e para algum e_2 diferente de e (comando **para** mais interno), ele é simplesmente eliminado (após este **para** mais interno). Resultado: Figura 2.34c.

2. Eliminando $i0$. Existem dois pares $[e_1, e_2]$ que promovem efetivamente mudanças no **para** mais interno: $[p0, p0]$ e $[p0, p1]$. Assim, antes de eliminar $i0$, introduz-se:

    - uma transição de $p0$ para $p0$ sob $\emptyset + a\emptyset^*a = aa$;
    - uma transição de $p0$ para $p1$ sob $\emptyset + a\emptyset^*b = ab$.

Entrada: um AFD $M = (E, \Sigma, \delta, i, \{f_1, f_2, \ldots, f_n\})$.
Saída: uma ER que denota $L(M)$.

seja o diagrama ER D idêntico ao diagrama de estados de M;
    /* Aqui, considere que se não existe a tal que $\delta(e,a) = e'$,
       no diagrama ER há uma transição de e para e' sob $\emptyset$. */
para cada par $[e_1, e_2] \in E \times E$ **faça**
    sejam (todas) as transições de e_1 para e_2 sob $s_1, s_2, \ldots, s_m$ em D;
    se $m > 1$ **então**
        substitua todas por uma sob $s_1 + s_2 + \cdots + s_m$
    fimse
fimpara;
para k de 1 até n **faça**
    seja o diagrama ER idêntico a D, mas com apenas f_k como estado final;
    para cada $e \in E - \{i, f_k\}$ **faça**
        para cada par $[e_1, e_2] \in E \times E$, $e_1 \neq e$ e $e_2 \neq e$ **faça**
            sejam s, r_1, r_2 e r_3 tais que:
                . há transição de e_1 para e_2 sob s,
                . há transição de e_1 para e sob r_1,
                . há transição de e para e sob r_2,
                . há transição de e para e_2 sob r_3;
            substitua a transição de e_1 para e_2 sob s
                por uma transição de e_1 para e_2 sob $s + r_1 r_2^* r_3$
        fimpara;
        elimine e;
    fimpara;
    se $i = f_k$ **então**
        $p_k \leftarrow r^*$, conforme Figura 2.32a
    senão
        $p_k \leftarrow q^* r (s + t q^* r)^*$, conforme Figura 2.32b
    fimse
fimpara;
retorne $p_1 + p_2 + \cdots + p_n$

Figura 2.33 Algoritmo AF → ER.

Resultado: Figura 2.34d.

3. Eliminando $p1$. Existem dois pares $[e_1, e_2]$ que promovem efetivamente mudanças no **para** mais interno: $[p0, i1]$ e $[i1, i1]$. Dessa forma, antes de eliminar $p1$, introduz-se:

- uma transição de $p0$ para $i1$ sob $b + ab\emptyset^* a = b + aba$ (substituindo a anterior, sob b);

- uma transição de $i1$ para $i1$ sob $\emptyset + a\emptyset^* a = aa$.

Resultado: Figura 2.34e.

Tem-se, então a ER determinada: $(aa)^*(b + aba)(aa)^*$.

(a) **Diagrama de estados** (b) **Diagrama ER**

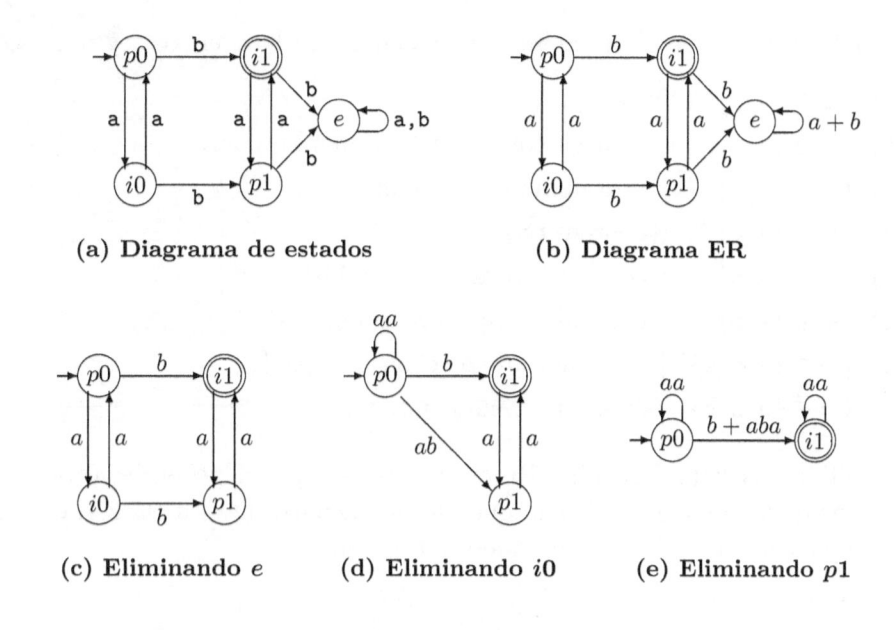

(c) **Eliminando** e (d) **Eliminando** $i0$ (e) **Eliminando** $p1$

Figura 2.34 Determinando uma ER a partir de AFD.

No Exemplo 86, a ER obtida reflete de forma bastante clara a linguagem que ela denota. Infelizmente, na maior parte dos casos, a ER obtida pelo processo do algoritmo da Figura 2.33 é grande e ilegível. Entretanto, ela é correta e pode ser manipulada, utilizando-se as equivalências da Tabela 2.1 (página 119) e outras, para chegar a uma ER mais conveniente.

Uma pequena alteração no algoritmo da Figura 2.33 aumenta sua eficiência quando há mais de um estado final: logo após o primeiro comando **para**, atribuir a D o diagrama ER resultante da eliminação de todos os estados em $E - \{f_1, f_2, \ldots, f_n\} - \{i\}$. Com isso, no comando **para** seguinte, para cada estado final f_k, serão eliminados apenas os estados f_i tais que $i \neq k$.

Exercícios

1. Retire o máximo de parênteses das ERs seguintes, sem alterar seus significados:

    a) $((0 + ((0 + 1)0)) + (11))$;
    b) $(((00) + (1(11^*)))^*((01)((01)(0 + 1))))$.

2. Descreva, em português, as linguagens sobre $\{0, 1\}$ denotadas pelas seguintes ERs:

    a) $0(0 + 1)^*1$;
    b) $0^*(0 + 1)1^*$;
    c) $(0 + 1)^*1(0 + 1)(0 + 1)$;
    d) $(0 + \lambda)(10 + 1)^*$.

3. Encontre (diretamente) as expressões regulares que denotem os seguintes conjuntos:

   a) $\{w \in \{a,b\}^* \mid |w| \geq 3\}$;
   b) $\{w \in \{a,b\}^* \mid w$ começa com a e tem tamanho par$\}$;
   c) $\{w \in \{a,b\}^* \mid w$ tem número par de as$\}$;
   d) $\{w \in \{a,b\}^* \mid w$ contém bb$\}$;
   e) $\{w \in \{a,b\}^* \mid w$ contém exatamente um bb$\}$;
   f) $\{w \in \{a,b\}^* \mid w$ contém apenas um ou dois bs$\}$;
   g) $\{w \in \{a,b,c\}^* \mid$ o número de as e/ou bs é par$\}$;
   h) $\{w \in \{a,b,c\}^* \mid w$ não termina com cc$\}$.

4. Simplifique as ERs a seguir. Procure usar as equivalências da Tabela 2.1. Se precisar de alguma equivalência que não se encontra na Tabela 2.1, explicite-a e justifique sua validade (mesmo que informalmente).

   a) $\emptyset^* + \lambda^*$;
   b) $0^* + 1^* + 0^*1^* + (0+1)^*$;
   c) $(0+00)^*(1+01)$;
   d) $(0+01)^*(0^*1^* + 1)^*$;
   e) $((00+01+10+11)^*(0+1))^*$;
   f) $(0+1)^*0(0+1)^*1(0+1)^*$.

5. Construa um AFD para cada uma das linguagens denotadas pelas ERs:

   a) $(ab)^*ac$;
   b) $(ab)^*(ba)^*$;
   c) $(ab^*a)^*(ba^*b)^*$;
   d) $(aa+b)^*baab$;
   e) $((aa+bb)^*cc)^*$.

6. Considere o diagrama ER da Figura 2.32b, página 123. Simplifique a ER correspondente, $q^*r(s + tq^*r)^*$, para todas as 2^4 possibilidades de se atribuir $\emptyset$ às expressões básicas q, r, s e t.

7. Construa uma ER que denote a linguagem reconhecida pelo AFD M, definido a seguir, utilizando o método do algoritmo da Figura 2.33, página 124:

$M = (\{0,1,2,3\}, \{a,b\}, \delta, 0, \{2\})$, sendo δ dada por:

δ	a	b
0	1	3
1	0	2
2	3	1
3	3	3

8. Obtenha ERs que denotem as seguintes linguagens sobre {0, 1}, a partir de um AFD para as mesmas, usando o algoritmo da Figura 2.33, página 124:

   a) o conjunto das palavras de tamanho maior que 1 tais que os 0s (se houver algum) precedem os 1s (se houver algum);

   b) o conjunto das palavras que começam com 1 e terminam com 1;

   c) o conjunto das palavras que começam com 1, terminam com 1 e têm pelo menos um 0;

   d) o conjunto das palavras com números ímpar de 0s e ímpar de 1s.

9. Modifique o algoritmo para obtenção de uma ER a partir de um AFD, mostrado na Figura 2.33, página 124, para a obtenção de uma ER a partir de:

   a) um AFN;

   b) um AFλ.

10. Que tipo de linguagem pode ser denotada por uma ER sem ocorrências de fecho de Kleene?

2.7 Gramáticas Regulares

Uma gramática regular provê mais uma forma de especificar uma linguagem regular. Enquanto os autômatos finitos permitem a especificação de uma linguagem por meio de um reconhecedor para a mesma e expressões regulares permitem a especificação por uma expressão que a denota, as gramáticas regulares possibilitam a especificação via um *gerador* para mesma. Ou seja, mediante uma gramática regular, mostra-se como gerar todas, e apenas, as palavras de uma linguagem.

Definição 26 *Uma gramática regular (GR) é uma gramática* (V, Σ, R, P), *em que cada regra tem uma das formas:*

- $X \rightarrow a$;

- $X \rightarrow aY$;

- $X \rightarrow \lambda$;

em que $X, Y \in V$ e $a \in \Sigma$. □

Uma característica interessante das GRs é o formato das formas sentenciais geradas: wA, sendo que w só tem terminais e A é uma variável.

Exemplo 87 Seja $L = \{w \in \{\mathtt{a}, \mathtt{b}, \mathtt{c}\}^* \mid w \text{ não contém } \mathtt{abc}\}$. Uma GR que gera L seria $(\{A, B, C\}, \{\mathtt{a}, \mathtt{b}, \mathtt{c}\}, R, A)$, em que R contém as regras:

$$A \to \mathtt{a}B \mid \mathtt{b}A \mid \mathtt{c}A \mid \lambda$$

$$B \to \mathtt{a}B \mid \mathtt{b}C \mid \mathtt{c}A \mid \lambda$$

$$C \to \mathtt{a}B \mid \mathtt{b}A \mid \lambda$$

□

A seguir, demonstra-se que as gramáticas regulares geram apenas linguagens regulares e, vice-versa, que toda linguagem regular é gerada por gramática regular. No teorema seguinte, mostra-se como construir um AFN que reconhece a linguagem gerada por uma gramática regular. A cada variável da gramática vai corresponder um estado do AFN e a cada regra, uma transição.

Teorema 14 *Toda gramática regular gera uma linguagem regular.*

Prova

Seja uma GR $G = (V, \Sigma, R, P)$. Será mostrado como construir um autômato finito não determinístico $M = (E, \Sigma, \delta, \{P\}, F)$ tal que $L(M) = L(G)$. Deve-se construir M de forma que $P \stackrel{*}{\Rightarrow} w$ se, e somente se, $\hat{\delta}(\{P\}, w) \cap F \neq \emptyset$. Para isso, seja algum $Z \notin V$. Então:

- $E = \begin{cases} V \cup \{Z\} & \text{se } R \text{ contém regra da forma } X \to a \\ V & \text{caso contrário.} \end{cases}$

- Para toda regra da forma $X \to aY$ faça $Y \in \delta(X, a)$, e para toda regra da forma $X \to a$ faça $Z \in \delta(X, a)$.

- $F = \begin{cases} \{X \mid X \to \lambda \in R\} \cup \{Z\} & \text{se } Z \in E \\ \{X \mid X \to \lambda \in R\} & \text{caso contrário.} \end{cases}$

Inicialmente, mostra-se por indução sobre $|w|$ que:

$$P \stackrel{*}{\Rightarrow} wX \text{ se, e somente se, } X \in \hat{\delta}(\{P\}, w) \text{ para } w \in \Sigma^* \text{ e } X \in V. \tag{2.4}$$

Pelo formato das regras de G, $|w| \geq 1$. Assim, considere $w = a \in \Sigma$. Tem-se:

$P \stackrel{*}{\Rightarrow} aX \leftrightarrow P \to aX \in R$ pela definição de $\stackrel{*}{\Rightarrow}$ e Definição 26
        $\leftrightarrow X \in \delta(P, a)$ pela definição de δ
        $\leftrightarrow X \in \hat{\delta}(\{P\}, a)$ pela definição de $\hat{\delta}$ (Definição 10).

Suponha que a afirmativa 2.4 vale para um certo $w \in \Sigma^+$ arbitrário. Prova-se que vale para aw para $a \in \Sigma$ arbitrário:

$P \stackrel{*}{\Rightarrow} awX \leftrightarrow P \to aY \in R$ e $Y \stackrel{*}{\Rightarrow} wX$ pela definição de $\stackrel{*}{\Rightarrow}$
                                                      e Definição 26
        $\leftrightarrow P \to aY \in R$ e $X \in \hat{\delta}(\{Y\}, w)$ pela hipótese de indução
        $\leftrightarrow Y \in \delta(P, a)$ e $X \in \hat{\delta}(\{Y\}, w)$ pela definição de δ
        $\leftrightarrow X \in \hat{\delta}(\{P\}, aw)$ pela definição de $\hat{\delta}$.

Finalmente, para provar que $L(M) = L(G)$, será mostrado que $P \stackrel{*}{\Rightarrow} w \leftrightarrow \hat{\delta}(\{P\}, w) \cap F \neq \emptyset$. São considerados dois casos:

Caso 1 $w = \lambda$.

$$\begin{aligned}
P \stackrel{*}{\Rightarrow} \lambda &\leftrightarrow P \to \lambda \in R && \text{pela definição de } \stackrel{*}{\Rightarrow} \text{ e Definição 26}\\
&\leftrightarrow P \in F \text{ e } P \neq Z && \text{pela definição de } F\\
&\leftrightarrow \hat{\delta}(\{P\}, \lambda) \in F && \text{pela definição de } \hat{\delta}\\
&\leftrightarrow \hat{\delta}(\{P\}, \lambda) \cap F \neq \emptyset \text{ pois } |\hat{\delta}(\{P\}, \lambda)| = |\{P\}| = 1.
\end{aligned}$$

Caso 2 $w = xa$.

$$\begin{aligned}
P \stackrel{*}{\Rightarrow} xa &\leftrightarrow [P \stackrel{*}{\Rightarrow} xaX \text{ e } X \to \lambda \in R] \text{ ou}\\
&\quad [P \stackrel{*}{\Rightarrow} xX \text{ e } X \to a \in R] && \text{pela def. de } \stackrel{*}{\Rightarrow} \text{ e Definição 26}\\
&\leftrightarrow [X \in \hat{\delta}(\{P\}, xa) \text{ e } X \to \lambda \in R] \text{ ou}\\
&\quad [P \stackrel{*}{\Rightarrow} xX \text{ e } X \to a \in R] && \text{por (2.4)}\\
&\leftrightarrow [X \in \hat{\delta}(\{P\}, xa) \text{ e } X \to \lambda \in R] \text{ ou}\\
&\quad [X \in \hat{\delta}(\{P\}, x) \text{ e } X \to a \in R] && \text{por (2.4)}\\
&\leftrightarrow [X \in \hat{\delta}(\{P\}, xa) \text{ e } X \to \lambda \in R] \text{ ou}\\
&\quad [X \in \hat{\delta}(\{P\}, x) \text{ e } Z \in \delta(X, a)] && \text{pela definição de } \delta\\
&\leftrightarrow [X \in \hat{\delta}(\{P\}, xa) \text{ e } X \to \lambda \in R] \text{ ou } Z \in \hat{\delta}(\{P\}, xa)\\
&&& \text{pela definição de } \hat{\delta}\\
&\leftrightarrow \hat{\delta}(\{P\}, xa) \cap F \neq \emptyset && \text{pela Definição de } F.
\end{aligned}$$

□

Pela construção mostrada na prova do Teorema 14, fica evidente que uma GR pode ser vista quase como uma forma linear de se apresentar um AFN: cada regra da forma $X \to aY$ corresponde a uma transição $Y \in \delta(X, a)$, cada regra da forma $X \to a$, a uma transição $Z \in \delta(X, a)$, em que Z é estado final no AFN, e cada regra $X \to \lambda$, a um estado final no AFN.

Exemplo 88 Seja a GR $G = (\{A, B\}, \{0, 1\}, R, A)$, em que R é dado por:

$A \to 0A \mid 1B \mid 0$

$B \to 1B \mid \lambda$

Um diagrama de estados para um AFN que reconhece a linguagem $L(G) = 0^*(0 + 1^+)$, construído utilizando-se o método visto na prova do Teorema 14 está ilustrado na Figura 2.35. □

Observe a correspondência entre regras e transições:

Regras	Transições	Observação
$A \to 0A$	$A \in \delta(A, 0)$	
$A \to 1B$	$B \in \delta(A, 1)$	
$A \to 0$	$Z \in \delta(A, 0)$	Z é estado final
$B \to 1B$	$B \in \delta(B, 1)$	
$B \to \lambda$		B é estado final.

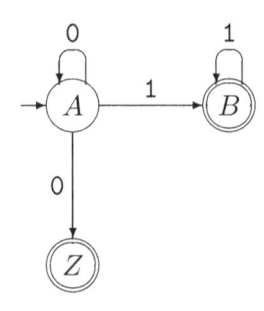

Figura 2.35 AFN a partir de GR.

A seguir, mostra-se como construir uma GR que gera a linguagem reconhecida por um AFN.

Teorema 15 *Toda linguagem regular é gerada por gramática regular.*

Prova

Seja um AFN $M = (E, \Sigma, \delta, \{i\}, F)$.[9] Uma GR que gera $L(M)$ seria $G = (E, \Sigma, R, i)$, em que:
$$R = \{e \to ae' \mid e' \in \delta(e, a)\} \cup \{e \to \lambda \mid e \in F\}.$$

Será utilizado o seguinte lema, que pode ser provado por indução sobre $|w|$ (veja o Exercício 5 no final da seção):

$$i \stackrel{*}{\Rightarrow} we \text{ se, e somente se, } e \in \hat{\delta}(\{i\}, w) \text{ para todo } e \in E \text{ e } w \in \Sigma^* \qquad (2.5)$$

Para mostrar que $L(M) = L(G)$, será provado que:

$$i \stackrel{*}{\Rightarrow} w \text{ se, e somente se, } \hat{\delta}(\{i\}, w) \cap F \neq \emptyset \text{ para todo } w \in \Sigma^*:$$

$$\begin{aligned}
i \stackrel{*}{\Rightarrow} w &\leftrightarrow i \stackrel{*}{\Rightarrow} we \text{ e } e \to \lambda \in R && \text{pela definição de } R \\
&\leftrightarrow e \in \hat{\delta}(\{i\}, w) \text{ e } e \to \lambda \in R && \text{por (2.5)} \\
&\leftrightarrow e \in \hat{\delta}(\{i\}, w) \text{ e } e \in F && \text{pela definição de } R \\
&\leftrightarrow \hat{\delta}(\{i\}, w) \cap F \neq \emptyset && \text{pela definição de interseção.} \quad \square
\end{aligned}$$

A prova do Teorema 15 revela que se pode construir uma GR, que reconhece a linguagem reconhecida por um AFN, que só tenha regras das formas $X \to aY$ e $X \to \lambda$. Combinado com o resultado do Teorema 14, isso mostra que para toda linguagem regular existe uma GR equivalente sem regras da forma $X \to a$.

Exemplo 89 Uma GR, construída de acordo com a prova do Teorema 15, que gera a linguagem aceita pelo AFN cujo diagrama de estados está representado na Figura 2.35, é $(\{A, B, Z\}, \{0, 1\}, R, A)$, em que R é dado por:

---

[9] Basta considerar AFNs com um único estado inicial; afinal, qualquer linguagem regular é reconhecida por um AFD, e um AFD é um AFN com um único estado inicial.

$A \to 0A|0Z|1B$

$B \to 1B|\lambda$

$Z \to \lambda$ □

Exercícios

1. Obtenha GRs para as seguintes linguagens sobre {0,1}:

    a) $\emptyset$;

    b) $\{\lambda\}$;

    c) o conjunto das palavras com tamanho múltiplo de 3;

    d) o conjunto das palavras com um número par de 0s e um número par de 1s;

    e) o conjunto das palavras em que cada 0 é seguido imediatamente de, no mínimo, dois 1s;

    f) o conjunto das palavras em que o antepenúltimo símbolo é 1.

2. Obtenha um AFN que reconheça a linguagem gerada pela GR do Exemplo 87, página 128, utilizando o método da prova do Teorema 14.

3. Seja a GR $G = (\{P, A, B\}, \{\mathsf{a}, \mathsf{b}\}, R, P)$, em que R consta das regras:

    $P \to \mathsf{a}P|\mathsf{b}P|\mathsf{a}A$

    $A \to \mathsf{a}|\mathsf{b}B$

    $B \to \mathsf{b}A$

    Construa, a partir de G, um AFN que aceite $L(G)$.

4. Seja a linguagem $L = \{w \in \{0,1\}^* \mid w$ tem números par de 0s e ímpar de 1s$\}$. Obtenha um AFD para L. Utilizando o método do Teorema 15, obtenha uma GR que gere L.

5. Complete a prova do Teorema 15, provando o lema por indução sobre $|w|$:

    $i \overset{*}{\Rightarrow} we$ se, e somente se, $e \in \hat{\delta}(\{i\}, w)$ para todo $e \in E$ e $w \in \Sigma^*$.

6. Alguns autores definem uma gramática regular como uma gramática em que as regras são da forma $X \to xY$ e $X \to x$, em que X e Y são variáveis e x é uma palavra de terminais. Mostre como obter uma GR equivalente a uma gramática com regras dessa forma.

7. Responda às seguintes perguntas, justificando suas respostas:

   a) Quantas regras, no mínimo, são necessárias para gerar uma linguagem infinita?

   b) Dada uma expressão regular, é possível obter uma GR que gera a linguagem denotada por ela?

   c) É possível definir qualquer linguagem finita por meio de GR?

   d) Dada uma GR é possível obter outra GR equivalente em que a geração de qualquer palavra é determinística (em qualquer passo da derivação existe uma única regra aplicável)?

8. Mostre que os seguintes problemas são decidíveis, se G_1 e G_2 são GRs quaisquer:

   a) $L(G_1) = \emptyset$?

   b) $L(G_1) \cap L(G_2) = \emptyset$?

2.8 Linguagens Regulares: Conclusão

Neste capítulo foram apresentados os principais conceitos associados à classe das linguagens regulares, também chamadas conjuntos regulares.

Foram analisados vários tipos de reconhecedores de linguagens: AFDs, AFNs, AFNλ e AFNEs. Mostrou-se que cada um deles pode ser mais conveniente que os outros em situações específicas, e também que eles têm o mesmo poder computacional. Ou seja, se um deles reconhece uma linguagem, então existe reconhecedor dos outros tipos para a mesma linguagem; e, mais do que isso, existem algoritmos para obter um reconhecedor de um tipo a partir de um reconhecedor de qualquer um dos outros tipos. A Figura 2.23, na página 101, sintetiza a situação. Ressalte-se que, para certos tipos de máquina, a introdução de não determinismo aumenta o poder computacional.

Mostrou-se que a classe das expressões regulares denota exatamente a classe das linguagens que podem ser reconhecidas por AFs. Mostrou-se também que existem algoritmos para obter um AF a partir de uma ER, e vice-versa, para obter uma ER a partir de um AF.

Mostrou-se, ainda, que a classe das gramáticas regulares gera exatamente a classe das linguagens que podem ser reconhecidas por AFs. Assim, as gramáticas regulares correspondem exatamente à classe das linguagens regulares. Viu-se também que existem algoritmos para obter um AF a partir de uma GR, e vice-versa, para obter uma GR a partir de um AF.

Combinando os resultados mencionados nesses dois últimos parágrafos, ERs, GRs e AFs são três formalismos alternativos para a especificação de linguagens da mesma classe: a classe das linguagens regulares. A Figura 2.36 sintetiza o conjunto das transformações vistas neste capítulo. Combinando-se os algoritmos relativos a tais transformações, obtêm-se facilmente algoritmos para obter uma ER que denota a linguagem gerada por uma GR, e para obter uma GR que gera a linguagem denotada por uma ER.

Outra característica importante das linguagens regulares é que elas compõem uma classe fechada com relação a várias operações, como união, interseção, complemento,

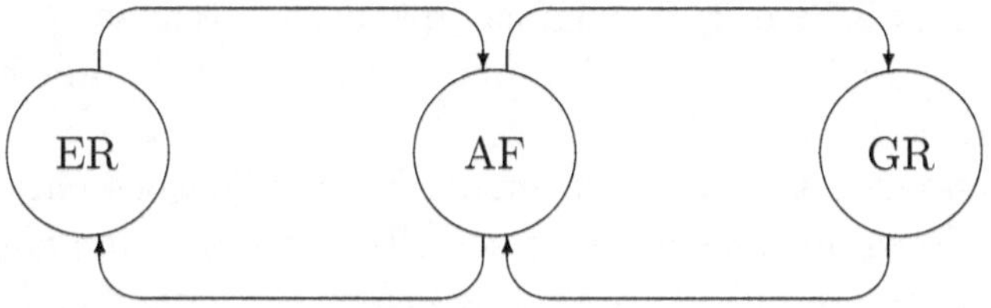

Figura 2.36 Transformações entre formalismos.

concatenação e fecho de Kleene. Nos exercícios ao final do Capítulo 1, são abordadas outras operações para as quais a classe das linguagens regulares é fechada, como reverso, homorfismo, substituição e quociente. Tais propriedades de fechamento constituem um arsenal importante para mostrar que determinadas linguagens são ou não regulares (nesse último caso, usando um raciocínio por contradição). Por exemplo, na Seção 2.3.3 mostrou-se que os AFNλ reconhecem linguagens regulares. Uma alternativa interessante, e mais simples, é utilizar a propriedade de fechamento com relação a homomorfismo (veja o Exercício 18, da Seção 2.9, na página 139), como mostra o exemplo a seguir.

Exemplo 90 Será mostrado que os AFNλ reconhecem linguagens regulares. Para isso, seja um AFNλ arbitrário $M = (E, \Sigma, \delta, I, F)$. Seja um símbolo $\pi \notin \Sigma$. Seja o seguinte AFN M', idêntico a M, com exceção do fato de que cada transição sob λ é substituída por uma transição sob π: $M' = (E, \Sigma \cup \{\pi\}, \delta', I, F)$, em que:

- $\delta'(e, a) = \delta(e, a)$ para todo $e \in E$ e $a \in \Sigma$; e
- $\delta'(e, \pi) = \delta(e, \lambda)$ para todo $e \in E$.

Seja o homomorfismo $h: (\Sigma \cup \{\pi\})^* \to \Sigma^*$, definido por:

- $h(a) = a$ para todo $a \in \Sigma$; e
- $h(\pi) = \lambda$.

Tem-se que $L(M) = h(L(M'))$. Como $L(M')$ é linguagem regular (existe um AFN que a reconhece: M'), e o homomorfismo de uma linguagem regular é também uma linguagem regular (Exercício 18, Seção 2.9, página 139), segue-se que $L(M)$ é regular.
□

As propriedades de fechamento constituem também um ferramental adicional que pode ser usado na obtenção de AFs, ERs e/ou GRs para uma linguagem, por meio de decomposição. Por exemplo, às vezes pode ser mais fácil obter um AF para $L(M_1) \cap L(M_2)$ a partir dos AFs M_1 e M_2, do que obter diretamente um AF para $L(M_1) \cap L(M_2)$.

No Teorema 6, mostrou-se que os problemas de determinar se $L(M)$ é vazia ou se $L(M)$ é finita, para um AFD M qualquer, são decidíveis. Dadas as transformações ilustradas nas Figuras 2.23 e 2.36, páginas 101 e 133, tem-se que os problemas de determinar se $L(\mathcal{F})$ é vazia ou se $L(\mathcal{F})$ é finita são decidíveis também se $\mathcal{F}$ for AFN, AFN-λ, AFNE, ER ou GR.

É importante ressaltar também a diversidade de aplicações para as linguagens regulares, considerando os diversos formalismos alternativos, como análise léxica de linguagens de programação (e outras, como linguagens para interação com o usuário em aplicações específicas), edição de texto, comandos de sistemas operacionais, modelagem de protocolos de comunicação etc.

No próximo capítulo será abordado um tipo de máquina mais poderoso do que os AFs, cujo acréscimo de poder computacional é decorrente de um dispositivo de memória adicional: uma pilha. Sua importância advém do fato de que tem aplicações relevantes, principalmente na área de linguagens de programação. No entanto, é interessante notar que existem muitos outros tipos de máquinas, menos poderosos que os AFs, com o mesmo poder computacional ou mais poderosos. Para preparar o terreno para os modelos a serem vistos nos próximos capítulos e, ao mesmo tempo, dar uma idéia de possíveis alternativas a AFs apresenta-se a seguir uma visão de AFs como compostos de alguns "dispositivos" similares ao de um computador.

Um AFD pode ser visto como uma máquina (veja a Figura 2.37) que opera com uma fita que pode apenas ser lida, e cujo cabeçote de leitura se movimenta somente para a direita. Essa fita é dividida em células que comportam apenas um símbolo cada uma. Além da fita, a máquina possui um registrador para conter o estado atual, um conjunto de instruções, que nada mais é do que a função de transição do AFD, e uma unidade de controle (essas duas últimas estão juntas representadas na Figura 2.37). No início, o registrador possui o estado inicial do AFD, a fita contém a palavra de entrada a partir da sua primeira célula, e o cabeçote é posicionado na primeira célula da fita. Enquanto o cabeçote não se posicionar na célula seguinte àquela que contém o último símbolo da palavra de entrada, a unidade de controle repete a seguinte seqüência:

1. Coloca no registrador o estado $\delta(e, a)$, sendo que:

    - e é o estado atual contido no registrador; e
    - a é o símbolo sob o cabeçote.

2. Avança o cabeçote para a próxima célula.

A seguir, na Figura 2.38, descreve-se um AFD $M = (E, \Sigma, \delta, i, F)$ com uma fita bidirecional, isto é, em que o cabeçote pode ser movimentado para a direita e para a esquerda. A função de transição é uma função **parcial** da forma $\delta: E \times \Sigma \to E \times \{\mathsf{e}, \mathsf{d}\}$. Uma transição $\delta(e, a) = [e', \mathsf{e}]$, por exemplo, significaria: estando no estado e, com o cabeçote lendo o símbolo a, faz-se a transição para o estado e' e movimenta-se o cabeçote para a esquerda. Para evitar que o cabeçote "caia" da fita, supõe-se que exista uma célula à esquerda e outra à direita da palavra de entrada, com dois símbolos especiais, $\langle, \rangle \notin \Sigma$; para cada estado e só pode haver uma transição de e sob "⟨", que deve ser da forma $\delta(e, \langle) = [e', \mathsf{d}]$, e uma transição de e sob "⟩", que deve ser da forma $\delta(e, \rangle) = [e', \mathsf{e}]$. Observe que, nesse modelo, o AFD não consome a palavra

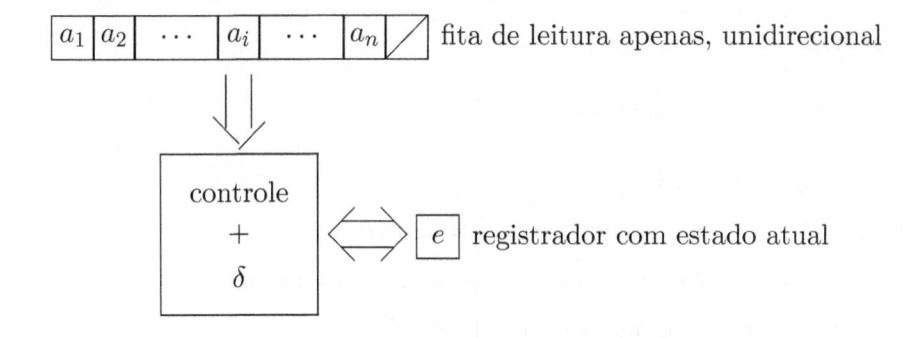

Figura 2.37 Arquitetura de um AFD.

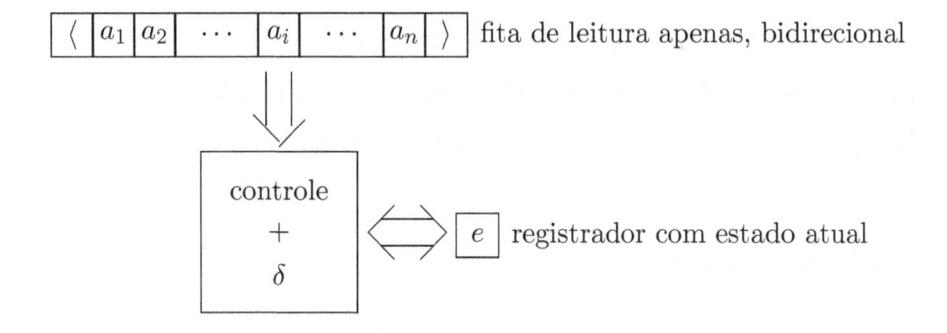

Figura 2.38 AFD com fita bidirecional.

de entrada. A única maneira de a máquina parar é atingir certo estado e com o cabeçote posicionado em um símbolo a, para os quais $\delta(e, a)$ é indefinido. A linguagem reconhecida por M seria o conjunto de toda palavra $w \in \Sigma^*$ para a qual M pára em um estado final. Observe, então, que, se a máquina não parar para determinada palavra w, por definição w não é aceita.

Pode-se obter um AFD-padrão equivalente a um AFD com fita bidirecional, e vice-versa, estabelecendo-se assim que os AFDs com fitas bidirecionais reconhecem exatamente as linguagens regulares. Mesmo que se introduza não determinismo a um autômato com fita bidirecional, o mesmo continua reconhecendo apenas linguagens regulares.

Vários outros "incrementos" a AFDs podem ser imaginados, sendo que alguns deles não aumentam o poder computacional, como os AFDs com fita bidirecional determinísticos ou não, e outros aumentam, como os que serão vistos nos próximos capítulos.

2.9 Exercícios

1. Construa AFDs para as linguagens:

    a) $\{u\mathsf{a}v\mathsf{b}x\mathsf{c}y \mid u,v,x,y \in \{\mathsf{a},\mathsf{b},\mathsf{c}\}^*\}$;
    b) $\{w \in \{\mathsf{a},\mathsf{b}\}^* \mid w$ começa com a e tem tamanho par$\}$;
    c) $\{w \in \{\mathsf{a},\mathsf{b}\}^* \mid w$ nunca tem mais de dois as consecutivos$\}$;
    d) $\{w \in \{\mathsf{a},\mathsf{b}\}^* \mid w$ tem número ímpar de abs$\}$;
    e) $\{w \in \{\mathsf{a},\mathsf{b}\}^* \mid |w| \geq 2$ e os as (se houver) precedem os bs (se houver)$\}$;
    f) $\{w \in \{\mathsf{a},\mathsf{b},\mathsf{c},\mathsf{d}\}^* \mid$ os as (se houver) precedem os bs (se houver) e os cs (se houver) precedem os ds (se houver)$\}$;
    g) $\{x\mathsf{ba}^n \mid x \in \{\mathsf{a},\mathsf{b}\}^*, n \geq 0$ e x tem um número par de as$\}$;
    h) $\{x\mathsf{a}^m\mathsf{ba}^n \mid x \in \{\mathsf{a},\mathsf{b}\}^*, m+n$ é par e x não termina em $\mathsf{a}\}$;
    i) $\{w \in \{\mathsf{a},\mathsf{b}\}^* \mid$ toda subpalavra de w de tamanho 3 tem as e bs$\}$;
    j) $\{w \in \{\mathsf{a},\mathsf{b}\}^* \mid w$ tem no máximo uma ocorrência de aa e, no máximo, uma ocorrência de $\mathsf{bb}\}$;

2. Construa AFNs para as linguagens:

    a) $\{w \in \{\mathsf{0},\mathsf{1}\}^* \mid |w| \geq 4$ e o segundo e o penúltimo símbolos são ambos $\mathsf{1}\}$;
    b) $\{w \in \{\mathsf{0},\mathsf{1}\}^* \mid \mathsf{00}$ não aparece nos quatro últimos símbolos de $w\}$;
    c) $\{w \in \{\mathsf{0},\mathsf{1}\}^* \mid$ entre dois $\mathsf{1}$s de w há sempre um número par de $\mathsf{0}$s, exceto nos quatro últimos símbolos$\}$;
    d) $\{w \in \{\mathsf{0},\mathsf{1}\}^* \mid w$ tem uma subpalavra constituída por dois $\mathsf{1}$s separados por um número par de símbolos$\}$;
    e) $\{x\mathsf{0}^{3n} \mid x \in \{\mathsf{0},\mathsf{1}\}^*, \eta(x) \bmod 3 = 1$ e $n \geq 0\}$, em que $\eta(x)$ é o número representado por x na base 2.

3. Construa AFDs para as linguagens:

    a) $L_1 = \{w \in \{\mathsf{0},\mathsf{1}\}^* \mid |w|$ é divisível por 3$\}$;
    b) $L_2 = \{\mathsf{0}w\mathsf{0} \mid w \in \{\mathsf{0},\mathsf{1}\}^*\}$.

    Construa um AFD para $L_1 \cap L_2$ utilizando a técnica vista no Teorema 4, página 81.

4. Mostre que o conjunto de todas as mensagens enviadas pela Internet, desde que a rede foi estabelecida até o exato momento em que você acabou de ler esta sentença, é uma linguagem regular.

5. Defina um estado $e \in E$ de um AFN $M = (E, \Sigma, \delta, I, F)$ como *inútil* se:

   - $e \notin \hat{\delta}(i, w)$ para todo $i \in I$ e $w \in \Sigma^*$ (ou seja, e não é alcançável a partir de nenhum estado inicial de M); ou
   - $\hat{\delta}(e, w) \cap F = \emptyset$ para todo $w \in \Sigma^*$ (ou seja, nenhum estado final de M é alcançável a partir de e).

   Seja M' o AFN resultante da eliminação de todos os estados inúteis de M. Mostre:

   a) $L(M') = L(M)$;

   b) $L(M)$ é finita se, e somente se, o diagrama de estados de M' não tem ciclos.

6. Que linguagens são reconhecidas pelos seguintes AFs?

   a) AFD $M_1 = (E, \Sigma, \delta, i, E)$;

   b) AFN $M_2 = (E, \Sigma, \delta, i, E)$ em que $\delta(i, a) = \emptyset$ para todo $a \in \Sigma$.

7. Um conjunto $S \subseteq \mathbf{N}$ é uma *progressão aritmética*, se existem dois números naturais n e r tais que $S = \{n, n+r, n+2r, \ldots\}$. Seja $L \subseteq \{\mathtt{a}\}^*$, e seja $T_L = \{|w| \mid w \in L\}$.

   a) Mostre que se T_L é uma progressão aritmética, L é uma linguagem regular.

   b) Mostre que se L é uma linguagem regular, T_L é a união de um número finito de progressões aritméticas.

8. Mostre que sim ou que não:

   a) Para qualquer linguagem L (inclusive aquelas que não são regulares), existem linguagens regulares R_1 e R_2 tais que $R_1 \subseteq L \subseteq R_2$.

   b) Todos os subconjuntos de uma linguagem regular são também linguagens regulares.

   c) Há linguagens regulares que têm como subconjuntos linguagens que não são regulares.

   d) A união de duas linguagens que não são regulares pode ser ou não uma linguagem regular.

   e) A interseção de duas linguagens que não são regulares pode ser ou não uma linguagem regular.

   f) O complemento de uma linguagem que não é regular pode ser ou não uma linguagem regular.

9. Prove que os seguintes conjuntos não são linguagens regulares:

   a) $\{\mathtt{0}^n \mathtt{1}^{n+10} \mid n \geq 0\}$;

   b) $\{\mathtt{0}^n y \mid y \in \{\mathtt{0}, \mathtt{1}\}^* \text{ e } |y| \leq n\}$;

   c) $\{\mathtt{0}^m \mathtt{1}^n \mid m \neq n\}$;

- d) $\{\mathtt{a}^m\mathtt{b}^n\mathtt{c}^{m+n} \mid m, n > 0\}$;
- e) $\{\mathtt{a}^n\mathtt{b}^{n^2} \mid n \geq 0\}$;
- f) $\{\mathtt{a}^{n^3} \mid n \geq 0\}$;
- g) $\{\mathtt{a}^m\mathtt{b}^n \mid n \leq m \leq 2n\}$;
- h) $\{xx \mid x \in \{\mathtt{a},\mathtt{b}\}^*\}$;
- i) $\{x\overline{x} \mid x \in \{\mathtt{0},\mathtt{1}\}^*\}$, em que $\overline{x}$ é obtido de x substituindo-se 0 por 1 e 1 por 0. Exemplo: $\overline{011} = 100$;
- j) $\{w \in \{\mathtt{0},\mathtt{1}\}^* \mid w \neq w^R\}$;
- k) $\{w \in \{\mathtt{a},\mathtt{b},\mathtt{c}\}^* \mid$ o número de as, bs e cs, em w, é o mesmo$\}$;
- l) $\{w \in \{\mathtt{0},\mathtt{1}\}^* \mid$ o número de 0s em w é um cubo perfeito$\}$;
- m) $\{\mathtt{0}^m\mathtt{1}^n \mid mdc(m,n) = 1\}$;
- n) $\{\mathtt{a}^k\mathtt{b}^m\mathtt{c}^n \mid k \neq m \text{ ou } m \neq n\}$;
- o) $\{\mathtt{0}^m\mathtt{1}^n\mathtt{0}^n \mid m, n > 0\}$.

10. Seja $\Sigma = \{[0,0], [0,1], [1,0], [1,1]\}$. Mostre que os seguintes conjuntos são ou não são linguagens regulares:

   a) o conjunto das palavras $[a_1, b_1][a_2, b_2]\ldots[a_n, b_n]$ em que a seqüência $a_1 a_2 \ldots a_n$ é o complemento de $b_1 b_2 \ldots b_n$. Exemplo: $[0,1][0,1][1,0]$ pertence à linguagem, pois 001 é o complemento de 110;

   b) o conjunto das palavras $[a_1, b_1][a_2, b_2]\ldots[a_n, b_n]$ em que o número de 0s de $a_1 a_2 \ldots a_n$ é igual ao número de 0s de $b_1 b_2 \ldots b_n$;

   c) o conjunto das palavras $[a_1, b_1][a_2, b_2]\ldots[a_n, b_n]$ tais que $a_1 a_2 \ldots a_n = b_2 b_3 \ldots b_n b_1$;

   d) o conjunto das palavras $[a_1, b_1][a_2, b_2]\ldots[a_n, b_n]$ de modo que $a_1 a_2 \ldots a_n = b_n b_{n-1} \ldots b_1$.

11. Prove que para toda linguagem regular infinita L existem $m, n \in \mathbf{N}$, $n > 0$, de forma que para todo $k \geq 0$, L contém alguma palavra z tal que $|z| = m + kn$. Use esse resultado para provar que $\{\mathtt{a}^n \mid n \text{ é primo}\}$ não é regular.

12. O lema do bombeamento se baseia no bombeamento de uma subpalavra v de um *prefixo* de tamanho k. Generalize o lema do bombeamento de forma que o bombeamento não seja necessariamente ancorado a um prefixo. (Isto vai facilitar provar, por exemplo, que $\{\mathtt{0}^m\mathtt{1}^n\mathtt{0}^n \mid m, n > 0\}$ não é regular.)

13. Seja L uma linguagem regular e M um AFD de k estados que reconhece L. Se $z \notin L$ e $|z| \geq k$, então será percorrido um ciclo no diagrama de estados de M durante o processamento de z... Enuncie um "lema do bombeamento baseado em palavras *não* pertencentes a uma linguagem regular". Para que serviria tal lema? Para provar que uma linguagem é regular? Não regular? Como?

14. Mostre que a classe das linguagens regulares é fechada sob as seguintes operações:

    a) $pref(L) = \{x \mid xy \in L\}$ (os prefixos das palavras de L);
    b) $suf(L) = \{y \mid xy \in L\}$ (os sufixos das palavras de L);
    c) $rev(L) = \{w^R \mid w \in L\}$ (os reversos das palavras de L);
    d) $crev(L) = \{xy^R \mid x, y \in L\}$ (concatenação dos reversos das palavras de L às palavras de L);
    e) $mpal(L) = \{w \mid ww^R \in L\}$ (as primeiras metades dos palíndromos de tamanho par de L);
    f) $dc(L) = \{xy \mid yx \in L\}$ (deslocamentos circulares das palavras de L);
    g) $pm(L) = \{x \mid xy \in L \text{ e } |x| = |y|\}$ (as primeiras metades das palavras de tamanho par);
    h) $\hat{\xi}(L_1, L_2) = \{z \in \xi(x,y) \mid x \in L_1 \text{ e } y \in L_2\}$, sendo ξ definida recursivamente como segue:
        i. $\lambda \in \xi(\lambda, \lambda)$;
        ii. $a\xi(y, w) \in \xi(ay, w)$ e $a\xi(w, y) \in \xi(w, ay)$.

       (Todos os "embaralhamentos" das palavras de L_1 com as de L_2.)

15. Descreva como obter um AFD M' equivalente a um AFD M, tal que não exista transição de qualquer estado (inclusive o estado inicial) para o estado inicial de M'.

16. Sejam $L_1, L_2, \ldots$ linguagens regulares e seja uma constante $n \geq 2$. Mostre que:

    a) $\bigcup_{2 \leq i \leq n} L_i$ é uma linguagem regular;
    b) $\bigcup_{i \geq 2} L_i$ pode não ser uma linguagem regular.

17. Mostre que $L \cup \{\lambda\}$ é linguagem regular se, e somente se, $L - \{\lambda\}$ é linguagem regular.

18. Um *homomorfismo* de um alfabeto Σ para um alfabeto Δ é uma função de Σ para Δ^* (ou seja, que mapeia cada símbolo de Σ para uma palavra de Δ^*). Um homomorfismo $h: \Sigma \to \Delta^*$ é estendido para palavras fazendo-se $h(ay) = h(a)h(y)$, ou seja, a aplicação de um homomorfismo a uma palavra $a_1 a_2 \ldots, a_n$ resulta na concatenação das palavras $h(a_1), h(a_2), \ldots, h(a_n)$, nessa ordem. A extensão de um homomorfismo h para uma linguagem L é dada por:

$$h(L) = \{h(w) \mid w \in L\}.$$

A imagem homomórfica inversa de L é dada por:

$$h^{-1}(L) = \{w \in \Sigma^* \mid h(w) \in L\}.$$

Mostre que as linguagens regulares são fechadas sob homomorfismo e sob imagem homomórfica inversa.

19. Seja um homomorfismo h como definido no exercício anterior. Mostre que nem sempre $L \subseteq \Sigma^*$ é uma linguagem regular quando $h(L)$ é uma linguagem regular.

20. Uma *substituição* de um alfabeto Σ para um alfabeto Δ é uma função de Σ para $\mathcal{P}(\Delta^*) - \{\emptyset\}$ que mapeia cada símbolo de Σ para um conjunto de palavras de Δ^* que não é vazio e que é uma linguagem regular. Uma substituição $s : \Sigma \to \mathcal{P}(\Delta^*) - \{\emptyset\}$ é estendida para palavras fazendo-se $s(ay) = s(a)s(y)$, ou seja, a aplicação de uma substituição a uma palavra $a_1 a_2 \ldots, a_n$ resulta na concatenação dos conjuntos $s(a_1)$, $s(a_2)$, $\ldots$, $s(a_n)$, nessa ordem. A extensão de uma substituição s para uma linguagem L é dada por:

$$s(L) = \bigcup_{w \in L} s(w).$$

Mostre que as linguagens regulares são fechadas sob substituição.

21. O *quociente* de duas linguagens L_1 e L_2, denotado por L_1/L_2, é a linguagem

$$\{x \mid xy \in L_1 \text{ para algum } y \in L_2\}.$$

Mostre que as linguagens regulares são fechadas sob quociente.

22. Sejam L uma linguagem não regular, e seja F uma linguagem finita. Mostre que:

   a) $L \cup F$ não é linguagem regular;

   b) $L - F$ não é linguagem regular.

   Mostre que ambos os resultados não são verdadeiros, ao se supor que F seja linguagem regular, mas não finita.

23. Sejam L_1 e L_2 duas linguagens. Mostre que sim ou que não:

   a) se $L_1 \cup L_2$ é uma linguagem regular, então L_1 é uma linguagem regular;

   b) se $L_1 L_2$ é uma linguagem regular, então L_1 é uma linguagem regular;

   c) se L_1^* é uma linguagem regular, então L_1 é uma linguagem regular;

   d) se L_1 é uma linguagem regular, então $\{w \mid w$ é uma subpalavra de $L_1\}$ é uma linguagem regular.

24. Seja um AFD M, qualquer, e seja n o número de estados de M. Utilizando o lema do bombeamento, mostre que:

   a) $L(M) = \emptyset$ se, e somente se, M não reconhece palavra de tamanho menor que n;

   b) $L(M)$ é finita se, e somente se, M não reconhece palavra de tamanho maior ou igual a n e menor que $2n$.

   Explique como esses resultados podem ser usados para provar o Teorema 6 (página 86).

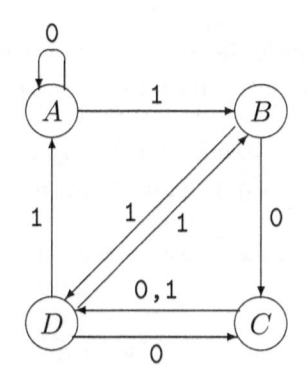

Figura 2.39 Diagrama de estados para Exercício 26.

25. Mostre que existem procedimentos de decisão para determinar, dadas duas ERs quaisquer r_1 e r_2, se:

    a) $L(r_1) = L(r_2)$;
    b) $L(r_1) \subseteq L(r_2)$;
    c) $L(r_1) = \Sigma^*$.

26. Seja o AFN cujo diagrama de estados está representado na Figura 2.39 (não estão marcados o estado inicial nem os estados finais, por serem desnecessários no presente exercício). Encontre uma palavra $w \in \{0,1\}^*$ e um estado $e \in \{A, B, C, D\}$, tais que:

$$e \in \hat{\delta}(d, w) \text{ para todo } d \in \{A, B, C, D\}.$$

A palavra w deverá ser a *menor* possível.

Construa um algoritmo (em alto nível, como os deste livro) que, recebendo um AFN M como entrada, determine um par $[w, e]$ tal que $\in \hat{\delta}(d, w)$ para todo estado d de M, **se houver**. Se houver algum par, o algoritmo deverá determinar um em que w seja a menor possível.

27. Modifique a máquina do exemplo da Seção 2.1.3 (Figura 2.3, página 66), de modo que a saída seja a seqüência dos andares percorridos pelo elevador. Por exemplo: 121232 etc.

28. Modifique a máquina do exemplo da Seção 2.1.3 (Figura 2.3, página 66), de forma que a saída seja a seqüência dos andares percorridos pelo elevador, intercalados pela informação de que o elevador está subindo ou descendo. Por exemplo: 1 ↑ 2 ↓ 1 ↑ 2 ↑ 3 ↓ 2 etc.

29. Suponha uma extensão de máquina de Moore que contenha, além das entidades normais, um conjunto de estados finais. Com isso, uma palavra de entrada, além

de ter uma saída correspondente, será aceita ou não. Mostre como simular esse tipo de máquina utilizando uma máquina de Moore normal.

30. Se a cada transição de uma máquina de Mealy for associada uma palavra em vez de um símbolo, seu poder computacional diminui ou não? Explique.

31. Determine expressões regulares e gramáticas regulares para as seguintes linguagens sob $\{0,1\}^*$:

    a) Conjunto das palavras em que 0s só podem ocorrer nas posições pares.
    b) Conjunto das palavras que não contêm 000.
    c) Conjunto das palavras em que cada subpalavra de tamanho 4 possui pelo menos três 1s.
    d) Conjunto das palavras que não têm 00 nos últimos quatro símbolos.
    e) Conjunto das palavras que não contêm 00, a não ser nos últimos quatro símbolos (se houver).

32. Determine uma ER para o AFD cujo diagrama de estados está mostrado na Figura 2.1, página 62.

33. Sejam as seguintes ERs:

    - $r_1 = (a+b)^*(ab+ba)(a+b)^*$;
    - $r_2 = ab^*$;
    - $r_3 = a(b^*ab^*a)^*$;
    - $r_4 = (aa+bb+(ab+ba)(aa+bb)^*(ab+ba))^*$.

    Encontre ERs para:

    a) $\overline{L(r_1)}$;
    b) $\overline{L(r_2)}$;
    c) $\overline{L(r_3)}$;
    d) $\overline{L(r_4)}$;
    e) $L(r_1) \cap L(r_4)$;
    f) $L(r_1) - L(r_4)$.

34. A prova do Teorema 12 revelou como obter um AFD que reconhece o conjunto denotado por uma ER. Aquela forma de obtenção decorre de teoremas anteriores. Mostre como obter um AFNλ que reconheça o conjunto denotado por uma ER, usando raciocínio análogo ao utilizado no Teorema 12, ou seja: (a) mostre os AFNλ para $\emptyset$, $\{\lambda\}$ e $\{a\}$ para $a \in \Sigma$; e (b) mostre como obter os AFNλ para $L(M_1) \cup L(M_2)$, $L(M_1)L(M_2)$ e $L(M_1)^*$ a partir de AFNλ quaisquer M_1 e M_2.

Observe as seguintes restrições:

- todo AFNλ deverá ter um único estado inicial e um único estado final, diferentes entre si;
- não deve haver transições de nenhum estado para o estado inicial;
- não deve haver transições do estado final para nenhum outro estado.

Essas restrições são necessárias? Em que elas ajudam ou atrapalham?

35. Mostre como obter um AFN (sem transições λ) que reconheça o conjunto denotado por uma ER. Preocupe-se em obter um mínimo de estados e transições. Dica: Comece substituindo cada símbolo do alfabeto que esteja repetido na ER por um símbolo novo, de forma que a ER não tenha símbolos do alfabeto repetidos; em seguida, mostre como obter um AFN para essa nova ER; e, finalmente, desfaça as substituições, obtendo o AFN final.

36. Considere que as transições especificadas em um diagrama ER sobre Σ representam uma função $\delta : E \times R \to \mathcal{P}(E)$, em que E é o conjunto de estados e R, o conjunto (obviamente finito) das ERs sobre Σ que ocorrem no diagrama. Defina uma função $\hat{\delta} : \mathcal{P}(E) \times \Sigma^* \to \mathcal{P}(E)$ tal que $\hat{\delta}(X, w)$ seja o conjunto dos estados alcançáveis a partir dos estados de X, consumindo-se a palavra w. Para facilitar a tarefa, defina antes a função auxiliar $f\lambda : E \to E$ tal que $f\lambda(X)$ seja o conjunto dos estados alcançáveis a partir dos estados de X, sem consumo de símbolos. (Use a notação $L(r)$ significando "o conjunto denotado pela ER r".)

37. Defina a linguagem especificada por um diagrama ER utilizando a função $\hat{\delta}$ do exercício anterior.

38. Seja uma *expressão regular estendida* sobre Σ uma expressão regular sobre Σ que:

- além das expressões básicas para denotar $\{a\}$, $\emptyset$ e λ, contém expressões básicas para denotar Σ^* e para denotar Σ; e
- além dos operadores de união, concatenação e fecho de Kleene, tem operadores para interseção e para complementação.

Mostre como obter uma ER que denote a mesma linguagem que uma ER estendida.

39. GRs são também denominadas *gramáticas lineares à direita*. Uma gramática é dita *linear à esquerda* se ela só contiver regras das formas $X \to Ya$, $X \to a$ e $X \to \lambda$, em que X e Y são variáveis e a é terminal. Mostre que a classe das linguagens geradas por gramáticas lineares à esquerda é a classe das linguagens regulares.

40. Suponha que as gramáticas deste exercício só tenham regras das formas $X \to xY$ e $X \to x$, em que X e Y são variáveis e x é uma palavra (veja o Exercício 6 no final da Seção 2.7, página 131). Descreva métodos para:

a) Dado um AFNE, M, obter uma gramática que gere $L(M)$. Procure fazer que, a cada transição, exceto transições λ, corresponda uma regra.

   b) Dada uma gramática, G, obter um AFNE que reconheça $L(G)$. Procure fazer que, a cada regra, exceto regras λ, corresponda uma transição.

41. Seja um tipo de gramática cujas regras sejam das formas $X \to aY$, $X \to Ya$, $X \to a$ e $X \to \lambda$, em que X e Y são variáveis e a é terminal. Com esse tipo de gramática é possível gerar linguagem que não seja regular? Justifique sua resposta.

2.10 Notas Bibliográficas

O artigo de McCulloch e Pitts (1943) é, em geral, considerado como o primeiro a abordar o que hoje se denomina máquina de estados finitos. Mas os autômatos finitos determinísticos, tal como os conhecemos hoje, embora com pequenas variações, surgiram independentemente em três artigos clássicos: Huffman (1954), Mealy (1955) e Moore (1956). Nesses dois últimos, foram introduzidas as máquinas de Mealy e de Moore. Os algoritmos para a minimização de AFDs foram mostrados inicialmente em Huffman (1954) e Moore (1956). O algoritmo de minimização mais eficiente pode ser encontrado em Hopcroft (1971).

A versão não determinística dos autômatos finitos foi primeiramente estudada por Rabin e Scott (1959), em que eles mostram como obter um AFD equivalente a um AFN usando o método apresentado na Seção 2.3.2, página 93.[10]

O lema do bombeamento para as linguagens regulares foi descoberto por Bar-Hillel, Perles e Shamir (1961). Alguns autores estenderam o lema para dar também uma condição suficiente para uma linguagem ser regular, como Jaffe (1978), Ehrenfeucht et al. (1981) e Stanat e Weiss (1982).

Além de Rabin e Scott (1959), vários outros autores apresentaram propriedades de fechamento para as linguagens regulares, como McNaughton e Yamada (1960), Bar-Hillel et al. (1961), Ginsburg e Rose (1963a) e Ginsburg (1966).

As expressões regulares foram criadas por Kleene (1956), que também formalizou a noção de autômato finito e demonstrou a equivalência entre os mesmos e expressões regulares.

A equivalência entre gramáticas regulares e conjuntos regulares foi mostrada por Chomsky e Miller (1958).

---

[10] Denominado *subset construction* na literatura em geral.

Capítulo 3

Autômatos de Pilha

Apesar das inúmeras aplicações dos formalismos associados às linguagens regulares, existem aplicações que requerem linguagens mais sofisticadas e que, portanto, envolvem o uso de formalismos mais sofisticados. Por exemplo, são comuns as aplicações em que se deve escrever expressões aritméticas. As linguagens que contêm expressões aritméticas normalmente contêm todas as palavras da forma:

$$(^n t_1 + t_2) + t_3) \cdots + t_{n+1})$$

em que $n \geq 1$, cada t_i é uma subexpressão, e o número de (s é igual ao de)s. Aplicando-se o lema do bombeamento, vê-se que tais linguagens não são regulares: tomando-se $z = (^k t_1 + t_2) + t_3) \cdots + t_{k+1})$, em que k é a constante referida no lema, vê-se que para quaisquer u, v e w tais que $z = uvw$, $|uv| \leq k$ e $v \neq \lambda$,

$$uv^2 w = (^{k+|v|} t_1 + t_2) + t_3) \cdots + t_{k+1}),$$

que tem mais (s do que)s.

Intuitivamente, um AF não pode reconhecer a linguagem descrita porque não tem uma memória poderosa o suficiente para "lembrar" que leu n ocorrências de certo símbolo, para n arbitrário. A única maneira de ler uma quantidade arbitrária de determinado símbolo, em um AF, é por meio de um ciclo. E, nesse caso, não há como contar o número de símbolos lidos.

Neste capítulo, será apresentada uma extensão dos AFs, os denominados *autômatos de pilha*,[1] de grande importância, visto que constituem uma base para a obtenção de reconhecedores para muitas linguagens que ocorrem na prática. Em particular, alguns compiladores de linguagens de programação utilizam alguma variante de autômato de pilha na fase de análise sintática.

Ao contrário dos AFs, a versão não determinística desse tipo de autômato tem uma abrangência de reconhecimento maior que a determinística. No entanto, as linguagens que podem ser reconhecidas por autômatos de pilha determinísticos são especialmente

---

[1] Em inglês, *pushdown automata*.

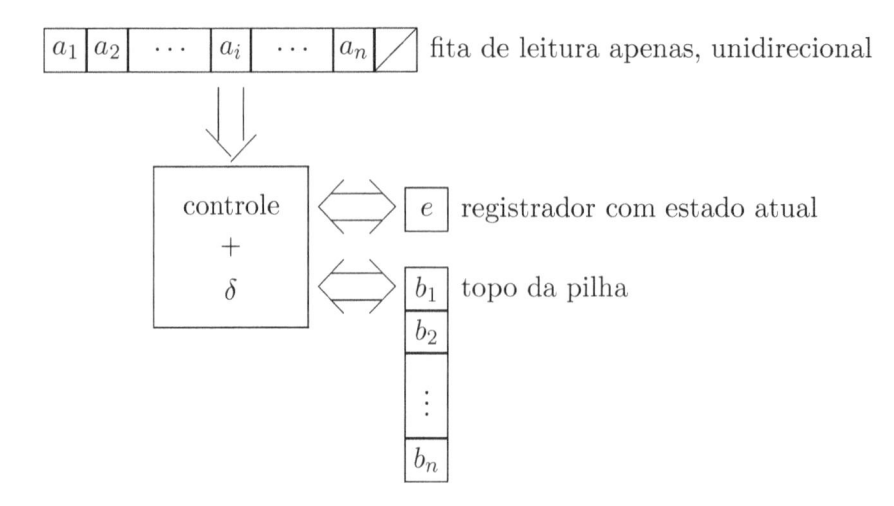

```
 a₁ | a₂ | ... | aᵢ | ... | aₙ | /   fita de leitura apenas, unidirecional
```

Figura 3.1 Arquitetura de um AP.

importantes, já que admitem reconhecedores eficientes. Algumas construções que ocorrem em linguagens que podem ser reconhecidas por autômatos de pilha não determinísticos, mas que não podem ocorrer em linguagens que possam ser reconhecidas por autômatos de pilha determinísticos, alertam para o fato de que se está transitando do campo da eficiência de reconhecimento para o da ineficiência.

Antes de apresentar as versões determinística e não determinística de autômatos de pilha nas Seções 3.2 e 3.3, será vista uma introdução informal de autômato de pilha na Seção 3.1. Depois, na Seção 3.4, serão estudadas as gramáticas livres do contexto, que são um formalismo de grande utilidade prática para a especificação de linguagens reconhecíveis por autômatos de pilha. Para finalizar, algumas propriedades importantes dessa classe de linguagens serão abordadas na Seção 3.5.

3.1 Uma Introdução Informal

Um autômato de pilha (AP) pode ser visto como uma máquina similar àquela ilustrada na Figura 2.37, página 135, que contém adicionalmente uma pilha, como mostrado na Figura 3.1. Como a fita, a pilha é dividida em células que comportam apenas um símbolo cada uma, mas o cabeçote de leitura da pilha só se posiciona na célula do topo da pilha. No início, o registrador contém o estado inicial do AP, a fita recebe a palavra de entrada a partir da sua primeira célula, o cabeçote da fita é posicionado na primeira célula da fita e a pilha está vazia.

Suponha um AP com conjunto de estados E, alfabeto de entrada (alfabeto da fita) Σ e alfabeto da pilha Γ. Cada transição do AP será da forma

$$\delta(e, a, b) = [e', z] \ ([e', z] \in \delta(e, a, b) \text{ para AP não determinístico}),$$

em que $e, e' \in E$, $a \in \Sigma \cup \{\lambda\}$, $b \in \Gamma \cup \{\lambda\}$ e $z \in \Gamma^*$. Essa transição será dita uma

```
         (,λ/X                  ),X/λ
          ↻                       ↻
              t,λ/λ
    →( ap )━━━━━━━━━━━━━( fp )
              +,λ/λ; -,λ/λ
```

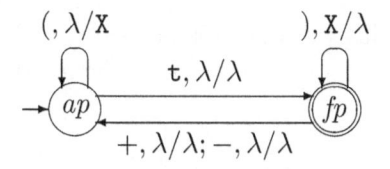

Figura 3.2 Reconhecendo expressões aritméticas simples.

transição de e para e' sob a com b/z, sendo representada em um diagrama de estados da seguinte forma:

```
   ( e )━━━━a,b/z━━━━━( e' )
```

significando, no caso em que $a \neq \lambda$, $b \neq \lambda$ e $z \neq \lambda$, que "estando no estado e, se o próximo símbolo de entrada for a e o símbolo no topo da pilha for b, há uma transição para o estado e', b é desempilhado e z, empilhado (o símbolo mais à esquerda em z, no topo)". Se $a = \lambda$, não é consumido o símbolo de entrada, e a transição é dita ser uma *transição* λ. Se $b = \lambda$, a transição acontece sem consulta à pilha e nada é desempilhado. E se $z = \lambda$, nada é empilhado.

Um AP simples que reconhece certo tipo de expressão aritmética é apresentado a seguir.

Exemplo 91 Seja o conjunto EA das expressões aritméticas com parênteses e as operações de soma (+) e subtração (-), definido recursivamente por:

a) t ∈ EA;

b) se $x, y \in$ EA, então $(x) \in$ EA, $x+y \in$ EA e $x-y \in$ EA.

O símbolo t pode ser imaginado como representando expressões mais básicas, como números inteiros e/ou reais, identificadores de variáveis etc. O reconhecimento de tais expressões básicas não oferece nenhum problema, podendo ser feito mediante um AF. A Figura 3.2 apresenta um diagrama de estados para um AP que reconhece EA. Observe que o conjunto de estados é $E = \{ap, fp\}$, o alfabeto de entrada é $\Sigma = \{t, (,), +, -\}$, e o da pilha, $\Gamma = \{X\}$. O estado inicial é ap e o conjunto de estados finais, $\{fp\}$. Existem cinco transições:

1. $\delta(ap, (, \lambda) = [ap, X]$;

2. $\delta(ap, t, \lambda) = [fp, \lambda]$;

3. $\delta(fp,), X) = [fp, \lambda]$;

4. $\delta(fp, +, \lambda) = [ap, \lambda]$;

5. $\delta(fp, -, \lambda) = [ap, \lambda]$.

As transições estão numeradas para referência futura. Os detalhes de funcionamento desse AP serão elucidados do decorrer desta seção, à medida que os conceitos necessários forem sendo introduzidos. □

Uma pilha de símbolos de um alfabeto Γ será representada por meio de uma palavra w de Γ^*. A convenção adotada é que o símbolo mais a esquerda está no *topo*. Assim, o resultado de empilhar o símbolo a na pilha y é a pilha ay. O resultado de desempilhar o elemento do topo da pilha ay é a pilha y. A pilha vazia será representada pela palavra λ.

No Capítulo 2, mostrou-se que a *configuração instantânea* de um AF é um par $[e, w]$, em que e é o estado atual do autômato e w, o restante da palavra de entrada. A configuração instantânea consta das informações necessárias para o autômato prosseguir no reconhecimento da palavra de entrada em certo instante. Em um autômato de pilha, ela será uma tripla $[e, w, p]$, na qual e é o estado atual, w, o restante da palavra de entrada e p, a pilha. Como explicado na Seção 2.1.1, usa-se a notação $ci \vdash ci'$ para dizer que a configuração instantânea ci' é o resultado de uma transição a partir da configuração instantânea ci. Com isso, por exemplo, pode-se expressar a seguinte computação para o AP do Exemplo 91, mostrado na Figura 3.2, quando a palavra de entrada for (t-(t+t)):

$$
\begin{aligned}
[ap, (\mathtt{t} - (\mathtt{t} + \mathtt{t})), \lambda] &\vdash [ap, \mathtt{t} - (\mathtt{t} + \mathtt{t}), X] &\text{por 1} \\
&\vdash [fp, -(\mathtt{t} + \mathtt{t})), X] &\text{por 2} \\
&\vdash [ap, (\mathtt{t} + \mathtt{t})), X] &\text{por 5} \\
&\vdash [ap, \mathtt{t} + \mathtt{t})), XX] &\text{por 1} \\
&\vdash [fp, +\mathtt{t})), XX] &\text{por 2} \\
&\vdash [ap, \mathtt{t})), XX] &\text{por 4} \\
&\vdash [fp,)), XX] &\text{por 1} \\
&\vdash [fp,), X] &\text{por 3} \\
&\vdash [fp, \lambda, \lambda] &\text{por 3.}
\end{aligned}
$$

Não há transição que se aplique a $\vdash [fp, \lambda, \lambda]$.

Outro exemplo:

$$[ap, \mathtt{t}), \lambda] \vdash [fp,), \lambda] \quad \text{por 2.}$$

Não há transição que se aplique a $[fp,), \lambda]$. Esse segundo exemplo mostra que o AP pode não consumir toda a palavra de entrada. Usando a metáfora propiciada pelo esquema da Figura 3.1, em que a cada transição corresponde uma "instrução" da máquina, diz-se que um AP pode *parar* sem consumir toda a palavra de entrada.

A condição para uma palavra ser reconhecida é que ela seja totalmente consumida e que a máquina termine em um estado final com a pilha vazia. Assim, para o AP do Exemplo 91, a palavra (t-(t+t)) é reconhecida, como mostra a primeira computação descrita. A palavra t) não é reconhecida, pois o AP não consome toda a palavra, como mostra a segunda computação apresentada. E a palavra (t não é reconhecida, pois o AP pára com a pilha não vazia:

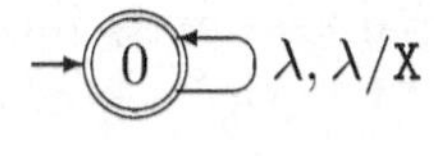

$$\rightarrow \textcircled{0} \circlearrowleft \lambda, \lambda/\text{X}$$

Figura 3.3 Um AP com computações ilimitadas.

$[ap, (\text{t}, \lambda] \vdash [ap, \text{t}, \text{X}]$ por 1
$\vdash [fp, \lambda, \text{X}]$ por 2.

Não há transição que se aplique a $[fp, \lambda, \text{X}]$.

É interessante notar que existem APs que *não* param para algumas entradas, ou mesmo para todas as entradas, como mostra o próximo exemplo.

Exemplo 92 Um exemplo conciso de um AP com computações de tamanho ilimitado seria aquele com alfabeto de entrada $\{1\}$ e com o diagrama de estados exposto na Figura 3.3. Para toda palavra em $\{1\}^+$, pode-se dizer que o AP não pára, visto que o primeiro símbolo nunca é lido e a única transição existente é sempre aplicável. Em particular:

$$[0, 1, \lambda] \vdash [0, 1, X] \vdash [0, 1, XX] \ldots$$

Para a palavra λ, a transição também é aplicável e têm-se computações de todo tamanho. Pergunta: para a palavra de entrada λ, deve-se considerar que o AP pára ou não? A palavra λ é reconhecida ou não? □

Na próxima seção, será definido formalmente o conceito de autômato de pilha determinístico e apresentados alguns exemplos. O problema levantado no Exemplo 92 pode ser resolvido formalizando-se convenientemente a noção de reconhecimento.

3.2 Autômatos de Pilha Determinísticos

Os autômatos de pilha determinísticos (APDs) são especialmente importantes, já que lidam com uma classe de linguagens para as quais há reconhecedores eficientes.

A definição de autômato de pilha determinístico, basicamente, acrescenta uma pilha a um AFD. Para que haja *determinismo*, não deverá ser possível duas transições $\delta(e, a, b)$ e $\delta(e, a', b')$ serem definidas para uma mesma configuração instantânea. A definição a seguir captura exatamente as situações em que duas transições podem ocorrer simultaneamente para alguma configuração instantânea.

Definição 27 *Seja uma função de transição* $\delta : E \times (\Sigma \cup \{\lambda\}) \times (\Gamma \cup \{\lambda\}) \rightarrow E \times \Gamma^*$. *Duas transições* $\delta(e, a, b)$ *e* $\delta(e, a', b')$ *são ditas compatíveis se, e somente se:*

$$(a = a' \text{ ou } a = \lambda \text{ ou } a' = \lambda) \text{ e } (b = b' \text{ ou } b = \lambda \text{ ou } b' = \lambda).$$
□

Para algumas pessoas pode parecer mais intuitivo o complemento da expressão apresentada na Definição 27: duas transições $\delta(e,a,b)$ e $\delta(e,a',b')$ são *não* compatíveis se, e somente se:

$$(a \neq a' \text{ e } a \neq \lambda \text{ e } a' \neq \lambda) \text{ ou } (b \neq b' \text{ e } b \neq \lambda \text{ e } b' \neq \lambda).$$

Definição 28 *Um autômato de pilha determinístico (APD) é uma sêxtupla $(E, \Sigma, \Gamma, \delta, i, F)$, em que*

- *E é um conjunto finito de um ou mais elementos denominados estados;*
- *Σ é o alfabeto de entrada;*
- *Γ é o alfabeto de pilha;*
- *δ, a função de transição, é uma função parcial de $E \times (\Sigma \cup \{\lambda\}) \times (\Gamma \cup \{\lambda\})$ para $E \times \Gamma^*$, sem transições compatíveis;*
- *i, um estado de E, é o estado inicial;*
- *F, subconjunto de E, é o conjunto de estados finais.*

□

As seguintes razões fazem que não haja como definir uma função $\hat{\delta}$ similar àquela do Capítulo 2:

- Na Seção 3.1 ficou claro que pode haver computações que não terminam.
- Além do(s) estado(s) atingido(s), é importante saber o conteúdo da pilha.

Assim, em vez de uma função $\hat{\delta}$, será usada a relação $\vdash$ definida a seguir.

Definição 29 *Seja um APD $M = (E, \Sigma, \Gamma, \delta, i, F)$. A relação $\vdash \subseteq (E \times \Sigma^* \times \Gamma^*)^2$, para M, é tal que para todo $e, e' \in E$, $a \in \Sigma \cup \{\lambda\}$, $b \in \Gamma \cup \{\lambda\}$ e $x \in \Gamma^*$:*

$[e, ay, bz] \vdash [e', y, xz]$ *para todo $y \in \Sigma^*$ e $z \in \Gamma^*$ se, e somente se, $\delta(e, a, b) = [e', x]$.*

□

Utilizando a relação $\stackrel{*}{\vdash}$, que corresponde ao fecho transitivo e reflexivo de $\vdash$, define-se a seguir o que é a linguagem reconhecida (aceita) por um APD.

Definição 30 *Seja um APD $M = (E, \Sigma, \Gamma, \delta, i, F)$. A linguagem reconhecida por M é*

$$L(M) = \{w \in \Sigma^* \mid [i, w, \lambda] \stackrel{*}{\vdash} [e, \lambda, \lambda] \text{ para algum } e \in F\}.$$

Uma palavra w tal que $[i, w, \lambda] \stackrel{*}{\vdash} [e, \lambda, \lambda]$, em que $e \in F$, é dita ser reconhecida (aceita) *por M.*

□

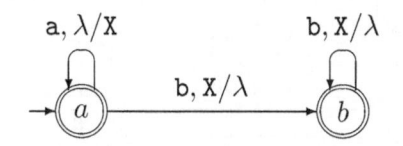

Figura 3.4 APD para $a^n b^n$.

Exemplo 93 No Exemplo 71, página 104, mostrou-se que o conjunto $\{a^n b^n \mid n \in \mathbf{N}\}$ não é uma linguagem regular. Ela é reconhecida pelo autômato de pilha determinístico $(\{a,b\}, \{a,b\}, \{X\}, \delta, a, \{a,b\})$, em que δ é dada por:

1. $\delta(a, a, \lambda) = [a, X]$;
2. $\delta(a, b, X) = [b, \lambda]$;
3. $\delta(b, b, X) = [b, \lambda]$.

O diagrama de estados está ilustrado na Figura 3.4. □

A seguir, mostra-se um exemplo um pouco mais elaborado.

Exemplo 94[2] A Figura 3.5 apresenta o diagrama de estados de um APD M que reconhece a linguagem

$$\{w \in \{0,1\}^* \mid \text{o número de 0s em } w \text{ é igual ao de 1s}\}.$$

Tem-se que $M = (\{\mathit{igual}, \mathit{dif}\}, \{0,1\}, \{Z, U, F\}, \delta, \mathit{igual}, \{\mathit{igual}\})$, sendo δ dada por:

1. $\delta(\mathit{igual}, 0, \lambda) = [\mathit{dif}, ZF]$;
2. $\delta(\mathit{igual}, 1, \lambda) = [\mathit{dif}, UF]$;
3. $\delta(\mathit{dif}, 0, Z) = [\mathit{dif}, ZZ]$;
4. $\delta(\mathit{dif}, 0, U) = [\mathit{dif}, \lambda]$;
5. $\delta(\mathit{dif}, 1, U) = [\mathit{dif}, UU]$;
6. $\delta(\mathit{dif}, 1, Z) = [\mathit{dif}, \lambda]$;
7. $\delta(\mathit{dif}, \lambda, F) = [\mathit{igual}, \lambda]$.

Observe que, como requerido, não há transições compatíveis.

Após lido um prefixo x da palavra de entrada, a pilha é:

- Z^n, se x tem n 0s a mais que 1s; ou

---

[2] O APD apresentado nesse exemplo foi desenvolvido por Jonatan Schröeder, na época (segundo semestre de 2000), aluno da UFPR.

```
        0, λ/ZF              0, Z/ZZ
        1, λ/UF              0, U/λ
→(( igual ))         ( dif )  1, U/UU
        λ, F/λ               1, Z/λ
```

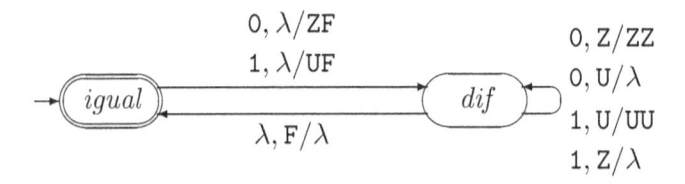

Figura 3.5 APD para número igual de 0s e 1s.

- U^n, se x tem n 1s a mais que 0s.

A seguinte computação mostra que 001110 pertence à linguagem reconhecida por M:

$[igual, 001110, \lambda] \vdash [dif, 01110, ZF]$ por 1
$\vdash [dif, 1110, ZZF]$ por 3
$\vdash [dif, 110, ZF]$ por 6
$\vdash [dif, 10, F]$ por 6
$\vdash [igual, 10, \lambda]$ por 7
$\vdash [dif, 0, UF]$ por 2
$\vdash [dif, \lambda, F]$ por 4
$\vdash [igual, \lambda, \lambda]$ por 7.   □

O Exemplo 94 utiliza uma técnica para verificar se a pilha chegou ao fundo: foi introduzido um símbolo de pilha (F) especificamente para isso. Algumas formalizações de APDs incluem um símbolo especial para tal propósito. No entanto, a introdução de um símbolo especial de fundo de pilha não aumenta o poder de reconhecimento dos APDs, já que um símbolo de pilha comum pode fazer seu papel, como mostra o Exemplo 94.

Existem linguagens que podem ser reconhecidas por autômatos de pilha não determinísticos, mas que não podem ser reconhecidas por APDs, como será visto na próxima seção. Dentre essas, existem algumas que passam a ser reconhecidas por APDs, caso haja um símbolo específico para finalizar a palavra de entrada. Segue um exemplo.

Exemplo 95 A Figura 3.6 apresenta o diagrama de estados de um APD que reconhece a linguagem

$$\{0^m 1^n \# \mid m \geq n\}.$$

Note que o símbolo # só é utilizado para finalizar as palavras da linguagem. A linguagem similar, sem tal símbolo,

$$\{0^m 1^n \mid m \geq n\}.$$

não pode ser reconhecida por APD, como pode ser verificado.[3]

Observe que, para cada 0, alguma coisa deve ser empilhada para, no futuro, garantir-se que o número de 1s não ultrapasse o de 0s. Mas, após lido o prefixo de 0s, caso

---

[3] Na verdade, essa linguagem pode ser reconhecida por APD, mas com outro critério de reconhecimento, como será visto na Seção 3.3.

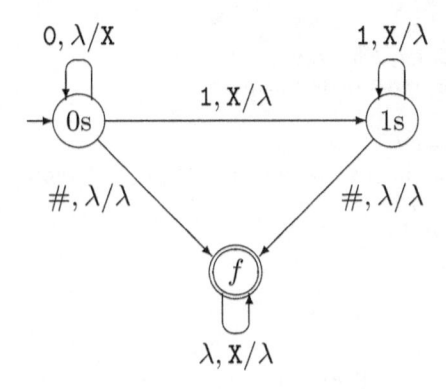

Figura 3.6 APD com símbolo de final de palavra.

possa ser lido mais algum 1 (conforme indicado pela pilha), pode-se também terminar a palavra. Nesse último caso, a pilha deve ser esvaziada sem leitura de mais símbolos. O símbolo para indicar final de palavra propicia, justamente, reconhecer deterministicamente o momento de parar a leitura e esvaziar a pilha. □

A definição de reconhecimento dada na Definição 30, página 150, não faz referência à *parada* da máquina. Assim, por exemplo, a linguagem reconhecida pelo APD cujo diagrama de estados está ilustrado na Figura 3.3, página 149, é $\{\lambda\}$, não sendo importante se o APD pára ou não para essa entrada.

Será apresentado, a seguir, um "algoritmo" que implementa um APD, de forma similar à utilizada para AFDs mostrada na Figura 2.5, página 71. Na realidade, esse "algoritmo" pode entrar em *loop*, como ressaltado anteriormente. Assim, para ser utilizado, deve-se antes obter um APD, equivalente ao APD dado, em que *loops* não ocorram, seja manualmente ou por meio de um algoritmo. Serão usadas as seguintes variáveis para representar um APD $(E, \Sigma, \Gamma, \delta, i, F)$:

- i: estado inicial;

- F: conjunto dos estados finais;

- D, uma matriz de leitura apenas, contendo a função de transição, de forma que $D[e, a, b] = \delta(e, a, b)$ para todo $e \in E$, $a \in \Sigma \cup \{\lambda\}$ e $b \in \Gamma \cup \{\lambda\}$.

Assume-se a existência de um procedimento do tipo função, *prox*, que retorna o próximo símbolo de entrada, quando houver, e *fs* (fim de seqüência), quando não houver. A pilha é inicializada com $\triangledown$, um símbolo que não pertence a Γ, e é manipulada mediante os seguintes procedimentos:

- *empilhe*(z): empilha a palavra z; se $z = \lambda$, nada é empilhado;

- *topo*(): retorna o símbolo do topo, sem desempilhar; e

- *desempilhe*(): desempilha o símbolo do topo.

Entrada: (1) o APD, dado por i, F e D, e
         (2) a palavra de entrada, dada por $prox$.
Saída: *sim* ou *não*.
$e \leftarrow i$; $empilhe(\triangledown)$; $ps \leftarrow prox()$;
enquanto $D[e, a, b]$ é definido p/ $a \in \{ps, \lambda\}$ e $b \in \{topo(), \lambda\}$ **faça**
   seja $D[e, a, b] = [e', z]$;
   se $a \neq \lambda$ **então** $ps \leftarrow prox()$ **fimentão**;
   se $b \neq \lambda$ **então** $desempilhe()$ **fimentão**;
   $empilhe(z)$;
   $e \leftarrow e'$
fimenquanto;
se $ps = fs$ e $topo() = \triangledown$ e $e \in F$ **então**
   retorne *sim*
senão
   retorne *não*
fimse

Figura 3.7 Algoritmo para simular APDs.

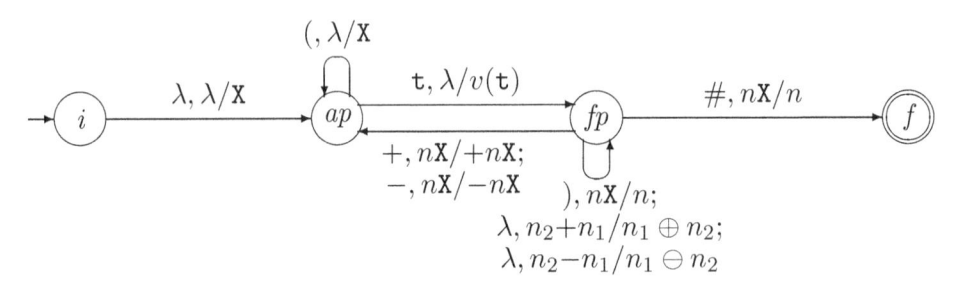

Figura 3.8 Avaliando expressões aritméticas simples.

O algoritmo está representado na Figura 3.7.

Assim como os AFDs, os APDs podem ser instrumentos úteis na etapa intermediária entre a especificação e a implementação de alguns tipos de aplicações, ou seja, na etapa de modelagem. Segue um exemplo.

Exemplo 96 No Exemplo 91 mostrou-se o diagrama de estados de um APD (Figura 3.2, página 147) para reconhecimento de expressões aritméticas simples, envolvendo apenas os operadores de soma e de subtração. Em uma aplicação que envolva expressões aritméticas, além de verificar se elas estão sintaticamente corretas, em geral deve-se produzir, durante a verificação, algum outro tipo de saída. Um exemplo de saída seria uma estrutura de dados que representasse adequadamente a expressão para posterior processamento. Outro, caso a expressão possa ser avaliada durante a verificação sintática, seria o valor resultante da avaliação da expressão. Na Figura 3.8, apresenta-se um diagrama de estados de um APD similar ao da Figura 3.2, "enriquecido" para incluir a avaliação da expressão durante o reconhecimento da mesma.

Assume-se a existência de uma função v que, dado um termo $\mathtt{t}$ (uma palavra de dígitos), obtém o número correspondente, de forma que possa ser utilizado como operando em operações aritméticas. As operações de soma e de subtração estão designadas pelos símbolos ⊕ e ⊖; seus operandos são números e o resultado de uma operação é um número. Cada célula da pilha agora pode conter um símbolo de pilha (X, + ou −) ou um número. Para consultar se um número está na pilha, usa-se a notação n, n_1 ou n_2. As transições foram estendidas para consultar e desempilhar um segmento do topo da pilha. Assim, por exemplo, a transição

$$\delta(fp, \lambda, n_2 + n_1) = [fp, n_1 \oplus n_2]$$

ocorre quando, no estado fp, a pilha tem o segmento $n_2 + n_1$ no topo, ou seja, um número n_2 no topo, depois o símbolo + e depois um número n_1; ao ocorrer a transição, esse segmento é desempilhado e é empilhado o número $n_1 \oplus n_2$, isto é, a soma de n_1 e n_2.

Supõe-se a associação de operações à esquerda. Com isso, por exemplo, tem-se que $3 - 2 + 1 = 1 + 1 = 2$.

Assume-se que a palavra de entrada seja terminada com #. O resultado da avaliação da expressão, caso a mesma esteja sintaticamente correta, é colocado na pilha pela transição de fp para f sob # com $n\mathrm{X}/n$. Segue uma computação para a expressão 5-(2+4)+3#:

$$\begin{aligned}
&[i, 5 - (2+4) + 3\#, \lambda] \vdash [ap, 5-(2+4)+3\#, \mathrm{X}] \\
&\vdash [fp, -(2+4)+3\#, 5\mathrm{X}] \\
&\vdash [ap, (2+4)+3\#, -5\mathrm{X}] \\
&\vdash [ap, 2+4)+3\#, \mathrm{X}-5\mathrm{X}] \\
&\vdash [fp, +4)+3\#, 2\mathrm{X}-5\mathrm{X}] \\
&\vdash [ap, 4)+3\#, +2\mathrm{X}-5\mathrm{X}] \\
&\vdash [fp,)+3\#, 4+2\mathrm{X}-5\mathrm{X}] \\
&\vdash [fp,)+3\#, 6\mathrm{X}-5\mathrm{X}] \\
&\vdash [fp, +3\#, 6-5\mathrm{X}] \\
&\vdash [fp, +3\#, -1\mathrm{X}] \\
&\vdash [ap, 3\#, + - 1\mathrm{X}] \\
&\vdash [fp, \#, 3+ - 1\mathrm{X}] \\
&\vdash [fp, \#, 2\mathrm{X}] \\
&\vdash [f, \lambda, 2]. \qquad \square
\end{aligned}$$

Evidentemente, no Exemplo 96 o conceito de APD foi utilizado apenas como base para a modelagem do problema de reconhecimento e avaliação de expressões aritméticas. Os detalhes de implementação, fora da essência da solução, são evitados. Por exemplo, o detalhe de lidar com uma pilha com tipos variados de dados não é abordado. Isso é conveniente, visto que o tratamento adequado desse tipo de detalhe depende muitas vezes da linguagem de programação a ser utilizada.

Ao contrário dos autômatos finitos, os autômatos de pilha têm o seu poder aumentado quando se introduz não determinismo, como será visto na próxima seção. Depois, na Seção 3.4, serão estudadas as gramáticas livres do contexto, que geram exatamente as linguagens reconhecíveis por autômatos de pilha. Isso é importante, já que, na maioria das situações que ocorrem na prática, é mais fácil e conveniente obter uma gramática para a linguagem e, a partir da gramática, obter o autômato de pilha (determinístico ou não).

Exercícios

1. Mostre que duas transições são compatíveis (veja a Definição 27, página 149) se, e somente se, elas podem ocorrer simultaneamente para alguma configuração instantânea.

2. No Exemplo 94, página 151, apresentou-se um APD para a linguagem

$$\{w \in \{0,1\}^* \mid \text{o número de 0s em } w \text{ é igual ao de 1s}\}$$

   com dois estados e três símbolos de pilha. Construa um APD para essa mesma linguagem com três estados e dois símbolos de pilha, *sem transição* λ.

3. Construa APDs para as seguintes linguagens:
   a) $\{0^n 1^{2n} \mid n \geq 0\}$;
   b) $\{0^{3n} 1^{2n} \mid n \geq 0\}$;
   c) $\{w 0 w^R \mid w \in \{1,2\}^*\}$;
   d) $\{0^m 1^n \mid m < n\}$;
   e) $\{0^m 1^n \# \mid m \neq n\}$;
   f) $\{w \# \in \{0,1\}^* \mid \text{o número de 0s em } w \text{ é maior que o de 1s}\}$.

4. Explique por que não há APD para as seguintes linguagens:
   a) $\{w w^R \mid w \in \{1,2\}^*\}$;
   b) $\{0^m 1^n \mid m > n\}$;
   c) $\{0^m 1^n \mid m \neq n\}$;
   d) $\{w \in \{0,1\}^* \mid \text{o número de 0s em } w \text{ é maior que o de 1s}\}$.

5. Construa um APD que reconheça toda palavra com parênteses balanceados. Exemplos de palavras da linguagem: λ, (), (())(). Exemplos de palavras que não pertencem à linguagem: (,)(, ()).

   Generalize para o caso em que existem n tipos de parênteses. Nesse caso, considere que cada ocorrência de abre parênteses, a_i, deve ser seguida à direita por uma ocorrência do fecha parênteses respectivo, b_i, e entre a_i e b_i só pode ocorrer uma palavra com parênteses balanceados. Se $i = 2$, $a_1 = ($, $b_1 =)$, $a_2 = [$, $b_2 =]$, seriam exemplos de palavras da linguagem: λ, (), [()](), [[()]()([]). Exemplos de palavras que não pertencem à linguagem: (,][, ()], (], ([).

6. Construa um APD que reconheça as expressões aritméticas na forma prefixada, EAPre, definidas recursivamente como segue:

   a) t é uma EAPre;
   b) se x e y são EAPre, então $+xy$ e $-xy$ são EAPre.

   Dica: Sempre que ler + ou −, empilhe dois Xs, para "lembrar" de ler duas subexpressões à frente.

7. Construa um APD que reconheça as expressões aritméticas na forma posfixada, EAPos, definidas recursivamente como segue:

   (a) t é uma EAPos;
   (b) se x e y são EAPos, então $xy+$ e $xy-$ são EAPos.

   Dica: Use os seguintes fatos, fáceis de mostrar por indução: o número de ts é um a mais que o de operadores, e qualquer palavra que tenha mais ts que operadores é prefixo de EAPos.

3.3 Autômatos de Pilha Não Determinísticos

A diferença entre um autômato de pilha determinístico e um não determinístico é que esse último pode conter transições compatíveis, como pode ser visto na definição a seguir.

Definição 31 *Um autômato de pilha não determinístico (APN) é uma sêxtupla $(E, \Sigma, \Gamma, \delta, I, F)$, em que*

- *E, Σ, Γ e F são como em APDs;*
- *δ, a função de transição, é uma função parcial de $E \times (\Sigma \cup \{\lambda\}) \times (\Gamma \cup \{\lambda\})$ para D, sendo D constituído dos subconjuntos finitos de $E \times \Gamma^*$;*
- *I, um subconjunto de E, é o conjunto de estados iniciais.*

□

A relação $\overset{*}{\vdash}$ da Definição 29, página 150, será utilizada para definir o reconhecimento para APNs, de forma similar ao reconhecimento para APDs apresentado na Definição 30.

Definição 32 *Seja um APN $M = (E, \Sigma, \Gamma, \delta, I, F)$. A linguagem reconhecida por M é*

$$L(M) = \{w \in \Sigma^* \mid [i, w, \lambda] \overset{*}{\vdash} [e, \lambda, \lambda] \text{ para algum } i \in I \text{ e } e \in F\}.$$

Uma palavra w tal que $[i, w, \lambda] \overset{*}{\vdash} [e, \lambda, \lambda]$, sendo $i \in I$ e $e \in F$, é dita ser reconhecida (aceita) *por M.*

□

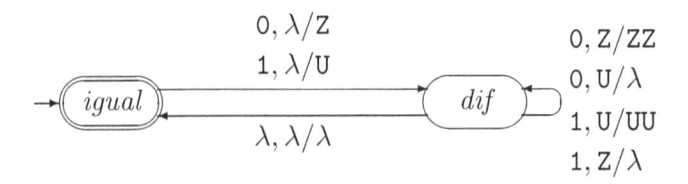

Figura 3.9 APN para número igual de 0s e 1s.

Segue um exemplo que mostra a evolução de um APD para um APN equivalente "mais conciso".

Exemplo 97 No Exemplo 94, página 151, foi visto um APD para a linguagem

$$\{w \mid w \in \{0,1\}^* \text{ e o número de 0s em } w \text{ é igual ao de 1s}\}.$$

Nesse APD é usado o símbolo F para marcar o fundo da pilha, de forma que, quando os números de 0s e de 1s se tornam idênticos (mesmo que a palavra não tenha sido toda processada ainda), seja ativada a transição para o estado final *igual*. Ora, um autômato *não determinístico* pode "adivinhar" quando a pilha se torna vazia e fazer a transição citada. Assim, um APN equivalente ao APD do Exemplo 94 seria:

$$N = (\{igual, dif\}, \{0,1\}, \{Z, U\}, \delta, \{igual\}, \{igual\}),$$

em que δ é dada por:

1. $\delta(igual, 0, \lambda) = \{[dif, Z]\}$;
2. $\delta(igual, 1, \lambda) = \{[dif, U]\}$;
3. $\delta(dif, 0, Z) = \{[dif, ZZ]\}$;
4. $\delta(dif, 0, U) = \{[dif, \lambda]\}$;
5. $\delta(dif, 1, U) = \{[dif, UU]\}$;
6. $\delta(dif, 1, Z) = \{[dif, \lambda]\}$;
7. $\delta(dif, \lambda, \lambda) = \{[igual, \lambda]\}$.

O diagrama de estados de N pode ser visto na Figura 3.9. Note que, a única diferença, com relação ao APD do Exemplo 94, é que, na figura, o símbolo F foi substituído por λ.

Observe que a transição 7 é compatível com as transições 3 a 6, mas de uma forma restrita: partindo-se do estado *dif*, quando a pilha está vazia, apenas a transição 7 é aplicável; somente quando a pilha não está vazia, uma das transições 3 a 6 é aplicável, além da transição 7. Assim, se for dada *prioridade* sempre para as transições 3 a 6, o comportamento do APN é análogo ao do APD do Exemplo 94. Isso evidencia que

(a) O segundo

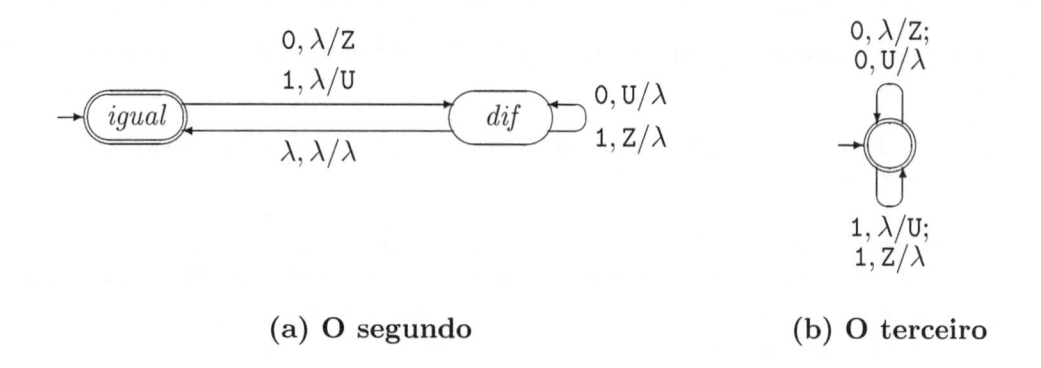

(b) O terceiro

Figura 3.10 Mais dois APNs para número igual de 0s e 1s.

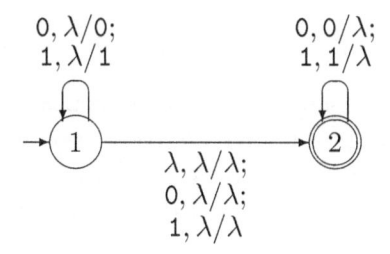

Figura 3.11 APN para palíndromos sobre $\{0,1\}^*$.

esse APN reconhece toda palavra que o referido APD reconhece. Contudo, tal APN continua não podendo reconhecer palavras com números diferentes de 0s e 1s, como pode ser notado verificando-se o padrão de empilhamentos e desempilhamentos.

Na realidade, o APN N é menos conciso do que poderia ser. Observe que as transições 3 e 5 são desnecessárias. O mesmo efeito da transição 3 pode ser conseguido aplicando-se, em seqüência, as transições 7 (compatível com a 3) e 1, e o mesmo efeito da transição 5 pode ser obtido aplicando-se, em seqüência, as transições 7 (compatível com a 5) e 2. Obtém-se, com isso, o APN cujo diagrama de estados está mostrado na Figura 3.10a. Analisando-se esse último diagrama de estados, levando-se em conta que o reconhecimento se dá quando a pilha fica vazia, chega-se ao APN equivalente cujo diagrama de estados está ilustrado na Figura 3.10b. □

A seguir, é apresentado um APN para uma linguagem que não pode ser reconhecida por APDs.

Exemplo 98 Na Figura 3.11 está representado o diagrama de estados para um APN que reconhece a linguagem $\{w \in \{0,1\}^* \mid w = w^R\}$.

Caso uma palavra w seja palíndromo, existirá uma computação para w em que w é consumida e a pilha fica vazia; para tal computação, uma das três transições de 1 para 2 é percorrida:

- se $|w|$ for par, será percorrida a transição de 1 para 2 sob λ;

- se $|w|$ for ímpar e o símbolo do meio for 0, será percorrida a transição de 1 para 2 sob 0;

- se $|w|$ for ímpar e o símbolo do meio for 1, será percorrida a transição de 1 para 2 sob 1.

Ao processar uma palavra da esquerda para a direita, quando atinge o meio da palavra, não há como o autômato reconhecer tal fato, para, a partir daí, comparar a segunda metade com a primeira. Assim sendo, não há como construir um APD para a linguagem dos palíndromos. □

Pela Definição 32, a linguagem reconhecida por um APN $M = (E, \Sigma, \Gamma, \delta, I, F)$ é

$$L(M) = \{w \in \Sigma^* \mid [i, w, \lambda] \stackrel{*}{\vdash} [e, \lambda, \lambda] \text{ para algum } i \in I \text{ e } e \in F\}.$$

Uma definição alternativa, que levaria a uma concepção diferente de APNs, é aquela em que o reconhecimento de uma palavra se dá ao ser atingido um estado final, após ser consumida a palavra de entrada, esteja a pilha vazia ou não. Usando o índice F em $L_F(M)$ para significar *reconhecimento por estado final*, segue tal definição alternativa, mais formalmente.

Definição 33 *Seja um APN $M = (E, \Sigma, \Gamma, \delta, I, F)$. A linguagem reconhecida por M por estado final é*

$$L_F(M) = \{w \in \Sigma^* \mid [i, w, \lambda] \stackrel{*}{\vdash} [e, \lambda, y] \text{ para algum } i \in I, e \in F \text{ e } y \in \Gamma^*\}.$$

Uma palavra w tal que $[i, w, \lambda] \stackrel{*}{\vdash} [e, \lambda, y]$, sendo $i \in I$, $e \in F$ e $y \in \Gamma^*$, é dita ser reconhecida (aceita) por M por estado final. □

O reconhecimento, segundo a Definição 32, será denominado, a seguir, *reconhecimento por pilha vazia e estado final*.

Pode-se mostrar que uma linguagem pode ser reconhecida por pilha vazia e estado final se, e somente se, pode ser reconhecida por estado final, como será visto no Teorema 16 no final desta seção.

O exemplo a seguir apresenta dois autômatos de pilha que reconhecem a mesma linguagem, um deles utilizando reconhecimento por pilha vazia e estado final, e o outro usando reconhecimento por estado final.

Exemplo 99 Seja o problema de determinar um APN que reconheça a linguagem $L = \{0^m 1^n \mid m \geq n\}$.

A Figura 3.12a mostra o diagrama de estados de um APN M tal que $L(M) = L$, sendo que M reconhece por pilha vazia e estado final, enquanto a Figura 3.12b ilustra o diagrama de estados de um APN M' tal que $L_F(M') = L$, sendo que M' reconhece por estado final. Veja que, por coincidência, o diagrama de estados da Figura 3.12b

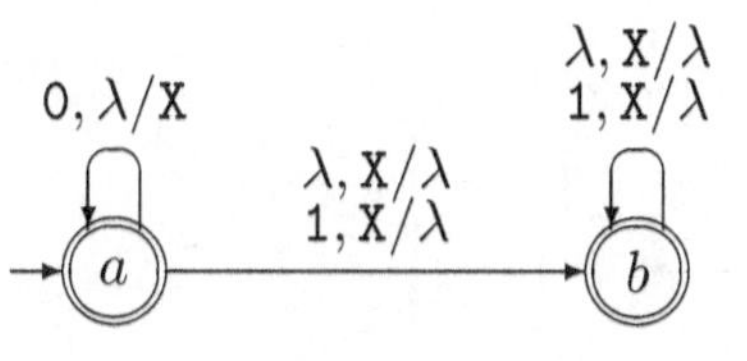

(a) Aceitação por pilha vazia e estado final. 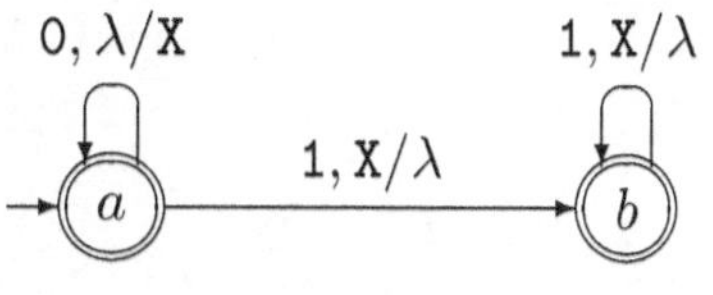   (b) Aceitação por estado final

Figura 3.12 APNs para $\{0^m 1^n \mid m \geq n\}$.

é idêntico ao da Figura 3.4, página 151, que reconhece a linguagem $\{a^n b^n \mid n \geq 0\}$ por pilha vazia e estado final (substituindo-se 0 por a e 1 por b); assim, $L(M') = \{0^n 1^n \mid n \geq 0\}$. Observe também que $L_F(M) = L$: coincidentemente, o APN cujo diagrama de estados pode ser observado na Figura 3.12a reconhece a mesma linguagem para os dois métodos de reconhecimento. □

Outra definição alternativa é aquela em que o reconhecimento de uma palavra se dá quando a pilha fica vazia, após ser consumida a palavra de entrada. Nesse caso, não há o conceito de estado final. Usando o índice V em $L_V(M)$ para significar *reconhecimento por pilha vazia*, segue tal definição alternativa, observando a ausência do conjunto de estados finais.

Definição 34 *Seja um APN* $M = (E, \Sigma, \Gamma, \delta, I)$. *A linguagem reconhecida por* M *por pilha vazia é*

$$L_V(M) = \{w \in \Sigma^* \mid [i, w, \lambda] \overset{*}{\vdash} [e, \lambda, \lambda] \text{ para algum } i \in I \text{ e } e \in E\}.$$

Uma palavra w *tal que* $[i, w, \lambda] \overset{*}{\vdash} [e, \lambda, \lambda]$, *sendo que* $i \in I$, *é dita ser* reconhecida (aceita) *por* M *por pilha vazia*. □

Note que, por essa definição, λ é sempre reconhecida, já que a pilha começa vazia. Será mostrado também, no Teorema 16, que uma linguagem com a palavra λ pode ser reconhecida por pilha vazia e estado final se, e somente se, pode ser reconhecida por pilha vazia.

O APN cujo diagrama de estados está ilustrado na Figura 3.12a reconhece a linguagem $\{0^m 1^n \mid m \geq n\}$ também por pilha vazia, visto que *todos* os seus estados são estados finais. Aliás, se um APN $M = (E, \Sigma, \Gamma, \delta, I)$ reconhece $L_V(M)$, então o APN $M' = (E, \Sigma, \Gamma, \delta, I, E)$ (observe que todos os estados são finais em M') reconhece $L_V(M)$ por pilha vazia e estado final.

Exemplo 100 Seja o APN cujo diagrama de estados está representado na Figura 3.13. Tal APN reconhece a linguagem $\{0^m 1^n \mid m \leq n\}$ por pilha vazia. Considerando todos os seus estados como estados finais, ele reconhece a mesma linguagem por pilha vazia e estado final. □

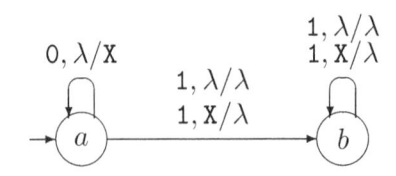

$$a \xrightarrow[\substack{1,\lambda/\lambda \\ 1,X/\lambda}]{} b$$

with loop on a: $0, \lambda/X$ and loops on b: $1, \lambda/\lambda$; $1, X/\lambda$

Figura 3.13 APN para $\{0^m 1^n \mid m \leq n\}$.

O teorema a seguir mostra a equivalência dos três métodos de reconhecimento.

Teorema 16 *Seja L uma linguagem. As seguinte afirmativas são equivalentes:*

a) *L pode ser reconhecida por pilha vazia e estado final.*

b) *L pode ser reconhecida por estado final.*

c) $L \cup \{\lambda\}$ *pode ser reconhecida por pilha vazia.*

Prova

(a) $\to$ (b)

Seja um APN $M = (E, \Sigma, \Gamma, \delta, I, F)$. É possível obter, a partir de M, um APN M' de modo que $L_F(M') = L(M)$. A idéia central é utilizar um símbolo de pilha novo para marcar o fundo da pilha, de forma que M' possa reconhecer quando M estaria com a pilha vazia.

Serão usados, além dos estados em E, mais dois estados $i', g \notin E$, e, além dos símbolos de Γ, mais um símbolo de pilha $\text{F} \notin \Gamma$. Basta fazer $M' = (E \cup \{i', g\}, \Sigma, \Gamma \cup \{\text{F}\}, \delta', \{i'\}, \{g\})$ (veja a Figura 3.14 para uma representação esquemática de M'), tal que δ' inclui δ mais as seguintes transições:

- para cada $i_k \in I$, $\delta'(i', \lambda, \lambda) = \{[i_k, \text{F}]\}$;
- para cada $f_j \in F$, $\delta'(f_j, \lambda, \text{F}) = \{[g, \lambda]\}$.

(b) $\to$ (c)

Seja um APN $M = (E, \Sigma, \Gamma, \delta, I, F)$. Um APN M' tal que $L_V(M') = L_F(M) \cup \{\lambda\}$ seria $M' = (E \cup \{i', g, h\}, \Sigma, \Gamma \cup \{\text{F}\}, \delta', \{i'\})$ (veja a Figura 3.15 para uma representação esquemática de M'), tal que $i', g, h \notin E$, $\text{F} \notin \Gamma$ e δ' inclui δ mais as seguintes transições:

- para cada $i_k \in I$, $\delta'(i', \lambda, \lambda) = \{[i_k, \text{F}]\}$;
- para cada $f_j \in F$, $\delta'(f_j, \lambda, \lambda) = \{[g, \lambda]\}$;
- para cada $X \in \Gamma$, $\delta(g, \lambda, X) = \{[g, \lambda]\}$;
- $\delta(g, \lambda, \text{F}) = \{[h, \lambda]\}$.

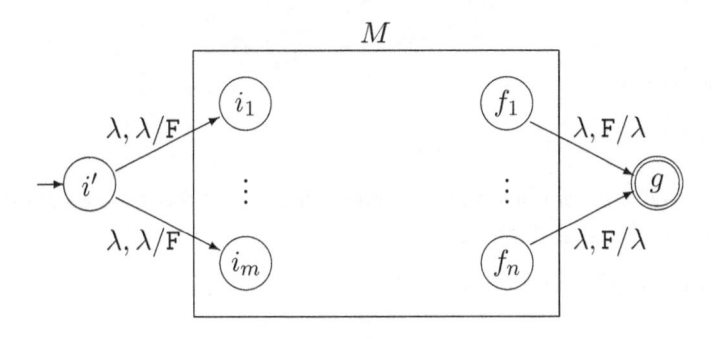

Figura 3.14 Obtenção de APN, parte (a) → (b).

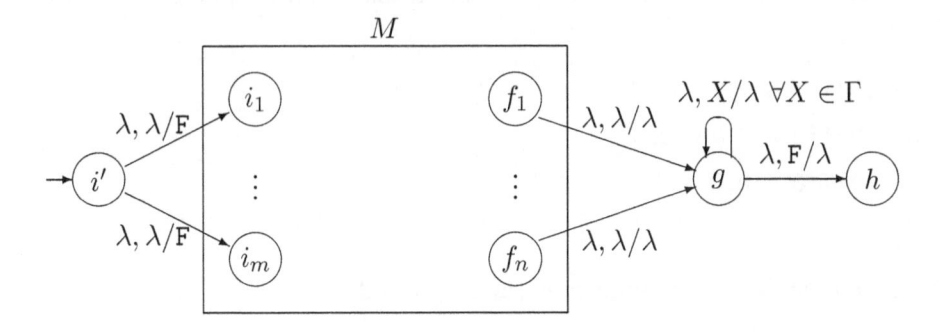

Figura 3.15 Obtenção de APN, parte (b) → (c).

O símbolo de pilha F é utilizado aqui para evitar que a pilha fique vazia, exceto quando a palavra deva ser reconhecida. A pilha fica vazia se, e somente se, for atingido o estado h.

(c) → (a)

Como já foi ressaltado, um APN que reconhece por pilha vazia é um APN que reconhece por pilha vazia e estado final, bastando considerar todos os seus estados como estados finais. Ou seja, se $M = (E, \Sigma, \Gamma, \delta, I)$, um APN M' tal $L(M') = L_V(M)$ seria, então, $M' = (E, \Sigma, \Gamma, \delta, I, E)$. Observe que, como $L_V(M)$ contém λ, $L(M')$ também contém. Embora não seja mostrado aqui como, é possível também obter M' tal que $L(M') = L_V(M) - \{\lambda\}$. □

Daqui para a frente, será usada também a expressão AP para designar o autômato de pilha (não determinístico).

Exercícios

1. Seja o AP $M = (\{i, f\}, \{\mathtt{a}, \mathtt{b}\}, \{\mathtt{B}, \mathtt{C}\}, \delta, \{i\}, \{f\})$, em que δ é dada por:

    $\delta(i, \mathtt{a}, \lambda) = [i, \mathtt{B}]$

$$\delta(i, \lambda, \lambda) = [f, \lambda]$$
$$\delta(f, \text{b}, \text{B}) = [f, \text{C}]$$
$$\delta(f, \text{c}, \text{C}) = [f, \lambda].$$

   a) Exiba as computações para as palavras aa, bb, aabcc e aabcbc. Quais destas palavras são reconhecidas por M?

   b) Que linguagem é reconhecida por M?

2. Construa um AP com um alfabeto de pilha contendo apenas dois símbolos, que reconheça $\{w \in \{\text{a}, \text{b}, \text{c}, \text{d}\}^* \mid w = w^R\}$.

3. Construa APNs que reconheçam as linguagens seguintes por pilha vazia e estado final:

   a) $\{0^n 1^n \mid n \geq 0\} \cup \{0^n 1^{2n} \mid n \geq 0\}$;

   b) $\{0^n 1^k \mid n \leq k \leq 2n\}$;

   c) $\{0^n 1^n 0^k \mid n, k \geq 0\}$;

   d) $\{0^m 1^n \mid m > n\}$.

4. Construa APDs que reconheçam $\{\text{a}^n \text{b}^n \mid n \geq 0\}$:

   a) por estado final;

   b) por pilha vazia.

5. Construa APNs que reconheçam as linguagens do Exercício 3:

   a) por estado final;

   b) por pilha vazia.

6. Mostre que um APN em que é empilhado no máximo um símbolo por transição tem o mesmo poder que um APN normal.

7. Mostre como simular um AFNE por meio de um APN.

8. Obtenha um APD que reconheça *por estado final* a linguagem

$$L = \{w \in \{\text{0}, \text{1}\}^* \mid \text{o número de 0s em } w \text{ difere do de 1s}\}.$$

   A partir dele, obtenha um APD que reconheça $L\{\#\}$ *por pilha vazia e estado final*.

9. Mostre que toda linguagem regular pode ser reconhecida por algum APD sob qualquer um dos três critérios de reconhecimento. Para isso, mostre como obter, a partir de qualquer AFD, os APDs equivalentes para cada um dos critérios de reconhecimento.

10. Mostre como obter um AP M' a partir de um AP M, tal que $L(M') = L(M) - \{\lambda\}$.

3.4 Gramáticas Livres do Contexto

O seguinte trecho é uma parte de uma gramática livre do contexto, na notação BNF,[4] que define uma parte da sintaxe de uma linguagem de programação similar àquela que é utilizada para a apresentação dos algoritmos deste texto:

⟨programa⟩ → ⟨declarações⟩ ; ⟨lista-de-cmds⟩ .
⋮
⟨lista-de-cmds⟩ → ⟨comando⟩ ; ⟨lista-de-cmds⟩ |
λ
⟨comando⟩ → ⟨cmd-enquanto⟩ |
⟨cmd-se⟩ |
⟨cmd-atribuição⟩ |
...
⟨cmd-enquanto⟩ → **enquanto** ⟨exp-lógica⟩ **faça**
⟨lista-de-cmds⟩ **fimenquanto**
⟨cmd-se⟩ → **se** ⟨exp-lógica⟩ **então**
⟨lista-de-cmds⟩ ⟨senaoses⟩ ⟨senao⟩ **fimse**
⟨senaoses⟩ → **senãose** ⟨exp-lógica⟩ **então**
⟨lista-de-cmds⟩ ⟨senaoses⟩ |
λ
⟨senao⟩ → **senão** ⟨lista-de-cmds⟩ |
λ
⟨cmd-atribuição⟩ → ⟨variável⟩ ← ⟨expressão⟩

Nessa notação, as variáveis figuram entre "⟨" e "⟩". Os outros símbolos são terminais; por ordem de ocorrência: ";", **enquanto**, **faça**, **fimenquanto**, **se**, **então**, **fimse**, **senãose**, "←".

Cada regra de uma gramática livre do contexto tem no lado esquerdo apenas uma variável. No lado direito pode ser colocada uma palavra qualquer constituída por variáveis e/ou terminais.

Existem programas que aceitam uma gramática livre do contexto no formato BNF e produzem um analisador sintático para a mesma. Apesar da notação BNF ser comumente mais adequada para a descrição de linguagens que ocorrem na prática, como as linguagens de programação, a notação formal a ser introduzida na próxima seção é mais adequada para o estudo de gramáticas livres do contexto em geral. Após isso, na Seção 3.4.2, serão apresentados os conceitos de árvore de derivação e de ambigüidade de gramáticas, muito importantes por terem grande repercussão em aplicações que envolvem o uso de gramáticas como base no processamento de linguagens. Depois, na Seção 3.4.3 será abordado o problema de manipular as regras de uma gramática com o objetivo de que a gramática resultante tenha certas características. Para finalizar, na Seção 3.4.4 será mostrada a equivalência dos formalismos de gramáticas livres do contexto e autômatos de pilha.

---

[4] Em inglês, *Backus-Naur Form*.

3.4.1 Definição e exemplos

Segue a definição de gramática livre do contexto.

Definição 35 *Uma* gramática livre do contexto *(GLC) é uma gramática* (V, Σ, R, P), *em que cada regra tem a forma* $X \rightarrow w$, *em que* $X \in V$ *e* $w \in (V \cup \Sigma)^*$. □

Para uma GLC, em cada passo de uma derivação deve-se escolher, na forma sentencial, a variável A a ser substituída pelo lado direito de uma regra com A do lado esquerdo. Ao se fazer tal substituição, diz-se que A é *expandida*.

Observe que uma gramática regular é uma gramática livre do contexto especial em que toda forma sentencial contém uma única variável, que é sempre o símbolo mais à direita. Todavia, existem linguagens que não são regulares e que, portanto, não podem ser geradas por GRs, mas que podem ser geradas por GLCs. A seguir são mostrados alguns exemplos.

Exemplo 101 A linguagem não regular $\{0^n 1^n \mid n \in \mathbf{N}\}$ é gerada pela GLC $G = (\{P\}, \{0, 1\}, R, P)$, em que R consta das duas regras:

$P \rightarrow 0P1 \mid \lambda$

As únicas palavras geradas por tal gramática são aquelas que podem ser geradas por n aplicações da regra $P \rightarrow 0P1$, $n \geq 0$, seguidas de uma aplicação da regra $P \rightarrow \lambda$. Esquematicamente: $P \stackrel{n}{\Rightarrow} 0^n P 1^n \Rightarrow 0^n 1^n$. Logo, $L(G) = \{0^n 1^n \mid n \in \mathbf{N}\}$. □

Exemplo 102 A gramática G, a seguir, gera os palíndromos sobre $\{0, 1\}$, ou seja, $L(G) = \{w \in \{0, 1\}^* \mid w = w^R\}$. $G = (\{P\}, \{0, 1\}, R, P)$, em que R consta das cinco regras:

$P \rightarrow 0P0 \mid 1P1 \mid 0 \mid 1 \mid \lambda$

Aplicando-se as duas primeiras regras, gera-se qualquer forma sentencial do tipo wPw^R, para $w \in \{0, 1\}^*$. Por fim, para gerar uma palavra, aplica-se uma das três últimas regras de G; a última, quando a palavra apresenta tamanho par, e uma das outras, quando ela tem tamanho ímpar. □

Exemplo 103 A linguagem $L = \{w \in \{0, 1\}^* \mid w$ tem um número igual de 0s e 1s$\}$ é gerada pela gramática $G = (\{P\}, \{0, 1\}, R, P)$, em que R consta das três regras:

$P \rightarrow 0P1P \mid 1P0P \mid \lambda$

Como o lado direito de cada uma das três regras possui número igual de 0s e 1s, G só gera palavras de L. O fato de que G produz *todas* as palavras de L vem do fato de que para toda palavra w de L, tem-se um dos três casos:

a) $w = \lambda$; nesse caso, basta aplicar a regra $P \rightarrow \lambda$;

b) $w = 0y$ para algum $y \in \{0,1\}^*$ e y tem um 1 a mais que 0s; logo, y é da forma $x1z$, onde x tem número igual de 0s e 1s e z também tem número igual de 0s e 1s; assim, basta iniciar a derivação de w com a primeira regra;

c) $w = 1y$ para algum $y \in \{0,1\}^*$ e y tem um 0 a mais que 1s; por motivo análogo ao segundo caso, basta aplicar a segunda regra.

Nos casos (b) e (c), têm-se novamente (recursivamente) os três casos aplicados para as subpalavras x e z. Com isso, obtém-se um método para construir uma derivação de qualquer palavra de L. A seguinte derivação de 01010110 ilustra a aplicação do método subjacente, em que a variável expandida é sempre a mais à esquerda:

$$
\begin{array}{ll}
P \Rightarrow 0P1P & P \to 0P1P\ (x=10;\ y=0110) \\
\Rightarrow 01P0P1P & P \to 1P0P\ (x=\lambda;\ y=\lambda) \\
\Rightarrow 010P1P & P \to \lambda \\
\Rightarrow 0101P & P \to \lambda \\
\Rightarrow 01010P1P & P \to 0P1P\ (x=\lambda;\ y=10) \\
\Rightarrow 010101P & P \to \lambda \\
\Rightarrow 0101011P0P & P \to 1P0P\ (x=\lambda;\ y=\lambda) \\
\Rightarrow 01010110P & P \to \lambda \\
\Rightarrow 01010110 & P \to \lambda.
\end{array}
$$
□

O exemplo a seguir ilustra uma gramática que contém a essência da especificação da sintaxe das expressões aritméticas das linguagens de programação usuais.

Exemplo 104 Seja a GLC $(\{E,T,F\},\{\mathtt{t},+,*,(,)\},R,E)$, para expressões aritméticas, em que R consta das regras:

$$E \to E+T \mid T$$

$$T \to T*F \mid F$$

$$F \to (E) \mid \mathtt{t}$$

As duas primeiras regras dizem que uma expressão aritmética (E) é constituída por um ou mais termos (Ts) somados. As duas seguintes dizem que um termo é composto de um ou mais fatores (Fs) multiplicados. E as duas últimas dizem que um fator é terminal $\mathtt{t}$ ou, recursivamente, uma expressão aritmética entre parênteses. Essa gramática será utilizada em vários exemplos daqui para a frente. □

Adiante, na Seção 3.4.4, será mostrado que as linguagens geradas por gramáticas livres do contexto são exatamente as reconhecidas por autômatos de pilha. A definição a seguir dá um nome à classe formada por tais linguagens.

Definição 36 *Uma linguagem é dita ser uma* linguagem livre do contexto *se existe uma gramática livre do contexto que a gera.* □

Em geral, existem várias derivações de uma mesma palavra da linguagem gerada por uma gramática. Note que no Exemplo 103, página 166, inicia-se uma derivação de 01010110 por

$$P \Rightarrow \texttt{0}P\texttt{1}P \quad \text{(regra } P \rightarrow \texttt{0}P\texttt{1}P\text{)}.$$

E, após isso, a variável expandida é sempre a *mais à esquerda*. Pode-se ver que a mesma palavra pode ser derivada expandindo-se sempre a variável *mais à direita* em vez da variável mais à esquerda. E mais, a mesma palavra pode ser derivada expandindo-se variáveis em ordem aleatória. Isto mostra que existem várias derivações distintas para a palavra 01010110. O que tais derivações têm em comum, além de gerar a mesma palavra? Esse assunto será abordado na próxima seção.

3.4.2 Derivações e ambigüidade

Um conceito bastante útil, base para muitas implementações de compiladores de linguagens de programação, é o de *árvore de derivação* (AD). Uma AD captura a essência de uma derivação, a história da obtenção de uma forma sentencial que não depende da ordem de aplicação das regras da GLC. A cada derivação vai corresponder uma única AD, mas a uma AD vai corresponder, quase sempre, uma quantidade muito grande de derivações. Assim, pode-se dizer que as ADs particionam o conjunto de todas as derivações de uma GLC em "derivações equivalentes": duas derivações seriam equivalentes se, e somente se, correspondessem à mesma AD.

Definição 37 *Seja uma GLC $G = (V, \Sigma, R, P)$. Uma árvore de derivação (AD) de uma forma sentencial de G é uma árvore ordenada construída recursivamente como segue:*

a) *uma árvore sem arestas cujo único vértice tem rótulo P é uma AD de P;*

b) *se $X \in V$ é rótulo de uma folha f de uma AD A, então:*

   i. *se $X \rightarrow \lambda \in R$, então a árvore obtida acrescentando-se a A mais um vértice v com rótulo λ e uma aresta $\{f, v\}$ é uma AD;*

   ii. *se $X \rightarrow x_1 x_2 \ldots x_n \in R$, onde $x_1, x_2, \ldots, x_n \in V \cup \Sigma$, então a árvore obtida acrescentando-se a A mais n vértices $v_1, v_2, \ldots, v_n$ com rótulos $x_1, x_2, \ldots, x_n$, nessa ordem, e n arestas $\{f, v_1\}, \{f, v_2\}, \ldots, \{f, v_n\}$, é uma AD.*

Se a seqüência dos rótulos da fronteira da AD é a forma sentencial w, diz-se que a AD é uma árvore de derivação de w. □

Exemplo 105 Seja a gramática do Exemplo 104 cujas regras são reproduzidas a seguir:

$$E \rightarrow E{+}T \mid T$$

$$T \rightarrow T{*}F \mid F$$

$$F \rightarrow (E) \mid \texttt{t}$$

Na Figura 3.16, mostra-se uma AD de t*(t+t). Para a construção de tal árvore, tomou-se como ponto de partida a derivação:

$$E \Rightarrow T \qquad \text{(regra } E \to T\text{)}$$

produzindo-se:

```
    E
    |
    T
```

Em seguida, a derivação evoluiu para:

$$\begin{aligned} E &\Rightarrow T & \text{(regra } E \to T\text{)} \\ &\Rightarrow T{*}F & \text{(regra } T \to T{*}F\text{)} \end{aligned}$$

e a árvore correspondente para:

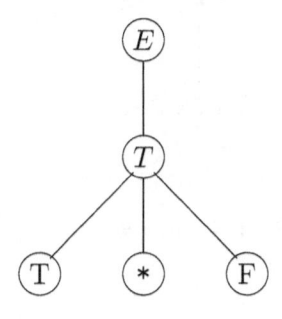

```
        E
        |
        T
       /|\
      T * F
```

Neste instante, tem-se duas opções para continuar a derivação:

$$\begin{aligned} E &\Rightarrow T & \text{(regra } E \to T\text{)} \\ &\Rightarrow T{*}F & \text{(regra } T \to T{*}F\text{)} \\ &\Rightarrow F{*}F & \text{(regra } T \to F\text{)} \end{aligned}$$

ou então

$$\begin{aligned} E &\Rightarrow T & \text{(regra } E \to T\text{)} \\ &\Rightarrow T{*}F & \text{(regra } T \to T{*}F\text{)} \\ &\Rightarrow T{*}(E) & \text{(regra } F \to (E)\text{)}. \end{aligned}$$

À esquerda, mostra-se a AD correspondente à primeira derivação, e à direita, a AD correspondente à segunda derivação:

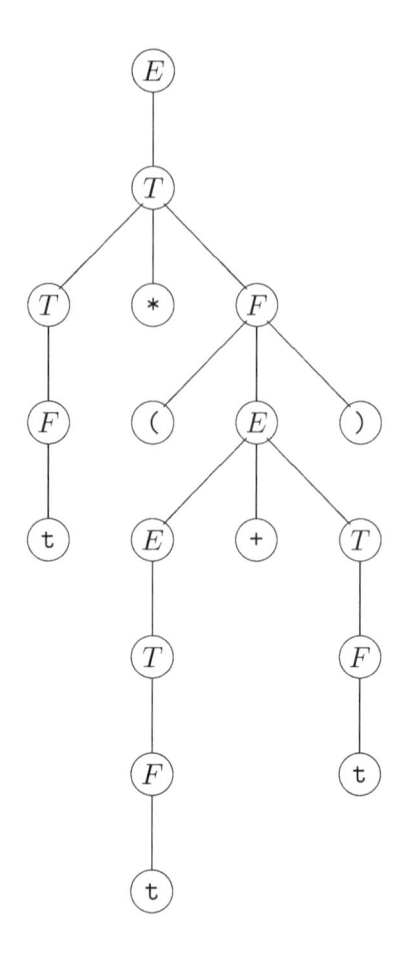

Figura 3.16 Uma árvore de derivação.

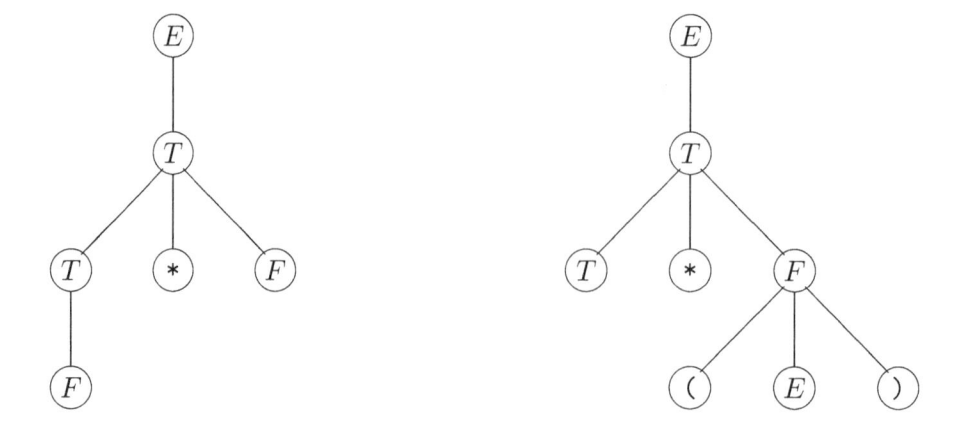

Prosseguindo-se por qualquer uma dessas alternativas, chega-se, após uma derivação de 11 passos, à AD mostrada na Figura 3.16. □

Observe que o número de passos de qualquer derivação que leva a uma AD X é o número de vértices internos de X, já que a cada vértice interno corresponde a aplicação de uma regra (e vice-versa).

A estrutura da árvore de derivação, muitas vezes, é utilizada para associar significado para as sentenças de uma linguagem, de forma similar ao que se faz em análise sintática de sentenças na língua portuguesa (em que se identifica sujeito, verbo, predicado etc.). Em português, se a mesma sentença pode ser desmembrada de mais de uma forma durante a análise, então ela possui vários significados, e diz-se que ela é ambígua. De forma análoga, se existir mais de uma AD de uma mesma palavra, provavelmente ela terá mais de um significado. Isso inspira a definição a seguir.

Definição 38 *Uma GLC é denominada* ambígua *quando existe mais de uma AD para alguma sentença que ela gera.* □

Observe, no entanto, que a gramática é dita ambígua, não a linguagem que ela gera nem as sentenças para as quais haja mais de uma AD. Afinal, podem haver outras GLCs equivalentes a uma GLC ambígua que não sejam ambíguas.

Exemplos de gramáticas não ambíguas são todas aquelas dos Exemplos 101 a 104 da Seção 3.4.1, exceto a do Exemplo 103.

O próximo exemplo apresenta uma gramática ambígua que gera a linguagem de expressões aritméticas, gerada também pela gramática do Exemplo 104.

Exemplo 106 Seja a gramática $G = (\{E\}, \{\mathtt{t}, +, *, (,)\}, R, E)$, para as expressões aritméticas, em que R consta das regras:

$$E \to E + E \mid E * E \mid (E) \mid \mathtt{t}$$

Essa gramática é ambígua, já que existem duas ADs da palavra t+t*t, as quais estão mostradas na Figura 3.17. À árvore da esquerda corresponde, entre outras, a derivação:

$$\begin{aligned}
E &\Rightarrow E + E & (\text{regra } E \to E + E) \\
&\Rightarrow \mathtt{t} + E & (\text{regra } E \to \mathtt{t}) \\
&\Rightarrow \mathtt{t} + E * E & (\text{regra } E \to E * E) \\
&\Rightarrow \mathtt{t} + \mathtt{t} * E & (\text{regra } E \to \mathtt{t}) \\
&\Rightarrow \mathtt{t} + \mathtt{t} * \mathtt{t} & (\text{regra } E \to \mathtt{t}).
\end{aligned}$$

À árvore da direita corresponde a seguinte derivação, entre outras:

$$\begin{aligned}
E &\Rightarrow E * E & (\text{regra } E \to E * E) \\
&\Rightarrow E + E * E & (\text{regra } E \to E + E) \\
&\Rightarrow \mathtt{t} + E * E & (\text{regra } E \to \mathtt{t}) \\
&\Rightarrow \mathtt{t} + \mathtt{t} * E & (\text{regra } E \to \mathtt{t}) \\
&\Rightarrow \mathtt{t} + \mathtt{t} * \mathtt{t} & (\text{regra } E \to \mathtt{t}).
\end{aligned}$$

Como já foi dito anteriormente, em geral, o significado é associado a uma palavra de acordo com a AD obtida. Por exemplo, a AD do lado esquerdo da Figura 3.17 leva à

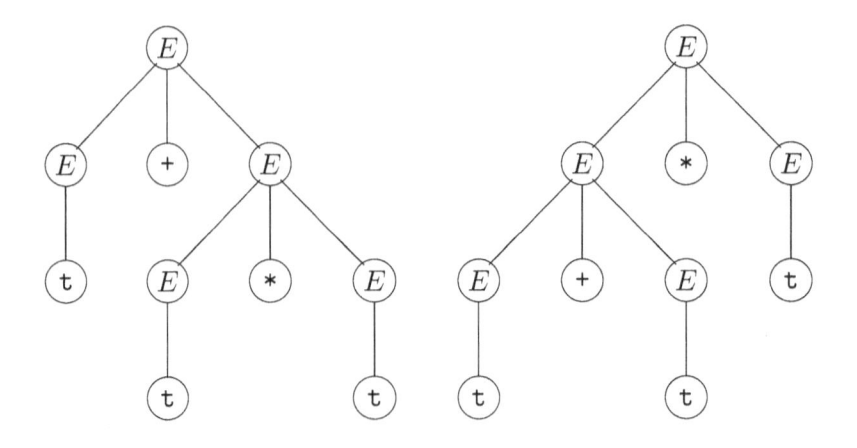

Figura 3.17 Duas árvores de derivação para $t + t * t$.

interpretação de t+t*t como a soma de um elemento com o produto de dois elementos, isto é, $t + (t * t)$, enquanto a AD do lado direito da mesma figura leva à interpretação de t+t*t como o produto da soma de dois elementos com um elemento, ou seja, $(t + t) * t$.

□

Entre as derivações correspondentes a uma AD, existem duas de particular interesse: as *derivações mais à esquerda* e as *derivações mais à direita*.

Definição 39 *Uma derivação é dita mais à esquerda (DME) se em cada passo é expandida a variável mais à esquerda. E é dita mais à direita (DMD) se em cada passo é expandida a variável mais à direita. Para enfatizar que uma derivação é mais à esquerda, pode-se usar o símbolo $\Rightarrow_E$ em vez de $\Rightarrow$ e, para uma derivação mais à direita, pode-se utilizar $\Rightarrow_D$.*

□

Existe uma única DME e uma única DMD correspondentes a uma AD: para obter a DME a partir de uma AD, basta ir gerando os passos de derivação à medida em que se percorre a AD visitando primeiro as subárvores à esquerda, antes de visitar as subárvores à direita; para obter a DMD, visita-se primeiro as subárvores à direita. Assim sendo, pode-se dizer que:

- uma GLC é ambígua se, e somente se, existe mais de uma DME para alguma sentença que ela gere;

- uma GLC é ambígua se, e somente se, existe mais de uma DMD para alguma sentença que ela gere.

Exemplo 107 No Exemplo 106 foram mostradas as duas DMEs que correspondem às ADs da Figura 3.17. As duas DMDs que correspondem às mesmas ADs são, para a primeira AD:

$$\begin{aligned}
E \Rightarrow_D{} & E+E & \text{(regra } E \to E+E) \\
\Rightarrow_D{} & E+E*E & \text{(regra } E \to E*E) \\
\Rightarrow_D{} & E+E*\mathtt{t} & \text{(regra } E \to \mathtt{t}) \\
\Rightarrow_D{} & E+\mathtt{t}*\mathtt{t} & \text{(regra } E \to \mathtt{t}) \\
\Rightarrow_D{} & \mathtt{t}+\mathtt{t}*\mathtt{t} & \text{(regra } E \to \mathtt{t})
\end{aligned}$$

e para a segunda AD:

$$\begin{aligned}
E \Rightarrow_D{} & E*E & \text{(regra } E \to E*E) \\
\Rightarrow_D{} & E*\mathtt{t} & \text{(regra } E \to \mathtt{t}) \\
\Rightarrow_D{} & E+E*\mathtt{t} & \text{(regra } E \to E+E) \\
\Rightarrow_D{} & E+\mathtt{t}*\mathtt{t} & \text{(regra } E \to \mathtt{t}) \\
\Rightarrow_D{} & \mathtt{t}+\mathtt{t}*\mathtt{t} & \text{(regra } E \to \mathtt{t}).
\end{aligned}$$

□

Há linguagens livres do contexto (LLCs) para as quais existem apenas gramáticas ambíguas. Essas linguagens são denominadas *linguagens inerentemente ambíguas*. Um exemplo de linguagem inerentemente ambígua é $\{\mathtt{a}^m\mathtt{b}^n\mathtt{c}^k \mid m=n \text{ ou } n=k\}$. Pode-se mostrar que qualquer GLC que gere tal linguagem terá mais de uma AD para palavras da forma $\mathtt{a}^n\mathtt{b}^n\mathtt{c}^n$.

A detecção e remoção de ambigüidade em GLCs é muito importante, por exemplo, como um passo prévio ao uso de uma gramática para a geração de um compilador para uma linguagem de programação. Na próxima seção serão vistas algumas técnicas de modificação de GLCs, que não alteram a linguagem gerada. No entanto, infelizmente, o problema de determinar se uma GLC arbitrária é ambígua é indecidível, como será mostrado no Capítulo 5.

Existem dois tipos básicos de analisadores sintáticos gerados[5] a partir de GLCs: o *bottom-up* e o *top-down*. Um analisador *bottom-up* parte do programa, lendo-o da esquerda para a direita, e aplica as regras de forma invertida, construindo a AD da fronteira para a raiz, ou seja, *bottom-up*; a derivação considerada durante o processo é uma DMD (obtida de trás para a frente). No entanto, um analisador *top-down* parte do símbolo de partida da GLC e constrói a AD da raiz em direção à fronteira, ou seja, *top-down*; a derivação considerada é uma DME. Os detalhes estariam fora do escopo deste texto, e podem ser encontrados em qualquer livro-texto sobre construção de compiladores. De qualquer forma, fica evidenciada a importância dos três conceitos do ponto de vista prático: AD, DME e DMD.

A mesma linguagem pode ser gerada por inúmeras gramáticas. Algumas gramáticas podem ser mais adequadas que outras, dependendo do contexto para o qual elas foram projetadas. Assim, é importante saber algumas técnicas de manipulação de GLCs de forma a obter GLCs equivalentes, mas com a presença ou ausência de certa(s) característica(s) relevante(s) para determinada aplicação. Em particular, existem algumas *formas normais* de GLCs que são apropriadas em diversas situações, como quando

---

[5] Um analisador sintático é um programa cujo objetivo principal é determinar se um programa está sintaticamente correto.

se pretende mostrar que certa propriedade vale para todas as linguagens geradas por GLCs. Na próxima seção, serão apresentadas algumas técnicas de manipulação de GLCs, assim como duas formas normais importantes.

3.4.3 Manipulação de gramáticas e formas normais

A detecção de variáveis que nunca participam de derivações de palavras da linguagem gerada por uma GLC, as chamadas *variáveis inúteis*, é importante por vários motivos. Por exemplo, em gramáticas grandes, como as de linguagens de programação, pode acontecer de se esquecer de definir as regras relativas a uma variável; ou, então, uma variável, apesar de ter suas regras já definidas, pode não ter sido utilizada ainda na formação de novas regras. Ambos os tipos de variáveis inúteis podem ser detectados. Após a detecção das variáveis inúteis, pode-se acrescentar novas regras para prever a definição ou uso das variáveis. Ou então, caso uma variável seja efetivamente inútil, deve-se eliminar todas as regras que possuem alguma ocorrência da mesma.

Segue uma definição precisa de variável útil, como algoritmos para a detecção de variáveis inúteis e um método para eliminar todas as variáveis inúteis de uma GLC.

Definição 40 *Seja uma GLC $G = (V, \Sigma, R, P)$. Uma variável $X \in V$ é dita ser uma variável útil se, e somente se, existem $u, v \in (V \cup \Sigma)^*$ e $w \in \Sigma^*$ tais que:*

$$P \stackrel{*}{\Rightarrow} uXv \stackrel{*}{\Rightarrow} w.$$

□

Observe que, pela Definição 40, para a variável X ser útil é necessário, não apenas que existam u e v tais que $P \stackrel{*}{\Rightarrow} uXv$, mas também que, para algum u e algum v, tais que $P \stackrel{*}{\Rightarrow} uXv$, se tenha que $uXv \stackrel{*}{\Rightarrow} w$ para algum $w \in \Sigma^*$.

Exemplo 108 Seja a gramática $(\{P, A, B, C\}, \{\mathsf{a}, \mathsf{b}, \mathsf{c}\}, R, P)$, em que R contém as regras:

$P \to AB \mid \mathsf{a}$

$B \to \mathsf{b}$

$C \to \mathsf{c}$

- C é inútil: não existem u e v tais que $P \stackrel{*}{\Rightarrow} uCv$;

- A é inútil: não existe $w \in \Sigma^*$ tal que $A \stackrel{*}{\Rightarrow} w$;

- B é inútil: $P \stackrel{*}{\Rightarrow} uBv$ apenas para $u = A$ e $v = \lambda$, e não existe $w \in \Sigma^*$ tal que $AB \stackrel{*}{\Rightarrow} w$.

Eliminando-se essas variáveis e todas as regras que as referenciam, além dos terminais b e c que não ocorrem em nenhuma regra retida,[6] tem-se a gramática equivalente $(\{P\}, \{a\}, \{P \to a\}, P)$. □

A notação $\Rightarrow_G$, sendo G uma gramática, será usada para informar que a derivação está sendo tomada com relação à gramática G.

Teorema 17 *Seja uma GLC G tal que $L(G) \neq \emptyset$. Existe uma GLC, equivalente a G, sem variáveis inúteis.*

Prova

Seja $G = (V, \Sigma, R, P)$ tal que $L(G) \neq \emptyset$. Uma GLC G'' equivalente a G, sem variáveis inúteis, pode ser construída em dois passos:

a) Obtenha $G' = (V', \Sigma, R', P)$, em que:

- $V' = \{X \in V \mid X \stackrel{*}{\Rightarrow}_G w$ para algum $w \in \Sigma^*\}$, e
- $R' = \{r \in R \mid r$ não contém símbolo de $V - V'\}$.

b) Obtenha $G'' = (V'', \Sigma, R'', P)$, em que:

- $V'' = \{X \in V' \mid P \stackrel{*}{\Rightarrow}_{G'} uXv$ para algum $u, v \in (V' \cup \Sigma)^*\}$, e
- $R'' = \{r \in R' \mid r$ não contém símbolo de $V' - V''\}$.

Alternativamente a Σ, pode-se considerar como alfabeto de G'' o conjunto daqueles terminais que ocorrem em regras de R''.

O algoritmo da Figura 3.18a determina $\{X \in V \mid X \stackrel{*}{\Rightarrow} w$ para algum $w \in \Sigma^*\}$, e o da Figura 3.18b determina $\{X \in V \mid P \stackrel{*}{\Rightarrow} uXv$ para algum $u, v \in (V \cup \Sigma)^*\}$.

Inicialmente, veja que $L(G') = L(G)$, pois apenas as regras de G cujas variáveis X são tais que $X \stackrel{*}{\Rightarrow} w$, para algum $w \in \Sigma^*$, podem contribuir para a geração de alguma palavra de $L(G)$; e G' contém exatamente essas regras. Analogamente, $L(G'') = L(G')$. Resta então mostrar que G'' não possui variáveis inúteis, ou seja, que todas as suas variáveis são úteis. Para isso, seja uma variável arbitrária $X \in V''$. Em primeiro lugar, tem-se que $P \stackrel{*}{\Rightarrow}_{G''} uXv$, por construção de R''. E para qualquer uXv tal que $P \stackrel{*}{\Rightarrow}_{G''} uXv$, tem-se que $uXv \stackrel{*}{\Rightarrow}_{G''} w$ e $w \in \Sigma^*$, pois todas as variáveis Y da forma sentencial uXv são tais que $Y \stackrel{*}{\Rightarrow} y$ e $y \in \Sigma^*$; isso porque as variáveis de R' têm essa propriedade por construção, e ela é preservada na construção de R''. Esse último fato é mostrado a seguir. Ao ser eliminada uma variável Z de V', se $Y \stackrel{*}{\Rightarrow} uZv$, então não podem existir r e s tais que $P \stackrel{*}{\Rightarrow} rYs$; caso contrário, ter-se-ia que $P \stackrel{*}{\Rightarrow} rYs \stackrel{*}{\Rightarrow} ruZvs$, e Z não seria eliminada de V'). Portanto, se $Y \stackrel{*}{\Rightarrow} uZv$, Y é também eliminada. Caso contrário, a eliminação de Z não altera o fato de que $Y \stackrel{*}{\Rightarrow} w$ para algum $w \in \Sigma^*$. □

Segue um exemplo de aplicação do método de eliminação de variáveis inúteis delineado na prova do Teorema 17. Deve-se notar que o Algoritmo 3.18a deve ser aplicado *antes* do Algoritmo 3.18b.

---

[6] Pode-se dizer que tais terminais são *inúteis*, visto que não são usados para formar palavras da linguagem gerada.

Entrada: uma GLC $G = (V, \Sigma, R, P)$.
Saída: $\mathcal{I}_1 = \{X \in V \mid X \stackrel{*}{\Rightarrow} w \text{ para algum } w \in \Sigma^*\}$.
$\mathcal{I}_1 \leftarrow \emptyset$;
repita
    $\mathcal{N} \leftarrow \{X \notin \mathcal{I}_1 \mid X \rightarrow z \in R \text{ e } z \in (\mathcal{I}_1 \cup \Sigma)^*\}$;
    $\mathcal{I}_1 \leftarrow \mathcal{I}_1 \cup \mathcal{N}$
até $\mathcal{N} = \emptyset$;
retorne $\mathcal{I}_1$.

(a) **Determinando variáveis que produzem sentenças**

Entrada: uma GLC $G = (V, \Sigma, R, P)$.
Saída: $\mathcal{I}_2 = \{X \in V \mid P \stackrel{*}{\Rightarrow} uXv \text{ para algum } u, v \in (V \cup \Sigma)^*\}$.
$\mathcal{I}_2 \leftarrow \emptyset; \mathcal{N} \leftarrow \{P\}$;
repita
    $\mathcal{I}_2 \leftarrow \mathcal{I}_2 \cup \mathcal{N}$;
    $\mathcal{N} \leftarrow \{Y \notin \mathcal{I}_2 \mid X \rightarrow uYv \text{ para algum } X \in \mathcal{N} \text{ e } u, v \in (V \cup \Sigma)^*\}$
até $\mathcal{N} = \emptyset$;
retorne $\mathcal{I}_2$.

(b) **Determinando variáveis alcançáveis a partir de** P

Figura 3.18 Algoritmos para achar variáveis úteis.

Exemplo 109 Seja a gramática $G = (\{A, B, C, D, E, F\}, \{0, 1\}, R, A\})$, em que R contém as regras:

$A \rightarrow ABC \mid AEF \mid BD$

$B \rightarrow B0 \mid 0$

$C \rightarrow 0C \mid EB$

$D \rightarrow 1D \mid 1$

$E \rightarrow BE$

$F \rightarrow 1F1 \mid 1$

Aplicando-se o Algoritmo 3.18a, determina-se $V' = \{B, D, F, A\}$. Portanto, de acordo com o método do Teorema 17, R' é formado pelas regras que contêm apenas tais variáveis:

$A \rightarrow BD$

$B \rightarrow B0 \mid 0$

$D \rightarrow 1D \mid 1$

$F \rightarrow 1F1 \mid 1$

Aplicando-se o Algoritmo 3.18b, determina-se $V'' = \{A, B, D\}$. Pelo método do Teorema 17, R'' contém apenas as regras que contêm estas variáveis:

$A \to BD$

$B \to B0 \mid 0$

$D \to 1D \mid 1$ □

Durante a concepção de uma gramática, o projetista pode deparar com a necessidade de modificar uma ou mais regras, sem alterar a linguagem gerada. Inicialmente, será mostrado como eliminar uma regra $X \to w$, em que X *não é a variável de partida*, usando-se o expediente de "simular" a aplicação da mesma em todos os contextos possíveis: para cada ocorrência de X do lado direito de cada regra, prevê-se o caso em que X é substituída por w e o caso em que não o é. Com esse expediente, consegue-se produzir algumas derivações mais curtas, à custa do aumento do número de regras da gramática, como será exemplificado adiante, após o teorema a seguir.

Teorema 18 *Seja uma GLC* $G = (V, \Sigma, R, P)$. *Seja* $X \to w \in R$, $\underline{X \neq P}$. *Seja a GLC* $G' = (V, \Sigma, R', P)$ *em que* R' *é obtido assim:*

1. *para cada regra de R em que X não ocorre do lado direito, exceto $X \to w$, coloque-a em R';*

2. *para cada regra de R da forma $Y \to x_1 X x_2 X \ldots X x_{n+1}$, com pelo menos uma ocorrência de X do lado direito, com $n \geq 1$ e $x_i \in [(V - \{X\}) \cup \Sigma]^*$, coloque em R' todas as regras da forma $Y \to x_1 \gamma_1 x_2 \gamma_2 \ldots \gamma_n x_{n+1}$, sendo que cada γ_j pode ser X ou w, com exceção da regra $X \to w$.*

G' *é equivalente a* G.

Prova

Não será feita uma demonstração rigorosa desse teorema, mas uma argumentação relativamente precisa e clara, utilizando o conceito de árvore de derivação (AD) desenvolvido na Seção 3.4.2. Uma GLC G gera uma palavra w se, e somente se, existe uma AD de w. Será mostrado, então, como transformar uma AD de w em G em uma AD de w em G', e vice-versa. Seja, então a regra $X \to w$ eliminada de G, com $w = A_1 A_2 \ldots A_n$, em que $A_i \in V \cup \Sigma$, e seja uma regra da forma $Y \to B_1 \ldots B_p X C_1 \ldots C_q$, com $B_i, C_j \in V \cup \Sigma$ (note que cada B_i e C_j pode ser ou não X). Tendo em vista como G' é obtida, uma AD de w em G pode ser transformada em uma AD de w em G' substituindo-se toda subárvore da forma exposta na Figura 3.19a pela subárvore exibida na Figura 3.19b. Em palavras, para todo vértice v_X de rótulo X, filho de v_Y, de rótulo Y, e cujos filhos sejam (nesta ordem) $v_{A_1}, v_{A_2}, \ldots, v_{A_n}$, com rótulos $A_1, A_2, \ldots, A_n$,

1. eliminar o vértice v_X; e

2. colocar os vértices $v_{A_1}, v_{A_2}, \ldots, v_{A_n}$ (nesta ordem) como filhos de v_Y, entre os vértices v_{B_p} e v_{C_1}.

(a) Antes **(b) Depois**

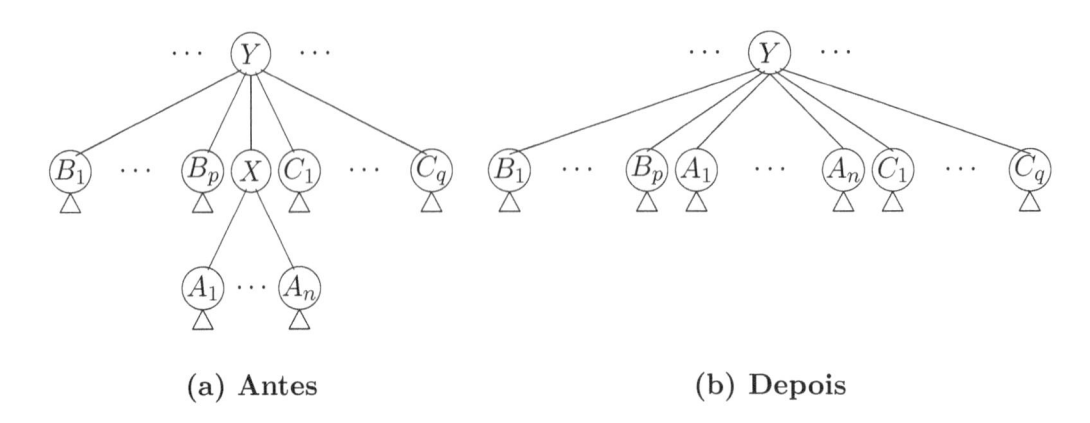

Figura 3.19 Transformação entre ADs induzida por remoção de regra.

Entrada: (1) uma GLC $G = (V, \Sigma, R, P)$, e
  (2) uma regra $X \rightarrow w \in R$, $X \neq P$.
Saída: uma GLC G' equivalente a G, sem a regra $X \rightarrow w$.
$R' \leftarrow \emptyset$;
para cada regra $Y \rightarrow x_1 X x_2 X \ldots X x_{n+1} \in R$, com $n \geq 0$ ocorrências de X **faça**
  para cada γ_j igual a X ou w **faça**
    $R' \leftarrow R' \cup \{Y \rightarrow x_1 \gamma_1 x_2 \gamma_2 \ldots \gamma_n x_{n+1}\}$
  fimpara;
fimpara;
retorne $G' = (V, \Sigma, R' - \{X \rightarrow w\}, P)$.

Figura 3.20 Algoritmo para eliminar uma regra.

Essa transformação, assim como a inversa, é possível, visto que $X \neq P$. Nela, a subárvore à esquerda é substituída pela subárvore à direita (ou vice-versa). □

Um algoritmo correspondente à formulação do Teorema 18 está representado na Figura 3.20.

O método delineado no enunciado do Teorema 18, reformulado pelo algoritmo da Figura 3.20, será exemplificado a seguir. Observe que, para se eliminar uma regra $X \rightarrow w$, cada regra com n ocorrências de X no seu lado direito dá origem a até 2^n regras: para cada ocorrência, considera-se o caso em que ela é substituída por w (aplicação da regra $X \rightarrow w$) e o caso em que não o é (prevendo os casos de aplicações de outras regras X).

Exemplo 110 Seja a gramática $G = (\{P, A, B\}, \{\texttt{a}, \texttt{b}, \texttt{c}\}, R, P)$, em que R contém as regras:

$P \rightarrow ABA$

$A \rightarrow \texttt{a}A \mid \texttt{a}$

$$B \to \mathsf{b}B\mathsf{c} \mid \lambda$$

que gera a linguagem $\{\mathsf{a}^m\mathsf{b}^n\mathsf{c}^n\mathsf{a}^k \mid m, k \geq 1 \text{ e } n \geq 0\}$. Seja o problema de eliminar a regra $A \to \mathsf{a}$. A regra $P \to ABA$ dá origem a quatro regras:

$$P \to ABA \mid AB\mathsf{a} \mid \mathsf{a}BA \mid \mathsf{a}B\mathsf{a}$$

e a regra $A \to \mathsf{a}A$ resulta em duas regras:

$$A \to \mathsf{a}A \mid \mathsf{a}\mathsf{a}$$

Assim, a gramática resultante é $G' = (\{P, A, B\}, \{\mathsf{a}, \mathsf{b}, \mathsf{c}\}, R', P)$, em que R' contém as regras:

$P \to ABA \mid AB\mathsf{a} \mid \mathsf{a}BA \mid \mathsf{a}B\mathsf{a}$

$A \to \mathsf{a}A \mid \mathsf{a}\mathsf{a}$

$B \to \mathsf{b}B\mathsf{c} \mid \lambda$

Note que o número de regras aumentou, mas as derivações propiciadas são mais curtas. Por exemplo, $\mathsf{a}\mathsf{a}$ tem a seguinte derivação em G:

$$\begin{aligned} P &\Rightarrow ABA \quad &&(\text{regra } P \to ABA)\\ &\Rightarrow \mathsf{a}BA \quad &&(\text{regra } A \to \mathsf{a})\\ &\Rightarrow \mathsf{a}A \quad &&(\text{regra } B \to \lambda)\\ &\Rightarrow \mathsf{a}\mathsf{a} \quad &&(\text{regra } A \to \mathsf{a}). \end{aligned}$$

E a mesma palavra tem a seguinte derivação em G':

$$\begin{aligned} P &\Rightarrow \mathsf{a}B\mathsf{a} \quad &&(\text{regra } P \to \mathsf{a}B\mathsf{a})\\ &\Rightarrow \mathsf{a}\mathsf{a} \quad &&(\text{regra } B \to \lambda). \end{aligned}$$ □

Existem duas formas normais especialmente importantes para GLCs: as formas normais de Chomsky e de Greibach, que serão definidas adiante. Um passo comum para a obtenção de uma gramática em uma dessas formas, que seja equivalente a um GLC dada, G, é a obtenção de uma gramática G', equivalente a G, que só tenha regras das formas:

- $P \to \lambda$, somente no caso em que $\lambda \in L(G)$ e P é o símbolo de partida de G';

- $X \to w$, $w \neq \lambda$, apenas nos casos em que $w \in \Sigma$ ou $|w| > 1$.

Em outras palavras, G' não pode ter regras λ, exceto se $\lambda \in L(G)$ (e nesse caso tem a regra $P \to \lambda$), e não pode ter regras unitárias,[7] que são regras da forma $X \to Y$, em que X e Y são variáveis. A seguir, será mostrado, primeiramente, como eliminar as regras λ de uma GLC sem alterar a linguagem gerada; e, depois, como eliminar as regras unitárias.

---

[7] Em inglês, *unit rules* ou *chain rules*.

```
Entrada: uma GLC G = (V, Σ, R, P);
Saída: {X ∈ V | X ⇒* λ}.
𝒜 ← ∅;
repita
    𝒩 ← {Y ∉ 𝒜 | Y → z ∈ R e z ∈ 𝒜*};
    𝒜 ← 𝒜 ∪ 𝒩
até 𝒩 = ∅;
retorne 𝒜.
```

Figura 3.21 Algoritmo para determinar variáveis anuláveis.

Um corolário do Teorema 18 é o fato de que qualquer regra λ pode ser eliminada, com exceção da regra $P \to \lambda$, sendo P o símbolo de partida. Mas, ao se eliminar uma regra λ usando-se o método do Teorema 18, pode-se criar *outras* regras λ. O teorema apresentado a seguir revela uma técnica para eliminar todas as regras λ, preservando-se ou criando-se a regra $P \to \lambda$ no caso em que $\lambda \in L(G)$.

O método a ser introduzido no teorema seguinte utiliza o conceito de *variável anulável*, definido a seguir.

Definição 41 *Uma variável X é dita ser* anulável *em uma GLC G se, e somente se, $X \stackrel{*}{\Rightarrow}_G \lambda$.*

O algoritmo da Figura 3.21 determina o conjunto das variáveis anuláveis de uma GLC.

Teorema 19 *Para qualquer GLC existe uma GLC equivalente cuja única regra λ, se houver, é $P \to \lambda$, sendo P é o símbolo de partida.*

Prova

Seja uma GLC $G = (V, \Sigma, R, P)$. Seja a GLC $G' = (V, \Sigma, R', P)$ em que R' é obtido assim:

1. para cada regra de R cujo lado direito não contém variável anulável, exceto regra λ, coloque-a em R';

2. para cada regra de R da forma $Y \to x_1 X_1 x_2 X_2 \ldots X_n x_{n+1}$, sendo cada X_i uma variável anulável, com $n \geq 1$ e cada x_i sem variáveis anuláveis, coloque em R' todas as regras da forma $Y \to x_1 \gamma_1 x_2 \gamma_2 \ldots \gamma_n x_{n+1}$, em que cada γ_j pode ser X_j ou λ, com exceção de regra λ;

3. se P for anulável, coloque $P \to \lambda$ em R'.

Analisando-se essas três etapas da construção de G', vê-se que G' não contém regra λ, exceto no caso em que P é anulável, ou seja, $P \stackrel{*}{\Rightarrow}_G \lambda$, ou ainda, $\lambda \in L(G)$. Assim, para provar o teorema, basta provar que $P \stackrel{*}{\Rightarrow}_G w$ se, e somente se, $P \stackrel{*}{\Rightarrow}_{G'} w$ para todo $w \in \Sigma^*$ tal que $\underline{w \neq \lambda}$. Mas isso segue do fato de que para todo $X \in V$, $X \stackrel{*}{\Rightarrow}_G w$ se, e somente se, $X \stackrel{*}{\Rightarrow}_{G'} w$ para todo $w \in \Sigma^*$ tal que $\underline{w \neq \lambda}$, resultado este que será provado a seguir.

($\rightarrow$) Será mostrado, inicialmente, por indução sobre n, que para todo $n \geq 1$, para todo $X \in V$ e todo $w \in \Sigma^*$ tal que $w \neq \lambda$, se $X \stackrel{n}{\Rightarrow}_G w$, então $X \stackrel{*}{\Rightarrow}_{G'} w$.

Sejam $X \in V$ e $w \in \Sigma^*$ tal que $w \neq \lambda$, arbitrários, e suponha que $X \stackrel{1}{\Rightarrow}_G w$. Tem-se, então, que $X \to w \in R$. Como $w \neq \lambda$, pela definição de R' $X \to w \in R'$ e, portanto, $X \stackrel{1}{\Rightarrow}_{G'} w$. Seja $n \geq 1$ arbitrário, e suponha, como hipótese de indução, que se $X \stackrel{n}{\Rightarrow}_G w$, então $X \stackrel{*}{\Rightarrow}_{G'} w$ para todo $X \in V$ e todo $w \in \Sigma^*$ tal que $w \neq \lambda$. Suponha agora que $X \stackrel{n+1}{\Rightarrow}_G w$ para $X \in V$ e $w \in \Sigma^*$ tal que $w \neq \lambda$, arbitrários. Nesse caso,

$$X \stackrel{1}{\Rightarrow}_G Y_1 Y_2 \ldots Y_k \stackrel{n}{\Rightarrow}_G w = x_1 x_2 \ldots x_k,$$

sendo que $Y_i \stackrel{p_i}{\Rightarrow}_G x_i$, para cada $1 \leq i \leq k$, sendo $p_i \leq n$. Para cada x_i: se $x_i = \lambda$ e Y_i é uma variável, então Y_i é uma variável anulável; e se $x_i \neq \lambda$, então, pela hipótese de indução, tem-se que $Y_i \stackrel{*}{\Rightarrow}_{G'} x_i$. E como G tem a regra $X \to Y_1 Y_2 \ldots Y_k$, G' tem a regra $X \to Z_1 Z_2 \ldots Z_k$, sendo $Z_i = Y_i$ se $x_i \neq \lambda$, e $Z_i = \lambda$ se $x_i = \lambda$. Assim sendo, tem-se, finalmente, que:

$$X \stackrel{1}{\Rightarrow}_{G'} Z_1 Z_2 \ldots Z_k \stackrel{*}{\Rightarrow}_{G'} x_1 Z_2 \ldots Z_k \stackrel{*}{\Rightarrow}_{G'} x_1 x_2 \ldots Z_k \stackrel{*}{\Rightarrow}_{G'} x_1 x_2 \ldots x_k.$$

($\leftarrow$) Será mostrado, também por indução sobre n, que para todo $n \geq 1$, para todo $X \in V$ e todo $w \in \Sigma^*$ tal que $w \neq \lambda$, se $X \stackrel{n}{\Rightarrow}_{G'} w$, então $X \stackrel{*}{\Rightarrow}_G w$.

Sejam $X \in V$ e $w \in \Sigma^*$ tal que $w \neq \lambda$, arbitrários, e suponha que $X \stackrel{1}{\Rightarrow}_{G'} w$. Tem-se, então, que $X \to w \in R'$. Como $w \neq \lambda$, pela definição de R' existe y tal que $|y| > 0$ e $X \to y \in R'$ e w é o resultado de substituir zero ou mais ocorrências de variáveis anuláveis de y por λ. Assim sendo, tem-se que $X \stackrel{1}{\Rightarrow}_G y \stackrel{*}{\Rightarrow}_G w$. Seja $n \geq 1$ arbitrário, e suponha, como hipótese de indução, que se $X \stackrel{n}{\Rightarrow}_{G'} w$, então $X \stackrel{*}{\Rightarrow}_G w$ para todo $X \in V$ e todo $w \in \Sigma^*$ tal que $w \neq \lambda$. Suponha agora que $X \stackrel{n+1}{\Rightarrow}_{G'} w$ para $X \in V$ e $w \in \Sigma^*$ tal que $w \neq \lambda$, arbitrários. Nesse caso,

$$X \stackrel{1}{\Rightarrow}_{G'} Z_1 Z_2 \ldots Z_k \stackrel{n}{\Rightarrow}_{G'} w = x_1 x_2 \ldots x_k,$$

sendo que $Z_i \stackrel{p_i}{\Rightarrow}_G x_i$, para cada $1 \leq i \leq k$, sendo $p_i \leq n$. Como $X \to Z_1 Z_2 \ldots Z_k \in R'$, segue que há em R uma regra $X \to y$ sendo que $Z_1 Z_2 \ldots Z_k$ é obtida de y pela eliminação de zero ou mais variáveis anuláveis. Portanto, $X \stackrel{*}{\Rightarrow}_G Z_1 Z_2 \ldots Z_k$. Se Z_i é uma variável, pela hipótese de indução tem-se que $Z_i \stackrel{*}{\Rightarrow}_G x_i$. Logo, $Z_1 Z_2 \ldots Z_k \stackrel{*}{\Rightarrow}_G x_1 x_2 \ldots x_k$. Concluindo:

$$X \stackrel{*}{\Rightarrow}_G Z_1 Z_2 \ldots Z_k \stackrel{*}{\Rightarrow}_G w = x_1 x_2 \ldots x_k. \qquad \square$$

Na Figura 3.22 está representado um algoritmo para a eliminação de regras λ abstraído do método apresentado no Teorema 19. Tal algoritmo utiliza aquele definido na Figura 3.21, para determinar o conjunto das variáveis anuláveis. Segue um exemplo.

Entrada: uma GLC $G = (V, \Sigma, R, P)$;
Saída: uma GLC G' equivalente a G, sem regras λ, exceto $P \to \lambda$.
$\mathcal{A} \leftarrow$ variáveis anuláveis de G;
$R' \leftarrow \emptyset$;
para cada regra $X \to x_1 X_1 x_2 X_2 \ldots X_n x_{n+1} \in R$, com $n \geq 0$ variáveis de $\mathcal{A}$ **faça**
   para cada γ_j igual a X_j ou λ **faça**
      $R' \leftarrow R' \cup \{X \to x_1 \gamma_1 x_2 \gamma_2 \ldots \gamma_n x_{n+1}\}$
   fimpara;
fimpara;
retorne $G' = (V, \Sigma, R' - \{X \to \lambda \mid X \neq P\}, P)$.

Figura 3.22 Algoritmo para eliminar regras λ.

Exemplo 111 Seja a gramática $G = (\{P, A, B, C\}, \{\mathsf{a}, \mathsf{b}, \mathsf{c}\}, R, P)$, em que R contém as regras:

$P \to APB \mid C$

$A \to AaaA \mid \lambda$

$B \to BB\mathsf{b} \mid C$

$C \to \mathsf{c}C \mid \lambda$

Aplicando-se o algoritmo da Figura 3.21, obtém-se o conjunto das variáveis anuláveis de G: no presente caso, é o conjunto de todas as variáveis de G. Em seguida, faz-se como mostrado no algoritmo da Figura 3.22, obtendo-se as seguintes regras:

$P \to APB \mid AP \mid AB \mid PB \mid A \mid B \mid C \mid \lambda$

$A \to A\mathsf{aa}A \mid \mathsf{aa}A \mid A\mathsf{aa} \mid \mathsf{aa}$

$B \to BB\mathsf{b} \mid B\mathsf{b} \mid \mathsf{b} \mid C$

$C \to \mathsf{c}C \mid \mathsf{c}$

A regra $P \to P$, obtida a partir de $P \to APB$, foi descartada por motivos óbvios. □

Antes da apresentação das formas normais já citadas, resta apresentar um método para a eliminação de regras unitárias. O método fará uso do conceito de *variáveis encadeadas*. Seja uma gramática $G = (V, \Sigma, R, P)$. Diz-se que uma variável $Z \in V$ é encadeada a uma variável $X \in V$ se $Z = X$ ou se existe uma seqüência de regras $X \to Y_1, Y_1 \to Y_2, \ldots, Y_n \to Z$ em R, $n \geq 0$; no caso em que $n = 0$, tem-se apenas a regra $X \to Z$. Ao conjunto de todas as variáveis encadeadas a X é dado o nome de $enc(X)$. Note que $X \in enc(X)$. O algoritmo da Figura 3.23 calcula tal conjunto.

Entrada: (1) uma GLC $G = (V, \Sigma, R, P)$, e
         (2) uma variável $X \in V$.
Saída: $enc(X)$.
$\mathcal{U} \leftarrow \emptyset; \mathcal{N} \leftarrow \{X\}$;
repita
  $\mathcal{U} \leftarrow \mathcal{U} \cup \mathcal{N}$;
  $\mathcal{N} \leftarrow \{Y \notin \mathcal{U} \mid Z \rightarrow Y \in R \text{ para algum } Z \in \mathcal{N}\}$
até $\mathcal{N} = \emptyset$
retorne $\mathcal{U}$.

Figura 3.23 Algoritmo para variáveis encadeadas.

Teorema 20 *Seja uma GLC G. Existe uma GLC, equivalente a G, sem regras unitárias.*

Prova

Uma GLC equivalente a $G = (V, \Sigma, R, P)$ seria $G' = (V, \Sigma, R', P)$, em que

$$R' = \{X \rightarrow w \mid \text{ existe } Y \in enc(X) \text{ tal que } Y \rightarrow w \in R \text{ e } w \notin V\}.$$

Para provar a equivalência entre G e G', será mostrado que para todo $X \in V$ e todo $w \in \Sigma^*$ $X \stackrel{*}{\Rightarrow}_G w$ se, e somente se, $X \stackrel{*}{\Rightarrow}_{G'} w$.

($\rightarrow$) Será mostrado, por indução sobre n, que para todo $n \geq 0$, para todo $X \in V$ e todo $w \in \Sigma^*$ se $X \stackrel{n}{\Rightarrow}_G w$, então $X \stackrel{*}{\Rightarrow}_{G'} w$.

Para $n = 0$, sendo $X \in V$, não existe $w \in \Sigma^*$ tal que $X \stackrel{0}{\Rightarrow}_G w$; logo, a afirmativa vale por vacuidade. Seja $n \geq 0$ arbitrário, e suponha, como hipótese de indução, que para todo $X \in V$ e todo $w \in \Sigma^*$ se $X \stackrel{n}{\Rightarrow}_G w$, então $X \stackrel{*}{\Rightarrow}_{G'} w$. Sejam $X \in V$ e $w \in \Sigma^*$ arbitrários e suponha que $X \stackrel{n+1}{\Rightarrow}_G w$. Nesse caso,

$$X \Rightarrow_G Y_1 \Rightarrow_G Y_2 \ldots \Rightarrow_G Y_k \stackrel{n+1-k}{\Rightarrow}_G w,$$

sendo que $Y_1, Y_2, \ldots, Y_{k-1} \in V$ e $Y_k \notin V$, $k \geq 1$. Pela definição de G', $X \rightarrow Y_k \in R'$. Logo, $X \Rightarrow_{G'} Y_k$. Supondo que $Y_K = Z_1 Z_2 \ldots Z_m$, $Z_i \in V \cup \Sigma$, e que $w = u_1 u_2 \ldots u_m$, sendo que $Z_i \stackrel{p_i}{\Rightarrow}_G u_i$, como $p_i \leq n$, pela hipótese de indução, se $Z_i \in V$, então $Z_i \stackrel{*}{\Rightarrow}_{G'} u_i$ e, portanto,

$$X \Rightarrow_{G'} Z_1 Z_2 \ldots Z_m \stackrel{*}{\Rightarrow}_{G'} u_1 Z_2 \ldots Z_m \stackrel{*}{\Rightarrow}_{G'} u_1 u_2 \ldots Z_m \stackrel{*}{\Rightarrow}_{G'} u_1 u_2 \ldots u_m = w.$$

($\leftarrow$) Segue da definição das regras de G' que se $X \stackrel{*}{\Rightarrow}_{G'} w$ então $X \stackrel{*}{\Rightarrow}_G w$. □

Um algoritmo correspondente ao método esboçado no Teorema 20 está representado na Figura 3.24. Lembre-se que $enc(X)$ pode ser determinado por meio do algoritmo mostrado na Figura 3.23. Segue um exemplo.

Entrada: uma GLC $G = (V, \Sigma, R, P)$;
Saída: uma GLC G' equivalente a G, sem regras unitárias.
$R' \leftarrow \emptyset$;
para cada variável $X \in V$ **faça**
    $R' \leftarrow R' \cup \{X \to w \mid $ existe $Y \in enc(X)$ tal que $Y \to w \in R$ e $w \notin V\}$
fimpara;
retorne $G' = (V, \Sigma, R', P)$.

Figura 3.24 Algoritmo para eliminar regras unitárias.

Exemplo 112 Seja novamente a GLC para expressões aritméticas cujas regras são reproduzidas a seguir:

$E \to E{+}T \mid T$

$T \to T{*}F \mid F$

$F \to (E) \mid \mathtt{t}$

Os conjuntos $enc(X)$ para cada variável X são:

- $enc(E) = \{E, T, F\}$;
- $enc(T) = \{T, F\}$;
- $enc(F) = \{F\}$.

A GLC equivalente, sem regras unitárias, obtida de acordo com o método do Teorema 20, é então $(\{E, T, F\}, \{\mathtt{t}, +, *, (,)\}, R', E)$, em que R' tem as regras:

$E \to E{+}T \mid T{*}F \mid (E) \mid \mathtt{t}$

$T \to T{*}F \mid (E) \mid \mathtt{t}$

$F \to (E) \mid \mathtt{t}$ □

Até agora, vimos como eliminar uma regra qualquer (que não tenha o símbolo de partida do lado esquerdo), como eliminar todas as variáveis inúteis, como eliminar todas as regras λ (com exceção de regra da forma $P \to \lambda$) e como eliminar todas as regras unitárias. Algumas eliminações podem ocasionar o aparecimento de novas regras. Ao se aplicar vários tipos de eliminações em seqüência, certo tipo de regra, já eliminado, pode reaparecer. Seguem alguns exemplos:

a) Ao se eliminar regras λ podem aparecer regras unitárias. Exemplo: GLC com as regras $A \to BC$ e $B \to \lambda$.

b) Ao se eliminar regras unitárias podem aparecer regras λ. Exemplo: GLC com $P \to \lambda$, sendo P é o símbolo de partida, e a regra $A \to P$.

c) Ao se eliminar regras λ podem aparecer variáveis inúteis. Exemplo: o do item (a), caso $B \rightarrow \lambda$ seja a única regra B.

d) Ao se eliminar regras unitárias podem aparecer variáveis inúteis. Exemplo: GLC que contém $A \rightarrow B$ e B não aparece do lado direito de nenhuma outra regra (B torna-se inútil).

Evidentemente, ao se eliminar variáveis inúteis, não podem aparecer novas regras, inclusive as regras λ ou unitárias. Assim, dados (c) e (d), as variáveis inúteis devem ser eliminadas por último. O exemplo apresentado em (b) mostra o único caso que propicia o aparecimento de regra λ ao se eliminar regras unitárias depois da eliminação de regras λ: quando ocorre da GLC conter, simultaneamente, os dois tipos de regras:

- $P \rightarrow \lambda$, e

- $X \rightarrow P$,

em que P é o símbolo de partida. Assim, pode-se garantir que a seguinte seqüência de eliminações é consistente, caso a GLC inicial não contenha um dos dois tipos de regra:

1. eliminar regras λ;

2. eliminar regras unitárias;

3. eliminar símbolos inúteis.

Uma maneira simples de garantir a consistência da seqüência de eliminações mencionada anteriormente é antecedê-la pela mudança da variável de partida para um novo símbolo P', e pelo acréscimo à GLC de uma nova regra $P' \rightarrow P$. Nesse caso, a eliminação de regras λ leva ao aparecimento de uma regra $P' \rightarrow \lambda$ quando λ pertence à linguagem gerada, mas nunca ao aparecimento de uma regra do tipo $X \rightarrow P'$ pois, sendo P' uma variável que não aparece no lado direito de nenhuma regra, ela continua a não aparecer após a eliminação de regras λ.

A discussão dos dois últimos parágrafos permite enunciar o teorema a seguir.

Teorema 21 *Para qualquer GLC $G = (V, \Sigma, R, P)$, existe uma GLC equivalente cujas regras são das formas:*

- $P \rightarrow \lambda$ *se* $\lambda \in L(G)$;

- $X \rightarrow a$ *para* $a \in \Sigma$;

- $X \rightarrow w$ *para* $|w| \geq 2$.

Prova

Esse resultado segue da discussão apresentada anteriormente. □

A seguir, serão apresentadas as formas normais de Chomsky e de Greibach, ainda mais restritas que a do Teorema 21, mas que não diminuem o poder expressivo das GLCs e que encontram várias aplicações.

Definição 42 *Uma GLC* $G = (V, \Sigma, R, P)$ *é dita estar na* forma normal de Chomsky *(FNC) se todas as suas regras estão nas formas:*

- $P \to \lambda$ *se* $\lambda \in L(G)$;
- $X \to YZ$ *para* $Y, Z \in V$;
- $X \to a$ *para* $a \in \Sigma$. □

Teorema 22 *Seja uma GLC G. Existe uma GLC na FNC equivalente a G.*

Prova

Pelo Teorema 21, pode-se obter uma GLC equivalente a G tal que:

- $P \to \lambda$ se $\lambda \in L(G)$;
- $X \to a$ para $a \in \Sigma$;
- $X \to w$ para $|w| \geq 2$.

Assim, basta mostrar como obter um conjunto de regras cujo efeito na derivação de uma palavra seja equivalente ao efeito de uma regra do tipo $X \to w$ para $|w| \geq 2$, mas que tenha apenas regras das formas permitidas na FNC. Isso pode ser feito em dois passos:

1. Modificar cada regra $X \to w$, $|w| \geq 2$, se necessário, de forma que ela fique contendo apenas variáveis. Para isso, substituir cada ocorrência de cada $a \in \Sigma$ que apareça em w por uma variável, da seguinte forma: se existe uma regra da forma $Y \to a$ e esta é a única regra Y, substituir as ocorrências de a por Y em w; caso contrário, criar uma regra $Y \to a$, em que Y é uma variável *nova*, e substituir as ocorrências de a por Y em w.

2. Substituir cada regra $X \to Y_1 Y_2 \ldots Y_n$, $n \geq 3$, em que cada Y_i é uma variável, pelo conjunto das regras: $X \to Y_1 Z_1$, $Z_1 \to Y_2 Z_2$, $\ldots$, $Z_{n-2} \to Y_{n-1} Y_n$, em que $Z_1, Z_2, \ldots, Z_{n-2}$ são variáveis *novas*. □

A prova do Teorema 22 leva ao algoritmo da Figura 3.25 para a construção de uma GLC na FNC equivalente a uma GLC dada. Segue um exemplo de obtenção de gramática na forma normal de Chomsky.

Exemplo 113 Seja a GLC $G = (\{L, S, E\}, \{\mathtt{a}, (,)\}, R, L)$, em que R consta das regras:

$L \to (S)$

$S \to SE \mid \lambda$

Entrada: (1) uma GLC $G = (V, \Sigma, R, P)$.
Saída: uma GLC G' equivalente a G, na FNC.
$P' \leftarrow$ uma variável que não pertence a V;
se P ocorre do lado direito de alguma regra **então**
    $V' \leftarrow V \cup \{P'\}$; $R' \leftarrow R \cup \{P' \to P\}$;
senão
    $V' \leftarrow V$; $R' \leftarrow R$; $P' \leftarrow P$
fimse;
elimine regras λ (algoritmo da Figura 3.22);
elimine regras unitárias (algoritmo da Figura 3.24);
/* aqui pode-se eliminar variáveis inúteis */
$S \leftarrow \{X \to w \in R' \mid |w| \geq 2\}$;
para cada $a \in \Sigma$ tal que a ocorre em regra de S **faça**
    se não existe uma regra $Y \to a \in R'$ ou existe mas ela não é a única regra Y em R' **então**
        $Y \leftarrow$ uma variável que não pertence a V';
        $V' \leftarrow V' \cup \{Y\}$;
        $R' \leftarrow R' \cup \{Y \to a\}$;
    fimse;
    substitua a por Y nas regras de S
fimpara;
para cada regra $X \to Y_1 Y_2 \ldots Y_n \in S, n > 2$ **faça**
    substituí-la pelas regras $X \to Y_1 Z_1, Z_1 \to Y_2 Z_2, \ldots, Z_{n-2} \to Y_{n-1} Y_n$
    em que $Z_1, Z_2, \ldots, Z_{n-2} \notin V'$;
    $V' \leftarrow V' \cup \{Z_1, Z_2, \ldots, Z_{n-2}\}$
fimpara;
retorne $G' = (V', \Sigma, R', P')$.

Figura 3.25 Algoritmo para FNC.

$E \to \mathsf{a} \mid L$

Apesar de L aparecer do lado direito de uma regra, essa GLC claramente não gera λ. Assim, não é preciso acrescentar uma regra $L' \to L$, embora o algoritmo da Figura 3.25 o faça. Observando-se que S é a única variável anulável, tem-se as seguintes regras após a eliminação de regras λ:

$L \to (S) \mid ()$

$S \to SE \mid E$

$E \to \mathsf{a} \mid L$

Observando-se que $enc(L) = \{L\}$, $enc(S) = \{S, E, L\}$ e $enc(E) = \{E, L\}$, são obtidas as seguintes regras após a eliminação de regras unitárias:

$L \to (S) \mid ()$

$S \to SE \mid \mathsf{a} \mid (S) \mid ()$

$E \to \mathsf{a} \mid (S) \mid ()$

Finalmente, após a substituição de terminais por variáveis nas regras cujo lado direito é maior ou igual a 2, e a "quebra" daquelas regras com lado direito maior que 2, tem-se as regras:

$L \to AX \mid AB$

$S \to SE \mid \mathtt{a} \mid AX \mid AB$

$E \to \mathtt{a} \mid AX \mid AB$

$X \to SB$

$A \to ($

$B \to)$ □

Antes de apresentar a forma normal de Greibach, serão vistos dois métodos de manipulação, e teoremas respectivos, que são úteis, não apenas como passos intermediários para a obtenção de GLCs na forma normal, como também em outros contextos. O primeiro diz respeito à eliminação de *regras recursivas à esquerda*, isto é, regras da forma $A \to Ay$. É interessante observar que, em analisadores sintáticos *top-down*, gerados a partir de GLCs, as GLCs não podem conter regras recursivas à esquerda. A seguir, mostra-se como eliminar esse tipo de regra.

Teorema 23 *Para qualquer GLC existe uma GLC equivalente sem regras recursivas à esquerda.*

Prova

Sejam as regras, a seguir, **todas** as regras X de uma GLC G:

$X \to Xy_1 \mid Xy_2 \mid \ldots \mid Xy_n \mid w_1 \mid w_2 \mid \ldots \mid w_k$

em que nenhum w_i começa com X. Se $k = 0$, obviamente X é uma variável inútil e as regras X podem ser simplesmente eliminadas. Caso contrário, em uma DME as regras X são utilizadas da seguinte forma:

$X \stackrel{p}{\Rightarrow} X y_{i_p} y_{i_{p-1}} \ldots y_{i_1} \Rightarrow w_j y_{i_p} y_{i_{p-1}} \ldots y_{i_1} \ (p \geq 0)$

em que $1 \leq i_q \leq n$ para $1 \leq q \leq p$, e $1 \leq j \leq k$. Ora, a forma sentencial $w_j y_{i_p} y_{i_{p-1}} \ldots y_{i_1}$ pode ser obtida utilizando recursão à direita, em vez de recursão à esquerda, por meio das regras:

$X \to w_1 Z \mid w_2 Z \mid \ldots \mid w_k Z$

$Z \to y_1 Z \mid y_2 Z \mid \ldots \mid y_n Z \mid \lambda$

em que Z é uma variável *nova*. Eliminado-se a regra λ, obtém-se:

$X \to w_1 Z \mid w_2 Z \mid \ldots \mid w_k Z \mid w_1 \mid w_2 \mid \ldots \mid w_k$

$$Z \to y_1 Z \mid y_2 Z \mid \ldots \mid y_n Z \mid y_1 \mid y_2 \mid \ldots \mid y_n$$

□

Segue um exemplo de eliminação de regras recursivas à esquerda.

Exemplo 114 Seja a gramática $G = (\{E\}, \{\texttt{t}, +, *, (,)\}, R, E)$, sendo R dado por:

$$E \to E{+}E \mid E{*}E \mid (E) \mid \texttt{t}$$

Utilizando o raciocínio do Teorema 23, obtém-se:

$$E \to (E)Z \mid \texttt{t}Z$$

$$Z \to {+}EZ \mid {*}EZ \mid \lambda$$

Observe que, como efeito colateral, a ambigüidade da gramática foi removida. □

O segundo método referido anteriormente, é aquele utilizado para eliminar uma variável que aparece do lado direito de uma regra, método este apresentado no enunciado do teorema a seguir.

Teorema 24 *Seja uma GLC* $G = (V, \Sigma, R, P)$ *tal que* $X \to uYv \in R$, *em que* $Y \in V$ *e* $Y \neq X$. *Sejam* $Y \to w_1 | w_2 | \ldots | w_n$ *todas as regras* Y *em* R. *Seja* $G' = (V, \Sigma, R', P)$, *sendo*

$$R' = (R - \{X \to uYv\}) \cup \{X \to uw_1v \mid uw_2v \mid \ldots \mid uw_nv\}.$$

Então $L(G') = L(G)$.

Prova

Suponha que $P \stackrel{*}{\Rightarrow}_G w$. Se a regra $X \to uYv$ não for usada na derivação, então ela mesma é uma derivação de w em G'. Entretanto, se tal regra for utilizada, a subderivação $X \Rightarrow_G uYv \Rightarrow_G uw_iv$ pode ser substituída por $X \Rightarrow_{G'} uw_iv$ (aplicando-se a regra $X \to uw_iv$). Logo, $P \stackrel{*}{\Rightarrow}_{G'} w$ e, portanto, $L(G) \subseteq L(G')$.

Suponha, por outro lado, que $P \stackrel{*}{\Rightarrow}_{G'} w$. Caso as regras $X \to uw_1v \mid uw_2v \mid \ldots \mid uw_nv$ não sejam usadas na derivação de w em G', então ela é também uma derivação de w em G. Caso contrário, se para regra $X \to uw_iv$, usada na derivação de w em G', a subderivação $X \Rightarrow_{G'} uw_iv$ for substituída por $X \Rightarrow_G uYv \Rightarrow_G uw_iv$, obtém-se uma derivação de w em G e, portanto, $L(G') \subseteq L(G)$. □

Definição 43 *Uma GLC* $G = (V, \Sigma, R, P)$ *é dita estar na* forma normal de Greibach *(FNG) se todas as suas regras são das formas:*

- $P \to \lambda$ *se* $\lambda \in L(G)$;

- $X \to ay$ *para* $a \in \Sigma$ *e* $y \in V^*$.

□

Veja que uma forma sentencial de uma gramática na forma normal de Greibach, com exceção de λ, é sempre da forma xy, em que $x \in \Sigma^+$ e $y \in V^*$. Note ainda que a cada passo de uma derivação, concatena-se um terminal a mais ao prefixo de terminais x, a menos que a regra utilizada seja $P \to \lambda$. Supondo que P não apareça do lado direito de nenhuma regra, o tamanho de uma derivação de uma palavra $w \in \Sigma^*$ é sempre $|w|$, exceto quando $w = \lambda$; nesse caso, o tamanho é 1, correspondendo à derivação $P \Rightarrow \lambda$.

Teorema 25 *Seja uma GLC G. Existe uma GLC na FNG equivalente a G.*

Prova

Como já foi visto, pode-se obter uma GLC equivalente a G tal que:

- $P \to \lambda$ se $\lambda \in L(G)$;
- $X \to a$ para $a \in \Sigma$;
- $X \to w$ para $|w| \geq 2$.

Usando-se o mesmo artifício que no item (1) do método descrito na prova do Teorema 22, página 186, pode-se substituir por variáveis todos os terminais de w, a partir de seu segundo símbolo, nas regras da forma $X \to w$ para $|w| \geq 2$. Com isso, obtêm-se regras da forma $X \to Yy$, sendo que $Y \in V \cup \Sigma$ e $y \in V^+$. Assim, basta mostrar como as regras dessa forma podem ser substituídas por outras das formas permitidas na FNG, de maneira que a mesma linguagem seja gerada. A chave para isso é utilizar repetidamente o Teorema 24 para substituir Y se $Y \neq X$, ou o Teorema 23 se $Y = X$. Mas isso deve ser feito de forma a garantir que o processo termine. O processo começa pela numeração seqüencial, a partir de 1, das variáveis; embora a complexidade da GLC resultante dependa da numeração, qualquer numeração em que P receba o número 1 serve. Em seguida, para cada $A \in V$, começando com P, na ordem dada pela numeração escolhida, faz-se o seguinte até não poder mais:

1. Se existe uma regra $A \to By$, para $|y| \geq 1$, tal que o número de B é *menor* que o de A, aplica-se o método do Teorema 24 para substituir B. (Observe que isso não é feito para as variáveis novas introduzidas pelo uso do Teorema 23.)

2. Se existe uma regra $A \to Ay$, para $|y| \geq 1$, aplica-se o método do Teorema 23 para eliminar a recursão à esquerda.

Dessa forma, obtém-se uma GLC em que as regras da forma $X \to Yy$, para $|y| \geq 1$, são tais que o número de X é menor que o de Y. (No Exercício 21 da Seção 3.6, página 210, pede-se para provar que esse processo termina.)

Terminado o processo descrito anteriormente, sendo A a variável de maior número, as regras A são da forma $A \to ay$, $y \in V^*$. Sendo B a variável de número anterior ao maior número, as regras B da forma $B \to Cy$, em que $C \in V$, são tais que $C = A$. Assim, basta aplicar o método do Teorema 24 para obter regras da forma pretendida. Esse processo é repetido, sucessivamente, para as variáveis de número menor, até ser atingida a variável P. Ao final, para cada $A \in V$, tem-se apenas regras A na forma pretendida e, eventualmente, regras da forma $Z \to w$, em que Z é variável *nova* criada eliminando-se recursão à esquerda. Nesse último caso, as regras da forma $Z \to Ay$ podem ser eliminadas aplicando-se o método do Teorema 24. Após isso, todas as regras estarão no formato permitido pela FNG. □

Exemplo 115 Seja a GLC $G = (\{A, B, C, D\}, \{\mathtt{b}, \mathtt{c}, \mathtt{d}\}, R, A)$, em que R consta de:

$A \to CB$

$B \to BBD \mid \mathtt{b}$

$C \to BBC \mid D\mathtt{c}$

$D \to AD \mid \mathtt{d}$

Como essa GLC não tem regras λ e regras unitárias, começa-se pela eliminação da regra $C \to D\mathtt{c}$ e a introdução das regras $C \to DE$ e $E \to \mathtt{c}$. Em seguida, numera-se as variáveis. Seja a numeração em que o número de A é 1, de B é 2, de C é 3, de D é 4 e de E é 5. A regra $A \to CB$ fica como está, pois o número de A é menor que o de C. Nas regras B, tem-se recursão à esquerda; aplicando-se o método do Teorema 23, as regras B são substituídas por: $B \to \mathtt{b} \mid \mathtt{b}Z_1$, mais as regras $Z_1 \to BD \mid BDZ_1$. A GLC resultante até agora é (as regras *novas* são marcadas com "*"):

$A \to CB$

* $B \to \mathtt{b} \mid \mathtt{b}Z_1$

$C \to BBC \mid DE$

$D \to AD \mid \mathtt{d}$

$E \to \mathtt{c}$

* $Z_1 \to BD \mid BDZ_1$

A regra $C \to BBC$ deve ser substituída, pois o número de C é maior que o de B. Obtém-se:

$A \to CB$

$B \to \mathtt{b} \mid \mathtt{b}Z_1$

* $C \to \mathtt{b}BC \mid \mathtt{b}Z_1 BC$

$C \to DE$

$D \to AD \mid \mathtt{d}$

$E \to \mathtt{c}$

$Z_1 \to BD \mid BDZ_1$

Em seguida, substitui-se a regra $D \to AD$, pois o número de D é maior que o de A, obtendo-se:

$A \to CB$

$B \to \mathtt{b} \mid \mathtt{b}Z_1$

$C \to \mathtt{b}BC \mid \mathtt{b}Z_1BC \mid DE$

* $D \to CBD$

  $D \to \mathtt{d}$

  $E \to \mathtt{c}$

  $Z_1 \to BD \mid BDZ_1$

A regra $D \to CBD$ deve ser substituída, pois o número de D é maior que o de C. Obtém-se:

$A \to CB$

$B \to \mathtt{b} \mid \mathtt{b}Z_1$

$C \to \mathtt{b}BC \mid \mathtt{b}Z_1BC \mid DE$

* $D \to \mathtt{b}BCBD \mid \mathtt{b}Z_1BCBD \mid DEBD$

  $D \to \mathtt{d}$

  $E \to \mathtt{c}$

  $Z_1 \to BD \mid BDZ_1$

Eliminando-se a recursão à esquerda para as regras D, obtém-se:

$A \to CB$

$B \to \mathtt{b} \mid \mathtt{b}Z_1$

$C \to \mathtt{b}BC \mid \mathtt{b}Z_1BC \mid DE$

* $D \to \mathtt{b}BCBD \mid \mathtt{b}Z_1BCBD \mid \mathtt{d} \mid \mathtt{b}BCBDZ_2 \mid \mathtt{b}Z_1BCBDZ_2 \mid \mathtt{d}Z_2$

  $E \to \mathtt{c}$

  $Z_1 \to BD \mid BDZ_1$

* $Z_2 \to EBD \mid EBDZ_2$

Agora, analisando-se as regras E, D, C, B e A, nessa ordem, vê-se que apenas as regras $C \to DE$ e $A \to CB$ devem ser substituídas. Substituindo-se $C \to DE$, obtém-se:

$A \to CB$

$B \to \mathtt{b} \mid \mathtt{b}Z_1$

$C \to \mathtt{b}BC \mid \mathtt{b}Z_1BC$

* $C \to \mathtt{b}BCBDE \mid \mathtt{b}Z_1BCBDE \mid \mathtt{d}E \mid \mathtt{b}BCBDZ_2E$
  $\mid \mathtt{b}Z_1BCBDZ_2E \mid \mathtt{d}Z_2E$

$D \to \mathtt{b}BCBD \mid \mathtt{b}Z_1BCBD \mid \mathtt{d} \mid \mathtt{b}BCBDZ_2 \mid \mathtt{b}Z_1BCBDZ_2 \mid \mathtt{d}Z_2$

$E \to \mathtt{c}$

$Z_1 \to BD \mid BDZ_1$

$Z_2 \to EBD \mid EBDZ_2$

Substituindo-se $A \to CB$, obtém-se:

* $A \to \mathtt{b}BCB \mid \mathtt{b}Z_1BCB \mid \mathtt{b}BCBDEB \mid \mathtt{b}Z_1BCBDEB \mid \mathtt{d}EB$
  $\mid \mathtt{b}BCBDZ_2EB \mid \mathtt{b}Z_1BCBDZ_2EB \mid \mathtt{d}Z_2EB$

$B \to \mathtt{b} \mid \mathtt{b}Z_1$

$C \to \mathtt{b}BC \mid \mathtt{b}Z_1BC \mid \mathtt{b}BCBDE \mid \mathtt{b}Z_1BCBDE$
  $\mid \mathtt{d}E \mid \mathtt{b}BCBDZ_2E \mid \mathtt{b}Z_1BCBDZ_2E \mid \mathtt{d}Z_2E$

$D \to \mathtt{b}BCBD \mid \mathtt{b}Z_1BCBD \mid \mathtt{d} \mid \mathtt{b}BCBDZ_2 \mid \mathtt{b}Z_1BCBDZ_2 \mid \mathtt{d}Z_2$

$E \to \mathtt{c}$

$Z_1 \to BD \mid BDZ_1$

$Z_2 \to EBD \mid EBDZ_2$

Finalmente, substitui-se as regras introduzidas por eliminação de recursão à esquerda:

$A \to \mathtt{b}BCB \mid \mathtt{b}Z_1BCB \mid \mathtt{b}BCBDEB \mid \mathtt{b}Z_1BCBDEB \mid \mathtt{d}EB$
  $\mid \mathtt{b}BCBDZ_2EB \mid \mathtt{b}Z_1BCBDZ_2EB \mid \mathtt{d}Z_2EB$

$B \to \mathtt{b} \mid \mathtt{b}Z_1$

$C \to \mathtt{b}BC \mid \mathtt{b}Z_1BC \mid \mathtt{b}BCBDE \mid \mathtt{b}Z_1BCBDE$
  $\mid \mathtt{d}E \mid \mathtt{b}BCBDZ_2E \mid \mathtt{b}Z_1BCBDZ_2E \mid \mathtt{d}Z_2E$

$D \to \mathtt{b}BCBD \mid \mathtt{b}Z_1BCBD \mid \mathtt{d} \mid \mathtt{b}BCBDZ_2 \mid \mathtt{b}Z_1BCBDZ_2 \mid \mathtt{d}Z_2$

$E \to \mathtt{c}$

* $Z_1 \to \mathtt{b}D \mid \mathtt{b}Z_1D \mid \mathtt{b}DZ_1 \mid \mathtt{b}Z_1DZ_1$

* $Z_2 \to \mathtt{c}BD \mid \mathtt{c}BDZ_2$

□

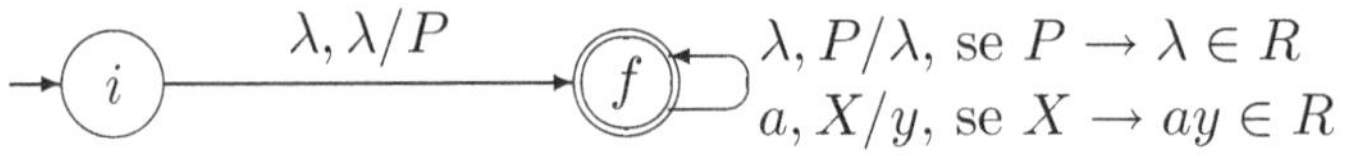

Figura 3.26 AP para a linguagem gerada por uma GLC na FNG.

3.4.4 GLCs e autômatos de pilha

Nesta seção, mostra-se que GLCs e APs abrangem a mesma classe de linguagens, qual seja a classe das linguagens livres do contexto.

No teorema a seguir, demonstra-se que, para qualquer GLC G, existe um AP, de apenas dois estados, que reconhece $L(G)$.

Teorema 26 *Para qualquer GLC G existe um AP que reconhece $L(G)$.*

Prova

Seja $G' = (V, \Sigma, R, P)$ uma GLC na FNG equivalente a G. Um APN que aceita $L(G')$ é $M = (\{i, f\}, \Sigma, V, \delta, \{i\}, \{f\})$, em que δ consta das transições:

- $\delta(i, \lambda, \lambda) = \{[f, P]\}$;

- se $P \to \lambda \in R$, $\delta(f, \lambda, P) = \{[f, \lambda]\}$; e

- para cada $a \in \Sigma$ e cada $X \in V$, $\delta(f, a, X) = \{[f, y] \mid y \in V^* \text{ e } X \to ay \in R\}$.

A Figura 3.26 mostra esquematicamente o AP assim obtido.

Para provar que $L(M) = L(G')$, basta mostrar que, para todo $x \in \Sigma^*$ e $y \in V^*$, $P \stackrel{*}{\Rightarrow} xy$ se, e somente se, $[i, x, \lambda] \stackrel{*}{\vdash} [f, \lambda, y]$, pois quando $y = \lambda$, seguir-se-á que para todo $x \in \Sigma^*$, $P \stackrel{*}{\Rightarrow} x$ se, e somente se, $[i, x, \lambda] \stackrel{*}{\vdash} [f, \lambda, \lambda]$.

($\to$) Será provado, por indução sobre n, que para todo $n \geq 1$, todo $x \in \Sigma^*$ e $y \in V^*$, se $P \stackrel{n}{\Rightarrow} xy$ então $[i, x, \lambda] \stackrel{*}{\vdash} [f, \lambda, y]$. Para $n = 1$, têm-se dois casos: $P \stackrel{1}{\Rightarrow} \lambda$ ($x = y = \lambda$) e, portanto, $P \to \lambda \in R$, ou $P \stackrel{1}{\Rightarrow} ay$ ($x = a$) e, portanto, $P \to ay \in R$. Para o primeiro caso, tem-se, pela definição de δ, que $[i, \lambda, \lambda] \vdash [f, \lambda, P] \vdash [f, \lambda, \lambda]$. E, para o segundo, tem-se que $[i, a, \lambda] \vdash [f, a, P] \vdash [f, \lambda, y]$.

Seja um $n \geq 1$ arbitrário, e suponha, como hipótese de indução, que para todo $x \in \Sigma^*$ e todo $y \in V^*$, se $P \stackrel{n}{\Rightarrow} xy$, então $[i, x, \lambda] \stackrel{*}{\vdash} [f, \lambda, y]$. Suponha então que $P \stackrel{n+1}{\Rightarrow} xay$ para $y \in V^*$. Tem-se, então, que ou $P \stackrel{n}{\Rightarrow} xaPy \Rightarrow xay$ com aplicação da regra $P \to \lambda$ no último passo, ou então $P \stackrel{n}{\Rightarrow} xXu \Rightarrow xazu$, sendo que $X \to az \in R$ e $y = zu$. No primeiro caso, tem-se que $[i, xa, \lambda] \stackrel{*}{\vdash} [f, \lambda, Py]$ pela hipótese de indução; e, pela definição de δ, tem-se que $[f, \lambda, Py] \vdash [f, \lambda, y]$; logo, $[i, xa, \lambda] \stackrel{*}{\vdash} [f, \lambda, y]$, como requerido. No segundo caso, pela hipótese de indução, $[i, x, \lambda] \stackrel{*}{\vdash} [f, \lambda, Xu]$, e, portanto,

```
                         λ, P/λ
                         0, P/PUP
    →( i )──λ,λ/P──→(( f ))1, P/PZP
                         0, Z/λ
                         1, U/λ
```

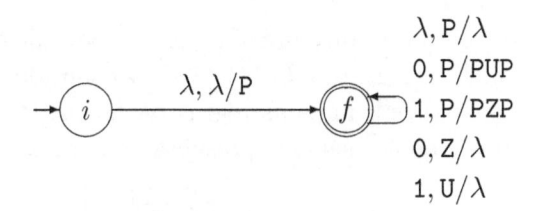

Figura 3.27 AP correspondente à GLC do Exemplo 116.

$[i, xa, \lambda] \stackrel{*}{\vdash} [f, a, Xu]$; como $X \to az \in R$, $[f, a, Xu] \vdash [f, \lambda, zu]$; e como $y = zu$, segue finalmente que $[i, xa, \lambda] \stackrel{*}{\vdash} [f, \lambda, y]$.

(←) Essa parte pode ser provada de forma análoga à anterior. □

A seguir, apresenta-se um exemplo de aplicação do método elaborado na prova do Teorema 26, de obtenção de APs a partir de GLCs.

Exemplo 116 Seja a GLC do Exemplo 103, página 166, $G = (\{P\}, \{0, 1\}, R, P)$, em que R consta das regras:

$P \to 0P1P \mid 1P0P \mid \lambda$

Uma GLC equivalente na FNG seria aquela com as regras:

$P \to 0PUP \mid 1PZP \mid \lambda$

$Z \to 0$

$U \to 1$

Um AP que reconhece $L(G)$ teria o diagrama de estados mostrado na Figura 3.27. □

O Exemplo 116 apresenta mais uma solução alternativa para o mesmo problema que já teve soluções exibidas nas Figuras 3.5 (página 152), 3.9 (página 158) e 3.10 (página 159).

Para completar, mostra-se, a seguir, que é sempre possível obter uma GLC que gera a linguagem reconhecida por um AP. Antes, porém, será apresentada a idéia central relativa ao processo de obter a GLC a partir do AP.

Seja um APN $M = (E, \Sigma, \Gamma, \delta, I, F)$. Dados dois estados $e, e' \in E$ e $X \in \Gamma \cup \{\lambda\}$, considere o conjunto $C(e, X, e')$ de todas as palavras $w \in \Sigma^*$ tais que o APN M, começando em e, com a pilha contendo X, termina no estado e' com a pilha vazia, após consumir w, ou seja,

$$C(e, X, e') = \{w \in \Sigma^* \mid [e, w, X] \stackrel{*}{\vdash} [e', \lambda, \lambda]\}.$$

Observe que
$$L(M) = \bigcup_{(i,f) \in I \times F} C(i, \lambda, f).$$

Suponha que seja possível gerar o conjunto $C(e, X, e')$ por meio de uma GLC cuja variável de partida seja $[e, X, e']$. Então $L(M)$ pode ser gerada por uma GLC constituída por todas as regras $[e, X, e']$, mais as regras da forma $P \to [i, \lambda, f]$, para cada $i \in I$ e $f \in F$. A prova do teorema a seguir apresenta os detalhes.

Teorema 27 *Para qualquer APN M existe uma GLC que gera $L(M)$.*

Prova

Seja um APN $M = (E, \Sigma, \Gamma, \delta, I, F)$. Como discutido anteriormente, será mostrado como construir uma GLC com variáveis da forma $[e, X, e']$, para $e, e' \in E$ e $X \in \Gamma \cup \{\lambda\}$, de modo que para todo $w \in \Sigma^*$,

$$[e, X, e'] \stackrel{*}{\Rightarrow} w \text{ se, e somente se, } [e, w, X] \stackrel{*}{\vdash} [e', \lambda, \lambda].$$

A gramática G tal que $L(G) = L(M)$ será (V, Σ, R, P), em que $V = \{P\} \cup E \times (\Gamma \cup \{\lambda\}) \times E$ e R contém as regras:

- para cada $i \in I$ e cada $f \in F$, $P \to [i, \lambda, f]$;
- para cada $e \in E$, $[e, \lambda, e] \to \lambda$;

e também, para cada transição $[e', z] \in \delta(e, a, X)$, sendo $a \in \Sigma \cup \{\lambda\}$, $z = Y_1 Y_2 \ldots Y_n$ ($Y_i \in \Gamma$ para $1 \leq i \leq n$) e $X \in \Gamma \cup \{\lambda\}$, as seguintes regras (tipo 1):

- se $z = \lambda$, $[e, X, d] \to a[e', \lambda, d]$ para cada $d \in E$;
- se $z \neq \lambda$, $[e, X, d_n] \to a[e', Y_1, d_1][d_1, Y_2, d_2] \ldots [d_{n-1}, Y_n, d_n]$ para cada n-upla de estados $(d_1, d_2, \ldots, d_n) \in E^n$.

Ainda, se $X = \lambda$, tem-se, adicionalmente (tipo 2):

- se $z = \lambda$, $[e, Z, d] \to a[e', Z, d]$ para cada $Z \in \Gamma$ e cada $d \in E$;
- se $z \neq \lambda$, $[e, Z, d_{n+1}] \to a[e', Y_1, d_1][d_1, Y_2, d_2] \ldots [d_{n-1}, Y_n, d_n][d_n, Z, d_{n+1}]$ para cada $Z \in \Gamma$ e cada $(d_1, d_2, \ldots, d_{n+1}) \in E^{n+1}$.

Dada a discussão anterior, para concluir a prova basta mostrar que

$$[e, X, e'] \stackrel{*}{\Rightarrow} w \text{ se, e somente se, } [e, w, X] \stackrel{*}{\vdash} [e', \lambda, \lambda]$$

para todo $e, e' \in E$, $X \in \Gamma \cup \{\lambda\}$ e $w \in \Sigma^*$. Para isso, basta provar o seguinte resultado mais geral:

$$[e, X, d_n] \stackrel{*}{\Rightarrow} w[d_0, Y_1, d_1] \cdots [d_{n-1}, Y_n d_n] \text{ se, e somente se, } [e, w, X] \stackrel{*}{\vdash} [d_0, \lambda, Y_1 \ldots Y_n]$$

para todo $e, d_0, \ldots d_n \in E$, $X \in \Gamma \cup \{\lambda\}$, $Y_1, \ldots Y_n \in \Gamma$ e $w \in \Sigma^*$. Isso porque, no caso em que $n = 0$, obtém-se exatamente a afirmativa anterior (com $e' = d_0$). A demonstração detalhada seria um processo longo de indução, que será omitido aqui. □

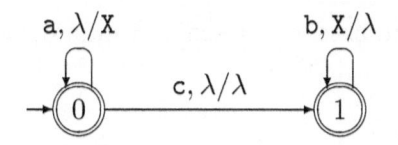

Figura 3.28 APD para $\{a^n cb^n \mid n \geq 0\} \cup \{\lambda\}$.

Exemplo 117 Seja o APD cujo diagrama de estados está mostrado na Figura 3.28, que reconhece $\{a^n cb^n \mid n \geq 0\} \cup \{\lambda\}$. Utilizando o método delineado no Teorema 27, obtêm-se inicialmente as regras:

- $P \to [0, \lambda, 0] \mid [0, \lambda, 1]$
- $[0, \lambda, 0] \to \lambda$
  $[1, \lambda, 1] \to \lambda$

A seguir, vêm as regras restantes, um grupo delas para cada transição do APD:

- para a transição $[0, \mathtt{X}] \in \delta(0, \mathtt{a}, \lambda)$:

    Tipo 1:
    $[0, \lambda, 0] \to \mathtt{a}[0, \mathtt{X}, 0]$
    $[0, \lambda, 1] \to \mathtt{a}[0, \mathtt{X}, 1]$
    Tipo 2:
    $[0, \mathtt{X}, 0] \to \mathtt{a}[0, \mathtt{X}, 0][0, \mathtt{X}, 0] \mid \mathtt{a}[0, \mathtt{X}, 1][1, \mathtt{X}, 0]$
    $[0, \mathtt{X}, 1] \to \mathtt{a}[0, \mathtt{X}, 0][0, \mathtt{X}, 1] \mid \mathtt{a}[0, \mathtt{X}, 1][1, \mathtt{X}, 1]$

- para a transição $[1, \lambda] \in \delta(0, \mathtt{c}, \lambda)$:

    Tipo 1:
    $[0, \lambda, 0] \to \mathtt{c}[1, \lambda, 0]$
    $[0, \lambda, 1] \to \mathtt{c}[1, \lambda, 1]$
    Tipo 2:
    $[0, \mathtt{X}, 0] \to \mathtt{c}[1, \mathtt{X}, 0]$
    $[0, \mathtt{X}, 1] \to \mathtt{c}[1, \mathtt{X}, 1]$

- para a transição $[1, \lambda] \in \delta(1, \mathtt{b}, \mathtt{X})$:

    Tipo 1:
    $[1, \mathtt{X}, 0] \to \mathtt{b}[1, \lambda, 0]$
    $[1, \mathtt{X}, 1] \to \mathtt{b}[1, \lambda, 1]$

Eliminando-se as variáveis inúteis, obtêm-se as seguintes regras:

$P \to [0, \lambda, 0] \mid [0, \lambda, 1]$

$[0, \lambda, 1] \to \mathtt{a}[0, \mathtt{X}, 1] \mid \mathtt{c}[1, \lambda, 1]$

$[0, \mathtt{X}, 1] \to \mathtt{a}[0, \mathtt{X}, 1][1, \mathtt{X}, 1] \mid \mathtt{c}[1, \mathtt{X}, 1]$

$[1, \mathtt{X}, 1] \to \mathtt{b}[1, \lambda, 1]$

$[0, \lambda, 0] \to \lambda$

$[1, \lambda, 1] \to \lambda$ □

O método descrito na prova do Teorema 27 pode gerar muitas variáveis (e, portanto, regras) inúteis, como evidenciado no Exemplo 117. Isso pode ser, pelo menos em grande parte, evitado, observando-se que, para uma variável $[e, X, e']$ ser útil, é necessário que exista um caminho de e para e' no diagrama de estados do AP, e que seja possível desempilhar o que for empilhado em alguma computação iniciando em e e terminando em e'. Observando-se o diagrama de estados da Figura 3.28, vê-se claramente que são inúteis variáveis como:

- $[0, \mathtt{X}, 0]$: não é possível desempilhar $\mathtt{X}$ em um caminho que comece e termine em 0;

- $[1, \mathtt{X}, 0]$: não há caminho de 1 para 0.

Exercícios

1. Construa GLCs para as linguagens do Exercício 3 do final da Seção 3.3, página 164.

2. Faça GLCs para as linguagens:

    a) $\{\mathtt{a}^m \mathtt{b}^n \mathtt{c}^{3m+2n+1} \mid m, n \geq 0\}$;

    b) $\{\mathtt{a}^n \mathtt{b}^{2n+k} \mathtt{c}^{3k} \mid n, k \geq 0\}$;

    c) $\{\mathtt{a}^m \mathtt{b}^n \mathtt{c}^k \mid n > m + k\}$.

3. Crie GLCs para:

    a) $L_1 = \{\mathtt{0}^n \mathtt{1}^k \mid 2n \leq k \leq 3n\}$;

    b) $L_2 = \{\mathtt{a}^n \mathtt{b}^k \mathtt{c}^m \mid k = 2n + m\}$;

    c) $(L_1 \cup L_2)^2$.

4. Seja G a gramática:

    $P \rightarrow AB$
    $A \rightarrow \mathtt{a}A\mathtt{b} \mid \mathtt{c}$
    $B \rightarrow \mathtt{b}B\mathtt{c} \mid \mathtt{a}$

    a) Desenvolva uma derivação mais à esquerda de `acbbbacc`.
    b) Monte a árvore de derivação para a derivação construída em (a).
    c) Defina $L(G)$ utilizando notação de conjunto.

5. Seja a gramática G:

    $P \rightarrow \mathtt{a}P\mathtt{b} \mid \mathtt{aa}P\mathtt{b} \mid \lambda$

    a) Mostre que G é ambígua.
    b) Construa uma gramática não ambígua equivalente a G.

6. Existe GLC ambígua, sem variáveis inúteis, que gere $\{\lambda\}$? E $\{0\}$?

7. Seja G uma GLC que contenha, entre outras, as regras:

    ⟨cmd⟩ $\rightarrow$ **se** ⟨exp-rel⟩ **então** ⟨cmd⟩
    ⟨cmd⟩ $\rightarrow$ **se** ⟨exp-rel⟩ **então** ⟨cmd⟩ **senão** ⟨cmd⟩

    em que ⟨cmd⟩ e ⟨exp-rel⟩ são variáveis úteis e **se**, **então** e **senão** são terminais. Mostre que G é ambígua. Como eliminar a ambigüidade causada por tais regras?

8. Construa uma gramática sem regras λ equivalente à seguinte gramática:

    $P \rightarrow BPA \mid A$
    $A \rightarrow \mathtt{a}A \mid \lambda$
    $B \rightarrow B\mathtt{ba} \mid \lambda$

9. Seja a gramática G:

    $P \rightarrow A \mid BC$
    $A \rightarrow B \mid C$
    $B \rightarrow \mathtt{b}B \mid \mathtt{b}$
    $C \rightarrow \mathtt{c}C \mid \mathtt{c}$

    a) Crie uma gramática equivalente a G, sem regras de cadeias.
    b) Mostre que a gramática construída contém símbolos inúteis.

10. Seja G uma gramática e $w \in L(G)$, de tamanho n. Para os casos em que G está na forma normal de Chomsky e em que está na forma normal de Greibach, determine:

   a) o tamanho de uma derivação de w;

   b) a profundidade máxima de uma AD de w;

   c) a profundidade mínima de uma AD de w.

11. Seja a GLC G:

    $$E \rightarrow E+E \mid E*E \mid \text{a}$$

    Construa uma gramática na FNG equivalente a G.

12. Faça um algoritmo que, dada uma GLC G arbitrária, obtenha uma GLC equivalente a G na FNG.

13. Obtenha um AP que reconheça a linguagem do Exercício 2c, a partir da GLC de tal linguagem, usando o método exibido na prova do Teorema 26.

14. O Teorema 26 apresenta um método para obter um AP a partir de uma gramática na FNG. Altere esse método de forma que seja obtido um AP diretamente da GLC original.

15. Seja o autômato de pilha $P = (\{i\}, \{(,)\}, \{\text{0}\}, \delta, \{i\}, \{i\})$ tal que δ é dada por:

    $\delta(i, (, \lambda) = [i, \text{0}]$
    $\delta(i,), \text{0}) = [i, \lambda]$.

    Construa uma gramática livre do contexto que gere $L(P)$, utilizando o método do Teorema 27.

16. Seja o autômato de pilha $P = (\{e_0, e_1\}, \{\text{0}, \text{1}\}, \{\text{A}\}, \delta, \{e_0\}, \{e_0, e_1\})$ tal que δ é dada por:

    $\delta(e_0, \text{0}, \lambda) = [e_0, \text{A}]$
    $\delta(e_0, \text{1}, \text{A}) = [e_1, \lambda]$
    $\delta(e_1, \text{1}, \text{A}) = [e_1, \lambda]$.

    Construa uma gramática livre do contexto que gere $L(P)$, utilizando o método do Teorema 27.

17. Desenvolva um algoritmo que, dado um AP M, determine uma GLC que gere $L(M)$. Para isso, em vez de seguir de forma literal o método apresentado no Teorema 27, as regras deverão ir sendo geradas com base nas variáveis que forem surgindo. Assim, deve-se gerar, inicialmente, as regras P; em seguida, todas as regras para uma das variáveis que ocorrem do lado direito de uma regra P. E

assim por diante, as regras com certa variável X do lado esquerdo devem ser geradas, todas elas, somente quando X já tiver aparecido do lado direito de alguma regra já gerada.

18. Seja o APD $M = (\{0,1\}, \{\mathsf{a}, \mathsf{b}, \mathsf{c}\}, \{A, B\}, \delta, \{1\})$, em que δ é dada por:

$$\delta(0, \mathsf{a}, \lambda) = \{[0, A]\}$$
$$\delta(0, \mathsf{b}, A) = \{[1, B]\}$$
$$\delta(1, \mathsf{b}, A) = \{[1, B]\}$$
$$\delta(1, \mathsf{c}, B) = \{[1, \lambda]\}.$$

Utilize o algoritmo do Exercício 17 ou o método apresentado no Teorema 27 para obter uma GLC que gere $L(M)$. Para cada variável inútil que aparecer, ou, se for o caso, que for descartada pelo algoritmo, explique por que ela é inútil.

19. Complete a prova do Teorema 27 mostrando que

$$[e, X, d_n] \stackrel{*}{\Rightarrow} w[d_0, Y_1, d_1] \cdots [d_{n-1}, Y_n d_n] \text{ se, e somente se, } [e, w, X] \stackrel{*}{\vdash} [d_0, \lambda, Y_1 \ldots Y_n]$$

para todo $e, d_0, \ldots d_n \in E$, $X \in \Gamma \cup \{\lambda\}$, $Y_1, \ldots Y_n \in \Gamma$ e $w \in \Sigma^*$.

3.5 Linguagens Livres do Contexto: Propriedades

Nesta seção, algumas propriedades das LLCs, com propósitos análogos àqueles da Seção 2.4, serão apresentadas. Inicialmente, será mostrado o lema do bombeamento (LB) para LLCs, cuja aplicação principal é a demonstração de que uma linguagem não é livre de contexto. Em seguida, serão apresentadas algumas propriedades de fechamento para essa classe de linguagens.

Na Seção 2.4, o LB para linguagens regulares foi obtido raciocinando-se a partir dos autômatos que reconhecem tais linguagens. Já o LB para linguagens livres de contexto é mais facilmente obtido raciocinando-se a partir das gramáticas que geram tais linguagens. Mais especificamente, o LB será obtido a partir da estrutura das árvores de derivação associadas a GLCs.

Lema 5[8] *Seja L uma linguagem livre do contexto. Então existe uma constante $k > 0$ tal que para qualquer palavra $z \in L$ com $|z| \geq k$ existem u, v, w, x e y que satisfazem as seguintes condições:*

- $z = uvwxy$;
- $|vwx| \leq k$;
- $vx \neq \lambda$; e
- $uv^i wx^i y \in L$ para todo $i \geq 0$.

---

[8] Para aqueles com tendência para a formalidade, aqui vai um enunciado mais formal: L é LLC $\rightarrow$ $\exists k \in \mathbf{N} \forall z \in L[|z| > k \rightarrow \exists u, v, w, x, y (z = uvwxy \wedge |vwx| \leq k \wedge |vx| \geq 1 \wedge \forall i \in \mathbf{N} uv^i wx^i y \in L)]$.

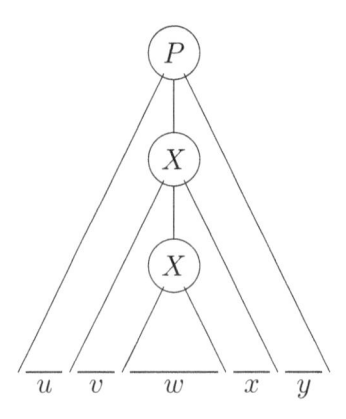

Figura 3.29 Esquema de AD para palavra "grande".

Prova

Se a LLC L é finita, o lema vale por vacuidade: basta tomar uma constante k maior que o tamanho da maior palavra de L. Assim, seja $G = (V, \Sigma, R, P)$ uma GLC na FNC que gere uma LLC L **infinita**. Como L é infinita, existe palavra em L de todo tamanho. No entanto, V e R são finitos. Isso nos leva a concluir que existe um número $k > 0$ tal que qualquer palavra $z \in L$ com $|z| \geq k$ terá uma AD da forma mostrada na Figura 3.29, na qual X é uma variável que é um rótulo que se repete em algum caminho simples que se inicia na raiz. Nessa figura, $u, v, w, x, y \in \Sigma^*$ e qualquer uma dessas subpalavras pode ser λ. Mas, estando G na forma normal de Chomsky, pelo menos um dentre v e x é diferente de λ.[9] Logo, tem-se que $|vwx| \leq k$ e $vx \neq \lambda$. Pela estrutura da AD, vê-se que:

- $P \stackrel{*}{\Rightarrow} uXy$;
- $X \stackrel{*}{\Rightarrow} vXx$; e
- $X \stackrel{*}{\Rightarrow} w$.

Tem-se, então, que $P \stackrel{*}{\Rightarrow} uXy \stackrel{*}{\Rightarrow} uv^iXx^iy$, para $i \geq 0$, e, portanto, $P \stackrel{*}{\Rightarrow} uv^iwx^iy$, $i \geq 0$. Assim, $uv^iwx^iy \in L$ para todo $i \geq 0$. □

O exemplo a seguir ilustra como utilizar o LB para mostrar que uma linguagem não é livre do contexto.

Exemplo 118 A linguagem $L = \{a^n b^n c^n \mid n \in \mathbf{N}\}$ não é livre do contexto, como mostrado abaixo, por contradição, aplicando-se o lema do bombeamento.

---
[9] Mesmo que G não esteja na FNC, pode-se ter k grande o suficiente para que haja u, v, w, x, y em que $v \neq \lambda$ ou $x \neq \lambda$.

Suponha que L seja uma LLC. Seja k a constante referida no LB, e seja $z = \mathtt{a}^k\mathtt{b}^k\mathtt{c}^k$. Como $|z| > k$, o lema diz que existem u, v, w, x e y de forma que as seguintes condições se verificam:

- $z = uvwxy$;
- $|vwx| \leq k$;
- $vx \neq \lambda$; e
- $uv^iwx^iy \in L$ para todo $i \geq 0$.

Suponha, então, que $\mathtt{a}^k\mathtt{b}^k\mathtt{c}^k = uvwxy$, $|vwx| \leq k$ e $vx \neq \lambda$. Considera-se dois casos:

- vx contém algum **a**. Como $|vwx| \leq k$, vx não contém **cs**. Portanto, uv^2wx^2y contém mais **as** que **cs**. Assim, $uv^2wx^2y \notin L$.

- vx não contém **a**. Como $vx \neq \lambda$, uv^2wx^2y contém menos **as** que **bs** e/ou **cs**. Dessa forma, $uv^2wx^2y \notin L$.

Logo, em qualquer caso $uv^2wx^2y \notin L$, contrariando o LB. Portanto, a suposição original de que L é livre do contexto não se justifica. Conclui-se que L não é LLC. □

Exemplo 119 A linguagem $L = \{\mathtt{0}^n \mid n \text{ é primo}\}$ não é livre do contexto, como pode ser observado a seguir.

Suponha que L seja uma LLC. Seja k a constante referida no LB, e seja $z = \mathtt{0}^n$, em que n é um número primo maior que k. A existência de n é garantida pelo teorema provado no Exemplo 7 da Seção 1.2, página 10. Como $|z| > k$, o lema diz que existem u, v, w, x e y tais que:

- $z = uvwxy$;
- $|vwx| \leq k$;
- $vx \neq \lambda$; e
- $uv^iwx^iy \in L$ para todo $i \geq 0$.

Para provar que L não é livre do contexto, basta então supor que $z = uvwxy$, $|vwx| \leq k$ e $vx \neq \lambda$, e encontrar um i tal que $uv^iwx^iy \notin L$, contrariando o LB. Pelas informações anteriores, tem-se que $uv^iwx^iy = \mathtt{0}^{n+(i-1)(|vx|)}$ (pois $z = \mathtt{0}^n$). Assim, i deve ser tal que $n + (i-1)|vx|$ não seja um número primo. Ora, para isso, basta fazer $i = n + 1$, obtendo-se $n + (i-1)|vx| = n + n|vx| = n(1 + |vx|)$, que não é primo (pois $|vx| > 0$). Desse modo, $uv^{n+1}wx^{n+1}y \notin L$, contradizendo o LB. Logo, L não é LLC. □

O fato de que as LLCs são fechadas sob as operações de união, concatenação e fecho de Kleene pode ser demonstrado trivialmente utilizando-se gramáticas, como mostrado no próximo teorema.

Teorema 28 *A classe das LLCs é fechada sob união, concatenação e fecho de Kleene.*

Prova

Sejam duas LLCs L_1 e L_2 com gramáticas $G_1 = (V_1, \Sigma_1, R_1, P1)$ e $G_2 = (V_2, \Sigma_2, R_2, P2)$, com $V_1 \cap V_2 = \emptyset$. Uma gramática para $L_1 \cup L_2$ seria $(V_3, \Sigma_3, R_3, P_3)$, em que:

- $V_3 = V_1 \cup V_2 \cup \{P_3\}$;
- $\Sigma_3 = \Sigma_1 \cup \Sigma_2$;
- $R_3 = R_1 \cup R_2 \cup \{P_3 \to P_1, P_3 \to P_2\}$; e
- $P_3 \notin V_1 \cup V_2$.

Uma gramática para $L_1 L_2$ seria $(V_3, \Sigma_3, R_3, P_3)$, em que:

- $V_3 = V_1 \cup V_2 \cup \{P_3\}$;
- $\Sigma_3 = \Sigma_1 \cup \Sigma_2$;
- $R_3 = R_1 \cup R_2 \cup \{P_3 \to P_1 P_2\}$; e
- $P_3 \notin V_1 \cup V_2$.

Uma gramática para L_1^* seria $(V_3, \Sigma_3, R_3, P_3)$, em que:

- $V_3 = V_1 \cup \{P_3\}$;
- $\Sigma_3 = \Sigma_1$;
- $R_3 = R_1 \cup \{P_3 \to P_1 P_3, P_3 \to \lambda\}$; e
- $P_3 \notin V_1$. □

O seguinte teorema mostra que, ao contrário das linguagens regulares, as LLCs não são fechadas sob as operações de interseção e complementação.

Teorema 29 *A classe das LLCs não é fechada sob interseção nem sob complementação.*

Prova

Sejam as linguagens livres de contexto $L_1 = \{a^n b^n c^k \mid n, k \geq 0\}$ e $L2 = \{a^n b^k c^k \mid n, k \geq 0\}$. Tem-se que $L_1 \cap L_2 = \{a^n b^n c^n \mid n \geq 0\}$, que, como mostrado no Exemplo 118, não é LLC. Dado esse contra-exemplo, conclui-se que as LLCs não são fechadas sob interseção. De Morgan diz que $L_1 \cap L_2 = \overline{\overline{L_1} \cup \overline{L_2}}$. Logo, como as LLCs são fechadas sob união, se elas fossem fechadas sob complementação, seriam fechadas também sob interseção. Assim, as LLCs não são fechadas sob complementação. □

Apesar de a classe das LLCs não ser fechada sob interseção, a interseção de uma LLC com uma linguagem regular é sempre uma LLC, como mostra o teorema seguinte.

Teorema 30 *Seja L uma LLC e R uma linguagem regular. Então $L \cap R$ é uma LLC.*

Prova

A idéia, similar à utilizada para construir um AFD para $L_1 \cap L_2$ a partir de AFDs para L_1 e L_2, é simular o funcionamento "em paralelo" de um APN que reconhece L e de um AFD que reconhece R. Evidentemente, a pilha do APN resultante é aquela do APN que reconhece L. Sejam $M_1 = (E_1, \Sigma_1, \Gamma, \delta_1, I, F_1)$ um APN para L e $M_2 = (E_2, \Sigma_2, \delta_2, i, F_2)$ um AFD para R. Um APN que reconhece $L \cap R$ é $M_3 = (E_3, \Sigma_3, \Gamma, \delta_3, I', F_3)$, em que:

- $E_3 = E_1 \times E_2$;

- $\Sigma_3 = \Sigma_1 \cap \Sigma_2$;

- para cada par de transições $[e_1', z] \in \delta_1(e_1, a, A)$ e $\delta(e_2, a) = e_2'$, em que $e_1, e_1' \in E_1$, $e_2, e_2' \in E_2$, $a \in \Sigma_3$, $A \in \Gamma \cup \{\lambda\}$, e $z \in \Gamma^*$, há uma transição $[(e_1', e_2'), z] \in \delta_3((e_1, e_2), a, A)$; e para cada transição λ, $[e_1', z] \in \delta_1(e_1, \lambda, A)$, há transições $[(e_1', e_2), z] \in \delta_3((e_1, e_2), \lambda, A)$ para cada $e_2 \in E_2$.

- $I' = I \times \{i\}$; e

- $F_3 = F_1 \times F_2$.

Pode-se mostrar, por indução sobre n, que para todo $i_1 \in I$, $w \in \Sigma^*$, $e_1 \in E_1$ e $e_2 \in E_2$, que $[[i_1, i], w, \lambda] \vdash^n_{M_3} [[e_1, e_2], \lambda, \lambda]$ se, e somente se, $[i_1, w, \lambda] \vdash^n_{M_1} [e_1, \lambda, \lambda]$ e $\hat{\delta}_2(i, w) = e_2$. □

O exemplo a seguir usa o Teorema 30 para mostrar que uma linguagem não é LLC.

Exemplo 120 A linguagem

$$L = \{w \in \{\mathtt{a}, \mathtt{b}, \mathtt{c}\}^* \mid w \text{ tem o mesmo número de } \mathtt{a}\text{s}, \mathtt{b}\text{s e } \mathtt{c}\text{s}\}$$

não é livre do contexto, como se pode observar a seguir.

Suponha que L seja uma LLC. Então, como $R = L(a^*b^*c^*)$ é uma linguagem regular, pelo Teorema 30 $L \cap R$ é LLC. Mas, $L \cap R = \{\mathtt{a}^n \mathtt{b}^n \mathtt{c}^n \mid n \in \mathbf{N}\}$, que não é LLC, como mostrado no Exemplo 118. Logo, L não é LLC. □

No Capítulo 2 mostrou-se que o problema de determinar se $L(\mathcal{F})$ é vazia, em que $\mathcal{F}$ é um AF, ER ou GR qualquer, é decidível. Esse mesmo problema é decidível, caso $\mathcal{F}$ seja um AP ou uma GLC. Já que um AP pode ser tranformado em uma GLC equivalente, e vice-versa, basta usar um dos dois formalismos, AP ou GLC. Seja uma

GLC $G = (V, \Sigma, R, P)$ qualquer. Aplicando-se o algoritmo da Figura 3.18a, página 176, obtém-se o conjunto $\mathcal{I}_1 = \{X \in V \mid X \stackrel{*}{\Rightarrow} w \text{ e } w \in \Sigma^*\}$. Ora, segue-se que:

$$P \in \mathcal{I}_1 \text{ se, e somente se, } L(G) \text{ não é vazia.}$$

Vários problemas decidíveis para as linguagens regulares não são decidíveis para linguagens livres do contexto. Alguns exemplos são (estão sendo usadas GLCs, mas poderiam ser APs):

- Determinar se $L(G) = \Sigma^*$, para qualquer GLC G.
- Verificar se $L(G_1) \cap L(G_2) = \emptyset$, para quaisquer GLCs G_1 e G_2.
- Determinar se $L(G_1) \subseteq L(G_2)$, para quaisquer GLCs G_1 e G_2.
- Decidir se $L(G_1) = L(G_2)$, para quaisquer GLCs G_1 e G_2.

A prova da indecidibilidade de alguns desses problemas, assim como de alguns outros, será vista no Capítulo 5.

Exercícios

1. Mostre que as seguintes linguagens satisfazem o lema do bombeamento para LLCs:

    a) $\{w \in \{0, 1\}^* \mid w \text{ tem número par de 0s}\}$;

    b) $\{w \in \{0, 1\}^* \mid w \text{ tem número igual de 0s e 1s}\}$.

2. Use o lema do bombeamento para mostrar que as seguintes linguagens não são livres do contexto:

    a) $\{a^{n^2} \mid n \geq 0\}$;

    b) $\{a^n b^{2n} a^n \mid n \geq 0\}$;

    c) $\{a^n b^k c^n d^k \mid k, n > 0\}$.

3. Sejam

    $$L_1 = \{a^n b^n \mid n \geq 0\} \text{ e } L_2 = \{w \in \{a, b\}^* \mid |w| \text{ é múltiplo de 5}\}.$$

    Mostre, para cada linguagem a seguir, que ela é ou não uma LLC:

    a) $\overline{L_1}$;

    b) $L_1 \cap L_2$;

    c) $L_1 \cap \overline{L_2}$.

4. Se $X \subseteq L$ e L é uma LLC, X também é LLC?

5. Seja $n_a(w)$ a quantidade de símbolos a na palavra w. Assim, por exemplo, $n_0(0010) = 3$ e $n_1(0010) = 1$. Para cada linguagem a seguir, mostre que ela é ou não é LLC:

   a) $\{w \in \{\mathsf{a},\mathsf{b},\mathsf{c}\}^* \mid n_\mathsf{a}(w) = n_\mathsf{b}(w)\}$;
   b) $\{w \in \{\mathsf{a},\mathsf{b},\mathsf{c}\}^* \mid n_\mathsf{a}(w) = n_\mathsf{b}(w) = n_\mathsf{c}(w)\}$;
   c) $\{w \in \{\mathsf{a},\mathsf{b},\mathsf{c}\}^* \mid n_\mathsf{c}(w) \text{ é quadrado perfeito}\}$.

6. Mostre que as LLCs são fechadas sob reverso.

7. Mostre que se L é uma LLC e R uma linguagem regular, então $L - R$ é LLC.

8. Mostre que as LLCs não são fechadas sob diferença.

9. Sejam as definições de homomorfismo e de substituição apresentadas nos Exercícios 18 e 20 da Seção 2.9, página 139. Mostre que as LLCs são fechadas sob substituição e sob homomorfismo. (*Dica:* Use gramáticas para mostrar o fechamento sob substituição.)

10. Construa um AP para $L_1 = \{w \in \{0,1\}^* \mid w \text{ tem mais 1s que 0s}\}$. Construa um AFD para $L_2 = \{w \in \{0,1\}^* \mid |w| \geq 2 \text{ e o penúltimo símbolo de } w \text{ é } 1\}$. Usando o método da prova do Teorema 30, crie um AP para $L_1 \cap L_2$.

11. Mostre que o problema de determinar se $L(M)$ é finita, sendo M um AP arbitrário, é decidível. *Dica*: Use o lema do bombeamento.

3.6 Exercícios

1. Para cada linguagem a seguir, faça um APD, se possível. Se não for possível, construa um APN e explique por que não há APD.

   a) $\{0^n 1^n \mid n \geq 0\} \times \{0^n 1^n \mid n \geq 0\}$;
   b) $\{0^n 1^n 2^k \mid n, k \geq 0\}$;
   c) $\{0^n 1^n 0^k \mid n, k \geq 0\}$;
   d) $\{0^n 1^n 0^k \mid n \geq 1 \text{ e } k \geq 0\}$;
   e) $\{w \in \{0,1\}^* \mid w \text{ tem algum prefixo com mais 1s que 0s}\}$;
   f) $\{w \in \{0,1\}^* \mid w \text{ tem algum sufixo com mais 1s que 0s}\}$.

2. Seja o conjunto das expressões *booleanas* (EBs), definido recursivamente como segue:

   a) V e F são EBs;
   b) se α é uma EB, então $(\sim\alpha)$ é uma EB;
   c) se α e β são EBs, então $(\alpha\&\beta)$, $(\alpha|\beta)$, $(\alpha\text{->}\beta)$ e $(\alpha\text{<->}\beta)$ são EBs.

Os símbolos V e F significam *verdadeiro* e *falso*. Os parênteses são usados para delimitar com precisão o escopo de cada operador (observe que não são permitidos parênteses a mais nem a menos). Os operadores cujos significados são dados pelas tabelas da Figura 1.2, página 4, são representados por: ~ (negação), & (conjunção), | (disjunção), -> (condicional) e <-> (bicondicional).

   a) Construa um APD que reconheça as EBs.

   b) Projete um avaliador de EBs, baseado nas tabelas da Figura 1.2, no estilo daquele do Exemplo 96, página 154.

3. Sejam M_1 e M_2 APNs. Mostre como construir APNs para:

   a) $L(M_1) \cup L(M_2)$;

   b) $L(M_1)L(M_2)$;

   c) $L(M_1)^*$.

4. Seja um AP cuja pilha pode conter, no máximo, n símbolos. Que limitações terá tal tipo de AP? Justifique sua resposta.

5. Mostre como obter um APN P a partir de um AFNλ M, tal que $L(P) = L(M)$, e que P deve ter apenas dois estados e a pilha deve conter no máximo um símbolo. *Dica*: Faça o alfabeto de pilha igual ao conjunto de estados do AFNλ.

6. Considere a classe das linguagens reconhecidas por APDs por estado final. Mostre que ela é ou não fechada sob cada uma das seguintes operações:

   a) união;

   b) interseção;

   c) complementação.

7. Mostre que uma linguagem é reconhecida por APDs por pilha vazia e estado final se, e somente se, for reconhecida por pilha vazia.

8. Mostre que se uma linguagem é reconhecida por APDs por pilha vazia e estado final, então ela é reconhecida por estado final.

9. Mostre que, para qualquer APD M, $L(M)$ é aceita por um APD sem transições λ.

10. Sejam L uma LLC reconhecida por um APD por estado final, e seja # um símbolo que não pertença ao alfabeto de L. Mostre que existe um APD que aceita $L\{\#\}$ por pilha vazia. Use o resultado do Exercício 9.

11. Um autômato de duas pilhas é uma sêxtupla $M = (E, \Sigma, \Gamma, \delta, I, F)$, em que:

    - E, Σ, Γ, I e F são como em APNs; e
    - δ é uma função de $E \times (\Sigma \cup \{\lambda\}) \times (\Gamma \cup \{\lambda\}) \times (\Gamma \cup \{\lambda\})$ para D, sendo D constituído pelos subconjuntos finitos de $E \times \Gamma^* \times \Gamma^*$.

Uma transição nesse tipo de autômato manipula duas pilhas simultaneamente. Assim, a transição $[e', z_1, z_2] \in \delta(e, a, A_1, A_2)$, que pode ser representada em um diagrama de estados por:

$$e \xrightarrow{a, A_1/z_1, A_2/z_2} e'$$

significa, no caso em que nenhuma das entidades envolvidas for λ, que "estando no estado e, se o próximo símbolo de entrada for a, o símbolo no topo da pilha 1 for A_1 e o símbolo no topo da pilha 2 for A_2, há uma transição para o estado e', A_1 é desempilhado e z_1 é empilhado na pilha 1, e A_2 é desempilhado e z_2 é empilhado na pilha 2. Faça autômatos de duas pilhas que reconheçam:

   a) $\{a^n b^n c^n \mid n \geq 0\}$;

   b) $\{a^n b^n c^n d^n \mid n \geq 0\}$.

12. Na Figura 2.38, página 135, está ilustrado um AFD com fita bidirecional, isto é, um AFD cujo cabeçote de leitura pode se movimentar para a esquerda ou para a direita após a leitura de um símbolo. Seja um AP com esse mesmo tipo de fita bidirecional. Faça uma formalização desse conceito. Em seguida, construa, se possível, APs com fitas bidirecionais que reconheçam:

    a) $\{a^n b^n c^n \mid n \geq 0\}$;

    b) $\{a^n b^n c^n d^n \mid n \geq 0\}$.

13. Construa gramáticas livres do contexto para as linguagens:

    a) $\{a^m b^n c^{2(m+n)} \mid m, n \geq 0\}$;

    b) $\{w \in \{a, b\}^* \mid$ o número de as em w é o dobro do número de bs$\}$;

    c) $\{w \in \{a, b\}^* \mid$ o número de as em w é diferente do número de bs$\}$;

    d) $\{a^m b^n c^k \mid n > m$ ou $n > k\}$;

    e) $\{a^m b^n c^i \mid m + n > i\}$;

    f) $\{a^m b^n c^p d^q \mid m + n \geq p + q\}$;

    g) $\{w \in \{a, b\}^* \mid w$ não é da forma $xx\}$.

14. Faça uma GLC que gere todas as expressões regulares sobre o alfabeto $\{0, 1\}$.

15. Seja G a gramática $(\{P, A, B\}, \{a, b\}, R, P)$, em que R consta de:

    $$\begin{aligned} P &\rightarrow APB \mid \lambda \\ A &\rightarrow aAb \mid \lambda \\ B &\rightarrow bBa \mid ba \end{aligned}$$

- a) Construa uma derivação mais à esquerda de `aabbba`.
- b) Desenvolva a árvore de derivação para a derivação construída em (a).
- c) Defina $L(G)$ utilizando notação de conjunto.

16. Quantas derivações levam à AD da Figura 3.16, página 170? Encontre uma forma de calcular o número de derivações correspondentes a uma AD qualquer.

17. Seja G a gramática

    $P \rightarrow \mathtt{a}P\mathtt{a} \mid \mathtt{b}P\mathtt{b} \mid \mathtt{a}A\mathtt{b}$
    $A \rightarrow \mathtt{a}A \mid A\mathtt{b} \mid \lambda$

    - a) Que linguagem é gerada por G?
    - b) Mostre que G é ambígua.
    - c) Construa uma gramática não ambígua equivalente a G.

18. Seja G a gramática

    $P \rightarrow \mathtt{a}P \mid \mathtt{a}P\mathtt{b}P \mid \lambda$

    Prove que $L(G) = \{x \in \{\mathtt{a}, \mathtt{b}\}^* \mid$ todo prefixo de x tem no mínimo tantos `as` quantos `bs`$\}$. Construa um AP que reconheça $L(G)$.

19. Prove que toda linguagem livre do contexto pode ser reconhecida por um AP sem transições λ. Para isso, mostre como obter um AP a partir de uma GLC na forma normal de Greibach, de forma similar àquela do Teorema 26, porém sem as transições λ lá explicitadas.

20. Prove que toda linguagem livre do contexto é gerada por uma gramática na qual cada uma das regras é de uma das formas:

    i. $P \rightarrow \lambda$
    ii. $A \rightarrow a$
    iii. $A \rightarrow aB$
    iv. $A \rightarrow aBC$

    sendo P a variável de partida e $A, B, C \in V$ e $a \in \Sigma$. (*Dica*: Você pode partir de uma gramática na forma normal de Greibach.)

21. Prove que termina o processo utilizado no Teorema 25 para obter uma GLC em que regras da forma $A \rightarrow By$ são tais que o número de A é menor que o de B.

22. Prove que existe procedimento de decisão para determinar se uma LLC é:
    - a) vazia;
    - b) finita.

23. Prove que existe procedimento de decisão para determinar, para uma palavra w e uma GLC G arbitrárias, se $w \in L(G)$.

24. Seja $L = \{\mathtt{a}^m \mathtt{b}^n \mathtt{c}^k \mid m \neq n \text{ ou } n \neq k\}$. Mostre que:

  a) L é uma linguagem livre do contexto;

  b) $\overline{L}$ não é uma linguagem livre do contexto.

25. Prove que as seguintes linguagens não são linguagens livres do contexto:

  a) $\{\mathtt{0}^m \mathtt{1}^n \mathtt{2}^k \mid m < n < k\}$;

  b) $\{\mathtt{0}^n \mathtt{1}^{n^2} \mid n \geq 0\}$;

  c) $\{\mathtt{0}^n \mathtt{1}^n \mathtt{2}^k \mid n \leq k \leq 2n\}$;

  d) $\{ww \mid w \in \{\mathtt{0}, \mathtt{1}\}^*\}$;

  e) $\{ww^R w \mid w \in \{\mathtt{0}, \mathtt{1}\}^*\}$.

26. Construa uma GLC para o complemento de $\{ww \mid w \in \{\mathtt{0}, \mathtt{1}\}^*\}$.

27. Prove que as seguintes afirmativas são ou não verdadeiras:

  a) se L é uma linguagem livre do contexto e F é finita, então $L - F$ é linguagem livre do contexto;

  b) se L é uma linguagem livre do contexto e R é regular, então $L - R$ é linguagem livre do contexto;

  c) se L não é uma linguagem livre do contexto e F é finita, então $L - F$ não é linguagem livre do contexto;

  d) se L não é uma linguagem livre do contexto e R é regular, então $L - R$ não é linguagem livre do contexto;

  e) se L não é uma linguagem livre do contexto e F é finita, então $L \cup F$ não é linguagem livre do contexto;

  f) se L não é uma linguagem livre do contexto e R é regular, então $L \cup R$ não é linguagem livre do contexto.

3.7 Notas Bibliográficas

Os autômatos de pilha foram propostos por Oettinger em 1961. A equivalência dos mesmos e gramáticas livres do contexto foi mostrada por Chomsky (1962), Schützenberger (1963) e Evey (1963). Os autômatos de pilha determinísticos foram estudados por Fischer (1963), Schützenberger (1963), Haines (1965) e Ginsburg e Greibach (1966).

As gramáticas livres do contexto foram propostas por Noam Chomsky (1956; 1959). A notação BNF, concebida para a especificação da sintaxe de linguagens de programação, é obra de Backus (1959) e Naur (1963). Floyd (1962) e Cantor (1962) foram os primeiros a apresentar estudos sobre ambigüidade de GLCs. O conceito de linguagens inerentemente ambíguas foi tratado por Gross (1964).

Bar-Hillel et al. (1961) foram os primeiros a explicitar o lema do bombeamento para as linguagens livres do contexto. Uma versão mais forte do lema, que não foi abordada neste livro, também muito importante, é a de Ogden (1968).

Algumas propriedades de fechamento para linguagens livres do contexto foram explicitadas por Scheinberg (1960), Bar-Hillel et al. (1961), Ginsburg e Rose (1963a; 1966), e Ginsburg e Spanier (1963).

Bar-Hillel et al. (1961), já citados, mostraram também como eliminar regras λ e regras unitárias. A formal normal de Chomsky foi proposta em 1959, e a forma normal de Greibach em 1965.

Capítulo 4

Máquinas de Turing

Nos capítulos anteriores foram estudados dois tipos básicos de máquinas: os autômatos finitos e os autômatos de pilha. Apesar da importância desses dois tipos de máquinas, tanto do ponto de vista prático quanto do teórico, eles têm limitações importantes que devem ser sobrepujadas caso se queira aumentar a classe das linguagens que podem ser reconhecidas. Por exemplo, linguagens relativamente simples, como $\{xx \mid x \in \{a,b\}^*\}$, $\{a^n b^n c^n \mid n \geq 0\}$ e $\{a^n b^k c^n d^k \mid n,k \geq 0\}$ não podem ser reconhecidas por AFs nem por APs.

A seguir, serão apresentadas as máquinas de Turing, uma classe de máquinas proposta por volta de 1930 pelo matemático inglês Alan Turing, tão poderosa que até hoje não se conseguiu nenhum outro tipo de máquina que tenha maior poder computacional. Em particular, se forem considerados os computadores hoje existentes, nenhum deles tem poder computacional maior que o das máquinas de Turing.

Inicialmente, na Seção 4.1, será apresentado o conceito de máquina de Turing, assim como as duas classes de linguagens importantes para o que virá no próximo capítulo, as linguagens recursivas e recursivamente enumeráveis. Em seguida, na Seção 4.2, serão mostradas algumas variações de máquinas de Turing que, apesar de não aumentar o poder computacional delas, facilita o tratamento dos assuntos de seções posteriores. Na Seção 4.3, será visto o relacionamento entre gramáticas e máquinas de Turing, culminando com a apresentação de uma hierarquia gramatical, denominada *hierarquia de Chomsky*, e da hierarquia completa de todas as classes de linguagens tratadas neste texto. Finalmente, na Seção 4.4, serão descritas algumas propriedades das linguagens recursivas e recursivamente enumeráveis.

4.1 O que É Máquina de Turing

Uma máquina de Turing (MT) pode ser vista como uma máquina que opera com uma fita na qual, ao contrário dos autômatos finitos e dos autômatos de pilha, pode-se também escrever, além de ler (veja a Figura 4.1). O cabeçote de leitura pode movimentar-se para a direita e para a esquerda. A fita é dividida em células que comportam apenas um símbolo cada uma, e é ilimitada à direita. Além da fita, a

```
⟨ | a₁ | ⋯ | aᵢ | ⋯ | aₙ | ⋯    fita de leitura e escrita
         ⇕
     ┌─────────┐
     │ controle│
     │    +    │ ⇔ │ e │ registrador com estado atual
     │    δ    │
     └─────────┘
```

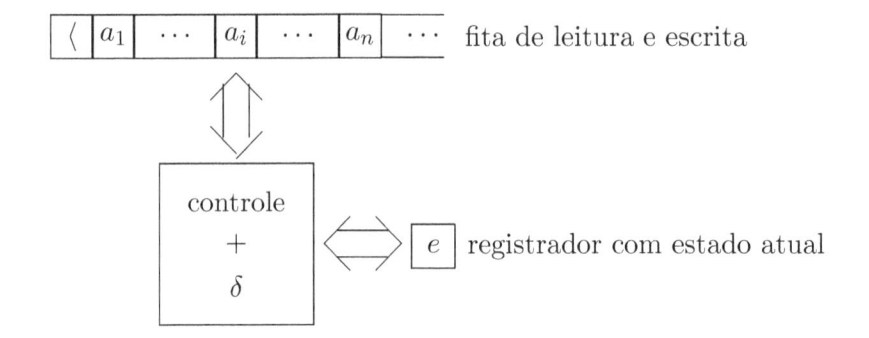

Figura 4.1 Arquitetura de uma máquina de Turing.

máquina possui um registrador para conter o estado atual, um conjunto de instruções, que nada mais é do que a função de transição da máquina, e uma unidade de controle (essas duas últimas estão representadas juntas na Figura 4.1).

Como o cabeçote de leitura pode movimentar-se para a esquerda e a fita não é ilimitada à esquerda, existe na primeira célula da fita um símbolo especial, ⟨, com o propósito de evitar a movimentação do cabeçote para a esquerda de tal célula. Tal símbolo não pode ocorrer em nenhuma outra célula da fita.[1]

No início, o registrador da máquina detém o estado inicial e a fita contém a palavra de entrada a partir da sua segunda célula; o restante da fita, com exceção da primeira célula, que possui ⟨, contém somente o símbolo ⊔, o qual denota *branco*, ou "célula vazia".[2] O cabeçote é posicionado no início da palavra de entrada, ou seja, na segunda célula. A função de transição, uma função parcial, dá, para cada par (e, a), em que e é um estado e a é um símbolo, uma tripla $[e', b, d]$ em que:

- e' é o próximo estado;

- b é o símbolo a substituir a; e

- d é a direção, esquerda (E) ou direita (D), em que o cabeçote deve se mover.

No caso em que $a = ⟨$, obrigatoriamente $b = ⟨$ e $d = $ D ou $δ(e, ⟨)$ é indefinido, pois não é permitido movimentar o cabeçote para a esquerda da primeira posição da fita. Observe que o símbolo ⟨, que não pode ser escrito em qualquer outra célula da fita, também não pode ser apagado da primeira célula da fita.

A unidade de controle de uma MT repete a seguinte seqüência, enquanto $δ(e, a)$ é definido, em que e refere-se ao estado no registrador da máquina, a é o símbolo sob o cabeçote e $δ(e, a) = [e', b, d]$:

1. coloca no registrador o estado e';

---

[1] Na verdade, o primeiro símbolo da fita não precisa ser ⟨, mas é importante que ele não ocorra em nenhuma outra célula da fita.
[2] Aqui também, se pode usar outro símbolo em vez de ⊔, desde que apenas para esse propósito.

```
       0/1 D           0/0 E
       1/0 D           1/1 E
        ↻               ↻
   →( 0 )──⊔/⊔ E──( 1 )──⟨/⟨ D──( 2 )
```

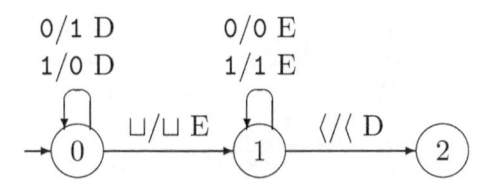

Figura 4.2 Uma MT para complementação da entrada.

2. substitui a por b na posição sob o cabeçote; e

3. avança o cabeçote para a célula da esquerda, se $d = \text{E}$, ou para a da direita, se $d = \text{D}$.

Observe que uma MT é *determinística*: para cada estado e e símbolo a, há, no máximo, uma transição especificada pela função de transição. Uma transição $\delta(e, a) = [e', b, d]$, sendo $d \in \{\text{E}, \text{D}\}$, será representada assim em um diagrama de estados:

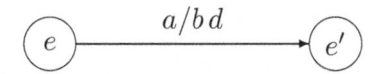

```
    ( e )──────a/b d──────( e' )
```

Uma MT pode ser usada como reconhecedora de linguagens e também como transdutora. Nesse último caso, a MT, recebendo na fita como entrada uma palavra w, produz na própria fita a saída respectiva. Apesar de o enfoque deste texto privilegiar o uso de MTs como reconhecedoras de linguagens, o primeiro exemplo, apresentado a seguir, trata de uma MT do tipo transdutora.

Exemplo 121 A Figura 4.2 apresenta o diagrama de estados de uma MT que, recebendo como entrada uma palavra de $\{0, 1\}^*$, produz o complemento da mesma, isto é, substitui os 0s por 1s e os 1s por 0s. Após fazer isso, a MT retorna o cabeçote para o início da saída produzida que, no caso, substitui a palavra de entrada. Essa técnica de substituir a entrada pela saída e posicionar o cabeçote no início da palavra de saída pode ser útil quando se compõe várias MTs para a obtenção de outra. □

Segue uma definição de máquina de Turing, já introduzindo o conceito de estado final, de modo a propiciar, posteriormente, a definição do conceito de reconhecimento.

Definição 44 *Uma* máquina de Turing *é uma óctupla* $(E, \Sigma, \Gamma, \langle, \sqcup, \delta, i, F)$, *em que:*

a) E *é um conjunto finito de* estados;

b) $\Sigma \subseteq \Gamma$ *é o* alfabeto de entrada;

c) Γ *é o* alfabeto da fita, *que contém todos os símbolos que podem aparecer na fita;*

d) $\langle$ *é o* primeiro símbolo da fita *($\langle \in \Gamma - \Sigma$);*

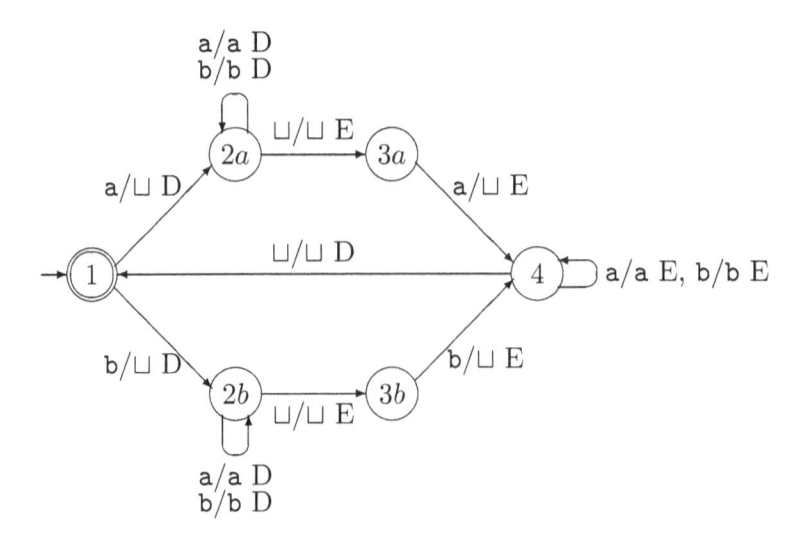

Figura 4.3 MT para palíndromos pares.

e) ⊔ *é o branco* (⊔ ∈ Γ − Σ, ⊔ ≠ ⟨);

f) $\delta : E \times \Gamma \to E \times \Gamma \times \{E, D\}$ *é a* função de transição, *uma função parcial;*

g) *i é o estado inicial;*

h) $F \subseteq E$ *é o conjunto de estados finais.* □

Para distingui-la das outras versões a serem apresentadas na Seção 4.2, uma MT como definida anteriormente será chamada MT *padrão*.

Segue um exemplo de MT utilizada como reconhecedora de linguagem.

Exemplo 122 Na Figura 4.3 está representado um diagrama de estados para uma MT que reconhece a linguagem dos palíndromos de tamanho par no alfabeto {a, b}. Formalmente, tal MT é a óctupla ({1, 2a, 2b, 3a, 3b, 4}, {a, b}, {⟨, ⊔, a, b}, ⟨, ⊔, δ, 1, {1}), em que δ consta das transições:

$\delta(1, \mathsf{a}) = [2a, \sqcup, D]$, $\delta(1, \mathsf{b}) = [2b, \sqcup, D]$, $\delta(2a, \mathsf{a}) = [2a, \mathsf{a}, D]$ etc.

Em resumo, a máquina verifica qual é o primeiro símbolo da palavra de entrada, apaga-o, percorre o restante da palavra até o final, verifica se o último símbolo é idêntico ao primeiro (já apagado), apaga-o, volta o cabeçote para o início, e repete o processo. Pode-se verificar que a máquina pára no estado 1 se, e somente se, a palavra de entrada é da forma xx^R para $x \in \{\mathsf{a}, \mathsf{b}\}^*$. □

Seja uma MT $M = (E, \Sigma, \Gamma, \langle, \sqcup, \delta, i, F)$. Uma *configuração instantânea* de M é um par $[e, x\underline{a}y]$, em que:

- $e \in E$ é o estado atual;

- $x \in \Gamma^*$ é a palavra situada à esquerda do cabeçote de leitura;

- $a \in \Gamma$ é o símbolo sob o cabeçote; e

- $y \in \Gamma^*$ é a palavra à direita do cabeçote até o último símbolo diferente de ⊔; se não existir símbolo diferente de ⊔, $y = \lambda$.

A configuração inicial, por exemplo, é $[i, \langle \underline{a_1}a_2 \ldots a_n]$, caso a palavra de entrada seja $a_1 a_2 \ldots a_n$. Caso a palavra de entrada seja λ, a configuração inicial é $[i, \langle \underline{⊔}]$.

Como uma MT pode entrar em *loop*, não será definida uma função que retorne o estado alcançado a partir de certa configuração instantânea. Em vez disso, será definida a relação ⊢ mais à frente. Para facilitar a definição, será utilizada a função $\pi : \Gamma^* \to \Gamma^*$, definida a seguir. Informalmente, $\pi(w)$ elimina de w os brancos à direita do último símbolo diferente de branco.

$$\pi(w) = \begin{cases} \lambda & \text{se } w \in \{⊔\}^* \\ xa & \text{se } w = xay, a \in \Gamma - \{⊔\} \text{ e } y \in \{⊔\}^*. \end{cases}$$

Definição 45 *Seja uma máquina de Turing* $M = (E, \Sigma, \Gamma, \langle, ⊔, \delta, i, F)$. *A relação* $\vdash \subseteq (E \times \Gamma^+)^2$, *para* M, *é tal que para todo* $e \in E$ *e todo* $a \in \Gamma$:

a) *se* $\delta(e, a) = [e', b, D]$, *então* $[e, x\underline{a}cy] \vdash [e', xb\underline{c}y]$ *para* $c \in \Gamma$, *e* $[e, x\underline{a}] \vdash [e', xb\underline{⊔}]$;

b) *se* $\delta(e, a) = [e', b, E]$, *então* $[e, xc\underline{a}y] \vdash [e', x\underline{c}\pi(by)]$ *para* $c \in \Gamma$;

c) *se* $\delta(e, a)$ *é indefinido, então não existe configuração* f *tal que* $[e, x\underline{a}y] \vdash f$. □

Note, no item (b), que não é possível uma transição para a esquerda se o cabeçote se encontrar posicionado na primeira célula (o fato de que $c \in \Gamma$ garante isso, pois, nesse caso, $xc \neq \lambda$).

Como usual, $\overset{*}{\vdash}$ será usado para denotar o fecho reflexivo e transitivo de ⊢, e $f \overset{n}{\vdash} f'$, para $n \geq 0$, será usado para significar que a configuração instantânea f' é obtida a partir de f percorrendo-se n transições.

Exemplo 123 Pode-se verificar que, para a máquina do Exemplo 122 (veja a Figura 4.3):

- $[1, \langle \underline{⊔}] \overset{0}{\vdash} [1, \langle \underline{⊔}]$ e $\delta(1, ⊔)$ é indefinido;

- $[1, \langle \underline{a}ab] \overset{4}{\vdash} [3a, \langle ⊔a\underline{b}]$ e $\delta(3a, b)$ é indefinido;

- $[1, \langle \underline{a}bba] \overset{14}{\vdash} [1, \langle ⊔⊔\underline{⊔}]$ e $\delta(1, ⊔)$ é indefinido.

Como 1 é estado final e $3a$, não, segue que λ e **abba** são aceitas e que **aab** não é aceita. □

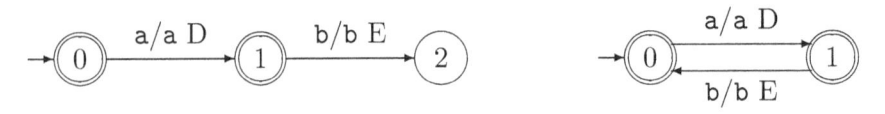

(a) Máquina que pára sempre.   (b) Máquina que pára se aceita.

Figura 4.4 Duas MTs para $\{a,b,c\}^* - (\{ab\}\{a,b,c\}^*)$.

Como uma MT é determinística, se a máquina parar, existirá um único estado para o qual isso acontece. Seja $[e, x\underline{a}y]$ a configuração instantânea no momento em que uma MT M pára. Existe uma única situação que provoca parada em tal configuração, correspondente à situação prevista no item (c) da Definição 45: quando $\delta(e,a)$ é indefinido. Partindo-se da configuração inicial, se a máquina parar e e for um estado final, a palavra de entrada será aceita. Se a máquina parar e e não for estado final, a palavra de entrada não será aceita. Contudo, se a máquina não parar, a palavra de entrada não será aceita. Daí, a definição a seguir. Daqui para a frente, a expressão $[i, \langle\underline{w}]$ será usada para denotar a configuração instantânea inicial. Assim, se $w = \lambda$, $[i, \langle\underline{w}]$ significa o mesmo que $[i, \langle\underline{\sqcup}]$; e se $w = ay$, sendo a é um símbolo, $[i, \langle\underline{w}]$ é o mesmo que $[i, \langle\underline{a}y]$.

Definição 46 *Seja uma MT* $M = (E, \Sigma, \Gamma, \langle, \sqcup, \delta, i, F)$. *A linguagem reconhecida por* M *é*

$$L(M) = \{w \in \Sigma^* \mid [i, \langle\underline{w}] \stackrel{*}{\vdash} [e, x\underline{a}y], \delta(e,a) \text{ é indefinido e } e \in F\}.$$

A palavra $w \in \Sigma^*$ *tal que* $[i, \langle\underline{w}] \stackrel{*}{\vdash} [e, x\underline{a}y], \delta(e,a)$ *é indefinido e* $e \in F$ *é dita ser* aceita (reconhecida) *pela máquina.* □

Exemplo 124 Na Figura 4.4 estão mostrados os diagramas de estado de duas MTs que aceitam a linguagem das palavras no alfabeto $\{a, b, c\}$ que não têm ab como prefixo, ou seja, $\{a, b, c\}^* - (\{ab\}\{a, b, c\}^*)$.

Para a máquina da Figura 4.4a, se a palavra de entrada não começar com a, ocorrerá uma parada no estado final 0. E se a palavra de entrada começar com a e tal a não for seguido de b, ocorrerá uma parada no estado final 1. Apenas se a palavra de entrada começar com ab, o estado 2 será atingido. Nesse último caso, como 2 não é estado final, a palavra de entrada não será aceita. Observe que a máquina pára para toda palavra.

Para a máquina da Figura 4.4b, se a palavra de entrada não começar com a, ocorrerá uma parada no estado final 0, de forma análoga ao que acontece para a máquina da Figura 4.4a. Também de modo semelhante ao que acontece para essa última, se a palavra de entrada começar com a e tal a não for seguido de b, ocorrerá uma parada no estado final 1. A diferença surge quando a palavra de entrada começa com ab: na máquina da Figura 4.4a, ocorre parada no estado 2 e, na máquina da Figura 4.4b, há uma computação ilimitada, com o cabeçote se movendo da primeira posição, que tem a para a segunda, que contém b, e vice-versa, sem parar. Assim, a máquina da Figura 4.4b também não reconhece as palavras que começam com ab. Observe que, como todos os estados dessa máquina são estados finais, ela aceita uma palavra w se, e somente se, ela parar quando acionada com w. □

O exemplo anterior ilustra, além do papel que a "não parada" tem com relação ao reconhecimento, uma faceta diferente das MTs relativamente aos AFs e APs: não é necessário que uma palavra de entrada seja toda lida para que ela possa ser aceita ou rejeitada.

Um AFD pode ser simulado, de forma trivial, por uma MT cujos movimentos estão restritos à direção D. Os detalhes foram deixados para um exercício do final desta seção. Um AP também pode ser simulado por meio de uma MT, embora essa simulação dê um pouco mais de trabalho: basta acomodar a pilha na fita após a palavra de entrada. A simulação de APs se torna mais fácil após introduzidos alguns incrementos na próxima seção. Assim, as linguagens livres do contexto podem ser reconhecidas por MTs.

A definição a seguir dá um nome para a classe das linguagens que podem ser reconhecidas por MTs.

Definição 47 *Uma linguagem é dita ser uma* linguagem recursivamente enumerável *(LRE) se existe uma MT que a reconhece.* □

Existem fortes evidências de que não há outro modelo de máquina que tenha maior poder computacional que o de MTs. Os outros modelos, até agora propostos, nunca foram além das LREs: o poder computacional de tais modelos alternativos, na melhor das hipóteses, se revelou o mesmo que o das MTs. No próximo capítulo, na Seção 5.1, serão mencionados alguns desses modelos alternativos.

Como já foi visto, algumas MTs, por exemplo, a da Figura 4.4b, não param para algumas palavras. Essas palavras não são reconhecidas, conforme estabelecido pela Definição 46. Assim, surge a questão: se existe uma MT que reconhece uma linguagem L, necessariamente há uma MT que *sempre pára* e que reconhece L? A resposta é *não*. Na verdade, existem LREs para as quais não existem MTs que parem para todas as palavras que *não* pertençam à linguagem. Daí, a definição a seguir.

Definição 48 *Uma linguagem é dita ser uma* linguagem recursiva *se existe uma MT que a reconhece e que pare para todas as palavras do alfabeto de entrada.* □

No restante desta seção, mais dois modelos alternativos de reconhecimento para MTs serão apresentados, os quais são úteis em certos contextos. Uma MT cujo reconhecimento se dá como fixado na Definição 46 será chamada MT que reconhece por *parada em estado final*.

No primeiro modelo alternativo de reconhecimento, em vez de uma palavra ser reconhecida quando a máquina parar em um estado final, ela será reconhecida quando a máquina atingir um estado final, simplesmente. Utilizando o índice F, para enfatizar o *reconhecimento por estado final*, segue uma definição.

Definição 49 *Seja uma MT $M = (E, \Sigma, \Gamma, \langle, \sqcup, \delta, i, F)$. A linguagem reconhecida por M por estado final é*

$$L_F(M) = \{w \in \Sigma^* \mid [i, \langle \underline{w} \rangle] \overset{*}{\vdash} [e, x\underline{a}y], a \in \Gamma \ e \ e \in F\}.$$

```
         a/a D         b/b E
   →(0) ─────── (1) ─────── (2)
    b/b D      a/a D
    c/c D      c/c D
    ⊔/⊔ D      ⊔/⊔ D
         ↘    ↙
          (f)
```

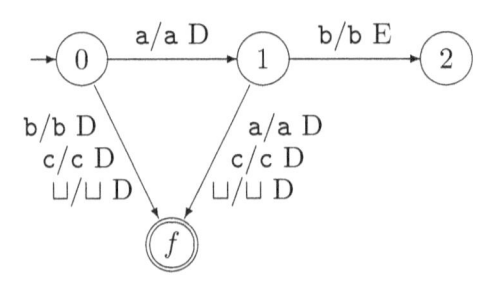

Figura 4.5 Máquina que reconhece por estado final.

A palavra $w \in \Sigma^*$ tal que $[i, \langle \underline{w} \rangle] \overset{*}{\vdash} [e, x\underline{a}y]$ e $e \in F$ é dita ser aceita (reconhecida) *por M por estado final.* □

Pela definição anterior, ao ser atingida uma configuração $[e, x\underline{a}y]$ de forma que e seja estado final, a palavra de entrada será reconhecida, mesmo que $\delta(e, a)$ seja definido; em particular, mesmo se a máquina entrar em *loop* a partir de tal configuração. Assim, é claro que toda transição que emane de um estado final é inócua, podendo ser eliminada sem alterar a linguagem reconhecida pela máquina. Em outras palavras, se M reconhece uma linguagem por estado final, pode-se considerar que $\delta(e, a)$ é indefinido para todo estado final e e todo símbolo a do alfabeto da fita. Ora, nesse caso, os estados finais são todos equivalentes, e podem ser reduzidos a *um só*!

Exemplo 125 Na Figura 4.5 consta o diagrama de estados de uma MT equivalente àquelas cujos diagramas de estados estão mostrados na Figura 4.4, mas que reconhece por estado final.

Observe também que a máquina da Figura 4.5 reconhece a mesma linguagem por parada em estado final, assim como a máquina da Figura 4.4a, visto que não há transições emanando do estado f, condição esta que garante a parada da máquina ao ser atingido esse único estado final. □

No segundo modelo alternativo de reconhecimento, uma palavra é reconhecida quando a máquina pára (em qualquer estado). Utilizando o índice P para enfatizar o *reconhecimento por parada*, segue uma definição.

Definição 50 *Seja uma MT $M = (E, \Sigma, \Gamma, \langle, \sqcup, \delta, i)$. A linguagem reconhecida por M por parada é*

$$L_P(M) = \{w \in \Sigma^* \mid [i, \langle \underline{w} \rangle] \overset{*}{\vdash} [e, x\underline{a}y], a \in \Gamma \text{ e } \delta(e, a) \text{ é indefinido}\}.$$

A palavra $w \in \Sigma^*$ tal que $[i, \langle \underline{w} \rangle] \overset{*}{\vdash} [e, x\underline{a}y]$, $a \in \Gamma$ e $\delta(e, a)$ é indefinido é dita ser aceita (reconhecida) *por M por parada.* □

A MT cujo diagrama de estados está ilustrado na Figura 4.4b aceita a mesma linguagem por parada em estado final e por parada simplesmente, já que todos os seus estados são finais na modalidade de reconhecimento por parada em estado final.

O teorema a seguir mostra que as três modalidades de reconhecimento são equivalentes.

Teorema 31 *Seja L uma linguagem. As seguintes afirmativas são equivalentes:*

a) *L é uma LRE;*

b) *L pode ser reconhecida por uma MT por estado final;*

c) *L pode ser reconhecida por uma MT por parada.*

Prova

(a)→(b)

Seja $M = (E, \Sigma, \Gamma, \langle, \sqcup, \delta, i, F)$ uma MT-padrão. Uma máquina equivalente a M, que reconhece por estado final, seria $M' = (E \cup \{f\}, \Sigma, \Gamma, \langle, \sqcup, \delta', i, \{f\})$, $f \notin F$, tal que:

a) para todo $(e, a) \in E \times \Gamma$, se $\delta(e, a)$ é definido, então $\delta'(e, a) = \delta(e, a)$;

b) para todo $(e, a) \in F \times \Gamma$, se $\delta(e, a)$ é indefinido, $\delta'(e, a) = [f, a, \mathrm{D}]$;

c) para todo $(e, a) \in (E - F) \times \Gamma$, se $\delta(e, a)$ é indefinido, $\delta'(e, a)$ é indefinido;

d) para todo $a \in \Gamma$, $\delta'(f, a)$ é indefinido.

Observe que o cabeçote se move para a direita na situação (b), prevendo-se o caso em que $a = \langle$.

(b)→(c)

Seja $M = (E, \Sigma, \Gamma, \langle, \sqcup, \delta, i, F)$ uma MT que reconhece por estado final. Uma máquina equivalente a M, que reconhece por parada, seria $M' = (E \cup \{l\}, \Sigma, \Gamma, \langle, \sqcup, \delta', i)$, $l \notin E$, tal que:

a) para todo $(e, a) \in (E - F) \times \Gamma$: se $\delta(e, a)$ é definido, então $\delta'(e, a) = \delta(e, a)$, senão $\delta'(e, a) = [l, a, \mathrm{D}]$;

b) para todo $a \in \Gamma$, $\delta'(l, a) = [l, a, \mathrm{D}]$; e

c) para todo $(e, a) \in F \times \Gamma$, $\delta'(e, a)$ é indefinido.

Note que o cabeçote é movido indefinidamente para a direita ao ser atingido o estado l, conforme especifica o item (b).

(c)→(a)

Seja $M = (E, \Sigma, \Gamma, \langle, \sqcup, \delta, i)$ uma MT que reconhece por parada. Uma MT normal equivalente a M é obtida simplesmente tornando-se todos os estados de M estados finais: $M' = (E, \Sigma, \Gamma, \langle, \sqcup, \delta', i, E)$. □

A partir desse momento, quando não se disser o contrário, presume-se que o reconhecimento se dá por parada em estado final.

Exercícios

1. Construa uma MT que, recebendo como entrada um número na notação binária, some 1 ao mesmo e retorne o cabeçote para a posição inicial. Se a palavra de entrada for λ, a MT deverá escrever 0.

2. Faça uma MT com alfabeto de entrada $\{a\}$ que, recebendo como entrada uma palavra w, concatena w imediatamente à sua direita e retorna o cabeçote para o início. Por exemplo, se a configuração inicial for $[i, \langle \underline{a}aa]$, a configuração final deverá ser $[i, \langle \underline{a}aaaaa]$.

3. Projete uma MT com alfabeto de entrada $\{a\}$ que pare se, e somente se, a palavra de entrada for da forma a^{2^n} para $n \geq 0$.

4. Crie uma MT que reconheça a linguagem denotada pela ER $a(a+b)^*$, assumindo que o alfabeto é $\{a, b\}$, de forma que ela tenha:

    a) um número mínimo de estados;
    b) um número mínimo de transições.

5. Altere a MT do Exemplo 122, cujo diagrama de estados está representado na Figura 4.3, página 216, para que sejam reconhecidos *todos* os palíndromos.

6. Construa MTs para as seguintes linguagens:

    a) $\{a^{2^n} \mid n \geq 0\}$;
    b) $\{a^n b^n \mid n \geq 0\}$;
    c) $\{a^m b^n \mid m \neq n\}$;
    d) $\{w \in \{a, b\} \mid$ o número de as em w é igual ao de bs$\}$;
    e) $\{a^n b^k c^n d^k \mid n, k \geq 0\}$;
    f) $\{a^n b^n c^n \mid n \geq 0\}$;
    g) $\{xx \mid x \in \{a, b\}^*\}$.

7. Mostre como construir uma MT para uma linguagem da forma:

$$\{a^{in+j} \mid n \geq 0\},$$

sendo i e j duas constantes maiores ou iguais a zero.

8. Mostre como construir MTs para as linguagens das formas:

    a) $\{a^n b^n \mid n \geq 0\}^k$;

b) $\{x^k \mid x \in \{\mathtt{a},\mathtt{b}\}^*\}$;

sendo k uma constante maior que zero.

9. Mostre em detalhes como simular um AFD por meio de uma MT.

10. Seja a linguagem dos parênteses balanceados, que é gerada pela gramática $(\{P\},\{(,)\},R,P)$, em que R consta das regras:

    $P \rightarrow \lambda \mid (P) \mid PP$

    Construa uma MT que reconheça tal linguagem.

11. Mostre como construir:

    a) uma MT que reconhece por parada em estado final equivalente a uma que reconhece por estado final;

    b) uma MT que reconhece por estado final equivalente a uma que reconhece por parada;

    c) uma MT que reconhece por parada equivalente a uma MT que reconhece por parada em estado final.

4.2 Algumas Variações de MTs

Na seção anterior, foi definido um modelo-padrão para uma MT (com parada em estado final), com duas versões alternativas de reconhecimento: por estado final e por parada. Nessa seção, algumas variações de MTs, sempre com reconhecimento por parada em estado final, serão apresentadas. Apesar de não ser mostrado explicitamente neste texto, tais variações não perdem nem ganham em poder de reconhecimento, quando se considera versões de reconhecimento por estado final ou por parada. As variações a serem apresentadas não aumentam o poder de reconhecimento das máquinas, mas podem ser mais cômodas de se usar em determinados contextos.

Cada variação terá um "incremento" com relação à MT-padrão definida na seção anterior. Os incrementos das várias máquinas podem ser combinados entre si, sem, ainda assim, aumentar o poder de reconhecimento. Fica ressaltado que a lista de variações a serem apresentadas a seguir não esgota as possibilidades, mas é suficiente para ilustrar o poder de reconhecimento das MTs e para simplificar o tratamento do assunto a ser apresentado nas próximas seções.

Para cada uma das variações, será apresentada uma argumentação mostrando que a mesma não tem maior poder que o da MT-padrão. Provas completas de equivalência podem ser obtidas a partir dessas argumentações.

4.2.1 Máquina com cabeçote imóvel

Nessa variação permite-se que o cabeçote possa ficar imóvel em uma transição. Assim, a máquina é uma óctupla $(E, \Sigma, \Gamma, \langle, \sqcup, \delta, i, F)$, sendo que $E, \Sigma, \Gamma, \langle, \sqcup, i$ e F são como

(a) Trecho de MT com imobilidade

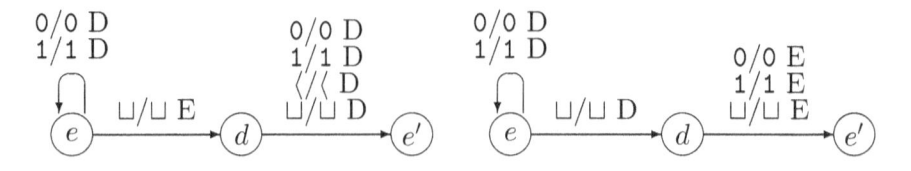

(b) Trecho de MT-padrão I   **(c) Trecho de MT-padrão II**

Figura 4.6 Posicionando o cabeçote após uma palavra.

em MTs-padrão, e δ é uma função de $E \times \Gamma$ para $E \times \Gamma \times \{\text{D}, \text{E}, \text{I}\}$. A única diferença é que pode haver transição do tipo $\delta(e, a) = [e', b, \text{I}]$, em que I indica que o cabeçote deve ficar imóvel.

Evidentemente, uma transição do tipo $\delta(e, a) = [e', b, \text{I}]$ pode ser simulada por transições das formas a seguir, sendo d um *novo* estado:

- $\delta(e, a) = [d, b, \text{D}]$;

- $\delta(d, c) = [e', c, \text{E}]$ para cada $c \in \Gamma - \{\langle\}$.

Isso basta para mostrar que o poder de reconhecimento de um máquina cujo cabeçote pode ficar imóvel não é maior que o de uma MT-padrão.

Exemplo 126 A Figura 4.6a apresenta um trecho do diagrama de estados de uma máquina com alfabeto de fita igual a $\{0, 1, \sqcup, \langle\}$, que move o cabeçote para a célula seguinte a uma palavra de $\{0, 1\}^*$, supondo que, após tal palavra, deva seguir necessariamente o símbolo $\sqcup$, que após este $\sqcup$ pode ocorrer qualquer símbolo de $\{0, 1, \sqcup\}$, e que antes da referida palavra pode ocorrer qualquer símbolo de $\{0, 1, \sqcup, \langle\}$. As Figuras 4.6b e c fornecem duas alternativas para simular esse trecho em uma máquina-padrão, e a máquina da Figura 4.6c está em conformidade com a técnica de simulação apresentada no parágrafo anterior. □

4.2.2 Máquina com múltiplas trilhas

Em uma MT com múltiplas trilhas, a fita é composta de múltiplas trilhas, isto é, cada célula da fita, em vez de receber um símbolo, contém uma k-upla de símbolos, como mostra a Figura 4.7.

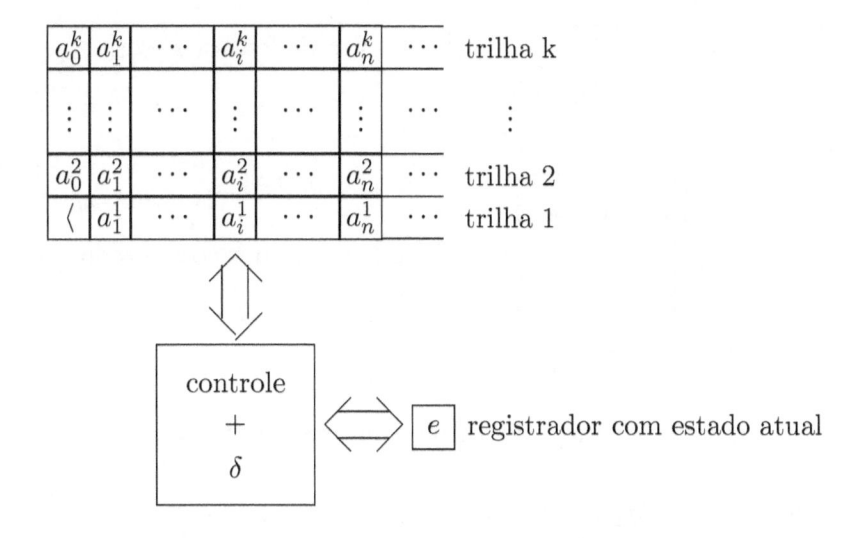

a_0^k	a_1^k	$\cdots$	a_i^k	$\cdots$	a_n^k	$\cdots$	trilha k
$\vdots$	$\vdots$	$\cdots$	$\vdots$	$\cdots$	$\vdots$	$\cdots$	$\vdots$
a_0^2	a_1^2	$\cdots$	a_i^2	$\cdots$	a_n^2	$\cdots$	trilha 2
$\langle$	a_1^1	$\cdots$	a_i^1	$\cdots$	a_n^1	$\cdots$	trilha 1

controle + δ $\Longleftrightarrow$ $\boxed{e}$ registrador com estado atual

Figura 4.7 Máquina de Turing com múltiplas trilhas.

Assume-se que no início a trilha 1 contém $\langle$ e todas as outras trilhas possuem $\sqcup$ na primeira posição, a palavra de entrada está na trilha 1, a partir da segunda posição, e o restante da trilha 1 e de todas as outras trilhas contêm $\sqcup$.

Uma *máquina de Turing com k trilhas* é uma óctupla $(E, \Sigma, \Gamma, \langle, \sqcup, \delta, i, F)$, em que E, Σ, Γ, $\langle$, $\sqcup$, i e F são como em MTs-padrão, e δ é uma função de $E \times \Gamma^k$ para $E \times \Gamma^k \times \{\mathrm{D}, \mathrm{E}\}$. Assim, uma transição tem a forma $\delta(e, a_1, a_2, \ldots, a_k) = [e', b_1, b_2, \ldots, b_k, d]$, indicando que cada a_i deve ser substituído por b_i, para $i = 1, 2, \ldots, k$. O símbolo $\langle$ na primeira posição da trilha 1 não pode ser modificado, e o símbolo $\langle$ não pode aparecer em qualquer outra célula. E, estando o cabeçote na primeira posição, ele não pode ser movido para a esquerda.

Uma configuração instantânea de uma MT com k trilhas tem a forma

$$[e, x_1\underline{a_1}y_1, x_2\underline{a_2}y_2, \ldots, x_k\underline{a_k}y_k]$$

onde $|x_i| = |x_j|$ para $i \neq j$. O conteúdo da trilha i é $x_i a_i y_i$. Com isso, pode-se definir a linguagem aceita por uma MT de k trilhas, $M = (E, \Sigma, \Gamma, \langle, \sqcup, \delta, i, F)$, como o conjunto de toda palavra $w \in \Sigma^*$ tal que

$$[i, \langle \underline{w}, \sqcup\underline{\sqcup}, \ldots, \sqcup\underline{\sqcup}] \stackrel{*}{\vdash} [e, x_1\underline{a_1}y_1, x_2\underline{a_2}y_2, \ldots, x_k\underline{a_k}y_k]$$

onde $e \in F$ e $\delta(e, a_1, a_2, \ldots, a_k)$ é indefinido.

Uma máquina-padrão $(E, \Sigma, \Gamma, \langle, \sqcup, \delta, i, F)$ pode ser simulada por uma com k trilhas $(E, \Sigma, \Gamma, \langle, \sqcup, \delta', i, F)$, onde se $\delta(e, a) = [e', b, d]$ e $a \neq \langle$, tem-se que $\delta'(e, a, \sqcup, \ldots, \sqcup) = [e', b, \sqcup, \ldots, \sqcup, d]$, e se $\delta(e, \langle) = [e', \langle, \mathrm{D}]$, $\delta'(e, \langle, \sqcup, \ldots, \sqcup) = [e', \langle, \sqcup, \ldots, \sqcup, \mathrm{D}]$. Por outro lado, dada uma MT $M = (E, \Sigma, \Gamma, \langle, \sqcup, \delta, i, F)$ com k trilhas, pode-se obter uma MT-padrão equivalente $M' = (E, \Sigma \times \{\sqcup\}^{k-1}, \Gamma \times (\Gamma - \{\langle\})^{k-1}, \{\langle\} \times \{\sqcup\}^{k-1}, \{\sqcup\}^k, \delta', i, F)$,

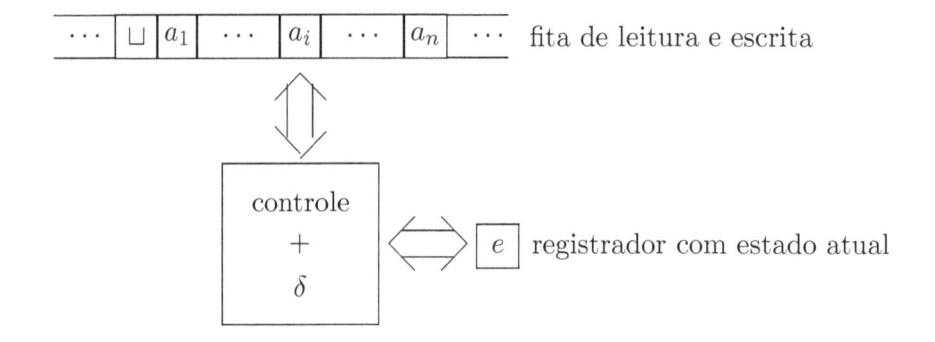

Figura 4.8 Máquina de Turing com fita ilimitada à esquerda.

de forma que se $\delta(e, a_1, a_2, \ldots, a_k) = [e', b_1, b_2, \ldots, b_k, d]$, então M' tem a transição $\delta'(e, [a_1, a_2, \ldots, a_k]) = [e', [b_1, b_2, \ldots, b_k], d]$.[3]

Observe, então que, como os símbolos de um alfabeto podem ser k-uplas, uma máquina com múltiplas trilhas nada mais é que uma MT-padrão "disfarçada", na qual o alfabeto de fita, em vez de ser um conjunto de símbolos "indivisíveis", é um conjunto de k-uplas.

4.2.3 Máquina com fita ilimitada em ambas as direções

Uma MT com fita ilimitada em ambas as direções difere de uma MT-padrão apenas no fato de que a fita não está limitada à esquerda, como mostra a Figura 4.8. No início, o cabeçote está posicionado no primeiro símbolo da palavra de entrada, se esta não for λ. Como a fita está ilimitada à esquerda, não há necessidade do símbolo $\langle$.

Seja $M = (E, \Sigma, \Gamma, \langle, \sqcup, \delta, i, F)$ uma MT-padrão e sejam $i', j \notin E$. Uma MT com fita ilimitada em ambas as direções, equivalente a M, seria $M' = (E \cup \{i', j\}, \Sigma, \Gamma, \sqcup, \delta', i', F)$,[4] em que δ' consta das mesmas transições que M acrescidas de:

- $\delta'(i', a) = [j, a, \text{E}]$ para cada $a \in \Gamma$;
- $\delta'(j, \sqcup) = [i, \langle, \text{D}]$.

Seja $M = (E, \Sigma, \Gamma, \sqcup, \delta, i, F)$ uma máquina com fita ilimitada em ambas as direções. Pode-se obter uma máquina de duas trilhas, $M' = (E', \Sigma, \Gamma', \langle, \sqcup, \delta', i', F')$, que simula M, como segue. A idéia é ter na primeira trilha, além do símbolo $\langle \notin \Gamma$, o conteúdo da fita ilimitada em ambas as direções, que começa na posição inicial do cabeçote e se estende para a direita, e ter na segunda trilha o conteúdo que começa na posição anterior à posição inicial do cabeçote e se estende para a esquerda. Assim, considerando a fita ilimitada em ambas as direções com as células indexadas da seguinte forma:

---

[3] Para que os símbolos de entrada não sejam alterados, ou seja, para que o alfabeto de entrada de M' seja também Σ, basta substituir cada símbolo $[a, \sqcup, \ldots, \sqcup]$ de $\Sigma \times \{\sqcup\}^{k-1}$ por a e fazer o alfabeto de fita igual a $(\Gamma^k - \Sigma \times \{\sqcup\}^{k-1}) \cup \Sigma$. E os símbolos $(\langle)^k$ e $(\sqcup)^k$ podem ser substituídos por $\langle$ e $\sqcup$, respectivamente.

[4] Note que não é necessário o símbolo marcador de início, $\langle$.

obtém-se a fita de duas trilhas:

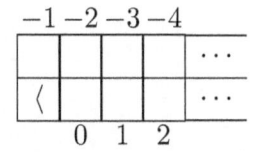

O conjunto de estados é $E' = E \times \{1,2\}$. O primeiro elemento do par $[e,k] \in E'$ refere-se ao estado que seria atingido por M, e o segundo corresponde à trilha que está sendo processada por M'. O estado inicial é $i' = [i,1]$, e os estados finais são $F' = F \times \{1,2\}$. O alfabeto de fita é $\Gamma' = \Gamma \cup \{\langle\}$, sendo $\langle \notin \Gamma$. A função δ' é obtida de δ da seguinte forma:

- para cada transição $\delta(e,a) = [e', b, \mathrm{D}]$, deve-se ter:

    - $\delta'([e,1], a, c) = [[e',1], b, c, \mathrm{D}]$ para cada $c \in \Gamma$;
    - $\delta'([e,2], c, a) = [[e',2], c, b, \mathrm{E}]$ para cada $c \in \Gamma$;
    - $\delta'([e,1], \langle, a) = \delta'([e,2], \langle, a) = [[e',1], \langle, b, \mathrm{D}]$;

- para cada transição $\delta(e,a) = [e', b, \mathrm{E}]$, deve-se ter:

    - $\delta'([e,1], a, c) = [[e',1], b, c, \mathrm{E}]$ para cada $c \in \Gamma$;
    - $\delta'([e,2], c, a) = [[e',2], c, b, \mathrm{D}]$ para cada $c \in \Gamma$;
    - $\delta'([e,1], \langle, a) = \delta'([e,2], \langle, a) = [[e',2], \langle, b, \mathrm{D}]$.

Conclui-se, então, que uma MT com fita ilimitada à esquerda e à direita tem o mesmo poder de reconhecimento que uma MT-padrão.

4.2.4 Máquina com múltiplas fitas

Em uma máquina com múltiplas fitas, cada fita tem seu cabeçote de leitura/escrita, como mostra a Figura 4.9. Como em cada transição os cabeçotes são operados de forma independente, é útil ter a opção de um cabeçote ficar imóvel, além das opções de se mover para a esquerda ou direita. No início, a palavra de entrada está na fita 1 a partir da sua segunda posição, as primeiras posições de todas as fitas possuem $\langle$, e todas as posições após a palavra de entrada na fita 1, assim como todas as outras posições das fitas restantes, contêm ⊔. Todos os cabeçotes começam posicionados na *segunda* posição da fita respectiva. Cada fita tem $\langle$ na sua primeira posição para evitar o movimento de seu cabeçote para a esquerda.

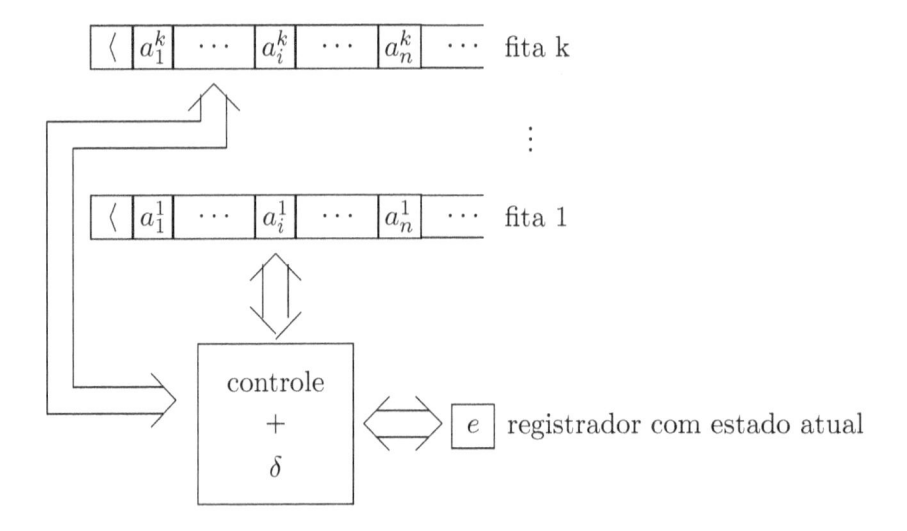

Figura 4.9 Máquina de Turing com múltiplas fitas.

Assim, uma máquina de k fitas é uma óctupla $(E, \Sigma, \Gamma, \langle, \sqcup, \delta, i, F)$, onde E, Σ, Γ, i e F são como em MTs-padrão, e δ é uma função de $E \times \Gamma^k$ para $E \times (\Gamma \times \{D, E, I\})^k$.

Uma configuração instantânea de uma MT com k fitas, de forma similar a uma MT de k trilhas, tem a forma

$$[e, x_1\underline{a_1}y_1, x_2\underline{a_2}y_2, \ldots, x_k\underline{a_k}y_k]$$

onde o conteúdo da fita i é $x_i a_i y_i$. Mas, ao contrário de uma MT de k trilhas, aqui não há a restrição de que $|x_i| = |x_j|$ para $i \neq j$.

A linguagem aceita por uma MT de k fitas, $M = (E, \Sigma, \Gamma, \langle, \sqcup, \delta, i, F)$, é o conjunto das palavras $w \in \Sigma^*$ tais que

$$[i, \langle \underline{w}, \langle \underline{\sqcup}, \ldots, \langle \underline{\sqcup}] \vdash^* [e, x_1\underline{a_1}y_1, x_2\underline{a_2}y_2, \ldots, x_k\underline{a_k}y_k]$$

onde $e \in F$ e $\delta(e, a_1, a_2, \ldots, a_k)$ é indefinido.

O uso de várias fitas pode simplificar bastante a obtenção de uma MT, como exemplificado a seguir.

Exemplo 127 Na Figura 4.10 está ilustrado o diagrama de estados de uma máquina de duas fitas que reconhece $\{ww^Rw \mid w \in \{0,1\}^*\}$. Para simplificar o diagrama, está sendo usado o símbolo $*$ para denotar "qualquer símbolo do alfabeto de entrada". Assim, por exemplo, "$*/* $ D, $\sqcup/\sqcup$ I" denota duas transições: "0/0 D, $\sqcup/\sqcup$ I" e "1/1 D, $\sqcup/\sqcup$ I".

No ciclo ocasionado pelos estados 0, 1 e 2, para cada três símbolos da palavra de entrada, o cabeçote da fita 2 é movido uma vez para a direita. Em seguida, no estado 3, o terço final da palavra de entrada é escrito na fita 2, com os cabeçotes se movendo da direita para a esquerda. Após isso, no estado 4, o terço do meio da palavra de entrada

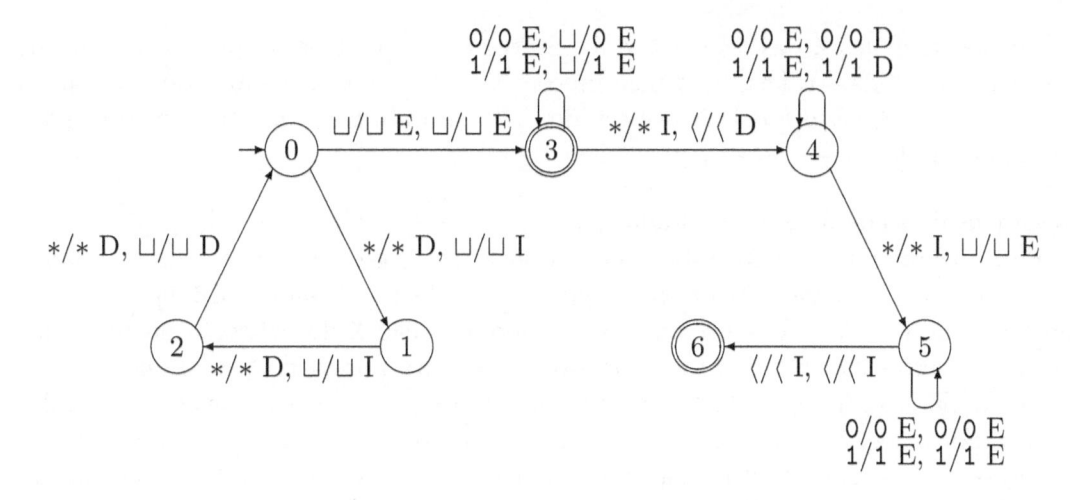

Figura 4.10 Máquina de duas fitas para $\{ww^Rw \mid w \in \{0,1\}^*\}$.

é comparado com o terço final que se encontra na fita 2, com os cabeçotes se movendo em direções opostas. Finalmente, no estado 5, o primeiro terço da palavra de entrada é comparado com o terço final, que se encontra na fita 2. Tudo isso só envolve uma leitura da palavra de entrada da esquerda para a direita, nos estados 0, 1 e 2, e outra leitura da direita para a esquerda, nos estados 3, 4 e 5. □

Uma MT-padrão nada mais é que uma máquina "multifita" com apenas uma fita. Evidentemente, uma MT-padrão pode ser simulada por uma multifita em que todas as transições desprezam todas as fitas, com exceção da fita 1. Por outro lado, uma máquina multifita M pode ser simulada por uma MT-padrão. Será esboçado, a seguir, como simular uma máquina de duas fitas por meio de uma máquina de quatro trilhas. Em geral, uma máquina de k fitas pode ser simulada, de forma análoga, por meio de uma máquina de $2k$ trilhas.

Seja uma máquina de duas fitas $M = (E, \Sigma, \Gamma, \langle, \sqcup, \delta, i, F)$ e $\mathtt{X} \notin \Gamma$. Será mostrado aqui como se comporta uma MT de quatro trilhas que simule M. A trilha 1 terá o conteúdo da fita 1, a trilha 2, um $\mathtt{X}$ para marcar a posição do cabeçote da fita 1 e seu restante estará em branco, e as trilhas 3 e 4 terão o conteúdo da fita 2 e a posição do cabeçote da fita 2. Após M' escrever as representações dos cabeçotes nas trilhas 2 e 4, e escrever $\langle$ no início da trilha 3, transita para o estado $[i, ------]$. Em cada estado da forma $[e, ------]$, onde $e \in E$ (incluindo $[i, ------]$), M' busca, movendo seu cabeçote da esquerda para a direita, os símbolos a_1 e a_2 das trilhas 1 e 3 cujas posições estão marcadas pelos símbolos $\mathtt{X}$ das trilhas 2 e 4. Após encontrá-los, M' transita para o estado $[e, a_1a_2----]$. Para cada estado desta forma,

- se $\delta(e, a_1, a_2)$ é indefinido, M' pára no estado $[e, a_1a_2----]$ (ou seja, M' não tem transição definida saindo desse estado).

- se $\delta(e, a_1, a_2) = [e', b_1, d_1, b_2, d_2]$, M' busca, movendo seu cabeçote da direita para a esquerda, os símbolos a_1 e a_2 das trilhas 1 e 3 cujas posições estão marcadas pelos símbolos X das trilhas 2 e 4. Substitui a_1 por b_1 e a_2 por b_2, e move os símbolos X das trilhas 2 e 4 nas direções d_1 e d_2. Feito isso, M' transita para o estado $[e, a_1 a_2 b_1 d_1 b_2 d_2]$. Nesse estado, M' volta ao início da fita e transita para o estado $[e', -----]$.

Os estados finais de M' são os estados $[e, a_1 a_2 ----]$ para $a_1, a_2 \in \Gamma$ e $e \in F$.

Para concretizar a MT M' esboçada anteriormente, basta acrescentar novos estados da forma $[e, x_1 x_2 y_1 d_1 y_2 d_2]$, onde $x_1, x_2, y_1, y_2 \in \Gamma \cup \{-\}$ e $d_1, d_2 \in \{\text{D}, \text{E}, \text{I}\}$, à medida que forem necessários. Por exemplo, se a representação X do cabeçote da fita 1 for encontrada antes daquela da fita 2 quando M' procura por a_1 e a_2 da esquerda para a direita, pode-se fazer que M' transite para $[e, a_1 -----]$. Nesse estado, M' procura por a_2; e, ao achá-lo, transita para o estado referido no parágrafo anterior, $[e, a_1 a_2 ----]$. Entretanto, se a representação do cabeçote da fita 2 for encontrada antes daquela da fita 1, M' transita para $[e, -a_2 ----]$; depois, ao encontrar a_1, transita para $[e, a_1 a_2 ----]$ e assim por diante.

4.2.5 Máquina não determinística

Uma MT não determinística é uma MT que admite mais de uma transição partindo de certo estado sob determinado símbolo. Dessa forma, podem existir várias computações possíveis para o processamento de uma palavra. Uma palavra é aceita quando *existe* uma computação para a qual a máquina pára em um estado final.

Mais formalmente, uma MT não determinística é uma óctupla $(E, \Sigma, \Gamma, \langle, \sqcup, \delta, i, F)$, onde $E, \Sigma, \Gamma, \langle, \sqcup, i$ e F são como em uma MT-padrão, e δ é uma função total de $E \times \Gamma$ para $\mathcal{P}(E \times \Gamma \times \{\text{D}, \text{E}\})$. No caso em que $\delta(e, a) = \emptyset$ para certo estado e e símbolo a, não há transição do estado e sob a. Esse caso corresponde àquele em que, em uma MT-padrão, $\delta(e, a)$ é indefinido. A linguagem aceita pela máquina é:[5]

$$\{w \in \Sigma^* \mid [i, \langle \underline{w}] \stackrel{*}{\vdash} [e, x\underline{a}y], \delta(e, a) = \emptyset \text{ e } e \in F\}.$$

Exemplo 128 A Figura 4.11 apresenta o diagrama de estados de uma MT não determinística que aceita a linguagem $b^*ab^* + c^*ac^*$. O alfabeto de entrada é $\{\text{a}, \text{b}, \text{c}\}$ e o de fita é $\{\text{a}, \text{b}, \text{c}, \sqcup, \langle\}$. A partir do estado e_1, por exemplo, existem as seguintes transições:

$\delta(e_1, \text{a}) = \{[e_2, \text{b}, \text{D}], [e_4, \text{c}, \text{D}]\}$ (olha o não determinismo)

$\delta(e_1, \text{b}) = \{[e_1, \text{b}, \text{D}]\}$

$\delta(e_1, \text{c}) = \{[e_1, \text{c}, \text{D}]\}$

$\delta(e_1, \sqcup) = \delta(e_1, \langle) = \emptyset.$ □

---

[5] Note que MT não determinística foi definida com apenas um estado inicial, seguindo a prática mais comum na literatura.

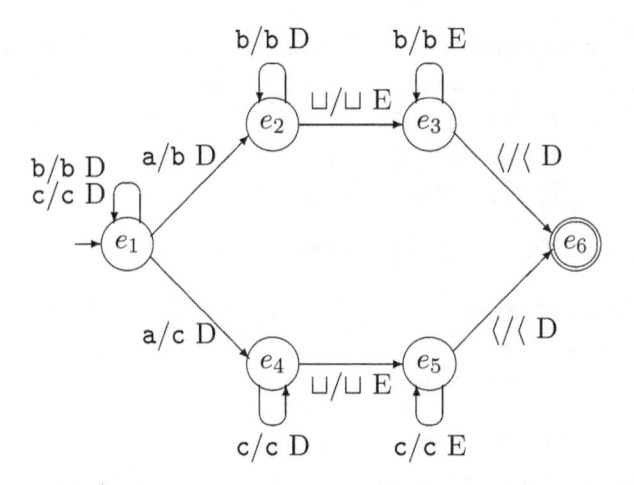

Figura 4.11 Máquina de Turing não determinística.

Será mostrado, a seguir, como simular uma máquina de Turing não determinística $M = (E, \Sigma, \Gamma, \langle, \sqcup, \delta, i, F)$ por meio de um MT determinística, M', de três fitas.

A idéia é simular, de forma sistemática, as computações possíveis da máquina não determinística. Para garantir que *todas* as computações sejam passíveis de simulação, as computações serão simuladas de forma que uma computação envolvendo $n + 1$ transições nunca seja considerada para simulação antes de todas as que envolvam n transições. Com isso, mesmo que haja uma ou mais computações infinitas, a máquina simuladora nunca vai se enveredar indefinidamente por uma delas. Para esse propósito, seja, inicialmente, m o número máximo dentre os números de transições sob um mesmo símbolo que emanam de cada estado da máquina não determinística M, ou seja, m é o número máximo pertencente ao conjunto $\{|\delta(e, a)| \mid e \in E \text{ e } a \in \Gamma\}$. Por exemplo, para a máquina do Exemplo 128, $m = |\delta(e_1, \mathtt{a})| = 2$. Para cada par (e, a), se $\delta(e, a) \neq \emptyset$:

a) se o conjunto $\delta(e, a)$ tiver menos de m membros, completá-lo repetindo algum de seus elementos, de forma que ele fique com m elementos;[6] e

b) numerar as m transições relativas a $\delta(e, a)$ com os números de 1 a m (qualquer ordem serve).

Para a máquina do Exemplo 128, uma possibilidade seria dar o número 1 para a transição $[e_2, \mathtt{b}, \mathrm{D}] \in \delta(e_1, \mathtt{a})$ e 2 para $[e_4, \mathtt{c}, \mathrm{D}] \in \delta(e_1, \mathtt{a})$, e para as outras ter-se-ia pares de transições idênticas com os números 1 e 2. Cada computação de M será representada, na máquina M', por uma palavra no alfabeto $\{1, 2, \ldots, m\}$, que estará escrita na fita 3. Considere a máquina do Exemplo 128, com a numeração já referida, e suponha que a fita 3 contenha a palavra 1221. Se a palavra de entrada for cac, então 1221 representa a seguinte computação:

---

[6] $\delta(e, a)$ será, nesse caso, um *multiconjunto* de m elementos.

Computação		Transição	Número
$[e_1, \langle\underline{\text{c}}\text{ac}\sqcup]$	$\vdash [e_1, \langle\text{c}\underline{\text{a}}\text{c}\sqcup]$	$[e_1, \text{c}, \text{D}] \in \delta(e_1, \text{c})$	1
	$\vdash [e_4, \langle\text{cc}\underline{\text{c}}\sqcup]$	$[e_4, \text{c}, \text{D}] \in \delta(e_1, \text{a})$	2
	$\vdash [e_4, \langle\text{ccc}\underline{\sqcup}]$	$[e_4, \text{c}, \text{D}] \in \delta(e_4, \text{c})$	2
	$\vdash [e_5, \langle\text{cc}\underline{\text{c}}\sqcup]$	$[e_5, \sqcup, \text{E}] \in \delta(e_4, \sqcup)$	1

Para a palavra de entrada bab, 1221 representa a computação:

Computação		Transição	Número
$[e_1, \langle\underline{\text{b}}\text{ab}\sqcup]$	$\vdash [e_1, \langle\text{b}\underline{\text{a}}\text{b}\sqcup]$	$[e_1, \text{b}, \text{D}] \in \delta(e_1, \text{b})$	1
	$\vdash [e_4, \langle\text{bc}\underline{\text{b}}\sqcup]$	$[e_4, \text{c}, \text{D}] \in \delta(e_1, \text{a})$	2

Como $\delta(e_4, \text{b}) = \emptyset$, não há como prosseguir: a máquina M pára. Para a palavra bab, qualquer seqüência de computações de prefixo 12 é processada apenas até a segunda transição, como mostrado anteriormente.

A fita 2 vai conter uma cópia da palavra de entrada no início da simulação de uma computação. Após a simulação de uma computação de M sobre essa cópia, o conteúdo da fita 2 será apagado para, em seguida, ser colocada uma nova cópia da palavra de entrada para a simulação da próxima computação de M.

A máquina M' funciona de acordo com o seguinte algoritmo:

1. Inicialize a fita 3 com a palavra 1;
2. **ciclo**
   2.1 copie a palavra de entrada da fita 1 para a fita 2;
   2.2 simule M na fita 2 de acordo com a palavra na fita 3;
       se M pára em estado final **então** aceite **fimse**;
   2.3 apague a fita 2;
   2.4 gere a próxima palavra na fita 3
   fimciclo.

Os passos 1 e 2.1 são relativamente simples. No passo 2.2, M' pode usar os próprios estados de M. Uma transição de M' para simular uma de M, $[e', b, d] \in \delta(e, a)$ de número k, seria da forma:

$$\delta'(e, \langle, a, k) = [e', [\langle, \text{I}], [b, d], [k, \text{D}]].$$

Além disso, os estados finais de M' podem ser os estados finais de M: no passo 2.2, dado que $\delta(e, a)$ seja indefinido e $e \in F$ (situação em que M pára em estado final), M' também pára em e. Para gerar a próxima palavra na fita 3 (item 2.4 do algoritmo), basta usar a submáquina cujo diagrama de estados está ilustrado na Figura 4.12. Na figura, estão mostradas apenas as transições relativas à fita 3, e está-se supondo que $m = 3$. O cabeçote começa, em l_0, na segunda posição da fita 3; e termina, em l_4, na primeira posição.

Como uma MT-padrão é um caso particular de MT não determinística, e para qualquer MT não determinística existe uma MT-padrão equivalente, segue que as MTs não determinísticas reconhecem exatamente a classe das LREs.

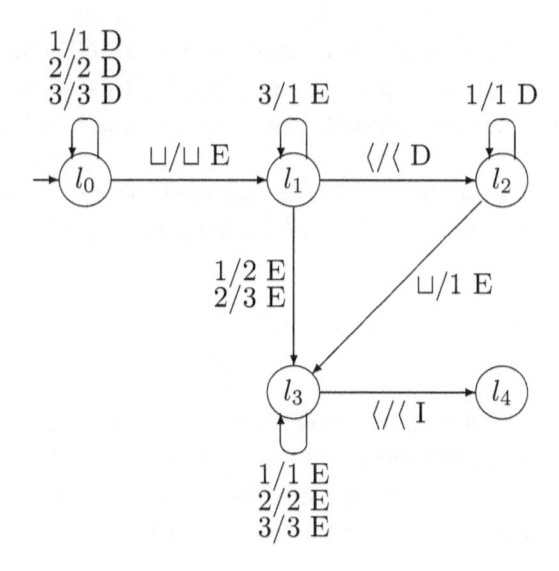

Figura 4.12 Submáquina gera próxima palavra de $\{1,2,3\}^*$.

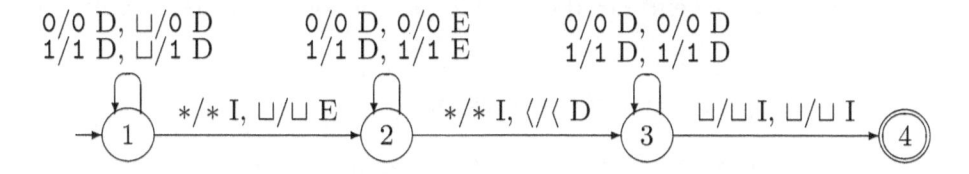

Figura 4.13 MT de duas fitas não determinística para $\{ww^Rw \mid w \in \{0,1\}^*\}$.

Para concluir, deve ser ressaltado que pode-se usar os incrementos isolados ou uns compostos com os outros, e que pode-se utilizar reconhecimento por entrada em estado final ou por parada com qualquer variação obtida. O exemplo a seguir mostra como uma combinação do uso de duas fitas e de não determinismo simplifica a obtenção de uma MT.

Exemplo 129 Na Figura 4.13 consta o diagrama de estados de uma MT de duas fitas não determinística que reconhece $\{ww^Rw \mid w \in \{0,1\}^*\}$. Esse diagrama deve ser comparado com o da Figura 4.10, página 229, que se refere a uma máquina determinística de duas fitas que reconhece a mesma linguagem. Para simplificar o diagrama, está sendo usado o símbolo "∗" para denotar "qualquer símbolo do alfabeto de entrada <u>ou</u> ⊔". Observe que o significado de "∗" aqui é diferente daquele do símbolo "∗" da Figura 4.10. A opção "⊔" serve apenas para cobrir o caso em que a palavra de entrada é λ.

Quando a palavra de entrada é da forma ww^Rw e não é λ, após copiar w na fita 2 no estado 1, ao ser atingido o símbolo inicial de w^R nesse mesmo estado, a máquina "adivinha" que está começando w^R e ativa uma transição para o estado 2. Este é o único ponto em que ocorre não determinismo. Em seguida, no estado 2, o terço do meio da palavra de entrada é assegurado como da forma w^R. Depois, no estado 3, o terço final é assegurado como w. Apenas se tais condições se verificarem, ou seja, se a palavra de entrada puder ser decomposta nesses três terços, é atingido o estado 4. □

Outras variações, além das apresentadas, também foram propostas na literatura, e, em todas elas, pode-se verificar que o poder computacional não é maior que o da MT-padrão.

Exercícios

1. Construa uma MT de três trilhas que, recebendo como entrada dois números em notação binária, um na primeira trilha e outro na segunda, determine a soma na terceira trilha. Faça outra MT que subtraia o número da segunda do número da primeira trilha, colocando o resultado na terceira trilha.

2. Projete uma MT com fita ilimitada em ambas as direções que, começando a fita com duas células contendo o símbolo 0 e com o restante em branco, determine se o número de brancos entre os dois 0s é ímpar. Se for, a MT deve parar em estado de aceitação.

3. Faça uma MT que reconheça a linguagem:

$$\{0^{k_0}10^{k_1}1\ldots 0^{k_n}1 \mid n \in \mathbf{N} \text{ e } 0 < k_0 < k_1 < \cdots < k_n\}.$$

Use uma fita só para assegurar a restrição $0 < k_0 < k_1 < \cdots < k_n$.

4. Seja a MT não determinística $M = (\{a, b, c, d\}, \{0, 1\}, \{\langle, \sqcup, 0, 1\}, \langle, \sqcup, \delta, \{a\}, \{b\})$, onde δ é assim definida:

    $\delta(a, 0) = \{[b, 0, D], [d, 0, D]\}$
    $\delta(b, 0) = \{[c, 0, E]\}$
    $\delta(c, 0) = \{[b, 0, D]\}$
    $\delta(d, 0) = \{[d, 0, D]\}$
    $\delta(d, \sqcup) = \{[b, 0, D]\}$.

    Que linguagem é reconhecida por M?

5. Escreva MTs não determinísticas de duas fitas que reconheçam as linguagens:

    a) $\{xx \mid x \in \{0, 1\}^*\}$;
    b) $\{xx^Ry \mid x, y \in \{0, 1\}^* \text{ e } |x| > |y|\}$;
    c) $\{xyz \mid x, y, z \in \{a, b, c\}^*, |x| < |y| < |z|, x \text{ não tem as}, y \text{ não tem bs e } z \text{ não tem cs}\}$.

    Procure obter MTs com o menor número de transições possível.

6. Seja uma MT $M = (E, \Sigma, \Gamma, \langle, \sqcup, \delta, i, \{f\})$ cuja única diferença com relação a uma MT-padrão é que ela tem apenas um estado final. Suponha que a linguagem reconhecida por M seja

$$\{w \in \Sigma^* \mid [i, \langle \underline{w}] \stackrel{*}{\vdash} [f, x\underline{a}y]\}.$$

Ou seja, para qualquer $w \in \Sigma^*$ M reconhece w se, e somente se, M atinge o estado f ao processar w. Mostre que qualquer linguagem recursivamente enumerável pode ser reconhecida por uma MT desse tipo.

7. Mostre como uma MT não determinística que tem um conjunto de estados iniciais pode ser simulada mediante uma MT não determinística com um único estado inicial.

8. Seja uma MT que, em cada transição, só pode escrever um símbolo ou mover o cabeçote, mas não ambos. Faça uma definição formal desse tipo de máquina. Depois mostre que tais máquinas reconhecem exatamente as LREs.

9. Seja um modelo de MT cuja única diferença com relação à MT-padrão é que a máquina não pode apagar um símbolo diferente de $\sqcup$. Ou seja, se $\delta(e, a) = [e', \sqcup, d]$, então $a = \sqcup$. Mostre que uma máquina com essa característica tem o mesmo poder de reconhecimento que uma MT-padrão.

10. Seja uma máquina em que uma transição depende, não apenas do estado atual e do símbolo sob o cabeçote, mas também do símbolo à direita do cabeçote. Faça uma definição formal desse tipo de máquina. Mostre como simulá-la mediante uma MT-padrão.

11. Seja uma MT $M = (E, \Sigma, \Gamma, \langle, \sqcup, \delta, i, F)$ sendo δ uma função de $E \times \Gamma$ para $E \times \Gamma \times \{D, I\}$. Ou seja, M é uma MT-padrão cujo cabeçote pode apenas se mover para a direita (D) ou ficar imóvel (I) em cada transição. M reconhece apenas linguagens regulares ou existe alguma linguagem não regular que M reconhece?

12. Seja um APN com duas pilhas, como mostrado no Exercício 11 da Seção 3.6, página 208. Mostre que esse tipo de máquina reconhece a classe das LREs. *Dica:* Para simular uma MT por meio de um APN com duas pilhas, use uma pilha para conter x^R e outra para ay, quando a configuração instantânea da MT for $[e, x\underline{a}y]$.

4.3 Gramáticas e Máquinas de Turing

Nesta seção, será mostrado que a classe das linguagens geradas pelas gramáticas irrestritas é exatamente a classe das linguagens recursivamente enumeráveis. Além disso, para completar a chamada *hierarquia de Chomsky*, será apresentada uma versão restrita de MT que reconhece exatamente as linguagens geradas por um tipo de gramática denominada *gramática sensível ao contexto*.

1. Escreva P (a variável de partida) na fita 2.
2. **ciclo**
    2.1 selecione uma posição p na forma sentencial que está na fita 2;
    2.2 selecione uma regra $u \to v \in R$;
    2.3 **se** u ocorre a partir da posição p da fita 2 **então**
        2.3.1 substitua u por v na fita 2;
        2.3.2 **se** a forma sentencial na fita 2 é idêntica à palavra
                de entrada na fita 1 **então**
                    aceite
            fimse
        senão
            rejeite
        fimse
    fimciclo.

Figura 4.14 MT para a linguagem aceita por uma gramática irrestrita.

Para a consecução da primeira parte, será esboçada a construção de uma MT que aceita uma linguagem gerada por uma gramática irrestrita, e será explicitado como construir uma gramática que gera a linguagem aceita por uma MT.

Teorema 32 *A linguagem gerada por uma gramática irrestrita é uma LRE.*

Prova

Seja uma gramática irrestrita $G = (V, \Sigma, R, P)$. Será mostrado como construir uma MT não determinística de duas fitas, M, tal que $L(M) = L(G)$. A fita 1 conterá a palavra de entrada, a qual não será modificada durante todo o processamento, e a fita 2 conterá, em certo instante, uma forma sentencial de G.

O algoritmo da máquina M está representado na Figura 4.14. Nos passos 2.1 e 2.2 as seleções mencionadas nessa figura são concretizadas por meio de não determinismo, como será visto adiante. Seja i o estado inicial de M. Então o passo 1 do algoritmo é levado a efeito pelas transições:

$$\delta(i, a, \sqcup) = \{[j_0, [a, \text{E}], [P, \text{I}]]\} \text{ para cada } a \in \Sigma \cup \{\sqcup\}.$$

No início do ciclo, passo 2.1 do algoritmo, tem-se a seleção não determinística de uma posição p na fita 2 mediante as transições:

$$\delta(j_0, \langle, a) = \{[j_0, [\langle, \text{I}], [a, \text{D}]], [j_1, [\langle, \text{I}], [a, \text{I}]]\} \text{ para cada } a \in \Sigma \cup V.$$

Supondo que G tenha n regras, no estado j_1 é escolhida, não deterministicamente, uma das regras, da seguinte forma (passo 2.2 do algoritmo):

$$\delta(j_1, \langle, a) = \{[r_1, [\langle, \text{I}], [a, \text{I}]], \ldots, [r_n, [\langle, \text{I}], [a, \text{I}]]\} \text{ para cada } a \in \Sigma \cup V.$$

onde uma transição para o estado r_t corresponde à escolha da t-ésima regra. No estado r_t, o lado esquerdo da regra t é comparado com o conteúdo da fita 2 a partir da posição atual de seu cabeçote (teste do **se** no passo 2.3). Supondo que o lado esquerdo da regra t seja uma palavra $u = a_1 a_2 \ldots a_q$, tal teste seria feito por transições da forma:

$$\delta(r_t, \langle, a_1) = \{[r_t^1, [\langle, \text{I}], [\sqcup, \text{D}]]\}$$

$$\delta(r_t^1, \langle, a_2) = \{[r_t^2, [\langle, \text{I}], [\sqcup, \text{D}]]\}$$

$$\vdots$$

$$\delta(r_t^{q-1}, \langle, a_q) = \{[r_t^q, [\langle, \text{I}], [\sqcup, \text{I}]]\}.$$

Note que, à medida que é feita a comparação, os símbolos de u vão sendo apagados da fita 2. Se na fita 2 não houver algum destes a_k, a máquina pára, correspondendo ao "rejeite" na parte **senão** do comando **se** do passo 2.3. Havendo sucesso na comparação, u terá sido apagada da fita 2 e a máquina entrará no estado r_t^q. Nesse estado, o lado direito, v, da regra t deve ser escrito na fita 2 em substituição a u (passo 2.3.1 do algoritmo). Há três casos a considerar:

a) $|u| = |v|$. Basta escrever v no espaço em branco onde estava u.

b) $|u| > |v|$. Deve-se escrever v na parte inicial do espaço em branco onde estava u, e deslocar a palavra seguinte a esse espaço para a esquerda $|u| - |v|$ posições.

c) $|u| < |v|$. Deve-se deslocar a palavra seguinte ao espaço em branco onde estava u $|v| - |u|$ posições, e escrever v no espaço em branco resultante.

Apesar de não serem explicitadas aqui, as transições para cada um desses casos são perfeitamente obteníveis. Suponha que, após a escrita de v na fita 2, a máquina atinja o estado l_0, tendo posicionado os cabeçotes na segunda posição de cada fita. Nesse estado, de acordo com o passo 2.3.2 do algoritmo, deve-se comparar os conteúdos das fitas 1 e 2, o que pode ser feito mediante as transições:

$$\delta(l_0, a, a) = \{[l_0, [a, \text{D}], [a, \text{D}]]\} \text{ para cada } a \in \Sigma$$

$$\delta(l_0, \sqcup, \sqcup) = \{[f, [\sqcup, \text{I}], [\sqcup, \text{I}]]\}.$$

A última transição ocorre para o estado f, único estado final de M. Falta considerar o caso em que a comparação levada a efeito no estado l_0 não resulta em sucesso. Nesse caso, correspondendo à falha do teste do comando **se** no passo 2.3.2, deve-se reiniciar o ciclo, ou seja, transitar para o estado j_0. Para isso, existem as transições:

$$\delta(l_0, a, b) = \{[l_1, [a, \text{E}], [b, \text{E}]]\} \text{ para cada } a \in \Sigma, a \neq b$$

$$\delta(l_1, a, a) = \{[l_1, [a, \text{E}], [a, \text{E}]]\} \text{ para cada } a \in \Sigma$$

$$\delta(l_1, \langle, \langle) = \{[j_0, [\langle, \text{I}], [\langle, \text{D}]]\}. \qquad \square$$

Agora, resta mostrar que toda linguagem recursivamente enumerável pode ser gerada por uma gramática irrestrita, o que será feito no teorema a seguir. Para isso, será conveniente representar uma configuração instantânea $[e, x\underline{a}y]$ pela palavra $xeay\rangle$. Observe que y é seguido por $\rangle$ por motivos que ficarão claros mais à frente. Essa notação não traz problema desde que $E \cap \Gamma = \emptyset$, o que será assumido no teorema, sem perda de generalidade.

Teorema 33 *Uma LRE pode ser gerada por uma gramática irrestrita.*

Prova

Seja L uma LRE e seja $M = (E, \Sigma, \Gamma, \langle, \sqcup, \delta, i, F)$ uma MT que aceita L. Será mostrado como construir, a partir de M, uma gramática irrestrita $G = (V, \Sigma, R, P)$ que gera L. Existirão regras em G para três propósitos:

1. gerar todas as formas sentenciais do tipo $w\langle iw\rangle$, onde $w \in \Sigma^*$ (os símbolos i, $\langle$ e $\rangle$ são *variáveis* em G);

2. simular M sobre a configuração instantânea $\langle iw\rangle$, deixando o prefixo w inalterado;

3. apagar a configuração instantânea quando ela for do tipo $\langle xeay\rangle$, onde $e \in F$ e $\delta(e, a)$ é indefinido.

Para efeitos de gerar as formas sentenciais do tipo $w\langle iw\rangle$ (parte 1), suponha que $\Sigma = \{a_1, a_2, \ldots, a_n\}$. Coloque como novas variáveis em G uma variável para cada a_i; sejam $A_1, A_2, \ldots, A_n$ tais variáveis. Coloque também um nova variável B. As regras são:

$P \rightarrow B\rangle$

$B \rightarrow a_k B A_k$ para $1 \leq k \leq n$ (portanto, n regras)

$B \rightarrow \langle i$

$A_k\rangle \rightarrow a_k\rangle$ para $1 \leq k \leq n$ (portanto, n regras)

$A_j a_k \rightarrow a_k A_j$ para $1 \leq k, j \leq n$ (portanto, n^2 regras).

A segunda parte, simulação de M sobre a configuração instantânea $\langle iw\rangle$, será cumprida pelas regras especificadas a seguir. Note que todos os símbolos de Γ, com exceção dos de Σ, são variáveis em G, assim como os estados de M. As regras são:

- para cada transição em M da forma $\delta(e, a) = [e', b, \mathrm{D}]$:

  $ea \rightarrow be'$
  $e\rangle \rightarrow be'\rangle$ se $a = \sqcup$

- para cada transição em M da forma $\delta(e, a) = [e', b, \mathrm{E}]$:

  $cea \rightarrow e'cb$ para cada $c \in \Gamma$
  $ce\rangle \rightarrow e'cb\rangle$ para cada $c \in \Gamma$, se $a = \sqcup$.

Para terminar, resta providenciar o apagamento da configuração instantânea quando ela for do tipo $\langle xeay\rangle$, onde $e \in F$ e $\delta(e, a)$ é indefinido (parte 3). Para isso, é utilizada uma nova variável $\#$:

- para cada par (e, a) tal que $e \in F$ e $\delta(e, a)$ é indefinido:

  $ea \rightarrow \#$
  $\#c \rightarrow \#$ para cada $c \in \Gamma - \{\langle\}$
  $c\# \rightarrow \#$ para cada $c \in \Gamma - \{\langle\}$
  $\langle\#\rangle \rightarrow \lambda$ □

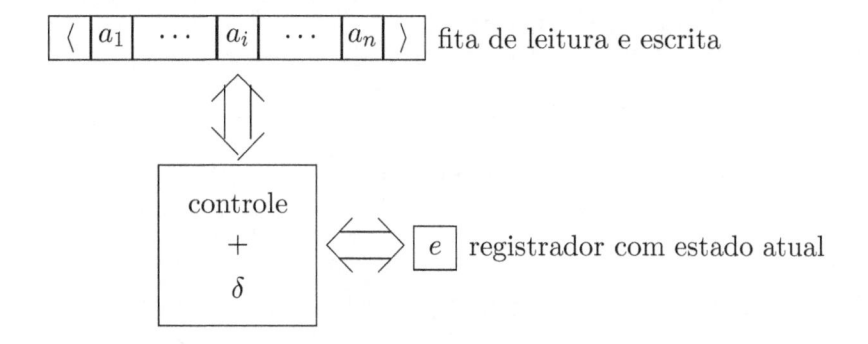

Figura 4.15 Arquitetura de um autômato linearmente limitado.

No restante desta seção, serão definidas as máquinas reconhecedoras e as gramáticas geradoras das denominadas *linguagens sensíveis ao contexto*.

Na Figura 4.15 está ilustrada a arquitetuta de um *autômato linearmente limitado*. A única diferença com relação a uma MT-padrão (além do não determinismo, como será visto), é que a fita é limitada à direita: após a entrada $a_1 a_2 \ldots a_n$, é colocado um símbolo especial, $\rangle$, o qual marca o "final" da fita.[7] Segue uma definição mais precisa.

Definição 51 *Um* autômato linearmente limitado *(ALL) é uma máquina de Turing não determinística, $M = (E, \Sigma, \Gamma, \langle, \rangle, \sqcup, \delta, i, F)$, onde:*

- $\rangle$ *é um símbolo especial de Γ que não pode ser escrito na fita;*

- *a configuração inicial é $[i, \langle \underline{w} \rangle]$; e*

- *se $\delta(e, \rangle)$ é definida, então $\delta(e, \rangle) = [e', \rangle, E]$ para algum $e' \in E$.* □

A notação $\langle \underline{w} \rangle$, usada nessa definição, diz que o cabeçote se inicia na posição seguinte ao símbolo inicial $\langle$, como nas MTs normais. Segue um exemplo.

Exemplo 130 Está mostrado na Figura 4.16 o diagrama de estados de um ALL que reconhece a linguagem $\{a^n b^n c^n \mid n > 0\}$. □

Como já foi dito, os ALLs reconhecem as linguagens geradas pelas gramáticas sensíveis ao contexto (GSCs). Segue a definição de GSC.

Definição 52 *Uma* gramática sensível ao contexto *é uma gramática (V, Σ, R, P), em que cada regra tem a forma $x \to y$, $x, y \in (V \cup \Sigma)^+$ e $|x| \le |y|$.*[8] □

---

[7] Note que a fita comporta palavra de qualquer tamanho. Mas, após a palavra, é colocado o símbolo "$\rangle$", o que coíbe o uso de células adicionais.

[8] O termo "sensível ao contexto" vem do formato das regras em certa forma normal das GSCs, a qual é abordada no Exercício 26 da Seção 4.5, página 249.

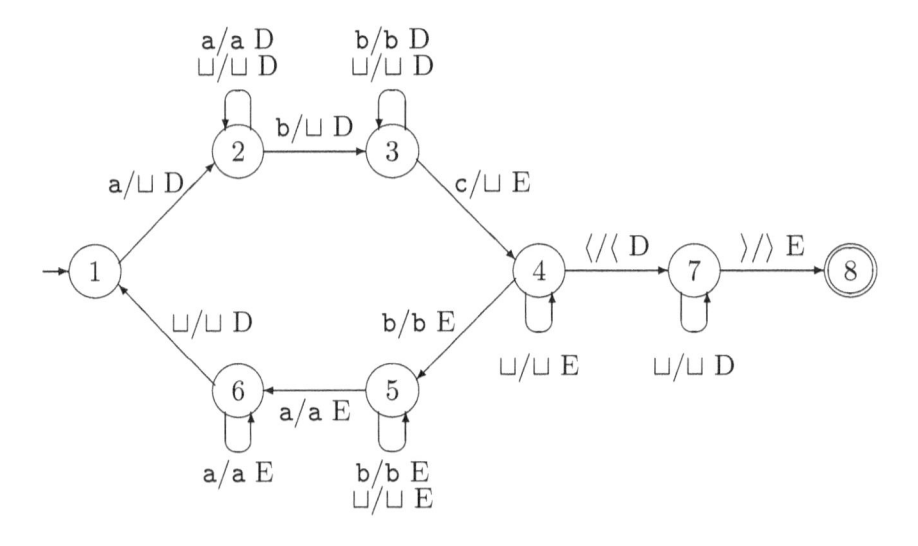

Figura 4.16 Um exemplo de ALL.

Assim, pela Definição 52, as formas sentenciais em uma derivação são não decrescentes, ou seja, nunca encolhem. Segue um exemplo.

Exemplo 131 No Exemplo 49, página 46, foi apresentada uma gramática para a linguagem $\{a^n b^n c^n \mid n \geq 1\}$. Essa gramática não é sensível ao contexto, visto que o lado direito da regra $A \to \lambda$ é menor que o lado esquerdo. Uma GSC que reconhece essa mesma linguagem seria:

$P \to aPBc \mid abc$

$cB \to Bc$

$bB \to bb$ □

Segue a definição de linguagem sensível ao contexto (LSC).

Definição 53 *Uma linguagem é dita ser uma* linguagem sensível ao contexto *se existe uma gramática sensível ao contexto que a gere.* □

Observe que, pela definição anterior, uma linguagem que contém λ não é uma LSC, já que uma GSC não pode gerar λ. Para isso, ela teria de permitir, pelo menos, uma regra da forma $P \to \lambda$.

Pode-se mostrar que:

a) Toda LSC é reconhecida por algum ALL.

b) Se M é um ALL, então $L(M) - \{\lambda\}$ é LSC.

Para se mostrar a parte (a), basta explicitar como, dada uma GSC G qualquer, construir um ALL que reconheça $L(G)$. Isso pode ser feito, por exemplo, construindo um ALL com duas trilhas[9] que segue um algoritmo não determinístico similar ao do Teorema 32, página 236. A segunda trilha é usada para armazenar uma forma sentencial, como a segunda fita da MT do Teorema 32. Isso é possível porque uma forma sentencial, cujo tamanho ultrapasse o da palavra de entrada, nunca poderá ser usada para gerá-la. A demonstração é proposta como o Exercício 17 da Seção 4.5, página 248.

Para se mostrar a parte (b), basta explicitar como construir uma GSC a partir de um ALL, de forma similar ao que foi feito no Teorema 33, mas garantindo que as regras não tenham lado direito menor que o lado esquerdo. A demonstração é proposta como o Exercício 18 da Seção 4.5, página 248.

Desprezando o caso em que a linguagem contém λ, a classe das LLCs está *propriamente contida* na classe das LSCs, ou seja, toda LLC é LSC e existe LSC que não é LLC. Para isso, basta notar que:

a) Toda LLC que não contenha λ pode ser definida por meio de uma GLC sem regras λ. E toda GLC sem regras λ é uma GSC. Assim, toda LLC sem a palavra λ é uma LSC.

b) Existe *LSC* que não é *LLC*. Por exemplo, existe uma GSC para a linguagem $\{a^n b^n c^n \mid n \geq 1\}$, como mostrado no Exemplo 131, mas não existe GLC para essa mesma linguagem, conforme pode ser mostrado usando o lema do bombeamento.

Pode-se também mostrar que:

- toda LSC é recursiva;

- existe linguagem recursiva que não é LSC.

Diretamente da definição, pode-se concluir que toda linguagem recursiva é LRE. Mais à frente será visto que existem linguagens que são recursivamente enumeráveis, mas não recursivas. Será visto também que existem linguagens que não são LREs. Assim, o espaço de todas as linguagens sob um alfabeto Σ tem a estrutura

$$\text{LRegs} \subset \text{LLCs} \subset \text{LSCs} \subset \text{LRecs} \subset \text{LREs} \subset \mathcal{P}(\Sigma^*),$$

onde LRegs são as linguagens regulares, LRecs são as recursivas etc. A Figura 4.17 ilustra a hierarquia em questão.

A classificação das gramáticas nos quatro tipos mostrados, regulares, livres do contexto, sensíveis do contexto e irrestritas[10] é a denominada *hierarquia de Chomsky*.

---

[9] Na verdade, assim como para MTs em geral, um ALL de várias trilhas é um ALL "normal" que em cada célula comporta uma n-upla.

[10] Originalmente, Chomsky classificou-as como gramáticas dos *tipos 0, 1, 2 e 3*, e as do tipo 0 são as irrestritas, as do tipo 1 são as GSCs etc.

```
                    P(Σ*)
            recursivamente enumeráveis
                   recursivas
               sensíveis ao contexto
                 livres do contexto
                     regulares
```

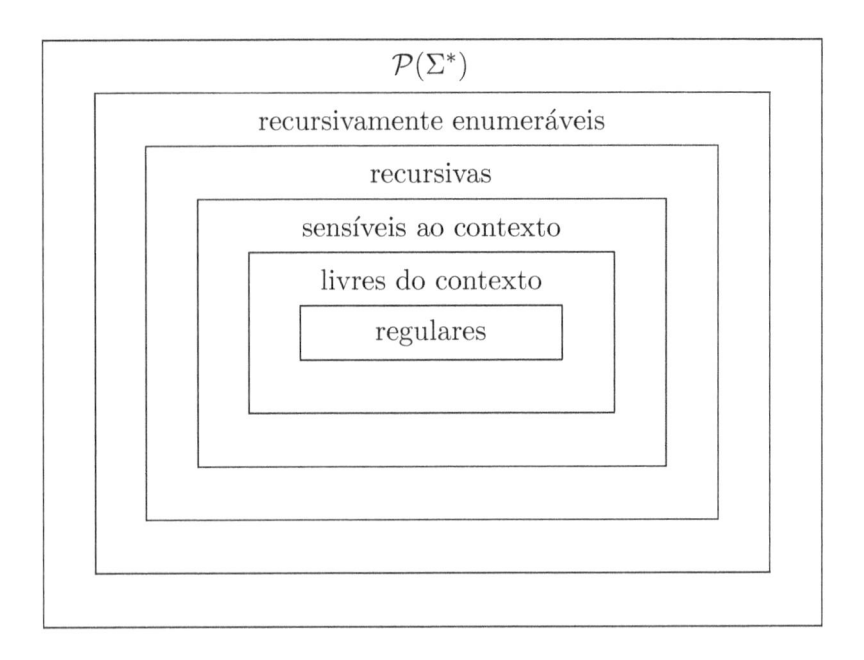

Figura 4.17 Espaço das linguagens em $\mathcal{P}(\Sigma^*)$.

Exercícios

1. Construa gramáticas irrestritas que gerem as linguagens:

   a) $\{0^n 1^k 0^n 1^k \mid n, k \geq 0\}$;
   b) $\{a^m b^n c^k \mid m < n < k\}$;
   c) $\{www \mid w \in \{0, 1\}^*\}$.

2. Mostre que para toda gramática irrestrita existe uma equivalente na qual cada regra tem pelo menos uma variável do lado esquerdo.

3. Mostre que para toda gramática irrestrita existe uma equivalente na qual cada regra tem o lado direito maior ou igual ao lado esquerdo ou é regra λ.

4. Seja a MT cujo diagrama de estados está mostrado na Figura 4.4b, página 218. Utilizando o método desenvolvido na prova do Teorema 33, obtenha uma gramática irrestrita para a linguagem reconhecida por tal MT.

5. Construa GSCs para:

   a) $\{a^n b^{n+1} c^{n+2} \mid n \geq 0\}$;
   b) $\{a^m b^n c^k \mid m < n < k\}$.

Procure obter GSCs com um número mínimo de regras.

6. Projete um ALL que aceite $\{\mathtt{a}^m\mathtt{b}^n\mathtt{c}^k \mid m < n < k\}$.

7. A linguagem $\{ww \mid w \in \{\mathtt{0},\mathtt{1}\}^+\}$ é uma LSC? Por quê?

8. Seja L uma LRE de alfabeto Σ, e $\#$ um símbolo não pertencente a Σ. Mostre que existe uma LSC L' de alfabeto $\Sigma \cup \{\#\}$ tal que, para todo $w \in \Sigma^*$:

$$w \in L \text{ se, e somente se, } w\#^k \in L' \text{ para algum } k \geq 0.$$

4.4 Propriedades das LREs e das Linguagens Recursivas

Aqui poderão ser vistas algumas propriedades de fechamento para a classe das linguagens recursivamente enumeráveis e para a classe das linguagens recursivas. Tais propriedades são úteis para mostrar que algumas linguagens são ou não são LREs ou recursivas.

Várias propriedades de fechamento para LREs podem ser provadas com relativa facilidade por meio de gramáticas irrestritas. No entanto, elas serão provadas aqui por meio de MTs, com o objetivo de permitir ao leitor praticar mais com relação à diferenciação entre máquinas que param para quaisquer entrada (portanto, reconhecendo linguagem recursiva) e máquinas que, eventualmente, podem não parar (reconhecendo, assim, LRE não necessariamente recursiva).

Teorema 34 *A classe das linguagens recursivas é fechada sob união, interseção e complementação.*

Prova

Sejam duas MTs $M_1 = (E_1, \Sigma, \Gamma_1, \langle, \sqcup, \delta_1, i_1, F_1)$ e $M_2 = (E_2, \Sigma, \Gamma_2, \langle, \sqcup, \delta_2, i_2, F_2)$ que reconheçam linguagens recursivas. Podem-se construir máquinas que reconhecem $L(M_1) \cup L(M_2)$ e $L(M_1) \cap L(M_2)$ utilizando técnica análoga àquela empregada na Seção 2.2.3 para construir AFDs para união e interseção, ou seja, a de simular as máquinas M_1 e M_2 em paralelo. Como nessa seção, a única diferença entre a MT para $L(M_1) \cup L(M_2)$ e a MT para $L(M_1) \cap L(M_2)$ será o conjunto dos estados finais. As máquinas serão da forma $(E, \Sigma, \Gamma, \langle, \sqcup, \delta, i, F)$, onde

- $E = (E_1 \times E_2) \cup \{i, j\}$;
- $\Gamma = \Gamma_1 \cup \Gamma_2$;

Para facilitar, a máquina resultante terá duas fitas; M_1 será simulada na primeira e M_2 na segunda. Inicialmente, a entrada na fita 1 é copiada na fita 2 por meio das transições:

$\delta(i, a, \sqcup) = [i, [a, \mathrm{D}], [a, \mathrm{D}]]$ para todo $a \in \Sigma$

$\delta(i, \sqcup, \sqcup) = [j, [\sqcup, \mathrm{E}], [\sqcup, \mathrm{E}]]$

$\delta(j, a, a) = [j, [a, \text{E}], [a, \text{E}]]$ para todo $a \in \Sigma$

$\delta(j, \langle, \langle) = [[i_1, i_2], [\langle, \text{D}], [\langle, \text{D}]]$.

Após a cópia, a máquina começa a operar no estado $[i_1, i_2]$. As funções δ_1 e δ_2 contribuem para a definição de δ da forma a seguir. Para todo $[e_1, e_2] \in E_1 \times E_2$ e todo $[a_1, a_2] \in \Gamma_1 \times \Gamma_2$:

a) se $\delta_1(e_1, a_1) = [e'_1, b_1, d_1]$ e $\delta_2(e_2, a_2) = [e'_2, b_2, d_2]$,
então $\delta([e_1, e_2], a_1, a_2) = [[e'_1, e'_2], [b_1, d_1], [b_2, d_2]]$;

b) se $\delta_1(e_1, a_1)$ é indefinido e $\delta_2(e_2, a_2)$ é indefinido,
então $\delta([e_1, e_2], a_1, a_2)$ é indefinido;

c) se $\delta_1(e_1, a_1) = [e'_1, b_1, d_1]$ e $\delta_2(e_2, a_2)$ é indefinido,
então $\delta([e_1, e_2], a_1, a_2) = [[e'_1, e_2], [b_1, d_1], [a_2, \text{I}]]$; e

d) se $\delta_1(e_1, a_1)$ é indefinido e $\delta_2(e_2, a_2) = [e'_2, b_2, d_2]$,
então $\delta([e_1, e_2], a_1, a_2) = [[e_1, e'_2], [a_1, \text{I}], [b_2, d_2]]$.

Pode-se observar que, para qualquer palavra de entrada, a MT resultante pára em um estado $[e_1, e_2]$ se, e somente se, M_1 pára no estado e_1 e M_2 pára no estado e_2. Para a MT que reconhece $L(M_1) \cap L(M_2)$, faz-se $F = F_1 \times F_2$. E para a MT que reconhece $L(M_1) \cup L(M_2)$, faz-se $F = (F_1 \times E_2) \cup (E_1 \times F_2)$.

Para finalizar, uma MT que reconhece $\overline{L(M_1)}$ seria $(E_1, \Sigma, \Gamma_1, \langle, \sqcup, \delta_1, i_1, E_1 - F_1)$.

□

A seguir, prova-se o fechamento da classe das LREs com relação às operações de união e interseção.

Teorema 35 *A classe das LREs é fechada sob união e interseção.*

Prova

Pode-se construir MTs que reconhecem $L(M_1) \cup L(M_2)$ e $L(M_1) \cap L(M_2)$, a partir de MTs quaisquer $M_1 = (E_1, \Sigma, \Gamma_1, \langle, \sqcup, \delta_1, i_1, F_1)$ e $M_2 = (E_2, \Sigma, \Gamma_2, \langle, \sqcup, \delta_2, i_2, F_2)$, de forma análoga à usada na demonstração do Teorema 34. Na verdade, a prova apresentada nesse teorema vale, sem modificações, para o caso do reconhecimento de $L(M_1) \cap L(M_2)$. No entanto, a prova apresentada no teorema deve receber as seguintes modificações para o caso do reconhecimento de $L(M_1) \cup L(M_2)$:

1. A parte c) se torna: se $\delta_1(e_1, a_1) = [e'_1, b_1, d_1]$ e $\delta_2(e_2, a_2)$ é indefinido, então:

    c.1) se $e_2 \in F_2$, então $\delta([e_1, e_2], a_1, a_2)$ é indefinido;

    c.2) se $e_2 \notin F_2$ $\delta([e_1, e_2], a_1, a_2) = [[e'_1, e_2], [b_1, d_1], [a_2, \text{I}]]$.

2. A parte d) tem modificações análogas.

O item (c.1) garante a parada e aceitação de M no caso em que M_2 aceita, mesmo que M_1 entre em *loop*.

□

As linguagens recursivas e as LREs são fechadas sob muitas outras operações, mas o resultado mais importante com relação a fechamento, nesse contexto, é o *não* fechamento das LREs sob complementação. Primeiramente, deve-se observar que existem linguagens que não são LREs. Uma intuição desse fato, já mencionada anteriormente, segue de:

1. MTs podem ser representadas por meio de palavras de uma linguagem sob um certo alfabeto (como será visto no próximo capítulo). Assim, seja R uma linguagem constituída por palavras sob certo alfabeto Σ que representam MTs.

2. Como Σ^* é um conjunto enumerável e $R \subseteq \Sigma^*$, R é enumerável. Ou seja, o conjunto das MTs é enumerável, independentemente da linguagem usada para representá-las.

3. O conjunto de todas as linguagens de alfabeto Σ, $\mathcal{P}(\Sigma^*)$, não é enumerável.

4. Como o conjunto das MTs é enumerável e o conjunto das linguagens não, segue-se que não há como associar cada linguagem a uma MT (não existe uma função injetiva de $\mathcal{P}(\Sigma^*)$ para R). Dessa forma, existem linguagens para as quais não há MTs.

De qualquer forma, no próximo capítulo será abordada uma linguagem que não é LRE. E essa linguagem será o complemento de uma LRE.

A técnica utilizada nos Teoremas 34 e 35 pode ser adaptada para provar que, sendo L e $\overline{L}$ LREs, L (e portanto $\overline{L}$) é recursiva.

Teorema 36 *Se L e $\overline{L}$ são LREs, então L é recursiva.*

Prova

Sejam $M_1 = (E_1, \Sigma, \Gamma_1, \langle, \sqcup, \delta_1, i_1, F_1)$ e $M_2 = (E_2, \Sigma, \Gamma_2, \langle, \sqcup, \delta_2, i_2, F_2)$ MTs para L e $\overline{L}$, respectivamente. Pode-se construir uma MT de duas fitas que reconhece L e que sempre pare de forma análoga à usada na demonstração do Teorema 35 para o caso $L(M_1) \cup L(M_2)$. A única diferença é que o conjunto de estados finais fica sendo $F_1 \times E_2$. (Para reconhecer $\overline{L}$, tal conjunto seria $E_1 \times F_2$.)

O fato de que M_1 pára em estado de F_1 se a palavra de entrada w pertence a L, garante que a MT resultante pára em estado de $F_1 \times E_2$ se acionada com w. E o fato de que M_2 pára em estado de F_2, se a palavra de entrada w não pertence a L, garante que a MT resultante pare em estado de $(E_1 - F_1) \times F_2$, se acionada com w. □

A classe das linguagens recursivas é especialmente importante por estar ligada ao conceito de decidibilidade, como será visto no próximo capítulo. Nesse capítulo, será visto que um problema de decisão P é decidível se, e somente se, certa linguagem associada a P for recursiva. Assim, determinar se certo problema é decidível é, basicamente, estabelecer se determinada linguagem é recursiva.

Exercícios

1. Construa uma MT que reconheça $L = \{\text{ab}\}\{\text{a}, \text{b}, \text{c}\}^*$. A partir da MT construída e da MT cujo diagrama de estados está mostrado na Figura 4.4b, página 218, a qual reconhece $\overline{L}$, use o método da prova do Teorema 36 para construir uma MT para $\overline{L}$.

2. Mostre que toda LSC é recursiva, assim como seu complemento.

3. Seja L uma linguagem *não* recursiva. Mostre que:

    a) $\overline{L}$ não é recursiva;

    b) se L é LRE, então $\overline{L}$ não é LRE.

4. Sejam L uma LRE e R uma linguagem recursiva. Mostre:

    a) $L - R$ é uma LRE;

    b) $L - R$ pode não ser recursiva;

    c) $R - L$ pode não ser uma LRE.

5. Mostre que as LREs são fechadas sob concatenação e sob fecho de *Kleene* por meio de MTs. *Dica*: Use *não* determinismo.

6. Considerando que o conjunto de todas as MTs, cujo alfabeto de entrada é $\{0, 1\}^*$, é enumerável, mostre que existe uma linguagem, subconjunto de $\{0, 1\}^*$, que não é LRE. Para isso, use o argumento da diagonalização (veja a página 25).

4.5 Exercícios

1. Construa MTs para computar as funções a seguir. Ambas são funções de $\{0, 1\}^*$ para $\{0, 1\}^*$. O valor $f(w)$ deve ser escrito no lugar de w, como no Exemplo 121.

    a) $f(w) = w^2$;

    b) $f(w) = w^R$.

    Para cada caso faça uma MT-padrão e uma MT de duas fitas.

2. Construa MTs, utilizando recursos (trilhas, fitas, não determinismo etc.) que simplifiquem a construção, para reconhecer as linguagens:

    a) $\{w \in \{\text{a}, \text{b}\}^* \mid w \neq w^R\}$;

    b) $\{\text{a}^m \text{ba}^n \mid m - n \text{ é divisível por } k\}$, onde k é uma constante;

    c) $\{\text{a}^{2^n} \mid n \geq 0\}$;

d) $\{a^{n^2} \mid n \geq 0\}$;

e) $\{a^n \mid n \text{ é primo}\}$;

f) $\{a^{n!} \mid n \geq 0\}$.

3. Projete uma MT com fita ilimitada à esquerda e à direita, com alfabeto de fita $\{0, 1, \sqcup, \langle\}$, que reconheça a linguagem $\{xx \mid x \in \{0, 1\}^*\}$.

4. Seja uma MT definida como a MT-padrão, com as seguintes diferenças:

    - existem dois estados especiais, e_{sim} e $e_{não}$;
    - $\delta(e, a)$ é sempre definido, exceto quando $e = e_{sim}$ ou $e = e_{não}$; nesses casos, é indefinido;
    - existe um único estado final: e_{sim};
    - para uma palavra ser rejeitada, deve ser atingido o estado $e_{não}$.

   Que classe de linguagens esse tipo de MT pode reconhecer?

5. Múltiplas trilhas podem ser usadas em ocasiões em que se deseja um reconhecimento *não destrutivo*. Por exemplo, pode-se usar uma trilha adicional de forma que a primeira trilha, que contém a palavra de entrada, nunca seja modificada. Construa uma MT de duas trilhas para reconhecer a linguagem $\{ww^R \mid w \in \{0, 1\}^*\}$, que nunca modifique a primeira trilha.

6. Mostre como construir uma MT com duas fitas que simule um APN. Simule a pilha na fita 2. Exemplifique com o APD para $\{a^n b^n \mid n \geq 0\}$ cujo diagrama de estados está representado na Figura 3.4, página 151.

7. Construa uma MT-padrão que gere todos os números naturais em notação binária. A MT não deve parar nunca. Ela deve gerar 0, depois 1, depois 10 etc., separados por branco, indefinidamente, sem zeros à esquerda. A fita deverá ficar assim:

   $\langle 0 \sqcup 1 \sqcup 10 \sqcup 11 \sqcup 100 \sqcup 101 \sqcup 110 \sqcup \cdots$

8. Faça uma MT-padrão que forneça todas as palavras de $\{0, 1\}^*$ separadas por $\sqcup$. Pode gerá-las na ordem que quiser, desde que não repita nehuma palavra.

9. Desenvolva uma MT com alfabeto de entrada $\{0, 1\}$, que interprete a palavra de entrada como a representação binária de um número natural e determine a representação unária de tal número. Pode usar qualquer modelo de MT; em particular, pode usar uma fita só para conter o resultado.

10. Seja uma MT do tipo padrão, só que a função de transição especifica, além da direção de movimentação do cabeçote, E ou D, o número de células a percorrer. Tal número pode ser qualquer número natural. O número zero, nesse contexto, significa que o cabeçote deve ficar imóvel. Mostre como simular esse tipo de MT por meio de uma MT-padrão.

11. Completar o esboço apresentado na Seção 4.2.4 para obter uma MT de quatro trilhas equivalente a uma MT de duas fitas.

12. Escreva MTs não determinísticas que reconheçam as linguagens:

    a) $\{xww^R y \mid x, y, w \in \{0, 1\}^+ \text{ e } |x| > |w| > |y|\}$;

    b) $\{0^n \mid n \text{ não é primo}\}$.

13. Completar o esboço apresentado na Seção 4.2.5 para obter uma MT determinística de três fitas equivalente a uma MT não determinística.

14. Uma MT multicabeçote é uma MT-padrão com vários cabeçotes independentes, mas uma única fita. Faça uma definição formal desse tipo de máquina. Mostre como simulá-la mediante uma MT-padrão.

15. Uma MT bidimensional é uma MT cuja fita tem duas dimensões, ou seja, é uma matriz bidimensional que se estende indefinidamente em duas direções. Com isso, existem mais duas possibilidades de movimentação para o cabeçote, além de *direita*, *esquerda* e *imóvel*: *para cima* e *para baixo*. Faça uma definição formal de MT bidimensional. Em seguida, mostre como simular uma MT bidimensional por meio de algum outro tipo de MT que você conheça.

16. Construa um ALL que aceite $\{a^{n!} \mid n \geq 0\}$. *Dica*: Divida a palavra de entrada por $2, 3, 4, \ldots, n$. Use duas trilhas, uma das quais para conter os divisores $2, 3, 4, \ldots$

17. Mostre que toda LSC pode ser reconhecida por um ALL.

18. Mostre que $L(M) - \{\lambda\}$ é LSC, caso M seja um ALL.

19. Mostre que as LSCs são fechadas ou não sob:

    a) união;

    b) concatenção;

    c) fecho de Kleene.

20. Seja U uma linguagem, e seja $C_U : \mathcal{P}(U) \to \mathcal{P}(U)$ a operação de *complemento relativo a U*, tal que $C_U(L) = U - L$. Para cada classe de linguagens, regular, LLC, recursiva e LRE, mostre se a mesma é fechada ou não sob complemento relativo a U, para cada um dos seguintes casos:

    a) U é regular;

    b) U é LLC;

    c) U é recursiva;

    d) U é LRE;

    e) U não é LRE.

21. Seja $\{L_1, L_2, \ldots, L_n\}$, $n \geq 2$, uma partição de Σ^*, onde Σ é um alfabeto. Mostre que se cada L_i é uma LRE, então cada L_i é uma linguagem recursiva.

22. Seja L uma LRE não recursiva e M uma MT que reconhece L. Seja

$$S = \{w \in \overline{L} \mid M \text{ entra em } loop \text{ se a entrada é } w\}.$$

Mostre que S é infinito.

23. Sejam $L_1, L_2, \ldots$ LREs. Mostre que $\cup_{i \geq 1} L_i$ é LRE ou que pode não ser.

24. Mostre que as LREs são fechadas sob concatenação e fecho de *Kleene* por meio de gramáticas. (Cuidado! As técnicas simples usadas para GLCs não funcionam aqui sem adaptações!)

25. Seja L uma LRE que não seja recursiva. Mostre que, para qualquer MT que reconheça L, o conjunto das palavras de entrada para as quais M não pára é infinito.

26. Prove que toda LSC pode ser gerada por uma gramática na qual cada regra tem a forma $xAy \to xwy$, onde $w \in (V \cup \Sigma)^+$ e $x, y \in (V \cup \Sigma)^*$. *Dica*: Em primeiro lugar, mostre que, para toda GSC, existe uma GSC equivalente em que cada regra tem um lado direito com, no máximo, dois símbolos. Em seguida, mostre como obter o mesmo efeito de uma regra da forma $AB \to CD$ apenas com regras da forma $xAy \to xwy$.

4.6 Notas Bibliográficas

As máquinas de Turing foram concebidas por Turing (1936). Chomsky (1956) demonstrou a equivalência destas com as gramáticas irrestritas. Em seus artigos publicados, respectivamente, em 1956 e 1959, foi definida a hierarquia de Chomsky.

Kleene (1943) e Post (1943; 1944) apresentaram várias propriedades das linguagens recursivamente enumeráveis.

Os autômatos linearmente limitados foram definidos por Myhill (1960). Em seguida, Landweber (1963) e Kuroda (1964) abordaram a relação entre os autômatos linearmente limitados e as gramáticas livres do contexto.

Capítulo 5

Decidibilidade

Como já foi dito nos capítulos anteriores, existem vários problemas indecidíveis, alguns deles de formulação bastante simples. Neste capítulo serão apresentados alguns desses problemas.

Este capítulo será iniciado pela apresentação da denominada tese de Church-Turing, que afirma que a máquina de Turing é um formalismo que captura a noção de computação efetiva. Em seguida, será visto como as instâncias de um problema de decisão podem ser codificadas (representadas) de forma que possam ser alimentadas como entradas para uma MT. Em seguida, na Seção 5.3, será mostrado que quaisquer MTs podem ser codificadas e apresentadas como entrada para uma MT conhecida como "máquina de Turing universal", uma MT que simula qualquer MT fornecida como entrada. O primeiro problema de decisão indecidível será analisado na Seção 5.4: o problema da parada para MTs, em que será abordada também uma linguagem que não é LRE, assim como uma liguagem que é LRE, mas não é recursiva. Na Seção 5.5 será apresentada a técnica de redução de problemas, de forma que uma série de problemas indecidíveis sejam determinados como tais, por meio dessa técnica, na Seção 5.6.

5.1 A Tese de Church-Turing

No capítulo anterior, as MTs foram introduzidas como máquinas para reconhecimento de linguagens. Mas, foi ressaltado, as MTs podem ser usadas para implementação de funções em geral. Nesse caso, a MT recebe como entrada os argumentos e retorna a saída na própria fita. A seguir, são esboçadas algumas considerações a respeito do poder computacional das MTs com relação à computação de funções em geral. No restante do capítulo, cujo propósito maior é a introdução ao mundo dos problemas insolúveis, serão consideradas apenas as funções que retornam *sim* ou *não*, as quais podem ser "programadas" por meio de MTs reconhecedoras de linguagens.

Mesmo antes do aparecimento dos primeiros computadores, os matemáticos já se preocupavam com a noção de *computação efetiva*. Trabalhando a partir de uma noção imprecisa (informal), na qual se especificava uma lista de atributos desejáveis para tal conceito, como a possibilidade de execução mecânica, produção da mesma saída para as mesmas entradas, execução em tempo finito etc., vários formalismos foram propostos no intuito de capturar, de forma precisa (formal), o conceito de computação efetiva. A partir de uma caracterização formal, seria possível, então, mostrar que certos problemas seriam *computáveis*, ou seja, existiriam *algoritmos* para eles, e que outros não seriam computáveis.

É interessante observar que, já naquela época (final da década de 1930), vários formalismos foram propostos que vieram a revelar a mesma expressividade, apesar das suas diferentes "aparências". Alguns desses formalismos são:

- máquinas de Turing;

- sistemas de Post;

- funções μ-recursivas;

- λ-cálculo.

Os computadores digitais, tanto os mais antigos quanto os mais modernos, foram construídos com um conjunto de instruções que lhes dão um poder computacional idêntico ao das máquinas de Turing e ao dos outros formalismos anteriormente citados.[1] Mais modernamente, as linguagens de programação de alto nível, como Java, C, Pascal etc., com o mesmo poder expressivo, apareceram no intuito de facilitar a tarefa de programação propriamente dita. Mas, não se deve perder de vista que tais linguagens não apresentam maior expressividade do que, por exemplo, as MTs, embora sejam, obviamente, muito mais adequadas do ponto de vista prático para a confecção de algoritmos.

Entre os diversos formalismos matemáticos propostos, a máquina de Turing é um dos mais aderentes aos computadores atuais, isto é, pode-se considerar que a máquina de Turing captura a parte "essencial", aquela responsável, em última análise, pelo poder computacional dos computadores atuais. Já de um ponto de vista mais geral, como os formalismos e linguagens já mencionados são equivalentes do ponto de vista de expressividade, poder-se-ia dizer que a noção de "computação" seria o que existe de comum entre todos eles, ou, por outro lado, cada um deles apresenta uma abordagem diferente para o conceito de computabilidade.

A tese de Church-Turing pode ser assim enunciada:

> *Se uma função é efetivamente computável, então ela é computável por meio de uma máquina de Turing.*

Ou, equivalentemente: todo algoritmo pode ser expresso mediante uma MT.

A noção de *computação efetiva* não é definida formalmente. Portanto, não há como provar que a tese de Church-Turing é correta. No entanto, a proliferação de formalismos nunca mais expressivos que o da máquina de Turing constitui evidência em

---

[1] Estritamente falando, o poder computacional associado aos formalismos matemáticos citados é maior que o de qualquer computador real, em virtude do fato de que um computador real tem uma memória limitada.

seu favor. Dada a equivalência dos vários formalismos e linguagens, a tese de Church-Turing, mesmo que implicitamente, equipara a classe das funções computáveis à classe de funções que podem ser expressas em qualquer um deles. Assim, por exemplo, a tese implica que "se uma função for efetivamente computável, então ela será computável por meio de um programa escrito na linguagem C".

A tese de Church-Turing, quando particularizada para problemas de decisão, poderia ser assim enunciada: se um problema de decisão tem solução, então existe uma MT que o soluciona. Dessa forma, para mostrar que um problema de decisão não tem solução, basta mostrar que não existe MT que o soluciona. Por outro lado, dada a equivalência dos diversos formalismos, um problema de decisão não tem solução se não for possível expressar uma solução em qualquer um dos mesmos. Assim, por exemplo, se não existir um programa em C que seja uma solução para um problema de decisão, então esse problema de decisão é insolúvel.

Uma característica importante de qualquer um dos formalismos citados é o que se denomina *auto-referência*. Por exemplo, é possível ter MTs que manipulam outras: para isso, basta codificar (ou representar) uma MT usando-se um alfabeto apropriado e supri-la como entrada para outra MT. No caso de uma linguagem de programação, é possível ter programas que manipulam programas: um programa em Java pode receber como entrada um programa escrito em Java e manipulá-lo como *dado*. Na Seção 5.2, vamos ver como isso pode ser feito para MTs.

A característica mencionada no parágrafo anterior propicia a possibilidade de se construir uma *máquina universal*, ou seja, uma MT (ou programa em uma linguagem de programação) que seja capaz de simular uma MT (programa) qualquer suprida como argumento. Na Seção 5.3, será apresenta uma máquina desse tipo: uma *máquina de Turing universal*.

A possibilidade de auto-referência é uma característica fundamental que levou à descoberta de funções não computáveis. Um exemplo disso será visto na Seção 5.4: não existe MT que determine se uma MT arbitrária vai parar ou não para certa entrada. Ou ainda, não existe programa em C que determine se um programa em C vai parar ou não para certa entrada. Na verdade, vários outros problemas similares, que envolvem o processamento de MTs por MTs são insolúveis, como será mostrado nos capítulos subseqüentes.

5.2 Máquinas de Turing e Problemas de Decisão

Como já foi dito na Seção 1.12, a solução de um problema de decisão P é um algoritmo que dá a resposta correta para cada instância $p \in P$. Dada a tese de Church-Turing, a solução de P pode ser expressa por meio de uma máquina de Turing que, para cada instância $p \in P$, se a resposta para p for "sim", pára em um estado final, e se a resposta for "não", pára em um estado não final. Dessa forma, a máquina de Turing deve reconhecer a linguagem *recursiva* que consta de todas as instâncias p para as quais a resposta é "sim".

Implícito no parágrafo anterior está o fato de que uma máquina que solucione um problema P deve receber como entrada uma palavra que *represente* uma instância de P. Assim, o primeiro passo para solucionar um problema de decisão P é projetar uma *representação* para as instâncias de P utilizando-se um certo alfabeto Σ. Quando o PD consta de uma única instância, na verdade ela não precisa ser representada, ou, por outro lado, qualquer palavra serve para representá-la (λ, por exemplo). E mais, se o PD consta de um número finito n de instâncias, nenhuma delas precisa ser representada, ou, de outra forma, quaisquer n palavras servem para representar as n instâncias. O problema da representação se torna importante quando o PD tem uma infinidade de instâncias.[2]

Cada instância p de um PD P pode ser identificada com uma seqüência v_1, v_2, ..., v_k de valores específicos para os k parâmetros de P (e vice-versa). Assim, a representação de p pode ser feita codificando-se a seqüência $v_1, v_2, \ldots, v_k$, o que é feito associando-se uma palavra de Σ^* a tal seqüência. Essa associação deve satisfazer os seguintes requisitos:

1. Para cada instância de P deve existir pelo menos uma palavra de Σ^* que a represente.

2. Cada palavra de Σ^* deve representar no máximo uma instância de P.

3. Para cada palavra $w \in \Sigma^*$, deve ser possível determinar se ela representa ou não alguma instância de P. Ou seja, o problema de determinar se w representa uma instância deve ser decidível.

Exemplo 132 Seja o PD "determinar se um número natural n é primo". Seguem duas representações das instâncias deste problema:

a) Usando-se o alfabeto $\{1\}$, pode-se representar cada instância "determinar se j é primo", em que j é um número natural específico, pela palavra 1^j. Com isso, os três requisitos enumerados anteriormente são satisfeitos:

   i. Para cada instância, "determinar se j é primo", existe uma palavra de $\{1\}^*$ que a representa: 1^j.

   ii. Cada palavra $1^j \in \Sigma^*$ representa uma instância: a instância "determinar se j é primo".

   iii. Para cada palavra $w \in \{1\}^*$, é possível determinar se ela representa ou não alguma instância: toda palavra representa uma instância.

b) Usando-se o alfabeto $\{0,1\}$, pode-se representar cada instância na notação binária convencional, com zeros à esquerda permitidos. Com isso:

   i. Cada instância é representada por inúmeras palavras. Por exemplo, as palavras 0^i, para $i \geq 1$, representam "determinar se 0 é primo"; as palavras $0^i 1$, para $i \geq 0$, representam "determinar se 1 é primo"; e assim por diante.

---

[2] Na verdade, em termos práticos, se um PD tem mais de uma instância, particularmente quando possui muitas instâncias, pode ser conveniente representá-las explicitamente.

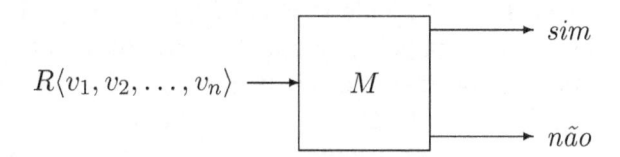

$$R\langle v_1, v_2, \ldots, v_n \rangle \longrightarrow \boxed{M} \begin{array}{c} \longrightarrow sim \\ \\ \longrightarrow n\tilde{a}o \end{array}$$

Figura 5.1 Máquina de Turing para um problema de decisão.

    ii. Cada palavra de $w \in \Sigma^*$ representa no máximo uma instância: se $w = \lambda$, não representa instância alguma; caso contrário, representa a instância "determinar se $\eta(w)$ é primo", onde $\eta(w)$ é o número representado em binário por w. Por exemplo, 00110 representa "determinar se 6 é primo", e apenas essa instância.

    iii. Para cada palavra $w \in \{0,1\}^*$, é possível determinar se ela representa ou não alguma instância: se $w = \lambda$, não representa instância alguma; caso contrário, representa. □

A notação $R\langle v_1, v_2, \ldots, v_n \rangle$ será utilizada para designar qualquer palavra w que represente a instância p correspondente à seqüência de valores de parâmetros $v_1, v_2, \ldots, v_n$. Uma máquina de Turing M que soluciona um PD, que receba como entrada $v_1, v_2, \ldots, v_n$, será representada esquematicamente como mostrado na Figura 5.1. Nessa figura, mostra-se que uma entrada para M é uma representação $R\langle v_1, v_2, \ldots, v_n \rangle$ para uma instância do PD, e que a saída pode ser *sim* ou *não*. Acima das setas indicando *sim* e *não*, para efeitos de clareza, pode-se colocar descrições do que significa a respectiva resposta (veja, por exemplo, a Figura 5.2). Supondo que a representação para o PD em questão seja feita a partir do alfabeto Σ, então para cada $w \in \Sigma^*$, a máquina M responde *sim* se (a) w representa alguma instância p (ou seja, se w é $R\langle v_1, v_2, \ldots, v_n \rangle$ para alguma sequência de parâmetros $v_1, v_2, \ldots, v_n$) e (b) M pára em estado final para a entrada $R\langle v_1, v_2, \ldots, v_n \rangle$; e responde *não* se (a) w não representa qualquer instância ou (b) se w representa alguma instância mas M pára em estado não final para a mesma. Assim, a entrada para M, na Figura 5.1, pode ser qualquer $w \in \Sigma^*$, porém a "entrada esperada" é da forma $R\langle v_1, v_2, \ldots, v_n \rangle$. No entanto, daqui para a frente, com o objetivo de simplificar a exposição, vamos supor que a entrada esteja realmente no formato $R\langle v_1, v_2, \ldots, v_n \rangle$.[3]

Exemplo 133 Considere o PD "determinar se uma gramática livre do contexto G gera uma palavra w, para G e w arbitrários".

Como ressaltado anteriormente, antes de se construir uma máquina de Turing que solucione tal PD, deve-se conceber uma representação para suas instâncias. Para isso, basta mostrar como codificar em um alfabeto Σ, que pode ser diferente do alfabeto de G, os pares (G, w). Neste exemplo, será usado $\Sigma = \{\mathtt{0}, \mathtt{1}\}$.

---

[3] Tal suposição é coerente com o fato de que o teste para saber se w representa alguma instância pode (e deve!) ser feito *antes* da ativação da MT relativa ao PD propriamente dito.

Seja uma GLC $G = (V, \Gamma, R, P)$, onde $V = \{X_1, X_2, \ldots, X_n\}$ e $\Gamma = \{a_1, a_2, \ldots, a_k\}$. Cada variável X_i será representada pela palavra 1^i, e cada terminal a_j será representado pela palavra 1^{n+j}. Assim, por exemplo, se $V = \{A, B, C\}$ e $\Gamma = \{a, b\}$, tem-se a seguinte codificação: A: 1, B: 11, C: 111, a: 1111, b: 11111. Uma regra de R pode ser codificada colocando-se, em seqüência, o código da variável do lado esquerdo seguido dos códigos dos símbolos da palavra do lado direito separados por 0. Dessa forma, para o exemplo, uma regra $B \to aAb$ pode ser assim codificada: $1^2 0 1^4 0 1^1 0 1^5$. Vamos assumir que a variável de partida seja codificada por 1.

As codificações das regras são colocadas em seqüência separadas por 00 (qualquer seqüência serve). A representação da gramática consta de $1^n 0 1^k 0$, onde n é o número de variáveis e k é o número de terminais, seguido da representação das regras. A seqüência que representa a gramática é separada da codificação da palavra de entrada w por 000. Essa última é representada usando-se 0 para separar as codificações de seus símbolos. Segue um exemplo de representação de instância com base nessa codificação.

Seja a instância "determinar se $aba \in L(H)$" para a gramática livre do contexto $H = (\{A, B, C\}, \{a, b\}, R, A)$, onde R consta das regras:

$A \to aAa \mid B$

$B \to aB \mid CC$

$C \to b \mid \lambda$

Usando os códigos já definidos, sejam $R\langle r_1 \rangle = 1^1 0 1^4 0 1^1 0 1^4$ (código da regra $A \to aAa$), $R\langle r_2 \rangle = 1^1 0 1^2$ (código da regra $A \to B$) etc. Então uma representação para tal instância, $R\langle H, aba \rangle$, seria:

$$1^3 0 1^2 0 R\langle r_1 \rangle 00 R\langle r_2 \rangle 00 R\langle r_3 \rangle 00 R\langle r_4 \rangle 00 R\langle r_5 \rangle 00 R\langle r_6 \rangle 000 1^4 0 1^5 0 1^4.$$

Observe que existem outras representações para essa mesma instância; por exemplo, mude a ordem de apresentação das regras. Veja também que é possível testar se qualquer palavra no alfabeto $\{0, 1\}$ representa ou não uma instância. Ou seja, a linguagem

$$\{z \in \{0, 1\}^* \mid z \text{ é } R\langle G, w \rangle \text{ para alguma GLC } G \text{ e palavra } w \text{ de } G\}$$

é recursiva.

Uma máquina de Turing que solucionasse o PD em questão seria representada esquematicamente como mostrado na Figura 5.2. Note que tal PD tem solução se, e somente se, a linguagem $\{R\langle G, w \rangle \mid w \in L(G)\}$ for recursiva. □

Exercícios

1. Seja a seguinte representação de certa gramática G, utilizando-se a codificação concebida no Exemplo 133:

    $R\langle G \rangle = $ 110110101110101110010110011011110110111001100.

    Supondo que G tenha os terminais a, representado por 1, e b, representado por 11, que linguagem é gerada por G?

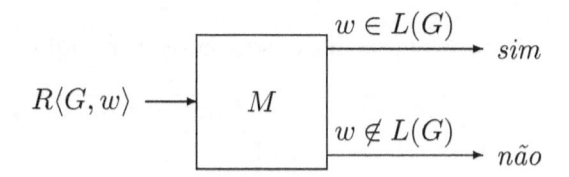

$$R\langle G,w\rangle \longrightarrow \boxed{M} \begin{array}{l} \xrightarrow{w \in L(G)} sim \\ \xrightarrow{w \notin L(G)} n\tilde{a}o \end{array}$$

Figura 5.2 Máquina de Turing para o PD do Exemplo 133.

2. Faça um algoritmo que, dada uma palavra $w \in \{0,1\}^*$, determine se a mesma representa ou não uma gramática de acordo com a representação criada no Exemplo 133.

3. Construa representações para os seguintes problemas de decisão:

   a) Dados um vetor de números naturais V e um número n, determinar se n ocorre em V.

   b) Dados um grafo G e dois vértices v_1 e v_2 de G, determinar se existe um caminho de v_1 para v_2 em G.

   c) Dadas duas gramáticas regulares, determinar se elas são equivalentes.

   d) Dado um AFD, determinar se ele reconhece uma linguagem infinita.

   e) Dados um AFD M e uma palavra w, determinar se M reconhece w.

   Utilize o alfabeto $\{0,1\}$.

4. Para cada um dos problemas de decisão do Exercício 3, mostrar como seria a sua representação esquemática, como foi feito na Figura 5.2 para o problema de decisão do Exemplo 133.

5.3 Uma Máquina de Turing Universal

Uma característica indicativa do poder computacional das máquinas de Turing é a possibilidade de construir máquinas de Turing capazes de simular *qualquer* máquina de Turing.[4] Em particular, pode-se simular as máquinas de Turing que são reconhecedoras de linguagens, como é o caso daquelas que solucionam PDs.

Como assinalado na Seção 5.2, o primeiro passo para se construir uma máquina de Turing que solucione um PD é conceber uma representação para suas instâncias. De forma semelhante, o primeiro passo para se construir uma máquina de Turing que simule qualquer máquina de Turing é conceber uma representação para máquinas de Turing. O exemplo a seguir mostra uma representação possível.

---

[4] Inclusive elas próprias!

Tabela 5.1 Representações dos estados e símbolos do alfabeto

Estado	Representação
$e_1 = i$	1
e_2	11
$\vdots$	$\vdots$
e_n	1^n

Símbolo de Γ	Representação
$a_1 = \langle$	1
$a_2 = \sqcup$	11
$\vdots$	$\vdots$
a_k	1^k

Exemplo 134 A seguir, será mostrada uma possível representação de MTs, de forma que estas possam ser supridas como entrada para outras MTs. O alfabeto usado na representação será $\{0,1\}$. Seja uma MT qualquer $M = (E, \Sigma, \Gamma, \langle, \sqcup, \delta, i, F)$, onde $E = \{e_1, e_2, \ldots, e_n\}$ e $\Gamma = \{a_1, a_2, \ldots, a_k\}$. Suponha que $e_1 = i$, $a_1 = \langle$, $a_2 = \sqcup$ e lembre-se de que $\Sigma \subset \Gamma$. Na Tabela 5.1 encontram-se as representações para os estados e símbolos do alfabeto de fita. Com referência à direção de movimentação do cabeçote, D será representada por 1 e E por 11. Supondo que $F = \{f_1, f_2, \ldots, f_p\}$ e designando por $R\langle x \rangle$ a representação de x, seja x um estado, um símbolo de Γ ou direção de movimentação do cabeçote, a representação de M tem os seguintes componentes:

- F é representado por uma lista das representações dos estados finais separados por 0, ou seja, $R\langle F \rangle = R\langle f_1 \rangle 0 R\langle f_2 \rangle 0 \cdots R\langle f_p \rangle$;

- cada transição t da forma $\delta(e_i, a_j) = [e'_i, a'_j, d]$ é representada pela palavra $R\langle t \rangle = R\langle e_i \rangle 0 R\langle a_j \rangle 0 R\langle e'_i \rangle 0 R\langle a'_j \rangle 0 R\langle d \rangle$.

Finalmente, sendo $t_1, t_2, \ldots, t_s$ as transições de M, uma representação de M é:

$$R\langle M \rangle = R\langle F \rangle 0 0 R\langle t_1 \rangle 0 0 R\langle t_2 \rangle 0 0 \cdots R\langle t_s \rangle.$$

□

Um exemplo de representação de MT, usando a representação concebida no Exemplo 134, vem a seguir.

Exemplo 135 Seja a MT cujo diagrama de estados está ilustrado na Figura 4.4b, página 218, cuja especificação é aqui reproduzida:

$$M = (\{0,1\}, \{\mathtt{a},\mathtt{b}\}, \{\langle, \sqcup, \mathtt{a}, \mathtt{b}\}, \langle, \sqcup, \delta, 0, \{0,1\})$$

com δ contendo somente as duas transições:

t_1: $\delta(0, \mathtt{a}) = [1, \mathtt{a}, \mathtt{D}]$

t_2: $\delta(1, \mathtt{b}) = [0, \mathtt{b}, \mathtt{E}]$.

Então, uma representação para M poderia ser obtida assim:

- Estados: $R\langle 0\rangle = 1$, $R\langle 1\rangle = 11$.

- Símbolos: $R\langle\langle\rangle = 1$, $R\langle\sqcup\rangle = 11$, $R\langle \mathtt{a}\rangle = 111$, $R\langle \mathtt{b}\rangle = 1111$.

- Direção: $R\langle \mathtt{D}\rangle = 1$, $R\langle \mathtt{E}\rangle = 11$.

- Transição 1: $R\langle t_1\rangle = R\langle 0\rangle 0 R\langle \mathtt{a}\rangle 0 R\langle 1\rangle 0 R\langle \mathtt{a}\rangle 0 R\langle \mathtt{D}\rangle$
  $= \mathtt{10111011011101}$.

- Transição 2: $R\langle t_2\rangle = R\langle 1\rangle 0 R\langle \mathtt{b}\rangle 0 R\langle 0\rangle 0 R\langle \mathtt{b}\rangle 0 R\langle \mathtt{E}\rangle$
  $= \mathtt{11011110101111011}$.

- Estados finais: $R\langle F\rangle = \mathtt{1011}$.

- $R\langle M\rangle = R\langle F\rangle 00 R\langle t_1\rangle 00 R\langle t_2\rangle$
  $= \mathtt{1011001011101101110100110111101011111011}$. □

É importante ressaltar, com relação ao exemplo anterior, que, dada uma palavra $w \in \{0,1\}^*$, é possível determinar se w **é** ou **não é** uma representação de uma MT, o que está de acordo com o requerido no item (3) dos requisitos de uma representação.

Uma *máquina de Turing universal*, uma MT que simula qualquer MT M, deve receber como entrada, além de uma representação de M, uma representação de uma palavra de entrada de M; ou seja, deve receber como entrada, $R\langle M, w\rangle$, onde w é uma palavra no alfabeto de M. Assim, para complementar a representação mostrada no Exemplo 134, deve-se projetar uma representação para w, palavra de M, para, finalmente, especificar como é $R\langle M, w\rangle$. Usando as mesmas convenções do Exemplo 134, e supondo que $w = a_{i_1}a_{i_2}\ldots a_{i_u}$, uma possibilidade é ter $R\langle M,w\rangle = R\langle M\rangle 000 R\langle w\rangle$, onde $R\langle M\rangle$ é como especificado no exemplo e $R\langle w\rangle = R\langle a_{i_1}\rangle 0 R\langle a_{i_2}\rangle \ldots 0 R\langle a_{i_u}\rangle$.

Para efeitos de clareza, será especificada uma MT universal, U, de três fitas, e a primeira receberá a entrada de U, ou seja $R\langle M, w\rangle$, a segunda vai fazer o papel da fita de M, e a terceira vai conter apenas a representação do estado atual de M. Um algoritmo que mostra o comportamento de uma MT universal é exibido na Figura 5.3. No passo 1, $R\langle w\rangle$ é copiado da fita 1 para a fita 2, inicializando, assim, a fita a ser usada para simulação de M. No passo 2, $R\langle i\rangle = 1$ é copiado na fita 3. Depois dessas inicializações, U entra em um ciclo no passo 3, onde, em cada passo simula o processamento de uma transição de M. No passo 3.3 U pesquisa por $R\langle e\rangle 0 R\langle a\rangle$ na fita 1, onde $R\langle a\rangle$ é a representação sob o cabeçote da fita 2 e $R\langle e\rangle$ é a representação sob o cabeçote da fita 3. Se encontrar, U terá acesso, em seqüência, a $R\langle e'\rangle$, $R\langle a'\rangle$ e $R\langle d\rangle$, que serão usados nos passos 3.4.1, 3.4.2 e 3.4.3 para simular o processamento de uma transição. Se não encontrar, U verifica, no passo 3.5.1, se $R\langle e\rangle$ na fita 3 é a representação de um estado final; para isso, basta pesquisar no início da fita 1. Se e for estado final, há aceitação, caso contrário, não haverá.

Concluindo, a MT U aceita a linguagem

$$L(U) = \{R\langle M, w\rangle \mid w \in L(M)\}.$$

1. copie $R\langle w\rangle$ na fita 2 e posicione cabeçote no início;
2. escreva $R\langle i\rangle$ na fita 3 e posicione cabeçote no início;
3. **ciclo**
       3.1 seja $R\langle a\rangle$ a representação sob o cabeçote da fita 2;
       3.2 seja $R\langle e\rangle$ a representação sob o cabeçote da fita 3;
       3.3 procure $R\langle e\rangle 0 R\langle a\rangle 0 R\langle e'\rangle 0 R\langle a'\rangle 0 R\langle d\rangle$ na fita 1;
       3.4 **se** encontrou **então**
           3.4.1 substitua $R\langle e\rangle$ por $R\langle e'\rangle$ na fita 3
               e volte cabeçote da fita 3 ao seu início;
           3.4.2 substitua $R\langle a\rangle$ por $R\langle a'\rangle$ na fita 2;
           3.4.3 mova cabeçote da fita 2 na direção d
       3.5 **senão**
           3.5.1 **se** e é estado final **então**
               pare em estado final
               senão
               pare em estado não final
           fimse
       fimse
   fimciclo.

Figura 5.3 Uma MT universal.

Se o critério de reconhecimento considerado for *por parada*, tem-se duas "simplificações":

- estados finais estarão ausentes de $R\langle M,w\rangle$;

- o passo 3.5.1 de U (veja a Figura 5.3) será simplesmente: pare em estado final.

Chamando-se essa nova MT de U_P, ter-se-ia que:

U_P aceita w se, e somente se, M pára se a entrada é w,

ou seja,

$$L(U_P) = \{R\langle M,w\rangle \mid M \text{ pára se a entrada é } w\}.$$

Exercícios

1. Faça um algoritmo que determine se uma palavra de $\{0,1\}^*$ é da forma $R\langle M,w\rangle$, supondo a representação do Exemplo 134, página 258.

2. Seja a representação de MTs mostrada no Exemplo 134, página 258, onde o alfabeto usado na representação é $\{0,1\}$. Seja o problema de representar o par (M,w), onde M é uma MT com alfabeto de entrada $\{0,1\}$ e, portanto, $w \in \{0,1\}^*$. Pode-se fazer $R\langle M,w\rangle = R\langle M\rangle 000w$? Justifique.

3. Mostre que a linguagem $\{R\langle M,w\rangle \mid$ existe estado e tal que M passe duas vezes por e ao processar $w\}$ é recursiva.

```
                    M pára se a entrada for w
                  ┌─────────────────────────────→ sim
R⟨M,w⟩ ────→  │  P  │
                  └─────────────────────────────→ não
                    M não pára se a entrada for w
```

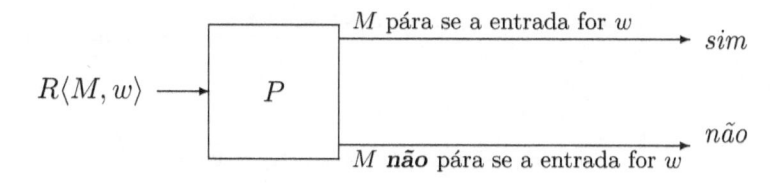

Figura 5.4 MT candidata a resolver o problema da parada.

4. Mostre que a linguagem $\{R\langle M\rangle \mid \lambda \in L(M)\}$ é LRE.

5. Mostre que a linguagem $\{R\langle M\rangle \mid L(M) \neq \emptyset\}$ é LRE.

5.4 O Problema da Parada

Nesta seção, será mostrado que o célebre problema da parada não é decidível, tanto para máquinas de Turing quanto para linguagens do tipo Pascal, C, Java etc. Nesse último caso, será lançada mão de uma pseudolinguagem que contém algumas construções que todas as linguagens de programação usuais têm de uma forma ou de outra.

O problema da parada para MTs pode ser assim enunciado:

> Dadas uma MT arbitrária M e uma palavra arbitrária w, determinar se a computação de M com a entrada w pára.

A existência de uma MT universal U_P, que simula M para uma entrada w, prova que a linguagem $L(U_P)$ é LRE. Ao ser mostrado que o problema da parada é indecidível, ter-se-á mostrado, então, que não existe uma MT que sempre pare e que seja equivalente à MT U_P delineada no final da Seção 5.3, ou, de forma equivalente, que $L(U_P)$ não é recursiva.

Teorema 37 *O problema da parada para MTs é indecidível.*

Prova

Serão consideradas apenas MTs com alfabeto de entrada $\{0,1\}$.[5] Supõe-se ainda que a representação de uma palavra $w \in \{0,1\}^*$ suprida como entrada para uma MT tenha como representação ela própria, isto é, $R\langle w\rangle = w$; esse fato é importante no primeiro passo da obtenção da MT D a seguir.

Será feita uma prova por contradição. Suponha que o problema seja decidível. Nesse caso, seja uma MT P que solucionasse o problema. Essa máquina seria como mostrado na Figura 5.4, utilizando a notação introduzida na Seção 5.2. Ora, a partir de tal MT P, seria possível construir uma MT P' cujo comportamento se dá como exposto na

---

[5] Não se perde em generalidade, visto que, se o problema é indecidível para esse caso, é indecidível em geral.

```
                            M pára se a entrada for w
                         ┌─────────────────────────────→ loop
  R⟨M,w⟩ ─────→  │  P′  │
                         └─────────────────────────────→ pára
                            M não pára se a entrada for w
```

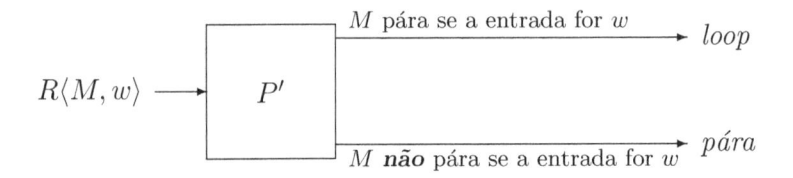

Figura 5.5 MT obtida a partir da MT P.

```
                         M pára se a entrada for R⟨M⟩
                      ┌─────────────────────────────→ loop
  R⟨M⟩ ─────→  │  D  │
                      └─────────────────────────────→ pára
                         M não pára se a entrada for R⟨M⟩
```

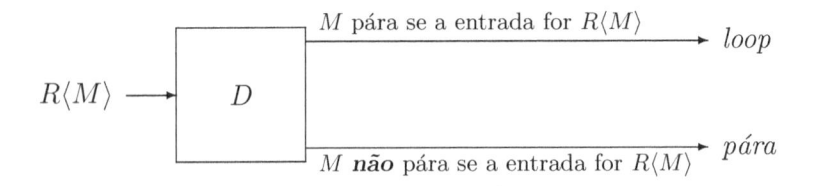

Figura 5.6 MT obtida a partir da MT P'.

Figura 5.5, ou seja, P' entra em *loop* se, e somente se, P pára em um estado final, ou ainda,

P' entra em *loop* se, e somente se, M pára com entrada w.

Para isso, basta fazer, para cada par (f,a) tal que $\delta(f,a)$ seja indefinido, onde f é estado final de P e a símbolo de fita de P, $\delta(f,a) = [l,a,\text{D}]$, onde l é um novo estado. Nesse último estado, faz-se a máquina entrar em *loop* assim: $\delta(l,a) = [l,a,\text{D}]$ para todo símbolo de fita a de P. Estas seriam as únicas transições a acrescentar a P para se obter P'.

A partir de P', pode-se obter outra máquina, D, conforme ilustra a Figura 5.6.[6] Para construir D a partir de P', basta construir transições para (nesta ordem):

1. Duplicar a entrada. Por exemplo, utilizando-se a representação $R\langle M \rangle$ desenvolvida na Seção 5.3 e considerando-se, como ressaltado no início dessa prova, que $R\langle w \rangle = w$, obter $R\langle M, R\langle M \rangle\rangle = R\langle M\rangle \texttt{000} R\langle M\rangle$.

2. Agir como P' sobre a entrada descrita anteriormente.

Agora, considere o que acontece se $R\langle D \rangle$ for submetida como entrada para a MT D: se D entra em *loop* para a entrada $R\langle D \rangle$, é porque D pára se a entrada for $R\langle D \rangle$; e se D pára quando a entrada for $R\langle D \rangle$, é porque D não pára se a entrada for $R\langle D \rangle$. Ou seja,

---

[6] O nome D foi escolhido para lembrar *diagonal*, visto que a MT D tem uma forte "afinidade" com o argumento da *diagonalização*, como será visto após a prova deste teorema.

$$D \text{ pára se a entrada for } R\langle D\rangle$$
$$\text{se, e somente se,}$$
$$D \text{ não pára se a entrada for } R\langle D\rangle.$$

Contradição! Mas, D pode ser construída a partir de P. Assim, P não pode existir e, portanto, o problema da parada para MTs é indecidível. □

Segue uma explicitação do argumento da diagonalização para mostrar que a MT D do Teorema 37 não pode existir. Ora, D é uma MT que pára quando a entrada é $R\langle M\rangle$ se, e somente se, M não pára quando a entrada é $R\langle M\rangle$. Se for considerado que o conjunto das MTs pode ser enumerado, obtendo-se uma seqüência $R\langle M_0\rangle$, $R\langle M_1\rangle$, $R\langle M_2\rangle$, ..., isso quer dizer que

D pára se a entrada é $R\langle M_i\rangle$ se, e somente se, M_i não pára se a entrada for $R\langle M_i\rangle$

para todo $i \geq 0$. Veja, então, que D é *diferente* de M_i para a entrada $R\langle M_i\rangle$ para todo $i \geq 0$!

A prova de que o problema da parada para as linguagens de programação procedurais comuns[7] é indecidível segue as mesmas linhas que a prova do Teorema 37, como pode ser observado a seguir. Será usada uma pseudolinguagem de aparência similar à que tem sido utilizada até aqui na representação dos algoritmos.

Teorema 38 *O problema da parada para as linguagens de programação procedurais comuns é indecidível.*

Prova

Suponha que a função lógica (*booleana*) P solucione o PD em questão, de forma que a chamada $P(x, w)$ retorne *verdadeiro* se, e somente se, o procedimento de texto x pára com a entrada (também texto) w. No que segue, todos os parâmetros de funções ou procedimentos serão assumidos como "textos", não havendo indicação explícita disso nas suas codificações.

Utilizando-se tal função, pode-se escrever o seguinte procedimento:[8]

procedimento $D(x)$:
    enquanto $P(x, x)$ **faça**
    fimenquanto
fim D.

Seja T esse texto do procedimento D. Então: se $D(T)$ pára é porque $P(T, T)$ retorna *falso*, o que significa que $D(T)$ não pára; assim, se $D(T)$ pára, $D(T)$, não! Por outro lado, se $D(T)$ não pára é porque $P(T, T)$ retorna *verdadeiro*, o que significa que $D(T)$ pára; assim, se $D(T)$ não pára, $D(T)$ pára! Contradição! Conclui-se que a função P não pode existir, ou seja, o problema em questão é indecidível.[9] □

---

[7] Algumas linguagens de programação procedurais "comuns": Java, C, Pascal.
[8] Tal procedimento corresponde à MT D do Teorema 37.
[9] Um procedimento P' correspondente à MT P' do Teorema 37 seria:

A partir da existência da MT universal e da indecidibilidade do problema da parada para MTs, chega-se aos teoremas descritos a seguir, que se utilizam da linguagem

$$L_P = \{R\langle M, w\rangle \mid M \text{ pára se a entrada for } w\}.$$

Teorema 39 *A linguagem L_P não é recursiva.*

Prova

Segue da indecidibilidade do problema da parada (Teorema 37). □

O teorema seguinte diz que L_P é LRE, ou seja, o problema da parada é semidecidível.

Teorema 40 *A linguagem L_P é recursivamente enumerável.*

Prova

Segue diretamente da existência da MT universal U_P concebida no final da Seção 5.3: $L(U_P) = L_P$. □

Assim, tem-se como conseqüência de ambos os Teoremas 39 e 40 que o conjunto das linguagens recursivas é subconjunto próprio do conjunto das LREs.

Utilizando-se esse último resultado (a existência de LRE que não é recursiva) e o Teorema 36, pode-se provar que existem linguagens não recursivamente enumeráveis.

Teorema 41 *A linguagem $\overline{L_P}$ não é recursivamente enumerável.*

Prova

Suponha que $\overline{L_P}$ seja LRE. Como, pelo Teorema 40, L_P é LRE, segue-se, pelo Teorema 36, que L_P é recursiva. Mas isso contraria o Teorema 39, que diz que L_P não é recursiva. Logo, $\overline{L_P}$ não é LRE. □

Note que a prova do Teorema 41 dá um exemplo de linguagem que não é LRE: $\overline{L_P}$.

Exercícios

1. Mostre que o problema da parada para MTs com alfabeto de entrada unitário é indecidível.

2. Modifique a prova do Teorema 38 para incluir na demonstração o uso do procedimento P', transcrito a seguir, de forma que ela se assemelhe mais com a prova do Teorema 37.

---

    procedimento $P'(x, w)$:
        enquanto $P(x, w)$ **faça**
        fimenquanto
    fim P'.

(Veja o Exercício 2, página 264.)

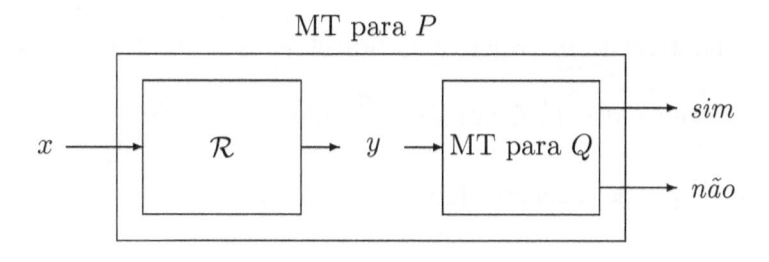

Figura 5.7 Solução de P por redução a Q.

procedimento $P'(x, w)$:
    enquanto $P(x, w)$ **faça**
    fimenquanto
fim P'.

3. Explicite o uso do argumento da diagonalização para mostrar que a MT D do Teorema 38 não pode existir, de forma análoga ao que foi feito em seguida à prova do Teorema 37.

4. Seja a linguagem $\{R\langle M, w\rangle \mid M$ não pára se a entrada for $w\}$. Prove que essa linguagem não é recursivamente enumerável. Observe que essa linguagem é $\overline{L_P}$, excluídas as palavras que não estejam na forma $R\langle M, w\rangle$.

5. Mostre que se o problema da parada fosse decidível, então toda LRE seria recursiva.

5.5 Redução de um Problema a Outro

Em consonância com o Exercício 1 da Seção 1.12, página 53, define-se que um PD P é *redutível* a um PD Q, se existe um algoritmo $\mathcal{R}$ que, recebendo x como entrada, produz um resultado y tal que a resposta de P para a entrada x seja idêntica ou complementar à resposta de Q para a entrada y, qualquer que seja a entrada x. Diz-se, com isso, que o algoritmo $\mathcal{R}$ pode ser usado para *reduzir* o problema P ao problema Q.

Usando-se essa definição, supondo os algoritmos expressos por meio de MTs, o PD P pode ser solucionado mediante o algoritmo $\mathcal{R}$ e um algoritmo para o PD Q como mostra a Figura 5.7. Nessa figura, assume-se que a resposta de P para a entrada x é *idêntica* à de Q para a entrada y. No caso em que a resposta de P para a entrada x é *complementar* à resposta de Q para a entrada y, a seta superior saindo da MT para Q deve se dirigir para a saída *não* e a seta inferior deve se dirigir para a saída *sim*. A máquina redutora $\mathcal{R}$, processando a entrada x, produz y, que é recebida como entrada pela MT que soluciona o PD Q. A partir dessas duas MTs, obtém-se, sem dificuldade, uma terceira que soluciona P.

A redução de problemas pode ser usada, tanto para provar que um problema é decidível quanto para provar que um problema é indecidível:

- Se P for redutível a um problema decidível, então P será decidível.

- Se um problema indecidível for redutível a um problema P, então P será indecidível.[10]

Segue um exemplo do primeiro tipo.

Exemplo 136 Seja o problema de determinar se $w \in L(r)$, em que r é uma expressão regular arbitrária. Esse problema é decidível, já que pode ser reduzido ao problema, decidível, de se determinar se $w \in L(M)$, onde M é um AFD. A prova do Teorema 12, na página 121, mostra como fazer a redução, ou seja, como construir um AFD M_r, a partir de uma expressão regular r, tal que $w \in L(M_r)$ se, e somente se, $w \in L(r)$. □

A seguir, um exemplo do segundo tipo, ou seja, uma prova de que um problema é indecidível pela redução de um problema indecidível a ele. O *problema da fita em branco* é o de se determinar se uma MT arbitrária pára quando a fita começa em branco. Em outras palavras, dada uma MT M, arbitrária, determinar se M pára quando a entrada for λ.

Teorema 42 *O problema da fita em branco é indecidível.*

Prova

Observe que o problema da parada tem dois parâmetros: uma MT e uma palavra. Aqui, o problema possui apenas um parâmetro: uma MT. Deve-se determinar se esta MT pára ou não com a entrada específica λ.

O problema da parada será reduzido ao da fita em branco, estabelecendo-se, assim, a indecidibilidade do problema da fita em branco. A MT redutora (veja a Figura 5.8) produz $R\langle M'\rangle$, a partir de $R\langle M, w\rangle$, de forma que:

1. M' escreve w;

2. M' volta o cabeçote para o início da fita;

3. M' se comporta como M, isto é, o resto da função de transição de M' é idêntico à função de transição de M.

Com isso, tem-se que:

M pára se a entrada é w se, e somente se, M' pára se a entrada for λ. □

A seguir, novamente é usada redução do problema da parada a outro para mostrar que este é indecidível.

---

[10] Por outro lado, se um PD P pode ser reduzido a um problema indecidível, P pode ser decidível ou não. E se um problema decidível pode ser reduzido a P, P pode ser decidível ou não.

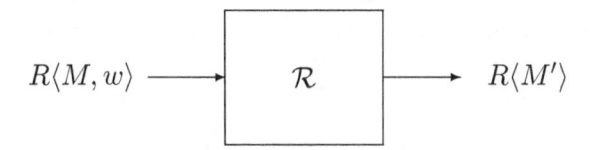

$$R\langle M,w\rangle \longrightarrow \boxed{\mathcal{R}} \longrightarrow R\langle M'\rangle$$

Figura 5.8 Redução do problema da parada ao da fita em branco.

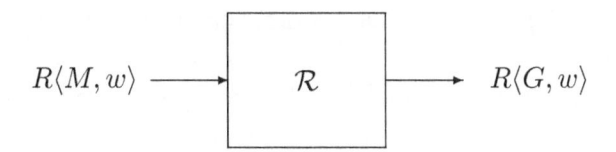

$$R\langle M,w\rangle \longrightarrow \boxed{\mathcal{R}} \longrightarrow R\langle G,w\rangle$$

Figura 5.9 Redução do problema da parada ao da geração por gramática.

Teorema 43 *O problema de se determinar se $w \in L(G)$, para uma gramática irrestrita arbitrária G, e $w \in \Sigma^*$, onde Σ é o alfabeto de G, é indecidível.*

Prova

O problema da parada pode ser reduzido a este empregando-se a técnica do Teorema 33, página 238. Na Figura 5.9 está descrito que o algoritmo (MT) de redução, a partir de M e w ($R\langle M,w\rangle$) obtém uma gramática G e a mesma palavra w ($R\langle G,w\rangle$). Esse algoritmo de redução é dado pela técnica referida do Teorema 33, devendo-se considerar todos os estados de M como estados finais, de forma que M aceita w se, e somente se, M pára se a entrada for w. Com isso, a gramática G é tal que:

M pára se a entrada for w se, e somente se, G gera w.

□

Daqui até o final do capítulo, vamos assumir que o critério de reconhecimento, para todas as MTs mencionadas, é o de parada, ou, equivalentemente, que todos os estados das MTs são estados finais. Assim, $L(M)$ será o mesmo que $L_P(M)$. Isso não introduz restrição significativa, visto que os vários critérios de reconhecimento são inter-redutíveis, como mostrado no Teorema 31, na página 221.

Voltando ao problema da fita em branco, note que ele pertence a uma classe de problemas de decisão a respeito de MTs, isto é, PDs cujo único parâmetro é uma MT. Felizmente, toda uma classe de PDs em que o único parâmetro é uma MT arbitrária pode ser provada como contendo apenas problemas *indecidíveis*. Todos eles têm o seguinte tipo de enunciado:

Determinar se a linguagem aceita por uma MT M satisfaz à propriedade P.

Veja que tal PD é decidível se, e somente se, $\{R\langle M\rangle \mid L(M)$ satisfaz $P\}$ for recursiva. No caso do problema da fita em branco, por exemplo, o enunciado é:

Determinar se a linguagem aceita por uma MT M é tal que $\lambda \in L(M)$.

Esse problema é decidível se, e somente se, $\{R\langle M\rangle \mid \lambda \in L(M)\}$ for recursiva.

Para que todos os PDs da classe referida sejam indecidíveis, basta expurgar dois tipos de PDs que são, trivialmente, decidíveis: aqueles em que a propriedade P é sempre verdadeira e aqueles em que P é sempre falsa, ou seja, aqueles em que a linguagem $\{R\langle M\rangle \mid L(M)$ satisfaz $P\}$ é constituída de todas as representações de MTs, e aqueles em que $\{R\langle M\rangle \mid L(M)$ satisfaz $P\}$ é $\emptyset$. Daí, a definição a seguir.

Definição 54 *Uma propriedade P de LREs é* trivial *se for satisfeita por toda LRE ou por nenhuma.* □

Assim, por exemplo, para o problema da fita em branco, a propriedade $\lambda \in L(M)$ não é trivial, pois algumas LREs contêm λ e outras, não. Outros exemplos de PDs da classe em consideração que, portanto, envolvem propriedades não triviais:

- Determinar se $L(M)$ contém alguma palavra.

- Determinar se $L(M)$ contém todas as palavras em Σ^*.

- Determinar se $L(M)$ é finita.

- Determinar se $L(M)$ é regular.

- Determinar se $L(M)$ contém palavra começada com 0.

Antes de apresentar o Teorema de Rice, que mostra que tais problemas são indecidíveis, assim como qualquer outro no formato geral apresentado anteriormente, será mostrado à parte que o primeiro problema citado é indecidível, utilizando-se uma técnica que modifica um pouquinho aquela usada no problema da fita em branco.

Teorema 44 *Não existe algoritmo para se determinar se a linguagem aceita por uma MT arbitrária M não é $\emptyset$.*

Prova

O problema da parada será reduzido a este de forma similar ao que foi feito para o problema da fita em branco no Teorema 42. A MT redutora produz $R\langle M'\rangle$, a partir de $R\langle M, w\rangle$, de forma que:

1. M' apaga a entrada;

2. M' escreve w;

3. M' volta o cabeçote para o início da fita;

4. M' se comporta como M, isto é, o resto da função de transição de M' é idêntico à função de transição de M.

Observe que a única diferença, com relação a M' produzida pela redução no Teorema 42, é que aqui há um passo anterior: M' apaga a entrada que está na fita. Com isso, M' **ignora** qualquer entrada que seja submetida, e se comporta sempre como M com a entrada w. Assim, tem-se que:

M pára com a entrada w se, e somente se, M' pára com alguma entrada.

É interessante notar que a mesma redução serve para provar o segundo PD citado, já que M' parando com alguma entrada, pára com todas, e vice-versa:

M' pára com alguma entrada se, e somente se, M' pára com qualquer entrada. □

Segue o Teorema de Rice.

Teorema 45 *(Teorema de Rice) Se P for uma propriedade não trivial de LREs, então $\{R\langle M\rangle \mid L(M)$ satisfaz $P\}$ não será recursiva.*

Prova

Seja P uma propriedade não trivial.
Caso 1 $\emptyset$ não satisfaz P. Seja uma MT M_X tal que $L(M_X)$ satisfaz P. Tal MT M_X existe, pois P é não trivial. Observe também que, como suposto, $L(M_X) \neq \emptyset$.

O problema da parada pode ser reduzido ao de se determinar se $L(M')$ satisfaz P, por meio de uma MT que produz $R\langle M'\rangle$ a partir de $R\langle M, w\rangle$, onde:

1. M' escreve w na fita, após a entrada para M'; suponha, então, que a fita fique assim: $\langle x[w \sqcup \ldots$, onde "$\langle$" é o símbolo de início de fita para M', x refere-se à palavra de entrada para M', e "[" faz o papel de símbolo de início de fita para a simulação de M no passo a seguir;

2. M' se comporta como M sobre $[w \sqcup \ldots$;

3. na situação em que M pára, M' se comporta como M_X sobre $\langle x \sqcup \ldots$.

Observe que

$L(M')$ satisfaz P se, e somente se, M pára com entrada w,

pois:

- Se M pára com entrada w, $L(M') = L(M_X)$; portanto, $L(M')$ satisfaz P.

- Se M não pára com entrada w, $L(M') = \emptyset$; dada a suposição inicial desse caso, então $L(M')$ não satisfaz P.

Dessa forma, conclui-se que o problema de se determinar se $L(M)$ satisfaz P, para MTs arbitrárias M, é indecidível, ou seja, $\{R\langle M\rangle \mid L(M) \text{ satisfaz } P\}$ não é recursiva.

Caso 2 $\emptyset$ satisfaz P. Nesse caso, $\emptyset$ não satisfaz $\neg P$. E como P não é trivial, $\neg P$ também não é trivial. Pela argumentação do caso 1, $\{R\langle M\rangle \mid L(M) \text{ satisfaz } \neg P\}$ não é recursiva. Como essa linguagem é o *complemento*[11] de $\{R\langle M\rangle \mid L(M) \text{ satisfaz } P\}$ e as linguagens recursivas são fechadas sob complementação,[12] segue-se que a linguagem $\{R\langle M\rangle \mid L(M) \text{ satisfaz } P\}$ não é recursiva. □

Na próxima seção, vários problemas indecidíveis relativos a GLCs serão apresentados. Antes, porém, o problema da parada será reduzido a um problema "intermediário", o qual servirá como ponto de partida para a abordagem daqueles PDs relativos a GLCs. Tal problema é o denominado *problema da correspondência de Post*.

Definição 55 *Um sistema de correpondência de Post (SCP) é um par (Σ, P), onde P é uma seqüência finita de pares (x, y), onde $x, y \in \Sigma^+$.* □

Uma *solução* para um SCP $S = (\Sigma, P)$ é uma seqüência finita de pares de P tal que a palavra formada pela concatenação dos primeiros elementos dos pares seja idêntica àquela formada pela concatenação dos segundos elementos dos mesmos pares. Observe que cada par pode aparecer várias vezes na seqüência. Segue uma definição mais formal.

Definição 56 *Seja um SCP $S = (\Sigma, [(x_1, y_1), (x_2, y_2), \ldots, (x_n, y_n)])$. Uma solução para S é uma seqüência $i_1, i_2, \ldots, i_k$ tal que*

$$x_{i_1} x_{i_2} \ldots x_{i_k} = y_{i_1} y_{i_2} \ldots y_{i_k},$$

onde $1 \leq i_j \leq n$ para $1 \leq j \leq k$. □

Exemplo 137 Seja o SCP $(\{0, 1\}, [(10, 0), (0, 010), (01, 11)])$. Esse SCP tem três pares: $(x_1 = 10, y_1 = 0)$, $(x_2 = 0, y_2 = 010)$ e $(x_3 = 01, y_3 = 11)$. Uma solução seria a seqüência 2131, pois $x_2 x_1 x_3 x_1 = y_2 y_1 y_3 y_1$: 0 10 01 10 = 010 0 11 0. Para maior clareza, pode ser conveniente apresentar cada par (x_i, y_i) na forma $\frac{x_i}{y_i}$. Nesse caso, a solução referida pode ser apresentada assim:

$$\frac{0}{010} \frac{10}{0} \frac{01}{11} \frac{10}{0}.$$

Além destas, quaisquer quantidades de justaposições da seqüência anterior formam soluções. Exemplos: 21312131, 213121312131 etc. □

O PD a ser abordado, o *problema da correspondência de Post* (PCP), é: *determinar se um SCP arbitrário tem solução*. Será demonstrado que esse problema é indecidível em dois passos: primeiramente, um PD similar ao PCP, denominado PCP modificado (PCPM), será reduzido ao PCP; em seguida, o problema da parada será reduzido ao PCPM. A Figura 5.10 esquematiza as reduções a serem feitas.

---
[11] É o complemento com relação ao conjunto das palavras da forma $R\langle M\rangle$, que é recursivo.
[12] Mesmo relativa a conjunto recursivo, como pode ser facilmente verificado.

```
  parada                    PCPM                  PCP
```

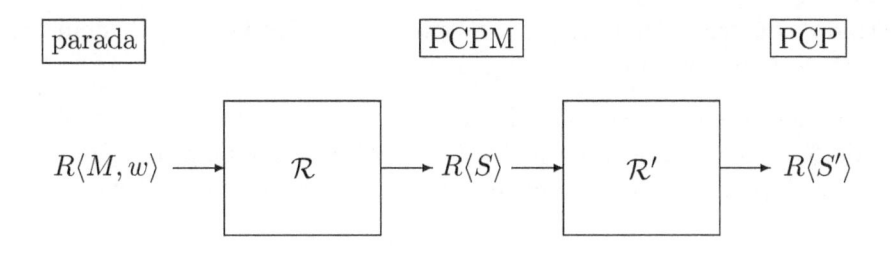

$R\langle M, w\rangle \longrightarrow \mathcal{R} \longrightarrow R\langle S\rangle \longrightarrow \mathcal{R}' \longrightarrow R\langle S'\rangle$

Figura 5.10 Reduções para o PCP.

O *problema da correspondência de Post modificado* (PCPM), é: *determinar se um SCP arbitrário tem solução iniciada com 1.* Ou seja, dado um SCP $S = (\Sigma, [(x_1, y_1), (x_2, y_2), \ldots, (x_n, y_n)])$, no PCPM a *solução para S* deve ser uma seqüência iniciada com 1: $1, i_2, \ldots, i_k$, tal que

$$x_1 x_{i_2} \ldots x_{i_k} = y_1 y_{i_2} \ldots y_{i_k},$$

onde $1 \le i_j \le n$ para $2 \le j \le k$ (observe que o par (x_1, y_1) pode ser reutilizado).

Exemplo 138 Seja o SCP $(\{0, 1\}, [(0, 010), (10, 0), (01, 11)])$, obtido do SCP do Exemplo 137 invertendo-se o primeiro e o segundo pares. Uma solução para esse SCP, que satisfaz os requisitos do PCPM, seria: 1232.

Já o SCP do Exemplo 137, $(\{0, 1\}, [(10, 0), (0, 010), (01, 11)])$, não tem solução que satisfaça os requisitos do PCPM, pois no primeiro par uma palavra começa com 1 e a outra com 0. □

Teorema 46 *O PCPM é redutível ao PCP.*

Prova

Seja um SCP $S = (\Sigma, P)$ com $P = [(x_1, y_1), (x_2, y_2), \ldots, (x_n, y_n)]$. Seja "$*$" um símbolo não pertencente a Σ, e sejam:

- x_i' o resultado de colocar "$*$" *após* cada símbolo de x_i. Por exemplo, se $x_i = 11010$, então $x_i' = 1*1*0*1*0*$.

- y_i' o resultado de colocar "$*$" *antes* de cada símbolo de y_i. Por exemplo, se $y_i = 0100$, então $y_i' = *0*1*0*0$.

Seja "$\#$" um símbolo não pertencente a Σ, e seja o SCP $S' = (\Sigma \cup \{*, \#\}, P')$, onde P' é constituído por $n + 2$ pares:

- $(*x_1', y_1')$ (a ser o primeiro par de uma solução);
- (x_i', y_i') para $1 \le i \le n$; e
- $(\#, *\#)$.

Será mostrado, conforme requerido, que S apresenta solução começada com (x_1, y_1) se, e somente se, S' tiver solução:

($\rightarrow$) Suponha que S tenha solução iniciada com (x_1, y_1), e seja $1, i_2, \ldots, i_k$ uma solução arbitrária de S, onde $1 \leq i_j \leq n$ para $2 \leq j \leq k$. Nesse caso, uma solução para S' seria (mostrando-se os pares em vez de índices):

$$\frac{*x'_1}{y'_1} \frac{x'_{i_2}}{y'_{i_2}} \frac{x'_{i_3}}{y'_{i_3}} \cdots \frac{x'_{i_k}}{y'_{i_k}} \frac{\#}{*\#}.$$

($\leftarrow$) Suponha que S' tenha solução. O único par de P' cujos elementos começam com o mesmo símbolo é $(*x'_1, y'_1)$, e o único par de P' cujos elementos terminam com o mesmo símbolo é $(\#, *\#)$. Assim, uma solução para S' só pode ter a forma

$$\frac{*x'_1}{y'_1} \frac{x'_{i_2}}{y'_{i_2}} \frac{x'_{i_3}}{y'_{i_3}} \cdots \frac{x'_{i_k}}{y'_{i_k}} \frac{\#}{*\#}.$$

Além disso, existe uma solução dessa forma em que $(*x'_1, y'_1)$ acontece apenas no início e $(\#, *\#)$ ocorre apenas no final. Assim,

$$\frac{x_1}{y_1} \frac{x_{i_2}}{y_{i_2}} \frac{x_{i_3}}{y_{i_3}} \cdots \frac{x_{i_k}}{y_{i_k}}$$

é uma solução para S, e esta, necessariamente, começa com (x_1, y_1). $\square$

Para provar que o PCPM é indecidível, no Teorema 47, o problema da parada será reduzido a ele. Para isso, dada uma MT M qualquer e uma palavra w, deve-se construir um SCP S que tenha solução iniciada por certo par se, e somente se, M pára se a entrada for w. A idéia a ser usada é construir S de forma que, havendo uma solução para S,

$$\frac{x_1}{y_1} \frac{x_{i_2}}{y_{i_2}} \cdots \frac{x_{i_k}}{y_{i_k}},$$

ela seja tal que $x_1 x_{i_2} \cdots x_{i_k}$ "represente" a computação de M para a entrada w. Além disso, a solução deve existir somente se M parar quando a entrada for w.

Teorema 47 *Não existe algoritmo para o PCPM.*

Prova

O problema da parada será reduzido ao PCPM. Seja uma MT $M = (E, \Sigma, \Gamma, \langle, \sqcup, \delta, i)$ e uma palavra $w \in \Sigma^*$. A partir destas, será produzido um SCP $S = (\Delta, P)$, onde:

- $\Delta = \Gamma \cup \{*, \#\}$;

- o primeiro elemento de P é $(*, *\langle iw*)$;

- os pares restantes de P são:

a) (c,c), para cada $c \in \Gamma$;
   $(*,*)$.
b) Para cada $a, b \in \Gamma$ e $e, e' \in E$:
   (ea, be'), se $\delta(e, a) = [e', b, \text{D}]$;
   $(e*, be'*)$, se $\delta(e, \sqcup) = [e', b, \text{D}]$;
   $(cea, e'cb)$, se $\delta(e, a) = [e', b, \text{E}]$, para cada $c \in \Gamma$;
   $(ce*, e'cb*)$, se $\delta(e, \sqcup) = [e', b, \text{E}]$, para cada $c \in \Gamma$.
c) $(ea, \#)$, se $\delta(e, a)$ é indefinido, para cada $e \in E$ e $a \in \Gamma$;
   $(e*, \#*)$, se $\delta(e, \sqcup)$ é indefinido, para cada $e \in E$.
d) $(c\#, \#)$ para cada $c \in \Gamma$;
   $(\#c, \#)$ para cada $c \in \Gamma$.
e) $(*\#*, *)$.

Pode-se mostrar que M pára quando a entrada for w se, e somente se, o SCP S tiver solução iniciada com $(*, *\langle iw*)$. □

A seguir, mostra-se um exemplo do uso da técnica desenvolvida na prova do Teorema 47.

Exemplo 139 Seja a MT cujo diagrama de estados está representado na Figura 4.4b, página 218. A partir dela e da palavra $w = \texttt{aab}$, pode-se construir, usando a técnica do Teorema 47, um SCP cujo primeiro par é $(*, *\langle 0\texttt{aab}*)$ e os restantes são:

a) $((\langle, \langle), (\sqcup, \sqcup), (\texttt{a},\texttt{a}), (\texttt{b},\texttt{b})$;
   $(*,*)$.
b) $(0\texttt{a}, \texttt{a}1)$,
   $((\langle 1\texttt{b}, 0\langle \texttt{b}), (\sqcup 1\texttt{b}, 0 \sqcup \texttt{b}), (\texttt{a}1\texttt{b}, 0\texttt{ab}), (\texttt{b}1\texttt{b}, 0\texttt{bb})$.
c) $(0\langle, \#), (0\sqcup, \#), (0\texttt{b}, \#)$,
   $(1\langle, \#), (1\sqcup, \#), (1\texttt{a}, \#)$,
   $(0*, \#*), (1*, \#*)$.
d) $((\#, \#), (\sqcup\#, \#), (\texttt{a}\#, \#), (\texttt{b}\#, \#)$,
   $(\#\langle, \#), (\#\sqcup, \#), (\#\texttt{a}, \#), (\#\texttt{b}, \#)$,
e) $(*\#*, *)$.

Uma solução para o SCP apresentado, espelhando uma computação de M com a palavra aab, seria construída, passo a passo, assim:

- Começa-se com o par inicial:

$$\frac{*}{*\langle 0\texttt{aab}*}$$

- Coloca-se o par $(\langle, \langle)$, e, em seguida, $(0a, a1)$:

    $$\frac{*\langle 0a}{*\langle 0aab * \langle a1}$$

- Colocam-se os pares (a, a), (b, b), $(*, *)$, $(\langle, \langle)$ e (a, a):

    $$\frac{*\langle 0aab * \langle a}{*\langle 0aab * \langle a1ab * \langle a}$$

- Coloca-se o par $(1a, \#)$:

    $$\frac{*\langle 0aab * \langle a1a}{*\langle 0aab * \langle a1ab * \langle a\#}$$

- Colocam-se os pares (b, b), $(*, *)$, $(\langle, \langle)$ e (a, a):

    $$\frac{*\langle 0aab * \langle a1ab * \langle a}{*\langle 0aab * \langle a1ab * \langle a\#b * \langle a}$$

- Coloca-se o par $(\#b, \#)$:

    $$\frac{*\langle 0aab * \langle a1ab * \langle a\#b}{*\langle 0aab * \langle a1ab * \langle a\#b * \langle a\#}$$

- Colocam-se os pares $(*, *)$ e $(\langle, \langle)$:

    $$\frac{*\langle 0aab * \langle a1ab * \langle a\#b * \langle}{*\langle 0aab * \langle a1ab * \langle a\#b * \langle a\# * \langle}$$

- Coloca-se o par $(a\#, \#)$:

    $$\frac{*\langle 0aab * \langle a1ab * \langle a\#b * \langle a\#}{*\langle 0aab * \langle a1ab * \langle a\#b * \langle a\# * \langle \#}$$

- Coloca-se o par $(*, *)$ e $(\langle\#, \#)$:

    $$\frac{*\langle 0aab * \langle a1ab * \langle a\#b * \langle a\# * \langle \#}{*\langle 0aab * \langle a1ab * \langle a\#b * \langle a\# * \langle \# * \#}$$

- Para finalizar, coloca-se o par $(*\#*, *)$:

    $$\frac{*\langle 0aab * \langle a1ab * \langle a\#b * \langle a\# * \langle \# * \#*}{*\langle 0aab * \langle a1ab * \langle a\#b * \langle a\# * \langle \# * \#*}$$

    □

Partindo-se da indecidibilidade do PCP, pode-se provar, com facilidade, que vários problemas relativos a gramáticas livres do contexto são indecidíveis. Esse é o assunto da próxima seção.

Exercícios

1. Para cada PD a seguir, mostre que o mesmo é decidível:

   a) dadas uma MT M e uma palavra w, determinar se M pára se a entrada for w em, no máximo, 1.000 transições;

   b) dada uma MT M, determinar se M escreve algum símbolo diferente do branco, para a entrada λ;

   c) dada uma MT M, determinar se M vai mover o cabeçote para a esquerda alguma vez, para a entrada λ.

2. Para cada PD a seguir, mostre que o mesmo é indecidível:

   a) dados uma MT M, uma palavra w e um estado e de M, determinar se a computação de M para a entrada w atinge o estado e;

   b) dados uma MT M e um estado e de M, determinar se a computação de M para a entrada λ atinge o estado e;

   c) dada uma MT M, determinar se a computação de M para a entrada λ "volta" ao estado inicial de M;

   d) dados uma MT M e um símbolo a de M, determinar se a computação de M para a entrada λ escreve a na fita em algum momento;

   e) dados uma MT M e uma expressão regular r, determinar se $L(M) \cap L(r) \neq \emptyset$.

3. Reduza o problema da parada para as linguagens de alto nível (*determinar se um programa P com entrada w pára*) ao problema de se determinar se um programa (sem entrada) pára (*determinar se um programa P pára*).

4. Seja o problema: *dada uma MT M, determinar se $x \in L(M)$, onde x é uma palavra específica.* (Observe que **o único parâmetro** desse problema é M.)

   a) Pode-se usar o Teorema de Rice para mostrar que esse problema é indecidível? Justifique.

   b) Reduza o problema da parada a este.

   c) A linguagem $L_x = \{R\langle M\rangle \mid x \in L(M)\}$ é LRE? Justifique.

5. Seja a MT $M = (\{A, B, C\}, \{\mathtt{0, 1}\}, \{\langle, \sqcup, \mathtt{0, 1}\}, \langle, \sqcup, \delta, A)$, onde δ é dada por:

   $$\delta(A, \mathtt{0}) = [A, \mathtt{0}, \mathtt{D}], \quad \delta(B, \mathtt{1}) = [A, \mathtt{1}, \mathtt{D}], \quad \delta(C, \mathtt{1}) = [C, \sqcup, \mathtt{E}],$$
   $$\delta(A, \mathtt{1}) = [B, \mathtt{1}, \mathtt{D}], \quad \delta(B, \sqcup) = [C, \mathtt{1}, \mathtt{E}].$$

   a) Construa um SCP a partir de M e $w = \mathtt{0011}$, como indicado na prova do Teorema 47.

   b) Mostre como é obtida uma solução para o SCP construído.

6. Prove que o PCP para SCPs com alfabeto de um único símbolo é decidível.

5.6 Alguns Problemas Indecidíveis Sobre GLCs

A seguir, será mostrado como construir duas GLCs, G_x e G_y, a partir de qualquer SCP, que são úteis para provar que alguns problemas de decisão relativos a GLCs não têm solução. Assim, seja um SCP $S = (\Sigma, P)$, onde P tem n pares (x_1, y_1), (x_2, y_2), ..., (x_n, y_n). Sejam também n símbolos distintos $s_1, s_2, \ldots, s_n$, sendo que nenhum é membro de Σ. Esses últimos servem para "indexar" os pares. Assim, s_1 indexa (x_1, y_1), s_2 indexa (x_2, y_2) etc. Seguem as definições das duas GLCs:

- $G_x = (\{P_x\}, \Sigma \cup \{s_1, s_2, \ldots, s_n\}, R_x, P_x)$, onde R_x consta das $2n$ regras:

    $P_x \rightarrow x_i P_x s_i$, para cada $1 \leq i \leq n$, e
    $P_x \rightarrow x_i s_i$, para cada $1 \leq i \leq n$.

- $G_y = (\{P_y\}, \Sigma \cup \{s_1, s_2, \ldots, s_n\}, R_y, P_y)$, onde R_y consta das $2n$ regras:

    $P_y \rightarrow y_i P_y s_i$, para cada $1 \leq i \leq n$, e
    $P_y \rightarrow y_i s_i$, para cada $1 \leq i \leq n$.

Veja que se $i_1 i_2 \ldots i_k$ é uma solução de S, então

$$P_x \stackrel{*}{\Rightarrow} x_{i_1} x_{i_2} \ldots x_{i_k} s_{i_k} \ldots s_{i_2} s_{i_1} \text{ e } P_y \stackrel{*}{\Rightarrow} y_{i_1} y_{i_2} \ldots y_{i_k} s_{i_k} \ldots s_{i_2} s_{i_1}$$
$$\text{e } x_{i_1} x_{i_2} \ldots x_{i_k} = y_{i_1} y_{i_2} \ldots y_{i_k}.$$

e vice-versa. Conclui-se, então, que:

$$S \text{ tem solução se, e somente se, } L(G_x) \cap L(G_y) \neq \phi.$$

Isso permite concluir o resultado a seguir.

Teorema 48 *Não existe algoritmo para determinar se as linguagens de duas GLCs são disjuntas.*

Prova

O PCP pode ser reduzido a este, construindo-se G_x e G_y, conforme esquematizado na Figura 5.11, de forma que um SCP S tenha solução se, e somente se, $L(G_x) \cap L(G_y) \neq \phi$. □

Embora as LLCs não sejam fechadas sob complementação, o fato é que existem GLCs para $\overline{L(G_x)}$ e $\overline{L(G_y)}$ (veja o Exercício 2 no final desta seção, página 277). Com base nisso, segue o próximo teorema.

Teorema 49 *Não existe algoritmo para determinar se $L(G) = \Sigma^*$, para uma GLC G arbitrária.*

Prova

O PCP pode ser reduzido a este, construindo-se uma GLC para $\overline{L(G_x)} \cup \overline{L(G_y)}$, pois:

$$\overline{L(G_x)} \cup \overline{L(G_y)} = \Sigma^* \text{ se, e somente se, } S \text{ não tem solução,}$$

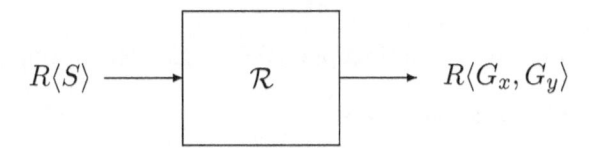

$$R\langle S\rangle \longrightarrow \boxed{\mathcal{R}} \longrightarrow R\langle G_x, G_y\rangle$$

Figura 5.11 Redução do PCP à disjunção de LLCs.

pois:

$$\overline{L(G_x)} \cup \overline{L(G_y)} = \Sigma^* \leftrightarrow \overline{\overline{L(G_x)} \cup \overline{L(G_y)}} = \phi$$
$$\leftrightarrow L(G_x) \cap L(G_y) = \phi$$
$$\leftrightarrow S \text{ não tem solução.} \qquad \square$$

Teorema 50 *Não existe algoritmo para determinar se uma GLC arbitrária é ambígua.*

Prova

O PCP pode ser reduzido a este, produzindo-se, a partir de um SCP S, a gramática

$$G = (\{S, P_x, P_y\}, \Sigma \cup \{s_1, s_2, \ldots, s_n\}, R_x \cup R_y \cup \{P \to P_x, P \to P_y\}, P)$$

pois:

$$G \text{ é ambígua se, e somente se, } L(G_x) \cap L(G_y) \neq \phi. \qquad \square$$

Exercícios

1. Construa as gramáticas G_x e G_y, como definidas no início da seção, correspondentes ao SCP $(\{0, 1\}, P)$, onde P consta dos pares $(01, 011), (001, 01), (10, 00)$.

2. Escreva uma gramática para a linguagem $\overline{L(G_x)}$, onde G_x é a GLC definida no início da seção.

3. Mostre que o seguinte problema é ou não decidível: dadas uma GR G_R e uma GLC G_L, determinar se $L(G_R) \cap L(G_L) = \emptyset$.

4. Mostre que o seguinte problema não é decidível: dadas duas GLCs G_1 e G_2, determinar se $L(G_1) \cap L(G_2)$ é finito.

5. Mostre que o seguinte problema não é decidível: dada uma GLC G, determinar se $\overline{L(G)}$ é finito.

6. Mostre que são indecidíveis os problemas de se determinar, dadas duas GLCs G_1 e G_2, que:
    a) $L(G_1) = L(G_2)$;
    b) $L(G_1) \subseteq L(G_2)$.

5.7 Exercícios

1. Um sistema de Post é uma quíntupla $(\mathcal{V}, \Sigma_N, \Sigma_T, R, A)$, onde:

   - $\mathcal{V}$ é um alfabeto de *variáveis*;
   - Σ_N é um alfabeto de *não terminais*, disjunto de $\mathcal{V}$;
   - Σ_T é um alfabeto de *terminais*, disjunto de Σ_N e de $\mathcal{V}$;
   - R é um conjunto finito de *regras*; e
   - A é um subconjunto finito de $(\Sigma_N \cup \Sigma_T)^*$ cujos elementos são chamados *axiomas*.

   Cada regra é da forma $u \to v$, onde $u, v \in (\mathcal{V} \cup \Sigma_N \cup \Sigma_T)^*$, nenhuma variável acontece mais de uma vez em u, e cada variável em v deve ocorrer em u. Dada uma palavra da forma (que pode ser uma axioma ou palavra já derivada):

   $$x_0 z_0 x_1 z_1 \ldots z_{n-1} x_n, \text{ onde } x_i, z_j \in (\Sigma_N \cup \Sigma_T)^* \text{ para cada } i \text{ e } j$$

   e uma regra da forma:

   $$x_0 V_0 x_1 V_1 \ldots V_{n-1} x_n \to v, \text{ onde } V_j \in \mathcal{V} \text{ para cada } j,$$

   pode-se *derivar* v' aplicando-se tal regra, ou seja, tem-se que:

   $$x_0 z_0 z_1 x_1 \ldots z_{n-1} x_n \Rightarrow v'$$

   onde v' é o resultado de substituir em v cada ocorrência de V_j por z_j, para $0 \le j < n$. A linguagem gerada por um sistema de Post $P = (\mathcal{V}, \Sigma_N, \Sigma_T, R, A)$ é definida como:

   $$L(P) = \{w \in \Sigma_T^* \mid x \stackrel{*}{\Rightarrow} w \text{ para algum } x \in A\}.$$

   Por exemplo, sendo $P = (\{X\}, \emptyset, \{\mathtt{a}, \mathtt{b}\}, \{X \to \mathtt{a}X\mathtt{b}\}, \{\lambda\})$, tem-se que $L(P) = \{\mathtt{a}^n\mathtt{b}^n \mid n \ge 0\}$, pois:

   $$\lambda \Rightarrow \mathtt{ab} \Rightarrow \mathtt{aabb} \Rightarrow \cdots \Rightarrow \mathtt{a}^n\mathtt{b}^n.$$

   a) Construa sistemas de Post que gerem:
      i) $\{ww^R \mid w \in \{\mathtt{a}, \mathtt{b}\}^*\}$;
      ii) $\{\mathtt{a}^n\mathtt{b}^n\mathtt{c}^n \mid n \ge 0\}$;
      iii) $\{ww \mid w \in \{\mathtt{a}, \mathtt{b}\}^*\}$.

   b) Mostre que uma linguagem é LRE se, e somente se, existe um sistema de Post que a gera.

2. Mostre que o seguinte problema é indecidível: *dada uma máquina de Turing M, determinar se M move seu cobeçote para o início da fita (local em que está o símbolo especial "⟨") em algum momento.*

3. Para cada PD a seguir, mostre que o mesmo é ou não é decidível:

   a) Determinar se $L(A) \cap L(P) = \emptyset$, para um AF A e um AP P.
   b) Determinar se $L(A) = L(P)$, para um AF A e um AP P.
   c) Determinar se $L(A) \cap L(M) = \emptyset$, para um AF A e uma MT M.
   d) Determinar se $L(A) = L(M)$, para um AF A e uma MT M.
   e) Determinar se existe uma MT M que denota $L(r)$, para uma ER r.
   f) Determinar se existe uma ER r que denota $L(M)$, para uma MT M.

4. Seja n uma constante. Seja $B_n = \{R\langle M\rangle \mid M \text{ tem } n \text{ estados e pára se a entrada é } \lambda\}$. Determine se as linguagens a seguir são recursivas ou não:

   a) B_n, para cada $n \geq 1$;
   b) $\cup_{n>0} B_n$.

5. Seja B_n como definido na questão 4. Seja $t : \mathbf{N} \to \mathbf{N}$ tal que $t(n)$ é o número de transições de uma MT de B_n de forma que nenhuma outra MT de B_n realize mais transições quando a entrada for λ. Mostre que:

   a) $t(n)$ é definida para todo n;
   b) t não é computável. Para isso, mostre que se existisse uma MT que calculasse $t(n)$ para todo n, ela poderia ser usada para resolver o problema da fita em branco (página 266).

6. Mostre que o PCP para SCPs com alfabeto de dois símbolos é indecidível. Para isso, reduza o PCP a este problema.

7. Conclua a prova do Teorema 47, isto é, mostre que M pára quando a entrada for w se, e somente se, o SCP S tiver solução iniciada com $(*, *\langle iw*)$.

8. Um sistema semi-Thue é um par $S = (\Sigma, R)$, em que Σ é um alfabeto e R é um conjunto de regras da forma $u \to v$, onde $u \in \Sigma^+$ e $u \in \Sigma^*$. Seja o seguinte problema associado a sistemas semi-Thue:

   Dados um sistema semi-Thue S e duas palavras $x \in \Sigma^+$ e $y \in \Sigma^*$, determinar se y pode ser derivada a partir de x.

   A noção de derivação aqui é similar àquela usada no contexto de gramáticas, em que cada passo da derivação resulta da aplicação de uma regra. Mostrar que o PD enunciado anteriormente é indecidível, reduzindo:

   a) o problema da parada para MTs a ele;
   b) o problema de se determinar se uma gramática irrestrita G gera uma palavra w a ele.

9. Seja G_x uma GLC obtida como mostrado no início da Seção 5.6, página 276. Descreva APs para reconhecer:

   a) $L(G_x)$;
   b) $\overline{L(G_x)}$.

10. Pelo Teorema de Rice, as seguintes linguagens não são recursivas:

    a) $\{R\langle M\rangle \mid L(M) \text{ aceita uma palavra de tamanho } 10\}$;
    b) $\{R\langle M\rangle \mid L(M) \neq \emptyset\}$;
    c) $\{R\langle M\rangle \mid L(M) = \emptyset\}$;
    d) $\{R\langle M\rangle \mid L(M) \text{ é finita}\}$;
    e) $\{R\langle M\rangle \mid L(M) \text{ é regular}\}$.

    Elas são recursivamente enumeráveis?

5.8 Notas Bibliográficas

O primeiro autor a formular a denominada tese de Church-Turing foi Church (1936), seguido por Turing (1936). Ainda nessa época (Turing, 1936), aparecem também as máquinas de Turing universais e uma prova da indecidibilidade do problema da parada.

As funções recursivas, o λ-cálculo e os sistemas de Post, formalismos equivalentes ao de MT em termos de expressividade, foram introduzidos por Kleene (1952), Church (1941) e Post (1943), respectivamente.

Referências importantes sobre decidibilidade após o aparecimento dos primeiros computadores são Davis (1958), Rogers (1967) e Minsky (1967).

O Teorema de Rice foi demonstrado por Rice (1953; 1956).

O problema da correspondência de Post foi mostrado ser indecidível em Post (1946).

Várias propriedades indecidíveis com relação a linguagens livres do contexto foram apresentadas por Bar-Hillel et al. (1961), Ginsburg e Rose (1963b) e Hartmanis e Hopcroft (1968).

Capítulo 6

Soluções de Exercícios Selecionados

6.1 Conceitos Preliminares

Seção 1.2

1. (c) A afirmativa $(\alpha \wedge \neg\alpha) \to \beta$ só pode ser falsa se $\alpha \wedge \neg\alpha$ for verdadeira e β, falsa. Mas a afirmativa $\alpha \wedge \neg\alpha$ não pode ser verdadeira, pois é uma contradição. Assim, $(\alpha \wedge \neg\alpha) \to \beta$ não pode ser falsa; logo, é válida.

   (e) A afirmativa $(\alpha \to \beta) \vee \alpha$ só pode ser falsa se ambas, $\alpha \to \beta$ e α, forem falsas. Mas, sendo α falsa, $\alpha \to \beta$ é verdadeira. Assim, $(\alpha \to \beta) \vee \alpha$ não pode ser falsa; logo, é válida.

2. (b) Primeiro, mostra-se que $(\alpha \vee \beta) \to \gamma \Rightarrow [(\alpha \to \gamma) \wedge (\beta \to \gamma)]$: Suponha que $(\alpha \vee \beta) \to \gamma$ seja verdadeira. Segue-se que $\alpha \vee \beta$ é falsa ou γ é verdadeira. No primeiro caso, α e β são falsas e, portanto, $\alpha \to \gamma$ e $\beta \to \gamma$ são verdadeiras. No segundo, sendo γ verdadeira, $\alpha \to \gamma$ e $\beta \to \gamma$ são também verdadeiras. Assim, se $(\alpha \vee \beta) \to \gamma$ é verdadeira, $(\alpha \to \gamma) \wedge (\beta \to \gamma)$ é verdadeira. Logo, $(\alpha \vee \beta) \to \gamma \Rightarrow [(\alpha \to \gamma) \wedge (\beta \to \gamma)]$. Resta mostrar que $[(\alpha \to \gamma) \wedge (\beta \to \gamma)] \Rightarrow (\alpha \vee \beta) \to \gamma$. Para isso, suponha que $(\alpha \to \gamma) \wedge (\beta \to \gamma)$ seja verdadeira; segue-se que $\alpha \to \gamma$ e $\beta \to \gamma$ são verdadeiras. Destas duas, segue-se que γ é verdadeira ou α e β são falsas, e, nesse último caso, $\alpha \vee \beta$ é falsa. Mas, sendo γ verdadeira ou $\alpha \vee \beta$ falsa, $(\alpha \vee \beta) \to \gamma$ é verdadeira. Portanto, $[(\alpha \to \gamma) \wedge (\beta \to \gamma)] \Rightarrow (\alpha \vee \beta) \to \gamma$.

Seção 1.3

2. Resposta para a primeira pergunta: $A - B = B - A$ se, e somente se, $A = B$.

   Prova:

   ($\leftarrow$) Suponha que $A = B$. Então $A - B = B - A = \emptyset$.

(→) Suponha que $A - B = B - A$. Para provar, primeiramente, que $A \subseteq B$, seja $x \in A$. Suponha que $x \notin B$. Nesse caso, $x \in A - B$, e, como $A - B = B - A$, $x \in B - A$. Segue-se, então, que $x \in B$ e $x \notin A$. Contradição! Assim, se $x \in A$, então $x \in B$, ou seja, $A \subseteq B$. Prova-se que $B \subseteq A$ de forma análoga.

Resposta para a segunda pergunta: $A \cup B = A \cap B$ se, e somente se, $A = B$.

Prova:

(←) Suponha que $A = B$. Então $A \cup B = A \cap B = A = B$.

(→) Suponha que $A \cup B = A \cap B$. Para provar, primeiramente, que $A \subseteq B$, seja $x \in A$. Com isso, $x \in A \cup B$. Nesse caso, como $A \cup B = A \cap B$, $x \in A \cap B$. Assim $x \in B$. Portanto, se $x \in A$, então $x \in B$, ou seja, $A \subseteq B$. Prova-se que $B \subseteq A$ de forma análoga.

4. (e) Basta provar que $\forall x[x \in (A - B) - C \leftrightarrow x \in A - (B \cup C)]$. Assim, seja um elemento x arbitrário. Tem-se:

$$\begin{aligned}
x \in (A - B) - C &\leftrightarrow x \in A - B \text{ e } x \notin C &&\text{pela definição de "$-$"} \\
&\leftrightarrow x \in A \text{ e } x \notin B \text{ e } x \notin C &&\text{pela definição de "$-$"} \\
&\leftrightarrow x \in A \text{ e } \neg(x \in B \text{ ou } x \in C) &&\text{pela lei de De Morgan} \\
&\leftrightarrow x \in A \text{ e } x \notin B \cup C &&\text{pela definição de "$\cup$"} \\
&\leftrightarrow x \in A - (B \cup C) &&\text{pela definição de "$-$".}
\end{aligned}$$

5. Segue a função $part(A)$, que retorna o conjunto das partições do conjunto A:

Entrada: um conjunto finito A.
Saída: o conjunto das partições de A.
se $A = \emptyset$ **então** retorne $\emptyset$ **fimse**;
$R \leftarrow \emptyset$;
selecione um elemento $a \in A$;
para cada $B \subset A$ tal que $a \in B$ **faça**
   para cada $X \in part(A - B)$ **faça**
      $R \leftarrow R \cup \{\{B\} \cup X\}$;
   fimpara
fimpara;
retorne $R \cup \{\{A\}\}$.

Seção 1.4

3. (→) Suponha que R seja simétrica. Sejam x e y elementos arbitrários tais que $(x, y) \in R$. Como R é simétrica, segue que $(y, x) \in R$. Dessa última, segue que $(x, y) \in R^{-1}$. Logo, se $(x, y) \in R$, então $(x, y) \in R^{-1}$, ou seja, $R \subseteq R^{-1}$. De forma similar, mostra-se que $R^{-1} \subseteq R$. Portanto, $R = R^{-1}$.

(←) Suponha que $R = R^{-1}$ e seja $(x, y) \in R$. Segue-se que $(x, y) \in R^{-1}$ e, portanto, $(y, x) \in R$. Logo, se $(x, y) \in R$, então $(y, x) \in R$. Como (x, y) é um elemento arbitrário de R, conclui-se que R é simétrica.

5. ($\rightarrow$) Suponha que R é anti-simétrica. Sejam x e y elementos arbitrários de A tais que $(x,y) \in R \cap R^{-1}$, ou seja, $(x,y) \in R$ e $(x,y) \in R^{-1}$. Dessa última, segue que $(y,x) \in R$. Como R é anti-simétrica, $(x,y) \in R$ e $(y,x) \in R$, segue que $x = y$ e, portanto, $(x,y) \in \iota_A$. Assim, $R \cap R^{-1} \subseteq \iota_A$.

($\leftarrow$) Suponha que $R \cap R^{-1} \subseteq \iota_A$. Sejam x e y tais que $(x,y) \in R$ e $(y,x) \in R$. Como $(y,x) \in R$, $(x,y) \in R^{-1}$, e, portanto, $(x,y) \in R \cap R^{-1}$. Como $R \cap R^{-1} \subseteq \iota_A$, segue que $(x,y) \in \iota_A$ e, portanto, $x = y$. Conclui-se que se $(x,y) \in R$ e $(y,x) \in R$, então $x = y$. Portanto, R é anti-simétrica.

Seção 1.5

2. Sejam $f: A \to B$, $g: C \to D$ e $h = f \cup g$. Então:

$$h: A \cup C \to B \cup D \text{ se, e somente se, } \forall x \in A \cap C \, f(x) = g(x).$$

Prova:

($\rightarrow$) Suponha que $h: A \cup C \to B \cup D$. Seja um elemento arbitrário x de $A \cap C$. Como $h = f \cup g$ e $h: A \cup C \to B \cup D$, segue-se que $h(x) = f(x) = g(x)$.

($\leftarrow$) Suponha que $\forall x \in A \cap C \, f(x) = g(x)$. Seja y um elemento arbitrário de $A \cup C$. Para mostrar que existe um único $z \in B \cup D$ tal que $(y,z) \in h$, serão considerados três casos:

Caso 1 $y \in A - C$. Como $f: A \to B$, $h = f \cup g$ e $y \in A$, um z tal que $(y,z) \in h$ é $z = f(y)$. E como $g: C \to D$, $h = f \cup g$ e $y \notin C$, tal z é único.

Caso 2 $y \in C - A$. Como $g: C \to D$, $h = f \cup g$ e $y \in C$, um z tal que $(y,z) \in h$ é $z = g(y)$. E como $f: A \to B$, $h = f \cup g$ e $y \notin A$, tal z é único.

Caso 3 $y \in A \cap C$. Como $f: A \to B$, $g: C \to D$, $h = f \cup g$ e $\forall x \in A \cap C \, f(x) = g(x)$, o único z tal que $(y,z) \in h$ é $z = f(y) = g(y)$.

5. (a) Sejam x e y elementos arbitrários de A tais que $x \neq y$. Como f é injetora, $f(x) \neq f(y)$. E como g é injetora, $g(f(x)) \neq g(f(y))$. Portanto, se $x \neq y$, então $g(f(x)) \neq g(f(y))$. Conclui-se que $g \circ f$ é injetora.

(b) Seja $y \in C$ arbitrário. Como g é sobrejetora, existe $z \in B$ tal que $g(z) = y$. E como f é sobrejetora, existe $x \in A$ tal que $f(x) = z$, ou ainda, $g(f(x)) = y$. Logo, para todo $y \in C$ existe $x \in A$ tal que $g(f(x)) = y$. Portanto, $g \circ f$ é sobrejetora.

(c) Dos dois resultados anteriores segue-se que $g \circ f$ é bijetora.

Seção 1.6

2. Suponha que tal conjunto seja enumerável. Então existe uma enumeração f_0, f_1, f_2, ... de todas as funções de $\mathbf{N}$ para $\{0,1\}$. Seja a função $g\colon \mathbf{N} \to \{0,1\}$ tal que $g(n) = 1 - f(n)$. Ora, $g(n) \neq f_n(n)$ para todo $n \in \mathbf{N}$, e, portanto, $g \neq f_n$ para todo $n \in \mathbf{N}$. Logo, a suposição da enumerabilidade das funções não se sustenta.

4. Seja um conjunto enumerável arbitrário A e suponha que $B \subseteq A$. Se B for finito, será contável, por definição. Suponha que B seja infinito. Será mostrado que B é enumerável construindo-se uma função bijetora $g : \mathbf{N} \to B$. Como A é enumerável, existe uma função bijetora $f : \mathbf{N} \to A$; assim sendo, pode-se dizer que $A = \{f(k) \mid k \in \mathbf{N}\}$. A função g pode ser construída da seguinte forma:

- $g(0) = f(m)$, em que m é o *menor* número natural tal que $f(k) \in B$;
- para $i > 0$, $g(i) = f(k)$, em que k é o *menor* número natural tal que $f(k) \in B$ e $k > j$, sendo j tal que $g(i-1) = f(j)$.

Seção 1.7

3. Definição recursiva da representação de números binários sem zeros à esquerda, $r : \mathbf{N} \to B$, sendo B o conjunto das seqüências de dígitos binários:

(a) $r(0) = 0$, $r(1) = 1$;

(b) $r(n) = r(\lfloor n/2 \rfloor)(n \bmod 2)$ para $n > 1$.

Assim, por exemplo, $r(5) = r(2)1 = r(1)01 = 101$.

5. Definição recursiva de multiplicação sobre $\mathbf{N}$:

(a) $m \times 0 = 0$ para todo $m \in \mathbf{N}$;

(b) $m \times s(n) = m + (m \times n)$ para $m, n \in \mathbf{N}$.

Seção 1.8

3. (c) Inicialmente, veja que $\sum_{k=1}^{1}[1/k(k+1)] = 1/(1+1)$. Seja $n \geq 1$ arbitrário, e suponha, como hipótese de indução, que $\sum_{k=1}^{n}[1/k(k+1)] = n/(n+1)$. Então,

$$\begin{aligned}
\sum_{k=1}^{n+1}[1/k(k+1)] &= [\sum_{k=1}^{n}[1/k(k+1)]] + 1/(n+1)(n+2) \\
&= [n/(n+1)] + 1/(n+1)(n+2) \text{ pela hipótese de indução} \\
&= [n(n+2) + 1]/[(n+1)(n+2)] \\
&= [n^2 + 2n + 1]/[(n+1)(n+2)] \\
&= (n+1)^2/[(n+1)(n+2)] \\
&= (n+1)/(n+2).
\end{aligned}$$

Logo, pelo princípio de indução, $\sum_{k=1}^{n}[1/k(k+1)] = n/(n+1)$ para todo $n \geq 1$.

5. Será usada indução forte sobre o número de conectivos. Assim, seja $n \geq 0$, e suponha que o resultado seja válido para sentenças que apresentem menos de n conectivos. Deve-se provar, então, que o resultado vale também para sentenças com n conectivos. Considera-se dois casos:

Caso 1 $n = 0$. Uma sentença sem conectivos é uma variável proposicional, e esta tem apenas dois prefixos: λ e ela mesma. Em ambos, o número de abre e fecha parênteses é zero.

Caso 2 $n > 0$. Uma sentença com conectivos é da forma $\neg \alpha$ ou $(\alpha \oplus \beta)$, em que $\oplus \in \{\wedge, \vee, \rightarrow, \leftrightarrow\}$:

- **2.1** $\neg \alpha$. Como α tem $n-1$ conectivos, o resultado vale para α, pela hipótese de indução. Segue-se que vale também para $\neg \alpha$, que não tem outros parênteses que os de α.

- **2.2** $(\alpha \oplus \beta)$. Como α e β têm menos de n conectivos, o resultado vale para ambos, pela hipótese de indução. Segue que o resultado vale também para $\alpha \oplus \beta$. E o resultado continua valendo ao se colocar os parênteses externos.

Seção 1.9

1. Isso segue do fato de que a soma dos graus dos vértices é par: em um grafo sem arestas tal soma é zero, e cada aresta acrescenta 2 unidades à soma.

2. Será feita uma prova por indução sobre o número de vértices. A menor árvore, que é da forma $(\{v\}, \emptyset, v)$, tem um vértice e nenhuma aresta. Seja um número $n \geq 1$ e suponha, como hipótese de indução, que a proposição seja verdadeira para árvores com n vértices. Uma árvore com $n+1$ vértices é da forma $(V \cup \{v\}, A \cup \{\{v, v'\}\}, r)$, em que $v \in V$, $v' \notin V$ e (V, A, r) é uma árvore de n vértices. Pela hipótese de indução, $|A| = n-1$, ou ainda, $|A|+1 = (n+1)-1$, o que mostra que a proposição vale para árvores de $n+1$ vértices, já que estas têm $|A|+1$ arestas.

Seção 1.10

2. (a) $\{1\}^*\{0\}\{0,1\}^*$;

(b) $\{0,1\}(\{0,1\}^2)^*$;

(c) $\{0\}^*\{0\}\{1\}^*$;

(d) $\{\lambda\} \cup \{0\}\{10\}^* \cup \{1\}\{01\}^*$;

(e) $\{xx \mid x \in \{0,1\}^*\}$.

7. Uma condição necessária e suficiente para $L = L^R$ é: $w \in L$ se, e somente se, $w^R \in L$, para toda palavra w.

Prova:

($\rightarrow$) Suponha que $L = L^R$. Seja w uma palavra arbitrária. Se $w \in L$, então, pela definição de reverso, $w^R \in L^R$; e como $L^R = L$, $w^R \in L$. Por outro lado, se $w^R \in L$, então, pela definição de reverso, $(w^R)^R = w \in L^R$; e como $L^R = L$, $w \in L$. Assim, para toda palavra w, $w \in L$ se, e somente se, $w^R \in L$.

($\leftarrow$) Suponha que $w \in L$ se, e somente se, $w^R \in L$, para toda palavra w. $L \subseteq L^R$, pois: se $x \in L$, então, pela suposição anterior, $x^R \in L$; e pela definição de reverso, $(x^R)^R = x \in L^R$. Por outro lado, $L^R \subseteq L$, pois: se $x \in L^R$, da definição de reverso, tem-se que $x^R \in L$ (pois $x = (x^R)^R$); e pela suposição dada anteriormente, $x \in L$. Conclui-se, então, que $L = L^R$.

9. (a) $L^* \subseteq \bigcup_{n \in \mathbf{N}} L^n$.

    Por indução forte sobre $|w|$. Suponha, como hipótese de indução, que se $w \in L^*$, então $w \in \bigcup_{n \in \mathbf{N}} L^n$ para palavras de tamanho menor que certo k arbitrário. Para mostrar que isso vale também para palavras de tamanho k, considera-se dois casos:

    Caso 1 $k = 0$. A única palavra de tamanho 0 é λ, e $\lambda \in \bigcup_{n \in \mathbf{N}} L^n$, pois $L^0 = \{\lambda\}$.

    Caso 2 $k > 0$. Seja w de tamanho k tal que $w \in L^*$. Pela definição de fecho de Kleene, pode-se dizer que $w = xy$, sendo que $x \in L^*$, $y \in L$ e $y \neq \lambda$. Pela hipótese de indução, $x \in \bigcup_{n \in \mathbf{N}} L^n$. Segue que $x \in L^i$ para algum $i \in \mathbf{N}$. Como $y \in L$, tem-se que $xy \in L^{i+1}$. Portanto, $w \in \bigcup_{n \in \mathbf{N}} L^n$.

    (b) $\bigcup_{n \in \mathbf{N}} L^n \subseteq L^*$.

    Esse resultado segue do fato de que para todo $n \geq 0$, $L^n \subseteq L^*$, fato este que será provado por indução sobre n. Inicialmente, note que $L^0 = \{\lambda\}$, e $\lambda \in L^*$ por definição. Seja n arbitrário e suponha que $L^n \subseteq L^*$. Como $L^{n+1} = L^n L$, e, pela hipótese de indução, $L^n \subseteq L^*$, segue-se, pela definição de fecho de Kleene, que $L^{n+1} \subseteq L^*$.

Seção 1.11

3. (a) $P \to aI \mid bP \mid \lambda$
    $I \to aP \mid bI$

   (b) $X \to aXb \mid \lambda$

   (c) $X \to aXa \mid bXb \mid \lambda \mid a \mid b$

   (d) $P \to A \mid B \mid \lambda$
    $A \to aBa \mid a$
    $B \to bAb \mid b$

   (e) $P \to aBPCd \mid \lambda$
    $BC \to bc$
    $Ba \to aB$
    $Bb \to bb$
    $dC \to Cd$
    $cC \to cc$

5. $L(G) = \{a\}^*\{b\}^*$.

   Prova:

   $\{a\}^*\{b\}^* \subseteq L(G)$. O seguinte esquema de derivação mostra que toda palavra da forma $a^i b^j$, para $i, j \geq 0$, é gerada por G:

   $$A \stackrel{i}{\Rightarrow} a^i A \quad \text{(regra } A \to aA, i \text{ vezes}, i \geq 0)$$
   $$\Rightarrow a^i B \quad \text{(regra } A \to B)$$
   $$\stackrel{j}{\Rightarrow} a^i b^j B \quad \text{(regra } B \to bB, j \text{ vezes}, j \geq 0)$$
   $$\Rightarrow a^i b^j \quad \text{(regra } B \to \lambda)$$

   Como *qualquer palavra* gerada por G segue necessariamente esse mesmo esquema de derivação, segue-se que $L(G) \subseteq \{a\}^*\{b\}^*$.

Seção 1.13

1. Segue uma definição recursiva de $\hat{v} : \text{LP} \to \{V, F\}$:

   (a) $\hat{v}(\alpha) = v(\alpha)$ para $\alpha \in \text{VP}$;

   (b) $\hat{v}(\neg \alpha) = V$ se, e somente se, $\hat{v}(\alpha) = F$;
   $\hat{v}((\alpha \wedge \beta)) = V$ se, e somente se, $\hat{v}(\alpha) = V$ e $\hat{v}(\beta) = V$;
   $\hat{v}((\alpha \vee \beta)) = F$ se, e somente se, $\hat{v}(\alpha) = F$ e $\hat{v}(\beta) = F$;
   $\hat{v}((\alpha \to \beta)) = F$ se, e somente se, $\hat{v}(\alpha) = V$ e $\hat{v}(\beta) = F$;
   $\hat{v}((\alpha \leftrightarrow \beta)) = V$ se, e somente se, $\hat{v}(\alpha) = \hat{v}(\beta)$.

5. $|A \cup B| = |A| + |B| - |A \cap B|$.

   Prova:

   Cada elemento de $A - B$ e cada elemento de $A \cap B$ é contado uma vez em $|A|$, e cada elemento de $B - A$ e cada elemento de $A \cap B$ é contado uma vez em $|B|$. Assim, os elementos de $A \cap B$ são contados duas vezes em $|A| + |B|$, razão da subtração de $|A \cap B|$.

   Generalizando: $|\cup_{i=1}^{n} A_i| = S_1 + S_2 + \cdots + S_n$, sendo que:

   $$S_k = (-1)^{k+1} \times \sum_{j_1 \neq j_2 \neq \cdots \neq j_k} |A_{j_1} \cap A_{j_2} \cap \ldots \cap A_{j_k}|, \text{ para } 1 \leq k \leq n.$$

12. (c) Tem-se:

   $$f_{A \cap B}(x) = 1 \leftrightarrow x \in A \cap B \quad \text{por definição}$$
   $$\leftrightarrow x \in A \text{ e } x \in B$$
   $$\leftrightarrow f_A(x) = 1 \text{ e } f_B(x) = 1 \quad \text{por definição}$$
   $$\leftrightarrow f_A(x) f_B(x) = 1.$$

   Portanto, $f_{A \cap B}(x) = f_A(x) f_B(x)$.

14. Seja $\Sigma = \{a_1, a_2, \ldots, a_n\}$. Então:

    Σ^* **é enumerável.** Uma enumeração para Σ é dada pela função $\eta: \Sigma^* \to \mathbf{N}$ tal que $\eta(\lambda) = 0$ e $\eta(a_{p_m} a_{p_{m-1}} \ldots a_{p_0}) = \sum_{k=0}^{m}(p_k \times n^k)$.

    $\mathcal{P}(\Sigma^*)$ **não é enumerável.** Suponha que $\mathcal{P}(\Sigma^*)$ seja enumerável. Então existe uma função bijetora de $\mathcal{P}(\Sigma^*)$ para $\mathbf{N}$, de forma que os elementos de $\mathcal{P}(\Sigma^*)$ possam ser enumerados: $A_0, A_1, A_2, \ldots$. Seja o conjunto $B = \{w \in \Sigma^* \mid w \notin A_{\eta(w)}\}$, sendo η a função de enumeração vista anteriormente (ou qualquer outra). Mas, como $\{\eta(w) \mid w \in \Sigma^*\} = \mathbf{N}$, segue que $B \neq A_i$ para todo $i \in \mathbf{N}$. Logo, a suposição de que existe a enumeração $A_0, A_1, A_2, \ldots$ não é correta, ou seja, $\mathcal{P}(\Sigma^*)$ não é enumerável.

20. $\psi(n) = \lfloor \log_2 n \rfloor$. Será feita uma demonstração por indução forte. Assim, suponha, como hipótese de indução, que $\psi(k) = \lfloor \log_2 k \rfloor$ para todo $k < n$.

    Caso 1 $n = 1$ $\psi(1) = 0 = \log_2 1$.

    Caso 2 $n > 1$ Por definição, $\psi(n) = \psi(\lfloor n/2 \rfloor) + 1$. Como, $\lfloor n/2 \rfloor < n$, segue, pela hipótese de indução, que $\psi(n) = \lfloor \log_2 \lfloor n/2 \rfloor \rfloor + 1$. Se $n \bmod 2 = 0$, então $\psi(n) = \lfloor \log_2 n/2 \rfloor + 1 = \lfloor (\log_2 n) - 1 \rfloor + 1 = \lfloor (\log_2 n) \rfloor - 1 + 1 = \lfloor \log_2 n \rfloor$. Por outro lado, se $n \bmod 2 = 1$, então $\psi(n) = \lfloor \log_2(n-1)/2 \rfloor + 1 = \lfloor \log_2(n-1) - 1 \rfloor + 1 = \lfloor \log_2(n-1) \rfloor - 1 + 1 = \lfloor \log_2(n-1) \rfloor$. Mas, se $n \bmod 2 = 1$ e $n > 0$, $\lfloor \log_2(n-1) \rfloor = \lfloor \log_2 n \rfloor$.

    Assim, $\psi(n) = \lfloor \log_2 n \rfloor$ em qualquer caso.

24. (a) Uma árvore estritamente n-ária com i vértices internos tem $n \times i + 1$ vértices, já que cada um dos i vértices internos tem n filhos; e o termo 1 refere-se à raiz.

    (b) Dado o resultado anterior, tem-se que uma árvore estritamente n-ária de k vértices possui $(k-1)/n$ vértices internos. Já o número de folhas é $k - i = k - (k-1)/n$.

    (c) Uma árvore estritamente n-ária com k vértices tem altura mínima igual a $\lfloor \log_n k \rfloor$, e altura máxima igual a $\lceil (k-1)/n \rceil$.

26. (a) Definição recursiva de $L_1 = \{w \in \{0,1\} \mid |w| \text{ é par}\}$:
    - $\lambda \in L_1$;
    - se $y \in L_1$, então $00y, 01y, 10y, 11y \in L_1$.

    (b) Definição recursiva de $L_2 = \{w \in \{0,1\} \mid w \text{ é palíndromo}\}$:
    - $\lambda, 0, 1 \in L_2$;
    - se $w \in L_2$, então $0w0, 1w1 \in L_2$.

    (c) Definição recursiva de $L_3 = \{w \in \{0,1\} \mid w \text{ contém } 00\}$:
    - $00 \in L_3$;
    - se $w \in L_3$, então $0w, 1w, w0, w1 \in L_3$.

(d) Definição recursiva de $L_4 = \{w \in \{0,1\} \mid w \text{ não contém } 00\}$:
- $\lambda, 0 \in L_4$;
- se $y \in L_4$, então $y1, y10 \in L_4$.

(e) Definição recursiva de $L_5 = \{0^{n^2} \mid n \in \mathbf{N}\}$:
- $\lambda \in L_5$;
- se $y \in L_5$, então $y0^{2\sqrt{|y|}+1} \in L_5$.

32. (a) Gramática para $\{w \in \{0,1\}^* \mid w \text{ não contém } 00\}$:

$P \rightarrow 0A \mid 1P \mid \lambda$
$A \rightarrow 1P \mid \lambda$

(b) Gramática para $\{0^n 1^{2n+1} 0^n \mid n \in \mathbf{N}\}$:

$P \rightarrow 0UP0 \mid 1$
$U1 \rightarrow 111$
$U0 \rightarrow 0U$

(c) Gramática para $\{w0w \mid w \in \{1,2\}^*\}$:

$P \rightarrow 1PU \mid 2PD \mid 0$
$0U \rightarrow 01$
$0D \rightarrow 02$
$1U \rightarrow U1$
$2U \rightarrow U2$
$1D \rightarrow D1$
$2D \rightarrow D2$

(d) Gramática para $\{\mathtt{a}^n \mathtt{b}^n \mathtt{c}^k \mid 0 \leq n < k\}$:

$P \rightarrow AS$
$A \rightarrow \mathtt{a}A\mathtt{b}C \mid \lambda$
$C\mathtt{b} \rightarrow \mathtt{b}C$
$C\mathtt{c} \rightarrow \mathtt{cc}$
$S \rightarrow \mathtt{c}S \mid \mathtt{c}$

6.2 Máquinas de Estados Finitos

Seção 2.1

1. Cada estado será uma palavra mcl, sendo que $m \in \{0,1,2,3\}$ corresponde ao número de missionários do lado esquerdo, $c \in \{0,1,2,3\}$ refere-se ao número de canibais do lado esquerdo, e $l \in \{e,d\}$ é o lado em que está a canoa (e: esquerdo; d: direito). Cada transição terá um um rótulo da forma ij, em que $1 \leq i+j \leq 2$, sendo i o número de missionários e j o número de canibais viajando na canoa. O diagrama de estados está ilustrado na Figura 6.1. Nele, cada aresta (v_1, r, v_2) representa duas transições: de v_1 para v_2 e de v_2 para v_1, ambas com rótulo r.

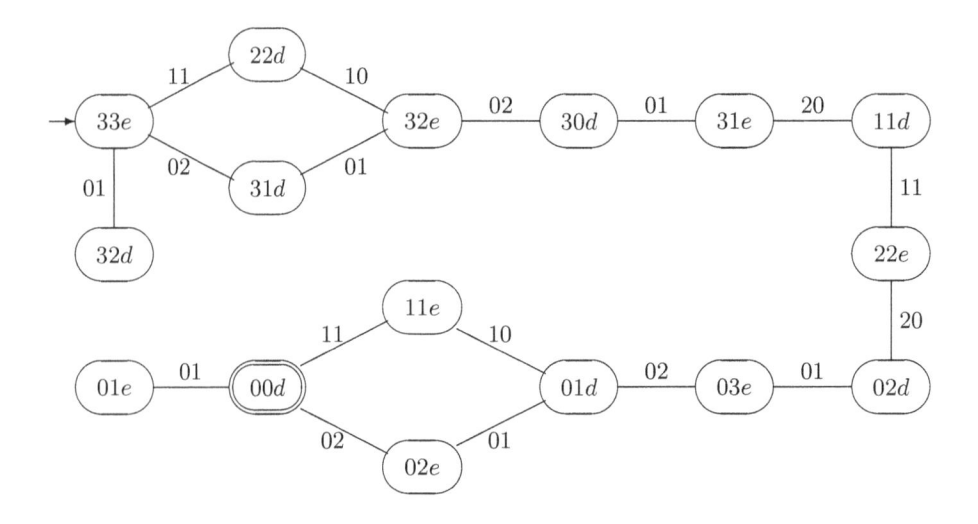

Figura 6.1 Missionários e canibais.

3. Observando-se o cruzamento em T mostrado na Figura 2.4, nota-se que são necessários semáforos para controlar o tráfego nos sentidos:

   - de A para B (nome: A_1);
   - de A para C (nome: A_2);
   - de B para C (nome: B);
   - de C para B (nome: C).

Procurando maximizar o número de semáforos abertos (isto é, com o farol verde aceso), chega-se a um conjunto de três situações possíveis:

   - A_1 e A_2 abertos, B e C fechados;
   - A_2 e C abertos, A_1 e B fechados;
   - B e C abertos, A_1 e A_2 fechados.

A máquina terá três estados, um para cada uma dessas três situações. Para dar nome a um estado, serão usados os nomes dos semáforos abertos na situação correspondente. Os estados serão: $\{A_1, A_2\}$, $\{A_2, C\}$ e $\{B, C\}$.

A transição de um estado para outro dependerá das leituras dos sensores. Para cada semáforo há um sensor que verifica se há veículo no sentido controlado por ele. Para os semáforos A_1, A_2, B e C, sejam a_1, a_2, b e c as situações em que o sensores respectivos estão detectando a presença de veículo nos sentidos respectivos. Assim, um subconjunto de $S = \{a_1, a_2, b, c\}$ pode ser usado para indicar os sentidos em que os carros estão se movimentando. Por exemplo, $\emptyset$ indica que nenhum veículo está sendo detectado; $\{a_1, c\}$ mostra que só estão

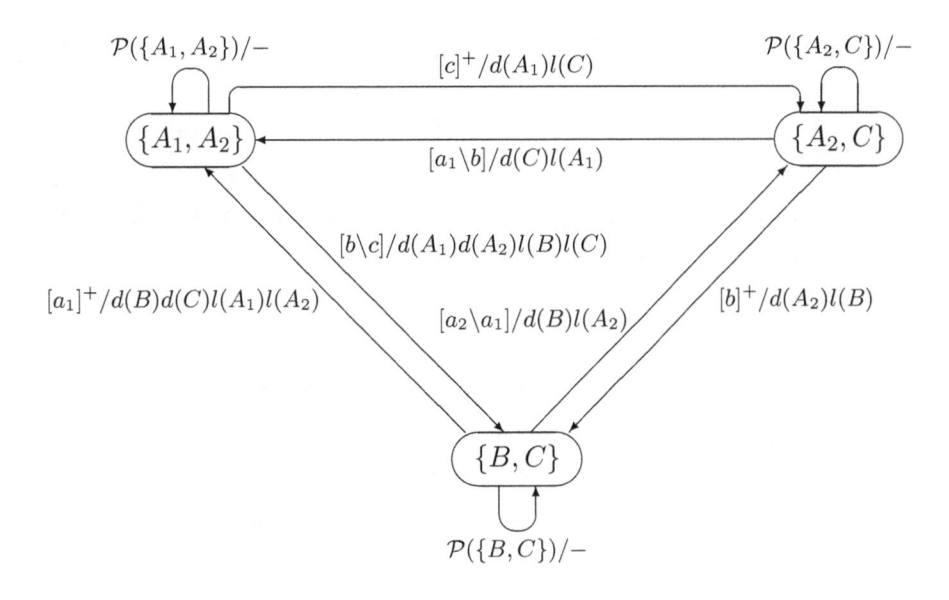

Figura 6.2 Diagrama de estados para cruzamento em T.

sendo detectados veículos nos sentidos de A para B e de C para B. Existirá uma transição de cada estado sob cada subconjunto de S.

Para cada transição, será especificada como saída uma seqüência de ações do tipo liga-desliga semáforos. A ação "ligar semáforo x", $x \in \{A_1, A_2, B, C\}$, será representada por $l(x)$, e a ação "desligar semáforo x" por $d(x)$. A ação "deixa como está" será representada por $-$.

A Figura 6.2 mostra um diagrama de estados para o problema. Para simplificar o diagrama, cada aresta representa um conjunto de transições; no diagrama, a saída é a mesma para cada uma de tais transições. Para esse fim, os rótulos são da forma X/y, sendo X um conjunto de subconjuntos de S, e y, a saída comum, uma seqüência de ações liga-desliga. Alguns valores para X estão indicados por meio da notação:

- $[s]^+ = \{X \subset S \mid s \in X\}$; e
- $[s_1 \backslash s_2] = [s_1]^+ - [s_2]^+$.

Aqueles da forma $[s]^+$ rotulam transições com maior "prioridade". Por exemplo, no estado $\{A_2, C\}$, dois conjuntos, um com a_1 e outro com b, indicam que há veículos nos sentidos dos semáforos A_1 e B. Com isso, deve-se escolher entre a transição para o estado $\{A_1, A_2\}$ e a transição para o estado $\{B, C\}$. No diagrama de estados está indicado que a transição escolhida é aquela para $\{B, C\}$, pois $[b]^+ = \{X \subset S \mid b \in X\}$ e $[a_1 \backslash b] = [a_1]^+ - [b]^+$ (veja a Figura 6.2).

Pode-se mostrar que, nessa solução, não há possibilidade de um veículo ser impedido de se dirigir de algum ponto a outro indefinidamente. Por outro lado, a solução apresentada não é única.

Seção 2.2

3. (d) Após consumido um prefixo x, deve-se saber, para prosseguir-se com o reconhecimento:

   - se $|x|$ é par ou ímpar (para se saber se a próxima posição é par ou ímpar);
   - se x tem número par ou ímpar de 0s nas posições pares; e
   - se x tem número par ou ímpar de 0s nas posições ímpares.

   Logo, são necessários oito estados. Representado-se cada estado como uma tripla $[k_1, k_2, k_3]$, de forma que cada k_i pode ser p (par) ou i (ímpar), e

   - $k_1 = p \leftrightarrow |x|$ é par,
   - $k_2 = p \leftrightarrow x$ tem número par de 0s nas posições pares, e
   - $k_3 = p \leftrightarrow x$ tem número par de 0s nas posições ímpares,

   um AFD para a linguagem em questão seria

   $$(\{p, i\}^3, \{0, 1\}, \delta, [p, p, p], \{[p, p, i], [i, p, i]\}))$$

   sendo δ dada por $\delta([k_1, k_2, k_3], 0) = [k_1', k_2', k_3']$ e $\delta([k_1, k_2, k_3], 1) = [k_1', k_2, k_3]$, em que:

   - $k_1' = p \leftrightarrow k_1 = i$
   - $k_2' = p \leftrightarrow (k_1 = p$ e $k_2 = p)$ ou $(k_1 = i$ e $k_2 = i)$
   - $k_3' = p \leftrightarrow (k_1 = i$ e $k_3 = p)$ ou $(k_1 = p$ e $k_3 = i)$

5. Por indução sobre $|x|$. Para $x = \lambda$, $\hat{\delta}(e, \lambda y) = \hat{\delta}(\hat{\delta}(e, \lambda), y)$, pela definição de $\hat{\delta}$. Suponha, como hipótese de indução, que $\hat{\delta}(e, xy) = \hat{\delta}(\hat{\delta}(e, x), y)$ para palavras x de tamanho n, $n \geq 0$. Para as palavras de tamanho $n+1$, az, sendo a um símbolo do alfabeto e z, uma palavra de tamanho n, tem-se:

   $$\begin{aligned}
   \hat{\delta}(e, azy) &= \hat{\delta}(\delta(e, a), zy) && \text{pela definição de } \hat{\delta} \\
   &= \hat{\delta}(\hat{\delta}(\delta(e, a), z), y) && \text{pela hipótese de indução} \\
   &= \hat{\delta}(\hat{\delta}(az), y) && \text{pela definição de } \hat{\delta}.
   \end{aligned}$$

15. Suponha que exista um AFD que reconhece a linguagem L, e seja k o número de estados do mesmo. Seja a palavra de L, $z = \mathsf{a}^k\mathsf{ca}^k$. De acordo com o Teorema 5, existem u, v e w tais que $z = uvw$, $v \neq \lambda$ e $uv^iw \in L$ para todo $i \geq 0$. Mas, analisando-se os valores possíveis para v, conclui-se que $uv^2w \notin L$:

    - se v contém apenas as, então $uv^2w = \mathsf{a}^{k+|v|}\mathsf{ca}^k$ ou $uv^2w = \mathsf{a}^k\mathsf{ca}^{k+|v|}$; e
    - se v possui c, então uv^2w contém mais de um c.

    Contradição! Logo, não existe AFD que reconhece L.

Seção 2.3

2. Menor número de estados para AFNs e AFDs que reconheçam $L_n = \{xyx \mid x, y \in \{a, b\}$ e $|x| = n\}$:

   (a) $n = 1$. Menor AFN: 4. Menor AFD: 5.

   (b) $n = 2$. Menor AFN: 10. Menor AFD: 15.

   (c) n arbitrário. Menor AFN: $3.2^n - 2$. Menor AFD: $(n + 2).2^n - 1$.

6. Seja um AFN $M = (E, \Sigma, \delta, I, F)$. Um AFN com único estado final que reconhece $L(M)$ seria $M' = (E \cup \{f\}, \Sigma, \delta', I', \{f\})$, em que f é um estado que não pertence a E e:

   - $I' = I$ se $I \cap F = \emptyset$; caso contrário, $I' = I \cup \{f\}$;
   - $\delta'(e, a) = \delta(e, a)$ se $\delta(e, a) \cap F = \emptyset$; caso contrário, $\delta'(e, a) = \delta(e, a) \cup \{f\}$;

11. Seja um AFNE $M = (E, \Sigma, \delta, I, F)$. A função de transição estendida para M, $\hat{\delta} : \mathcal{P}(E) \times \Sigma^* \to \mathcal{P}(E)$, pode ser definida recursivamente assim:

    (a) $\hat{\delta}(\emptyset, w) = \emptyset$, para todo $w \in \Sigma^*$;
    (b) $\hat{\delta}(A, \lambda) = A$, para todo $A \subseteq E$;
    (c) $\hat{\delta}(A, w) = \bigcup_{e \in A} \bigcup_{xy=w} \hat{\delta}(\delta(e, x), y)$, para $A \subseteq E$.

    $\bigcup_{xy=w}$ quer dizer *união para todas as palavras x e y tais que $xy = w$*.

Seção 2.4

3. (d) Seja $L = \{xcx \mid x \in \{a, b\}^*\}$. Suponha que L seja regular, e seja k a constante do LB. Seja $z = a^k c a^k$, e sejam u, v e w tais que $z = uvw$, $v \neq \lambda$ e $|uv| \leq k$. Segue, pelo LB, que $uv^i w \in L$ para todo $i \geq 0$. Mas, como $|uv| \leq k$, $uv^2 w = a^{k+|v|} c a^k$; como $v \neq \lambda$, $uv^2 w \notin L$. Contradição! Portanto, L não é regular.

   (e) Seja $L = \{10^n 1^n \mid n \geq 0\}$. Suponha que L seja regular, e seja k a constante do LB. Seja $z = 10^k 1^k$, e sejam u, v e w tais que $z = uvw$, $v \neq \lambda$ e $|uv| \leq k$. Segue, pelo LB, que $uv^i w \in L$ para todo $i \geq 0$. Há dois casos a considerar:
   - v contém o 1 inicial. Como $v \neq \lambda$ e $|uv| \leq k$, tem-se que $uw = 0^{k-|v|+1} 1^k$; assim, $uv^0 w \notin L$.
   - v não possui o 1 inicial. Como $v \neq \lambda$ e $|uv| \leq k$, tem-se que $uw = 10^{k-|v|} 1^k$; assim, $uv^0 w \notin L$.

   Contradição! Portanto, L não é regular.

4. (b) Seja $L = \{0^m 1^n \mid m < n\} \cup \{0^m 1^n \mid m > n\}$. Suponha que L é regular. Então $\overline{L} \cap \{0\}^* \{1\}^*$ também é regular, pois as linguagens regulares são fechadas sob complementação e sob interseção. Mas, $\overline{L} \cap \{0\}^* \{1\}^* = \{0^n 1^n \mid n \geq 0\}$, que não é regular. Contradição! Logo, L não é regular.

(d) Seja $L = \{w \in \{\mathtt{0},\mathtt{1}\}^* \mid$ o número de 0s em w é igual ao número de 1s$\} - \{\mathtt{0}^n\mathtt{1}^n \mid n \geq 0\}$. Se L fosse regular, então $L \cap \{\mathtt{1}\}^*\{\mathtt{0}\}^*$ também seria, pois as linguagens regulares são fechadas sob interseção. Mas, $L \cap \{\mathtt{1}\}^*\{\mathtt{0}\}^* = \{\mathtt{1}^n\mathtt{0}^n \mid n \geq 0\}$, que não é regular. Portanto, L não é regular.

Seção 2.5

4. Máquina de Mealy para soma em binário:

$$(\{v_0, v_1\}, \{[\mathtt{0},\mathtt{0}], [\mathtt{0},\mathtt{1}], [\mathtt{1},\mathtt{0}], [\mathtt{1},\mathtt{1}]\}, \{\mathtt{0},\mathtt{1}\}, \delta, \sigma, v_0)$$

em que δ e σ estão dados na tabela:

δ/σ	$[\mathtt{0},\mathtt{0}]$	$[\mathtt{0},\mathtt{1}]$	$[\mathtt{1},\mathtt{0}]$	$[\mathtt{1},\mathtt{1}]$
v_0	$v_0/\mathtt{0}$	$v_0/\mathtt{1}$	$v_0/\mathtt{1}$	$v_1/\mathtt{0}$
v_1	$v_0/\mathtt{1}$	$v_1/\mathtt{0}$	$v_1/\mathtt{0}$	$v_1/\mathtt{1}$

Evidentemente, o estado em que a máquina pára é importante. Se for v_1, existe um dígito 1 a acrescentar à saída.

Seção 2.6

3. (e) ER para $\{w \in \{\mathtt{a},\mathtt{b}\}^* \mid w$ contém exatamente um $\mathtt{bb}\}$: $(a+ba)^*bb(ab+a)^*$.

   (f) ER para $\{w \in \{\mathtt{a},\mathtt{b}\}^* \mid w$ possui apenas um ou dois $\mathtt{b}$s$\}$: $a^*(\lambda+b)a^*(\lambda+b)a^*$.

   (g) ER para $\{w \in \{\mathtt{a},\mathtt{b},\mathtt{c}\}^* \mid$ o número de $\mathtt{a}$s e/ou $\mathtt{b}$s é par$\}$: $(c^*(a+b)c^*(a+b))^*c^*$.

   (h) $\{w \in \{\mathtt{a},\mathtt{b},\mathtt{c}\}^* \mid w$ não termina com $\mathtt{cc}\}$: $(a+b+c)^*(a+b)(\lambda+c)$.

10. Uma ER sem ocorrências de fecho de Kleene só pode denotar linguagens finitas, e qualquer linguagem finita pode ser denotada por uma ER sem ocorrências de fecho de Kleene.

Seção 2.7

5. Completando a prova do Teorema 15, será provado por indução sobre $|w|$ o lema

$$i \stackrel{*}{\Rightarrow} we \text{ se, e somente se, } e \in \hat{\delta}(\{i\}, w) \text{ para todo } e \in E \text{ e } w \in \Sigma^*.$$

Para $w = \lambda$, tem-se:

$$i \stackrel{*}{\Rightarrow} e \leftrightarrow i = e \quad \text{pelas definições de } \stackrel{*}{\Rightarrow} \text{ e } R$$
$$\leftrightarrow e \in \hat{\delta}(\{i\}, \lambda) \quad \text{pela definição de } \hat{\delta}.$$

Suponha que o resultado seja válido para um $x \in \Sigma^*$ arbitrário. Tem-se, então, para $w = xa$, sendo $a \in \Sigma$:

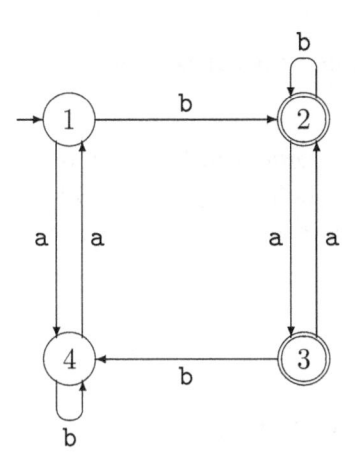

Figura 6.3 AFD para o Exercício 1g.

$i \stackrel{*}{\Rightarrow} xae \leftrightarrow i \stackrel{*}{\Rightarrow} xe'$ e $e' \to ae \in R$ pelas definições de $\stackrel{*}{\Rightarrow}$ e R
$\leftrightarrow e' \in \hat{\delta}(\{i\}, x)$ e $e' \to ae \in R$ pela hipótese de indução
$\leftrightarrow e' \in \hat{\delta}(\{i\}, x)$ e $e \in \delta(e', a)$ pela definição de R
$\leftrightarrow e \in \hat{\delta}(\{i\}, xa)$ pela definição de $\hat{\delta}$.

Seção 2.9

1. (g) Na Figura 6.3 está representado o diagrama de estados de um AFD para a linguagem $\{x\mathtt{ba}^n \mid x \in \{\mathtt{a}, \mathtt{b}\}^*, n \geq 0$ e x tem um número par de $\mathtt{a}$s$\}$.

9. (j) Seja $L = \{w \in \{\mathtt{a}, \mathtt{b}, \mathtt{c}\}^* \mid$ o número de $\mathtt{a}$s, $\mathtt{b}$s e $\mathtt{c}$s, em w, é o mesmo$\}$. Suponha que L seja regular. Como $\{\mathtt{a}\}^*\{\mathtt{b}\}^*\{\mathtt{c}\}^*$ também é regular e as linguagens regulares são fechadas sob interseção, $L \cap \{\mathtt{a}\}^*\{\mathtt{b}\}^*\{\mathtt{c}\}^*$ deveria ser regular. Mas $L \cap \{\mathtt{a}\}^*\{\mathtt{b}\}^*\{\mathtt{c}\}^* = \{\mathtt{a}^n\mathtt{b}^n\mathtt{c}^n \mid n \geq 0\}$, e esta última não é regular. Logo, L não é regular.

   (k) Seja $L = \{w \in \{0, 1\}^* \mid$ o número de 0s em w é um cubo perfeito$\}$. Suponha que L seja regular. Como $\{0\}^*$ também é regular e as linguagens regulares são fechadas sob interseção, $L \cap \{0\}^*$ deveria ser regular. Mas $L \cap \{0\}^* = \{\mathtt{a}^{n^3} \mid n \geq 0\}$, e essa última não é regular. Logo, L não é regular.

   (l) Seja $L = \{0^m 1^n \mid mdc(m, n) = 1\}$. Suponha que L seja regular. Seja k a constante do lema do bombeamento e considere $z = 0^{(k+1)!+1}1^{(k+1)!}$. Pelo referido lema, existem u, v e w tais que $z = uvw$, $|v| > 0$, $|uv| \leq k$ e $uv^i w \in L$ para todo $i \geq 0$. Mas se $z = uvw$, $|v| > 0$ e $|uv| \leq k$, $uv^{(k+1)!+2}w \notin L$, pois, sendo $|uv| \leq k$,
   - o número de $\mathtt{a}$s de $uv^{(k+1)!+2}w$ é $(k+1)! + 1 + ((k+1)! + 2 - 1)|v| = [(k+1)! + 1](1 + |v|)$, que é divisível por $1 + |v|$;
   - o número de $\mathtt{b}$s continua sendo $(k+1)!$, que também é divisível por $1 + |v|$ (pois $2 \leq 1 + |v| \leq k + 1$, já que $|v| > 0$);

e, com isso, o máximo divisor comum de $[(k+1)!+1](1+|v|)$ e $(k+1)!$ é no mínimo $1 + |v|$.

13. *Variante do lema do bombeamento:* Seja L uma linguagem regular. Então existe uma constante $k > 0$ tal que para qualquer palavra $z \notin L$ com $|z| \geq k$ existem u, v e w que satisfazem as seguintes condições:

    - $z = uvw$;
    - $|uv| \leq k$;
    - $v \neq \lambda$; e
    - $uv^i w \notin L$ para todo $i \geq 0$.

    A demonstração é similar ao do lema original. Este lema, como o original, serve para provar, que uma linguagem não é regular. E, assim como quando se usa o lema original, a prova é feita por contradição. Segue um exemplo.

    Seja $L = \{\mathtt{a}^m \mathtt{b}^n \mid m \neq n\}$. Suponha que L seja uma linguagem regular. Seja k a constante referida no LB, e seja $z = \mathtt{a}^k \mathtt{b}^k$. Como $z \notin L$ e $|z| > k$, o lema diz que existem u, v e w de forma que as seguintes condições se verificam: $z = uvw$, $|uv| \leq k$, $v \neq \lambda$ e $uv^i w \notin L$ para todo $i \geq 0$. Nesse caso, v só tem as, pois $z = uvw = \mathtt{a}^k \mathtt{b}^k$ e $|uv| \leq k$, e v tem pelo menos um $\mathtt{a}$, pois $v \neq \lambda$. Isto implica que $uv^2 w = \mathtt{a}^{k+|v|} \mathtt{b}^k \in L$, o que contraria o LB. Conclui-se, assim, que L não é linguagem regular.

14. (d) Pelo Exercício 14c, $\mathrm{rev}(L)$ é regular. Como as linguagens regulares são fechadas sob concatenação e $\mathrm{crev}(L) = L\mathrm{rev}(L)$, segue-se que $\mathrm{crev}(L)$ é regular.

    (e) Seja um AFN $M = (E, \Sigma, \delta, I, F)$ tal que $L(M) = L$. A partir de M constrói-se o seguinte AFN que reconhece $\mathrm{mpal}(L)$: $(E', \Sigma, \delta', I', F')$, em que:
    - $E' = E \times E$;
    - $I' = I \times F$;
    - (veja a ilustração na Figura 6.4) para cada $(e_1, e_2) \in E'$ e $a \in \Sigma$:
    $$\delta'([e_1, e_2], a) = \{[e_1', e_2'] \mid e_1' \in \delta(e_1, a) \text{ e } e_2 \in \delta(e_2', a)\}; \text{ e}$$
    - $F' = \{[e, e] \mid e \in E\}$.

21. Seja um AFD $M_1 = (E_1, \Sigma, \delta_1, i_1, F_1)$ que reconheça L_1. Um AFD que reconhece L_1/L_2 é o AFD $M = (E_1, \Sigma, \delta_1, i_1, F)$, cuja única diferença com relação a M_1 é o conjunto de estados finais, assim definido:
    $$F = \{e \in E_1 \mid \exists y \in L_2 \hat{\delta}_1(e, y) \in F_1\}.$$

26. Tem-se: $\hat{\delta}(A, \mathtt{10}) = \hat{\delta}(B, \mathtt{10}) = \hat{\delta}(c, \mathtt{10}) = \{C\}$ e $\hat{\delta}(D, \mathtt{10}) = \{A, C\}$. Portanto, uma resposta é $w = \mathtt{10}$ e $e = C$.

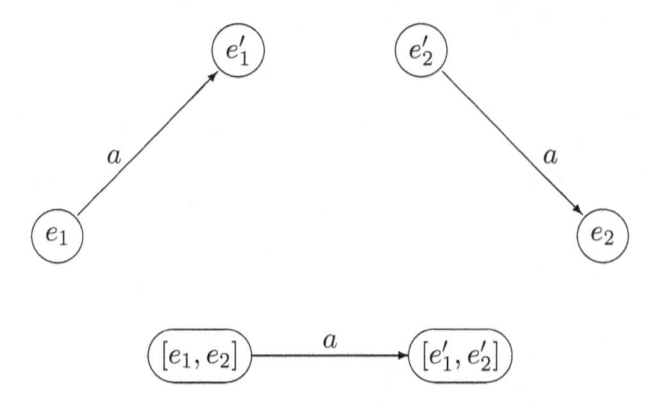

Figura 6.4 Ilustração para o Exercício 14e.

Um algoritmo pode ser construído com base no teste das computações possíveis do AFN para palavras w de tamanho, no máximo, igual ao número de estados do AFN menos 1.

33. (a) Pode-se obter trivialmente um AFN para $L(r_1)$ com o diagrama de estados da Figura 6.5a. A partir dele obtém-se um AFD equivalente com o diagrama de estados da Figura 6.5b (possivelmente após um passo de minimização. Deste, obtém-se, finalmente, o AFD que reconhece $\overline{L(r_1)}$ cujo diagrama de estados está mostrado na Figura 6.5c. Desse último obtém-se, finalmente, a ER $\lambda + a^+ + b^+$.

6.3 Autômatos de Pilha

Seção 3.2

2. Um APD que satisfaz as exigências é aquele cujo diagrama de estados está mostrado na Figura 6.6.

6. Um APD para as expressões prefixadas é aquele cujo diagrama de estados está ilustrado na Figura 6.7a.

7. Na Figura 6.7b está representado o diagrama de estados de um APD para as expressões pós-fixadas.

Seção 3.3

3. (c) Um APN para $\{0^n 1^n 0^k \mid n, k \geq 0\}$ tem o diagrama de estados mostrado na Figura 6.8.

   (d) Um APN para $\{0^m 1^n \mid m > n\}$ tem o diagrama de estados exposto na Figura 6.9.

(a) **AFN para $L(r_1)$**

(b) **AFD para $L(r_1)$**

(c) **AFD para $\overline{L(r_1)}$**

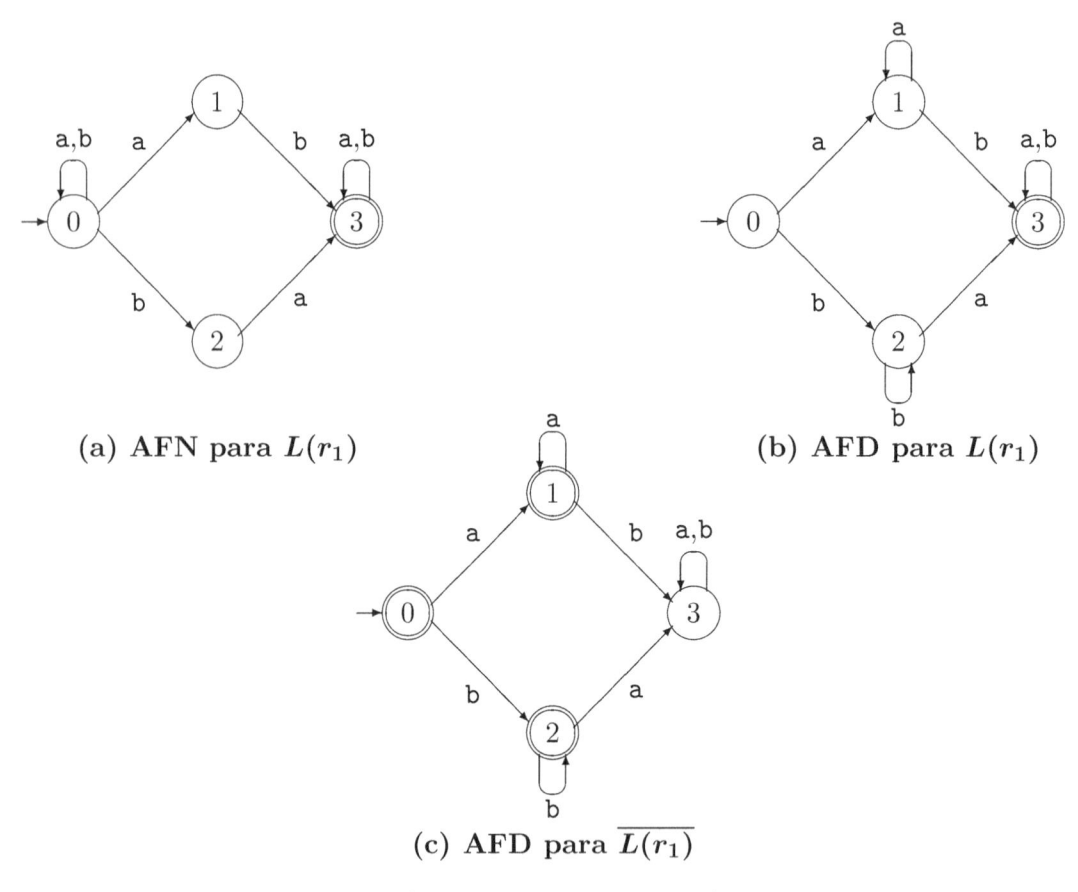

Figura 6.5 Autômatos para o Exercício 33a.

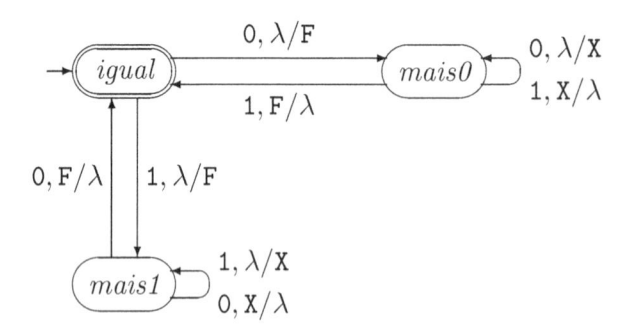

Figura 6.6 APD para número igual de 0s e 1s.

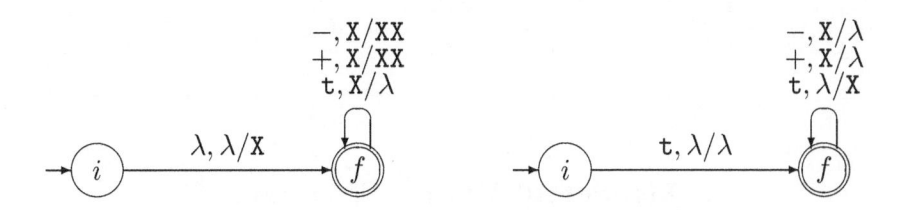

(a) **Para expressões prefixadas** (b) **Para expressões pós-fixadas**

Figura 6.7 APDs para os Exercícios 6 e 7.

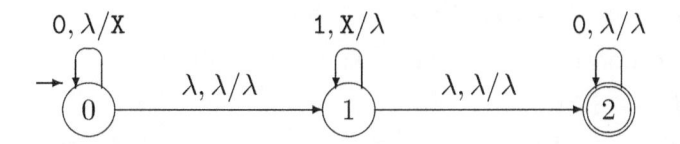

Figura 6.8 APN para o Exercício 3c.

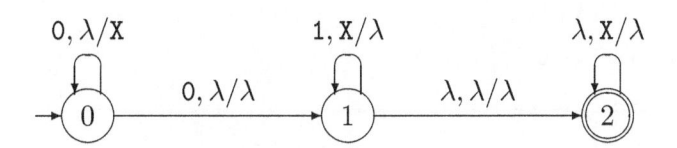

Figura 6.9 APN para o Exercício 3d.

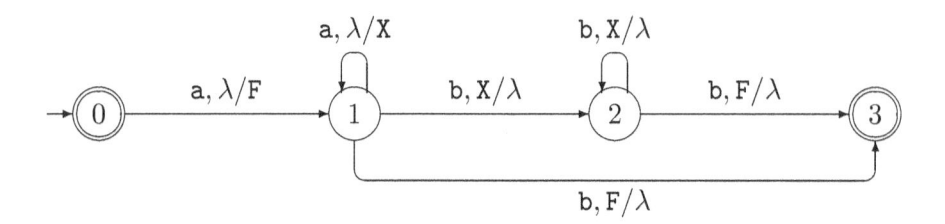

Figura 6.10 AP para o Exercício 4.

4. Reconhecimento por estado final: AP com o diagrama de estados representado na Figura 6.10.

   Reconhecimento por pilha vazia: $(\{0,1,2,3\}, \{\mathtt{a},\mathtt{b}\}, \{\mathtt{X}\}, \delta, 0)$, em que δ é a função de transição da Figura 6.10.

Seção 3.4

5. (a) G é ambígua, pois existem duas derivações *mais à esquerda* da palavra aaabb:

   $P \Rightarrow \mathtt{a}P\mathtt{b} \Rightarrow \mathtt{aaa}P\mathtt{bb} \Rightarrow \mathtt{aaabb}$
   $P \Rightarrow \mathtt{aa}P\mathtt{b} \Rightarrow \mathtt{aaa}P\mathtt{bb} \Rightarrow \mathtt{aaabb}$

   (b) Uma gramática não ambígua equivalente a G é

   $P \rightarrow \mathtt{a}P\mathtt{b} \mid X$
   $X \rightarrow \mathtt{aa}X\mathtt{b} \mid \lambda$

14. Seja uma GLC qualquer $G = (V, \Sigma, R, P)$. Um AP que reconhece $L(G)$ é $(\{i,f\}, \Sigma, V \cup \Sigma, \delta, \{i\}, \{f\})$, em que δ é assim determinada:

    - $\delta(i, \lambda, \lambda) = [f, P]$;
    - para cada $X \rightarrow w \in R$, $\delta(f, \lambda, X) = [f, w]$;
    - para cada $a \in \Sigma$, $\delta(f, a, a) = [f, \lambda]$.

15. Obtém-se uma gramática com duas variáveis, cujas regras são:

    $\langle i, \lambda, i \rangle \rightarrow \lambda \mid (\langle i, \mathtt{0}, i \rangle$
    $\langle i, \mathtt{0}, i \rangle \rightarrow (\langle i, \mathtt{0}, i \rangle \langle i, \mathtt{0}, i \rangle$
    $\langle i, \mathtt{0}, i \rangle \rightarrow)\langle i, \lambda, i \rangle$

Seção 3.5

2. (c) Suponha que $L = \{\mathtt{a}^n\mathtt{b}^k\mathtt{c}^n\mathtt{d}^k \mid k, n > 0\}$ seja LLC. Seja k a constante do LB e $z = \mathtt{a}^k\mathtt{b}^k\mathtt{c}^k\mathtt{d}^k$. Sejam u, v, w, x e y tais que $uvwxy = z$, $|vx| > 0$ e $|vwx| \leq k$. Pelo LB, $uv^iwx^iy \in L$ para todo $i \geq 0$. Como $|vx| > 0$, tem-se quatro casos a considerar:

Caso 1 vx contém as. Como $|vwx| \leq k$, não há cs em vx. Logo, $uv^2wx^2y \notin L$.
Caso 2 vx contém bs. Como $|vwx| \leq k$, não há ds em vx. Logo, $uv^2wx^2y \notin L$.
Caso 3 vx contém cs. Como $|vwx| \leq k$, não há as em vx. Logo, $uv^2wx^2y \notin L$.
Caso 4 vx contém ds. Como $|vwx| \leq k$, não há bs em vx. Logo, $uv^2wx^2y \notin L$.
Contradição! Portanto, L não é LLC.

6. Seja L uma LLC qualquer e $G = (V, \Sigma, R, P)$ uma GLC que a reconhece. A GLC $G' = (V, \Sigma, R', P)$, em que $R' = \{X \to v^R \mid X \to v \in R\}$ reconhece L^R. Isso segue do fato de que para todo $n \geq 0$ e toda forma sentencial $u \in (V \cup \Sigma)^*$, $P \stackrel{n}{\Rightarrow}_G u$ se, e somente se, $P \stackrel{n}{\Rightarrow}_{G'} u^R$. Será mostrado, por indução sobre n, que se $P \stackrel{n}{\Rightarrow}_G u$ então $P \stackrel{n}{\Rightarrow}_{G'} u^R$ para todo $u \in (V \cup \Sigma)^*$. A demonstração da recíproca pode ser feita de forma análoga. Para $n = 0$, tem-se, por definição, que o único u tal que $P \stackrel{0}{\Rightarrow}_G u$ é $u = P$; e $P \stackrel{0}{\Rightarrow}_{G'} P = P^R$. Seja n um número natural arbitrário e suponha, como hipótese de indução, que se $P \stackrel{n}{\Rightarrow}_G u$ então $P \stackrel{n}{\Rightarrow}_{G'} u^R$ para todo $u \in (V \cup \Sigma)^*$. Suponha que $P \stackrel{n+1}{\Rightarrow}_G z$. Basta, então, mostrar que $P \stackrel{n+1}{\Rightarrow}_{G'} z^R$. Por definção, existem $x, y \in (V \cup \Sigma)^*$ e $Y \to s \in R$ tais que:

$$P \stackrel{n}{\Rightarrow}_G xYy \Rightarrow_G xsy.$$

Pela hipótese de indução, $P \stackrel{n}{\Rightarrow}_{G'} (xYy)^R = y^R Y x^R$. E como, por definição de G', $Y \to s^R \in R'$, segue-se que:

$$P \stackrel{n}{\Rightarrow}_{G'} y^R Y x^R \Rightarrow_{G'} y^R s^R x^R = (xsy)^R = z^R.$$

Portanto, $P \stackrel{n+1}{\Rightarrow}_{G'} z^R$, como requerido.

11. Seja k a constante do LB. Será mostrado que $L(M)$ é infinita se, e somente se, M aceita alguma palavra de tamanho k a $2k - 1$. Assim, para testar se $L(M)$ é infinita, basta verificar se M aceita alguma palavra de tamanho k a $2k - 1$; se aceita, $L(M)$ é infinita, caso contrário, finita.

($\leftarrow$) Se M aceita alguma palavra z de tamanho k a $2k - 1$, pelo LB existem u, v, w, x e y tais $z = uvwxy$, $|vx| > 0$, $|vwx| \leq k$ e $uv^i wx^i y \in L(M)$ $\forall i \geq 0$. Portanto, $L(M)$ é infinita.

($\to$) Suponha que $L(M)$ seja infinita. Seja z a *menor* palavra tal que $|z| \geq k$ em $L(M)$. Suponha que $|z| \geq 2k$. Pelo LB, existem u, v, w, x e y tais $w = uvwxy$, $|vx| > 0$, $|vwx| \leq k$ e $uv^i wx^i y \in L(M)$ $\forall i \geq 0$. Nesse caso, $uwy \in L(M)$; mas, como $|z| \geq 2k$, $|uwy| \geq k$, o que contradiz a suposição de que z é a *menor* palavra de $L(M)$ tal que $|z| \geq k$. Portanto, $|z| < 2k$ e, assim, M aceita alguma palavra de tamanho k a $2k - 1$.

Seção 3.6

4. Seja um AP $M = (E, \Sigma, \Gamma, \delta, I, F)$ cuja pilha pode conter, no máximo, n símbolos. Um AFN que reconhece $L(M)$ é $M' = (E', \Sigma, \delta', I', F')$, em que:

- $E' = E \times \{z \in \Gamma^* \mid |z| \leq n\}$;
- $I' = I \times \{\lambda\}$;
- $F' = F \times \{\lambda\}$; e
- para cada transição de M, $[e', z] \in \delta(e, a, X)$, tem-se transições em M' da forma $[e', zy] \in \delta'([e, Xy], a)$ para cada $y \in \Gamma^*$ tal que $|Xy| \leq n$ e $|zy| \leq n$; estas são as únicas transições de M'.

13. (e) Uma GLC que gera $\{\mathtt{a}^m\mathtt{b}^n\mathtt{c}^i \mid m+n > i\}$:

    $P \rightarrow \mathtt{a}P\mathtt{c} \mid \mathtt{b}Q\mathtt{c} \mid \mathtt{a}A \mid \mathtt{b}B$
    $Q \rightarrow \mathtt{b}Q\mathtt{c} \mid \mathtt{b}B$
    $A \rightarrow \mathtt{a}A \mid \mathtt{b}B \mid \lambda$
    $B \rightarrow \mathtt{b}B \mid \lambda$

24. (a) Uma GLC que gera $L = \{\mathtt{a}^m\mathtt{b}^n\mathtt{c}^k \mid m \neq n \text{ ou } n \neq k\}$:

    $P \rightarrow XC \mid AY$
    $X \rightarrow \mathtt{a}X\mathtt{b} \mid \mathtt{a}A \mid \mathtt{b}B$
    $Y \rightarrow \mathtt{b}Y\mathtt{c} \mid \mathtt{b}B \mid \mathtt{c}C$
    $A \rightarrow \mathtt{a}A \mid \lambda$
    $B \rightarrow \mathtt{b}B \mid \lambda$
    $C \rightarrow \mathtt{c}C \mid \lambda$

    (b) Suponha que $\overline{L}$ seja uma LLC. Então, pelo Teorema 30, $\overline{L} \cap \{\mathtt{a}\}^*\{\mathtt{b}\}^*\{\mathtt{b}\}^*$ deve ser LLC. Mas $\overline{L} \cap \{\mathtt{a}\}^*\{\mathtt{b}\}^*\{\mathtt{b}\}^* = \{\mathtt{a}^n\mathtt{b}^n\mathtt{c}^n \mid n \geq 0\}$, que não é LLC. Logo, $\overline{L}$ não é uma LLC.

6.4 Máquinas de Turing

Seção 4.1

4. (a) MT de 1 estado: $(\{0\}, \{\mathtt{a}, \mathtt{b}\}, \{\langle, \sqcup, \mathtt{a}, \mathtt{b}\}, \langle, \sqcup, \delta, 0, \{0\})$, em que δ consta de: $\delta(0, \mathtt{b}) = [0, \mathtt{E}]$, $\delta(0, \sqcup) = [0, \mathtt{E}]$, $\delta(0, \langle) = [0, \mathtt{D}]$.

   (b) MT de 1 transição: $(\{0, 1\}, \{\mathtt{a}, \mathtt{b}\}, \{\langle, \sqcup, \mathtt{a}, \mathtt{b}\}, \langle, \sqcup, \delta, 0, \{1\})$, em que δ consta de: $\delta(0, \mathtt{a}) = [1, \mathtt{E}]$.

10. Na Figura 6.11 encontra-se o diagrama de estados de uma máquina de Turing para parênteses balanceados.

Seção 4.2

4. Começando pela transição $[b, \mathtt{0}, \mathtt{D}] \in \delta(a, \mathtt{0})$, M reconhece as palavras de $0 + 01(0+1)^*$, já que a ocorrência de $\sqcup$ ou $\mathtt{1}$ faz M parar no estado final b, e a ocorrência de $\mathtt{0}$ faz M entrar em *loop*. Por outro lado, começando pela transição $[d, \mathtt{0}, \mathtt{D}] \in \delta(a, \mathtt{0})$, M reconhece as palavras de 00^*, já que no estado d só são

```
            (//( D
X/X E      X/X D              X/X E
  ↻   )/X E  ↻                  ↻
 (1) ←——— (i) ——⊔/⊔ E——→ (2) ——⟨/⟨ D——→ ((f))
     ——(/X D—→      ↑
```

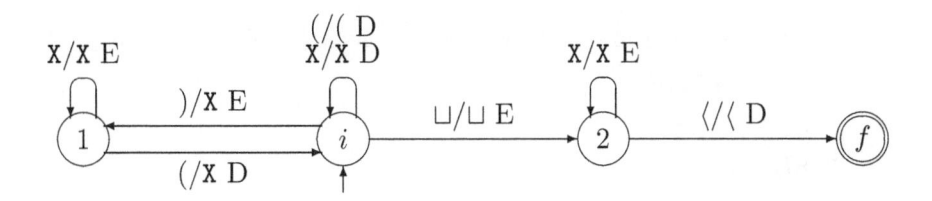

Figura 6.11 MT para Exercício 10.

admitidos 0s até o final da palavra de entrada, quando ocorre a transição para o estado final b (avançando-se o cabeçote para a direita, onde está um ⊔: assim, M pára em b). Portanto, M reconhece $0^+ + 01(0+1)^*$.

7. Seja $\{i_1, i_2, \ldots, i_n\}$ o conjunto de estados iniciais. Basta acrescentar um *novo estado* i como estado inicial e acrescentar as transições $\delta(i, a) = \{[i_k, a, I] \mid 1 \leq k \leq n\}$, para cada $a \in \Sigma \cup \{⊔\}$.

8. A MT referida, aqui denominada *MT restrita*, é uma óctupla $(E, \Sigma, \Gamma, \langle, ⊔, \delta, i, F)$, em que todos os elementos são como em MTs padrão, exceto que δ é uma função de $E \times \Gamma$ para $E \times (\Gamma \cup \{D, E\})$.

   - Seja uma MT-padrão $M = (E, \Sigma, \Gamma, \langle, ⊔, \delta, i, F)$. Então uma MT restrita equivalente seria como M, exceto que cada transição de M da forma $\delta(e, a) = [e', b, d]$ seria substituída por duas transições $\delta'(e, a) = [h_{e,a}, b]$ e $\delta'(h_{e,a}, b) = [e', d]$.

   - Seja uma MT restrita $M = (E, \Sigma, \Gamma, \langle, ⊔, \delta, i, F)$. Então uma MT-padrão equivalente seria como M, exceto que uma transição de M da forma $\delta(e, a) = [e', b, d]$ seria substituída por duas transições $\delta'(e, a) = [h_{e,a}, b]$ e $\delta'(h_{e,a}, b) = [e', d]$.

Seção 4.3

1. (a) Segue uma gramática para $\{0^n 1^k 0^n 1^k \mid n, k \geq 0\}$:

   $P \rightarrow AB$
   $A \rightarrow 0AZ \mid \lambda$
   $B \rightarrow 1B1 \mid X$
   $Z1 \rightarrow 1Z$
   $ZX \rightarrow X0$
   $X \rightarrow \lambda$

3. Basta substituir cada regra $u \rightarrow v$ em que $|u| > |v|$, u não é uma variável e $v \neq \lambda$, pela regra $u \rightarrow vX^{|u|-|v|}$, em que X é uma *variável nova* (basta *uma* variável nova X para a gramática que está sendo criada), e acrescentar a regra $X \rightarrow \lambda$.

5. (a) Uma gramática com quatro regras que gera $\{a^n b^{n+1} c^{n+2} \mid n \geq 0\}$:

$P \rightarrow aPBc \mid bcc$

$cB \rightarrow Bc$

$bB \rightarrow bb$

Seção 4.4

4. (a) Como as linguagens recursivas são fechada sob complementação, $\overline{R}$ é recursiva. Assim, $\overline{R}$ é LRE. Como as LREs são fechadas sob interseção, segue-se que $L \cap \overline{R}$ é LRE. Como $L - R = L \cap \overline{R}$, $L - R$ é uma LRE.

   (b) $\emptyset$ é recursiva. E se L não é recursiva, $L - \emptyset = L$ não é recursiva.

   (c) Σ^* é recursiva. E $\Sigma^* - L$ pode não ser uma LRE, pois as LREs não são fechadas sob complementação.

6. Suponha que o conjunto de todas as MTs cujo alfabeto de entrada é $\{0,1\}^*$ é enumerável, e seja uma enumeração qualquer: $M_0, M_1, \ldots$. Seja também uma enumeração das palavras de $\{0,1\}^*$: $w_0, w_1, \ldots$. Pode-se definir a linguagem D tal que:

$$w_i \in D \text{ se, e somente se, } w_i \notin L(M_i)$$

Ora, se alguma MT M_k reconhecesse D (nesse caso, $L(M_k) = D$), ela seria tal que $w_k \in L(M_k)$ se, e somente se, $w_k \notin L(M_k)$! Contradição! Logo, já que o conjunto das MTs é enumerável, não há MT que reconhece D e, portanto, D não é LRE.

Seção 4.5

12. (b) Segue o diagrama de estados de uma MT de duas fitas não determinística exibido na Figura 6.12. No estado 3, a MT transita *não deterministicamente* para o estado 4, tendo escrito na fita 2 uma palavra X^n, em que $2 \leq n < |w|$, sendo w a palavra de entrada. Nos estados 4 e 5, a MT verifica se $|w|$ é múltiplo de n; se for, ela transita para o estado final 6.

24. Sejam $G_1 = (V_1, \Sigma_1, R_1, P_1)$ e $G_2 = (V_2, \Sigma_2, R_2, P_2)$ duas gramáticas irrestritas. Suponha, sem perda de generalidade, que $V_1 \cap V_2 = \emptyset$. Seja $\Sigma_1 \cap \Sigma_2 = \{a_1, a_2, \ldots, a_n\}$. Sejam também $A_1, A_2, \ldots, A_n$ e $B_1, B_2, \ldots, B_n$ novos símbolos não presentes em G_1 nem em G_2. Sejam:

$R'_1 = \{r' \mid r' \text{ é o resultado de substituir em uma regra } r \text{ de } R_1 \text{ cada } a_i \text{ por } A_i\}$.

e

$R'_2 = \{r' \mid r' \text{ é o resultado de substituir em uma regra } r \text{ de } R_2 \text{ cada } a_i \text{ por } B_i\}$.

Uma gramática que gera $L(G_1)L(G_2)$ seria $G = (V, \Sigma, R, P)$, em que:

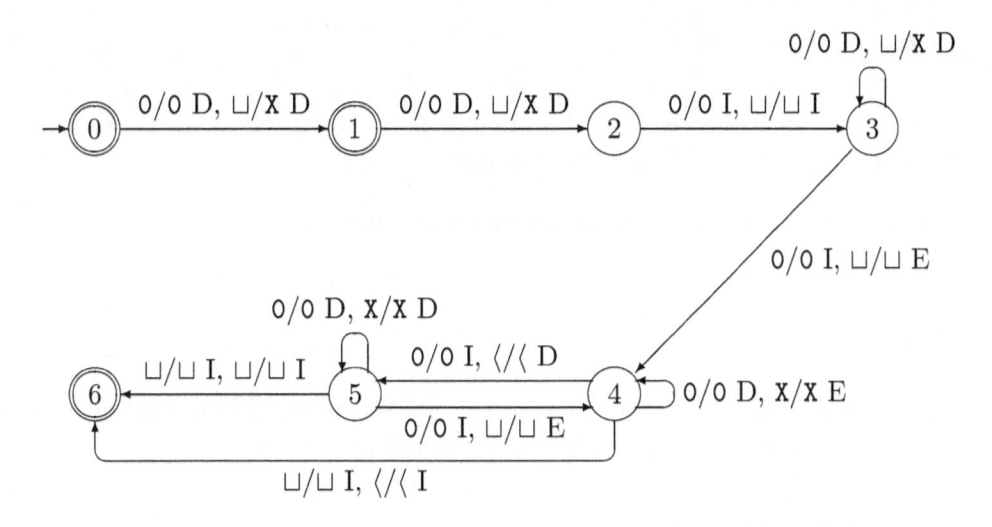

Figura 6.12 MT para o Exercício 12b.

- $V = \{P\} \cup V_1 \cup V_2 \cup \{A_1, A_2, \ldots, A_n\} \cup \{B_1, B_2, \ldots, B_n\}$;
- $\Sigma = \Sigma_1 \cup \Sigma_2$;
- $R = \{P \to P_1P_2\} \cup R'_1 \cup R'_2 \cup \{A_i \to a_i \mid 1 \leq i \leq n\} \cup \{B_i \to a_i \mid 1 \leq i \leq n\}$.

Isso mostra que as LREs são fechadas sob concatenação.

Seja, agora, $\Sigma_1 = \{a_1, a_2, \ldots, a_m\}$ e A_1, A_2, ..., A_m símbolos não presentes em G_1. Seja R'_1, como definido anteriormente. Uma gramática G_1^* tal que $L(G_1^*) = L(G_1)^*$ seria $G_1^* = (V, \Sigma, R, P)$, em que:

- $V = \{P\} \cup V_1 \cup \{A_1, A_2, \ldots, A_m\}$;
- $\Sigma = \Sigma_1$;
- $R = \{P \to P_1P, P \to \lambda\} \cup R'_1 \cup \{A_i \to a_i \mid 1 \leq i \leq m\}$.

6.5 Decidibilidade

Seção 5.2

4. (a) Representação esquemática para o problema 1(a):

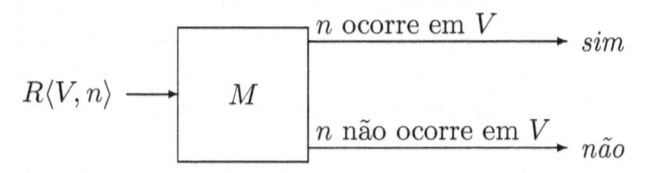

Seção 5.3

4. A MT universal esboçada na Figura 5.3 pode ser alterada para reconhecer a linguagem em questão da seguinte forma:

- No passo 1 nada é feito (λ permanece na fita).
- No passo 3.5.1, a MT entra em estado final.

Seção 5.4

2. Para incluir P' na demonstração do Teorema 38, de forma que esta se assemelhe mais com a prova do Teorema 37, basta substituir D por:

> **procedimento** $D(x)$:
> $P'(x,x)$
> **fim** D.

5. O problema de determinar se $w \in L(M)$ pode ser reduzido ao problema da parada, pois, para toda MT M, existe uma MT M' que reconhece a mesma linguagem *por parada* (Teorema 31).

Seção 5.5

1. (a) Eis como seria uma MT de quatro fitas:

1. copie $R\langle w \rangle$, da fita 1 para a fita 2;
2. reposicione o cabeçote da fita 2 no início;
3. escreva $R\langle i \rangle$ na fita 3;
4. escreva 1.000 na fita 4;
5. sejam a o símbolo que está sendo lido na fita 2, e e o estado codificado na fita 3; localize na fita 1 uma transição da forma $R\langle e \rangle 0 R\langle a \rangle 0 R\langle e' \rangle 0 R\langle b \rangle 0 R\langle d \rangle$; se não existir, pare e aceite, senão:
    - substitua $R\langle e \rangle$ por $R\langle e' \rangle$ na fita 3;
    - substitua $R\langle a \rangle$ por $R\langle b \rangle$ na fita 2 e mova seu cabeçote na direção d;
6. decremente o número da fita 4; se o número cair para 0, pare e rejeite; caso contrário volte ao passo (5).

2. (a) O problema da parada pode ser reduzido a este produzindo-se, a partir de $R\langle M, w \rangle$, $R\langle M', w, e \rangle$, em que e é um estado *novo* (não pertencente a M), e M' é como M, a única diferença estando em que, nas situações em que M pára, M' faz uma transição para o estado e.

3. A partir de um procedimento P e uma entrada w, pode-se construir o procedimento P':

procedimento P':
   declaração de P;
   $P(w)$
fim P'.

Como se pode observar, P' pára se, e somente se, $P(w)$ termina, ou seja:

$$P' \text{ pára se, e somente se, } P \text{ pára com a entrada } w$$

como requerido.

Seção 5.6

2. Seja Σ o alfabeto do SCP em questão. Gramática que gera $\overline{L(G_x)}$:

$P \rightarrow x_i P s_i$ para $i = 1, 2, \ldots, n$
$P \rightarrow Xa$ para $a \in \Sigma$
$P \rightarrow s_i X$ para $i = 1, 2, \ldots, n$
$P \rightarrow yaXs_i$ para $i = 1, 2, \ldots, n$, em que y é um prefixo de x_i, $|ya| \leq |x_i|$, $ya \neq x_i$, $a \in \Sigma \cup \{s_1, \ldots, s_n\}$
$X \rightarrow aX$ para $a \in \Sigma \cup \{s_1, \ldots, s_n\}$
$X \rightarrow \lambda$

5. Sabe-se que: o SCP S tem solução se, e somente se, $L(G_x) \cap L(G_y)$ é infinito, sendo G_x e G_y as GLCs já vistas. Mas

$$L(G_x) \cap L(G_y) = \overline{\overline{L(G_x)} \cup \overline{L(G_y)}}$$

e $\overline{L(G_x)} \cup \overline{L(G_y)}$ é uma LLC. Sendo G uma GLC que gera $\overline{L(G_x)} \cup \overline{L(G_y)}$, tem-se que:

$$S \text{ tem solução se, e somente se, } \overline{L(G)} \text{ é infinita.}$$

Seção 5.7

1. (a,iii) A linguagem $\{ww \mid w \in \{\mathsf{a}, \mathsf{b}\}^*\}$ é gerada pelo sistema de Post

$(\{X_1, X_2\}, \{M\}, \{\mathsf{a}, \mathsf{b}\}, R, \{M\})$, em que R consta das regras:

$X_1 M X_2 \rightarrow X_1 \mathsf{a} M X_2 \mathsf{a}$
$X_1 M X_2 \rightarrow X_1 \mathsf{b} M X_2 \mathsf{b}$
$X_1 M X_2 \rightarrow X_1 X_2$

2. O problema da parada pode ser reduzido ao problema em questão por meio de uma MT que produza $R\langle M'\rangle$ a partir de $R\langle M, w\rangle$ de forma que

$$M \text{ pára com entrada } w, \text{ se, e somente se, } M' \text{ atinge ``}\langle\text{''}.$$

A MT M' é tal que:

1. Escreve "[" na segunda posição da fita e avança o cabeçote para a posição seguinte.
2. Escreve w e reposiciona o cabeçote na segunda posição da fita.
3. M' se comporta como M, exceto que:

    3.1 é usado o símbolo "[" em vez de "⟨";

    3.2 nas situações em que M pára, M' move o cabeçote até atingir o símbolo especial "⟨".

4. (a) O conjunto das MTs com n estados é finito, visto que o alfabeto da fita é finito. Como B_n é um subconjunto de tal conjunto, B_n é finito e, portanto, recursivo.

    (b) $\cup_{n>0} B_n$ não é recursivo, pois corresponde ao problema da fita em branco (Teorema 42).

5. (a) Cada MT de B_n (que é finito) que pare quando a entrada for λ realiza certo número de transições. O valor de $t(n)$ é o maior desses números.

    (b) Se $t(n)$ fosse computável, poderia ser construída uma MT que resolveria o problema da fita em branco. Tal MT, ao receber a palavra de entrada $R\langle M\rangle$, faria o seguinte:

    1. Determina $R\langle t(|E|)\rangle$, sendo $|E|$ o número de estados de M.
    2. Se comporta como M com entrada λ, ao mesmo tempo em que conta as transições realizadas.
    3. **se** M parar até a $t(|E|)$-ésima transição **então**
        aceita
       senão
        rejeita
       fimse

    Como o problema da fita em branco é indecidível (Teorema 42), segue-se que $t(n)$ não é computável.

10. (c) Seja $L = \{R\langle M\rangle \mid L(M) \neq \emptyset\}$. Essa linguagem é LRE, visto que se pode construir uma MT M_L que a reconhece: M_L, recebendo $R\langle M\rangle$ como entrada,

    1. Não deterministicamente gera uma palavra w;
    2. Simula o processamento de M sobre w.

    Assim, $R\langle M\rangle \in L(M_L)$ se, e somente se, existe w tal que $w \in L(M)$, ou ainda, $R\langle M\rangle \in L(M_L)$ se, e somente se, $L(M) \neq \emptyset$. Logo, M_L aceita precisamente L.

Bibliografia

BACKUS, J. W. The syntax and semantics of the proposed international algebraic language of the zurich ACM-GAMM conference. In: *Proceedings of the International Conference on Information Processing*. Paris: Unesco, p. 125-132, 1959.

BAR-HILLEL, Y.; PERLES, M.; SHAMIR, E. On formal properties of simple phrase structure languages. *Zeitschrift fur Phonetik, Sprachwissenschaft, und Kommunikationsforshung*, v. 14, p. 143-172, 1961.

BEN-ARI, M. *Mathematical logic for computer science*. 2. ed. Londres: Springer-Verlag, 2001.

BURKE, E.; FOXLEY, E. *Logic and its applications*. International Series in Computer Science. Londres: Prentice Hall, 1996.

CANTOR, D. C. On the ambiguity problem of backus systems. *Journal of the Association for Computing Machinery*, v. 9, n. 4, p. 477-479, 1962.

CHOMSKY, N. Three models for the description of languages. *IRE Transactions on information theory*, v. 2, n. 3, p. 113-124, 1956.

_____ . On certain formal properties of grammars. *Information and Control*, v. 2, n. 2, p. 137-167, 1959.

_____ . Context-free grammars and pushdown storage. *Technical report*. Cambridge, MA: MIT Research Laboratory in Electronics, 1962.

_____ ; MILLER, G. A. Finite state languages. *Information and Control*, v. 1, n. 2, p. 91-112, 1958.

CHURCH, A. An unsolvable problem of elementary number theory. *American Journal of Mathematics*, v. 58, p. 345-363, 1936.

_____ . The calculi of lambda-conversion. *Annals of Mathematics Studies*, n. 6, Princeton, NJ: Princeton University Press, 1941.

COPI, I. M. *Introdução à lógica*. São Paulo: Mestre Jou, 1981.

DAVIS, M. *Computability and unsolvability.* Nova York: McGraw-Hill, 1958.

DEAN, N. *The essence of discrete mathematics.* Londres: Prentice Hall, 1997.

ENDERTON, H. B. *A mathematical introduction to logic.* 2. ed. Londres: Academic Press, 2000.

EPP, S. *Discrete mathematics with applications.* Boston, MA: Wadsworth, 1990.

EHRENFEUCHT, A.; PARIKH, R.; ROZENBERG, G. Pumping lemmas and regular sets. *SIAM Journal on Computing*, v. 10, p. 536-541, 1981.

EVEY, J. Application of pushdown store machines. In: *Proceedings of the 1963 Fall Joint Computer Conference.* Montvale, NJ: AFIPS Press, p. 215-227, 1963.

FLOYD, R. W. On ambiguity in phrase structure languages. *Communications of the Association for Computing Machinery*, v. 5, n. 10, p. 526-534, 1962.

FLOYD, R. W.; BEIGEL, R. *The language of machines: an introduction to computability and formal languages.* Nova York: Computer Science Press, 1994.

FISCHER, P. C. On computability by certain classes of restricted turing machines. *Proceedings of the Fourth Annual IEEE Symposium on Switching Circuit Theory and Logical Design*, p. 23-32, 1963.

GINSBURG, S. *The mathematical theory of context-free languages.* Nova York: McGraw-Hill, 1966.

GINSBURG, S.; GREIBACH, S. A. Deterministic context-free languages. *Information and Control*, v. 9, n. 6, p. 563-582, 1966.

GINSBURG, S.; ROSE, G. F. Operations which preserve definability in languages. *Journal of the Association for Computing Machinery*, v. 10, n. 2, p. 175-195, 1963a.

_____ . Some recursively unsolvable problems in algol-like languages. *Journal of the Association for Computing Machinery*, v. 10, n. 1, p. 29-47, 1963b.

_____ . Preservation of languages by transducers. *Information and Control*, v. 9, n. 2, p. 153-176, 1966.

GINSBURG, S.; SPANIER, E. H. Quocients of context-free languages. *Journal of the Association for Computing Machinery*, v. 10, n. 4, p. 487-492, 1963.

GREENLAW, R.; HOOVER, H. J. *Fundamentals of the theory of computation: principles and practice.* San Francisco, CA: Morgan Kaufmann, 1998.

GREIBACH, S. A. A new normal form theorem for context-free phrase structure grammars. *Journal of the Association for Computing Machinery*, v. 12, n. 1, p. 42-52, 1965.

GRIMALDI, R. P. *Discrete and combinatorial mathematics: an applied introduction*. 3. ed. Reading, MA: Addison-Wesley, 1994.

GROSS, M. Inherent ambiguity of minimal linear grammars. *Information and Control*, v. 7, n. 3, p. 366-368, 1964.

HAINES, L. *Generation and recognition of formal languages*. Tese de doutorado. Cambridge, MA: MIT, 1965.

HALMOS, P. *Naive set theory*. Nova York: Springer-Verlag, 1991.

HARTMANIS, J.; HOPCROFT, J. E. Structure of undecidable problems in automata theory. *Proceedings of the Ninth Annual IEEE Symposium on Switching and Automata Theory*, p. 327-333, 1968.

HODGES, W. *Logic: an introduction to elementary logic*. 2. ed. Londres: Penguin Books, 2001.

HOPCROFT, J. E. An $n \log n$ algorithm for minimizing the states in a finite automaton. In: KOHAVI, Z. (ed.). *The theory of machines and computation*. Londres: Academic Press, 1971, p. 189-196.

HOPCROFT, J. E.; MOTWANI, R.; ULLMAN, J. D. *Introduction to automata theory, languages, and computation*. 2. ed. Nova York: Addison-Wesley, 2001.

HOPCROFT, J. E.; ULLMAN, J. D. *Introduction to automata theory, languages, and computation*. Reading, MA: Addison-Wesley, 1979.

HUFFMAN, D. A. The syntesis of sequential switcing circuits. *Journal of the Franklin Institute*, v. 257, n. 3-4, p. 161-190 e 275-303, 1954.

JAFFE, J. A necessary and sufficient pumping lemma for regular languages. *SIGACT News*, v. 10, p. 48-49, 1978.

KLEENE, S. C. Recursive predicates and quantifiers. *Transactions of the American Mathematical Society*, v. 53, p. 41-74, 1943.

_____ . *Introduction to metamathematics*. Nova York: D. Van Nostrand, 1952.

_____ . Representation of events in nerve nets and finite automata. In: SHANNON, C. E.; McCARTHY, J. (eds.). *Automata studies*. Princeton, NJ: Princeton University Press, p. 3-41, 1956.

KOZEN, D. C. *Automata and computability*. Nova York: Springer-Verlag, 1997.

KURODA, S. Y. Classes of languages and linear bounded automota. *Information and Control*, v. 7, n. 2, 1964.

LANDWEBER, P. S. Three theorems on phrase structure grammars of type 1. *Information and Control*, v. 6, n. 2, p. 131-136, 1963.

LINZ, P. *An introduction to formal languages and automata.* Sudbury, MA: Jones and Bartlett, 1997.

LEWIS, H. R.; PAPADIMITRIOU, C. H. *Elements of the theory of computation.* Englewood Cliffs: Prentice Hall, 1998.

MARTIN, J. C. *Introduction to languages and the theory of computation.* Nova York: McGraw-Hill, 1991.

MEALY, G. H. A method for synthesizing sequential circuits. *Bell System Technical Journal*, v. 34, n. 5, p. 1045-1079, 1955.

MENDELSON, E. *Introduction to mathematical logic.* 3. ed. Monterey, CA: Wadsworth & Brooks/Cole, 1987.

MINSKY, M. L. *Computation: finite and infinite machines.* Englewood Cliffs: Prentice Hall, 1967.

MOORE, E. F. Gendanken experiments on sequential machines. In: SHANNON, C. E.; McCARTHY, J. (eds.). *Automata studies.* Princeton, NJ: Princeton University Press, p. 129-153, 1956.

MORET, B. M. *The theory of computation.* Reading, MA: Addison-Wesley, 1997.

McCULLOCH, W. S.; PITTS, W. A logical calculus of the ideas immanent in nervous activity. *Bulletin of Mathematical Biophysics*, v. 5, p. 115-133, 1943.

McNAUGHTON, R.; YAMADA, H. Regular expressions and state graphs for automata. *IEEE Transactions on Electronic Computers*, v. 9, n. 1, p. 39-47, 1960.

MYHILL, J. Linear bounded automata. In: *Technical Report WADD TR-60-165.* Dayton, OH: Wright Paterson AFB, 1960.

NAUR, P. Revised report on the algorithmic language algol 60. *Communications of the Association for Computing Machinery*, v. 6, n. 1, p. 1-17, 1963.

NISSANKE, N. *Introductory logic and sets for computer scientists.* Harlow: Addison-Wesley, 1999.

OETTINGER, A. G. Automatic syntactic analysis and the pushdown store. In: *Proceedings of the Symposia on Applied Mathematics*, v. 12, p. 104-109. Providence, RI: American Mathematical Society, 1961.

OGDEN, W. G. A helpful result for proving inherent ambiguity. *Mathematical systems theory*, v. 2, n. 3, p. 191-194, 1968.

POST, E. Formal reductions of the general combinatorial decision problem. *American Journal of Mathematics*, v. 65, p. 197-215, 1943.

POST, E. Recursively enumerable sets of positive natural numbers and their decision problems. *Bulletin of the American Mathematical Society*, v. 50, p. 284-316, 1944.

_____ . A variant of a recursively unsolvable problem. *Bulletin of the American Mathematical Society*, v. 52, p. 264-268, 1946.

RICE, H. G. Classes of recursively enumerable sets and their decision problems. *Transactions of the American Mathematical Society*, v. 89, p. 25-59, 1953.

_____ . On completely recursively enumerable classes and their key arrays. *Journal of Symbolic Logic*, v. 21, p. 304-341, 1956.

ROGERS, H. *The theory of recursive functions and effective computability*. Nova York: McGraw-Hill, 1967.

ROSEN, K. H. *Discrete mathematics and its applications*. 4. ed. Nova York: McGraw-Hill, 1999.

RABIN, M. O.; SCOTT, D. Finite automata and their decision problems. *IBM Journal of Research and Development*, v. 3, n. 2, p. 115-125, 1959.

SCHEINBERG, S. Note on the boolean properties of context-free languages. *Information and Control*, v. 3, n. 4, p. 372-375, 1960.

SCHÜTZENBERGER, M. P. On context-free languages and pushdown automata. *Information and Control*, v. 6, n. 3, p. 246-264, 1963.

SIPSER, M. *Introduction to the theory of computation*. Boston, MA: PWS Publishing Co., 1997.

SOUZA, J. N. de. *Lógica para ciência da computação*. Rio de Janeiro: Campus, 2002.

SUPPES, P. *Introduction to logic*. Princeton, NJ: Van Nostrand Co., 1957.

STANAT, D.; WEISS, S. A pumping lemma for regular languages. *SIGACT News*, v. 14, p. 36-37, 1982.

TURING, A. M. On computable numbers with an application to the entscheidungsproblem. *Proceedings of the London Mathematical Society*, v. 2, n. 42, p. 230-265, 1936.

VELLEMAN, D. J. *How to prove it: a structured approach*. Nova York: Cambridge University Press, 1994.

WEST, D. B. *Introduction to graph theory*. Londres: Prentice Hall, 1996.

Índice Remissivo

λ-cálculo, 252
árvore, 37–39
    altura, 37
    ancestral, 37
    ancestral imediato, 37
    definição, 37
    descendente, 37
    filho, 37
    fronteira, 39
    nível de um vértice, 37
    ordenada, 38
    pai, 37
    raiz, 37
    vértice interno, 37
árvore de derivação, 168

abstração, 60
afirmativa contraditória, 6
afirmativa válida, 6
alfabeto, 40
algoritmo para autômato de pilha, 153
ambigüidade, 171
analisador sintático *bottom-up*, 173
analisador sintático *top-down*, 173
arquitetura
    de autômato de pilha, 146
    de autômato finito, 134
    de autômato linearmente limitado, 239
    de máquina de Turing, 214
autômato de pilha determinístico, 149–156
    a relação ⊢, 150
    definição, 150
autômato de pilha não determinístico, 157–163
    definição, 157
    reconhecimento por estado final, 160
    reconhecimento por pilha vazia, 161
autômato finito a partir de expressão regular, 121
autômato finito a partir de gramática regular, 128
autômato finito com fita bidirecional, 134
autômato finito determinístico, 67–86
    alguns problemas decidíveis, 86
    autômato mínimo, 75
    autômato para complementação, 81
    autômato para interseção, 81
    autômato para união, 81
    definição, 67
    equivalência, 74
    função de transição, 67
    função de transição estendida, 70
    linguagem reconhecida, 70
    reduzido, 76
autômato finito não determinístico, 90–101
    com transições λ, 97
    definição, 90
    diagrama de estados, 91
    estendido, 96
    função de transição estendida, 91
    importância, 92
    linguagem reconhecida, 92
    obtenção de autômato determinístico equivalente, 93
autômato finito não determinístico com transições λ, 97–101
    obtenção de autômato não determinístico equivalente, 98

definição, 97
função de transição estendida, 98
autômato linearmente limitado, 239
autômatos finitos, 101

Backus-Naur Form, 165

cardinalidade, 23
classe de equivalência, 19
computação efetiva, 251
concatenação de linguagens, 42
concatenação de palavras, 42
condição necessária, 5
condição suficiente, 5
conectivo lógico, 4–6
    bicondicional, 4
    condicional, 4, 5
    conjunção, 4
    disjunção, 4
    negação, 4
    notação, 4
    quantificador existencial, 4
    quantificador universal, 4
configuração instantânea
    de autômato de pilha, 148
    de autômato finito, 62
    de máquina de Turing, 216
conjunto, 12
    complemento, 15
    contável, 23
    contido, 14
    diferença, 14
    enumerável, 23
    finito, 23
    igualdade, 15
    infinito, 13, 23
    interseção, 14
    leis de De Morgan, 16
    partição, 16
    potência, 16
    produto cartesiano, 17
    subconjunto, 14
    subconjunto próprio, 14
    união, 14
    unitário, 14
    universo, 15
    vazio, 13
conjunto regular, 101, 118
conjuntos disjuntos, 16
conseqüência lógica, 8
contradição, 6
contrapositiva, 9
correspondência um para um, 21

definição recursiva, 28–30
derivação, 46, 47
derivação mais à direita, 172
derivação mais à esquerda, 172
determinismo, 63
diagonalização de Cantor, 25
diagrama de estados, 61
diagrama de estados simplificado, 69
diagrama ER, 121
dual de uma afirmativa, 7

eliminação de uma regra, 177
equivalência de autômatos finitos determinísticos e não determinísticos, 93
equivalência de autômatos finitos não determinísticos com e sem transições λ, 98
equivalência de máquinas de Moore e de Mealy, 114
equivalência de métodos de reconhecimento, 162
espaço de estados, 61
esquema de derivação, 48
estado, 61
estados equivalentes, 75
expressão regular, 117
expressão regular a partir de autômato finito, 122

fecho de Kleene, 43
forma normal de Chomsky, 186
função, 21–22
    bijetora, 21
    composição, 21

contradomínio, 21
domínio, 21
imagem, 21
injetora, 21
inversa, 22
parcial, 21
sobrejetora, 21
total, 21
funções μ-recursivas, 252

grafo, 34–39
    acíclico, 37
    caminho, 36
    caminho fechado, 36
    caminho nulo, 36
    caminho simples, 36
    ciclo, 36
    conexo, 37
    dirigido, 34
    laço, 36
    não dirigido, 34
    rotulado, 35
gramática, 45, 47
    regra, 46, 47
    terminal, 46, 47
    variável, 46, 47
    variável de partida, 46
gramática irrestrita a partir de máquina de Turing, 237
gramática livre do contexto, 166–198
    ambigüidade, 171
    definição, 166
    derivação mais à direita, 172
    derivação mais à esquerda, 172
    eliminação de regras λ, 180
    eliminação de regras recursivas à esquerda, 188
    eliminação de regras unitárias, 182
    eliminação de variáveis inúteis, 175
    eliminação de variável em regra, 189
    forma normal de Chomsky, 186
    forma normal de Greibach, 189
gramática regular, 127

gramática regular a partir autômato finito, 130
gramática sensível ao contexto, 239
gramáticas equivalentes, 48

hierarquia de Chomsky, 241

implicação lógica, 8
implicação material, 8
indução forte, 32
indução matemática, 31
instância de problema de decisão, 51, 254

lema do bombeamento
    para linguagens livres do contexto, 201
    para linguagens regulares, 86, 103
linguagem, 41
linguagem formal, 2, 40
linguagem inerentemente ambígua, 173
linguagem livre do contexto, 167
linguagem não recursiva, 264
linguagem não recursivamente enumerável, 264
linguagem reconhecida por autômato de pilha, 150
linguagem reconhecida por autômato de pilha não determinístico, 157
linguagem reconhecida por máquina de Turing, 218
linguagem recursiva, 219, 253
linguagem recursivamente enumerável, 219
linguagem regular, 101, 118
linguagem sensível ao contexto, 240
logicamente equivalentes, 6

máquina abstrata, 60
máquina de Mealy, 66, 112
    diagrama de estados, 113
    função de saída estendida, 113
    saída computada, 113
máquina de Moore, 110
    diagrama de estados, 111
    função de saída estendida, 111

saída computada, 111
máquina de Turing, 215–234
    cabeçote imóvel, 223
    definição, 215
    fita ilimitada em ambas as direções, 226
    múltiplas fitas, 227
    múltiplas trilhas, 224
    não determinística, 230
    padrão, 216
    reconhecimento por estado final, 219
    reconhecimento por parada, 220
    variações, 223
máquina de Turing a partir de gramática irrestrita, 236
máquina de Turing universal, 253, 259
minimização de autômato, 78
modelagem, 60
modelo matemático, 2

palavra, 40
palavra vazia, 40
par ordenado, 17
prefixo, 42
prioridades de operadores, 118
problema da correpondência de Post, 270
problema da correpondência de Post modificado, 270
problema da fita em branco, 266
problema da parada para linguagens de alto nível, 263
problema da parada para máquinas de Turing, 261
problema de decisão, 51, 253
problema decidível, 52
problemas indecidíveis para linguagens livres do contexto, 206
problemas indecidíveis sobre gramáticas, 276
propriedade trivial, 268
propriedades de fechamento
    para as linguagens livres do contexto, 203
    para as linguagens recursivamente enumeráveis, 244
    para as linguagens recursivas, 243
    para as linguagens regulares, 106
prova de teorema, 3, 8

quantificadores, 5

reconhecimento de expressões aritméticas, 147
reconhecimento por estado final, 160
reconhecimento por pilha vazia, 161
redução de um problema a outro, 265
regra de inferência, 8
    modus ponens, 8
regras recursivas à direita, 49
regras recursivas à esquerda, 49
relação, 18–20
    binária, 18
    contradomínio, 18
    domínio, 18
    fechos reflexivo, simétrico, transitivo, 19
    imagem, 18
    inversa, 18
    propriedades, 19
relação de equivalência, 19
representação, 2, 254
representação de máquinas de Turing, 257
representação de uma instância, 255
requisitos de uma representação, 254

seqüência de símbolos, 2
simplificação de expressões regulares, 119
sistema de correspondência de Post, 270
sistemas de Post, 252
soluções de exercícios selecionados, 281–308
    capítulo 1, 281
    capítulo 2, 289
    capítulo 3, 297
    capítulo 4, 302
    capítulo 5, 305
subpalavra, 42

sufixo, 42

técnica de prova, 3–11
    direta para a condicional, 9
    para a bicondicional, 11
    para a universal, 9
    pela contrapositiva, 9
    por análise de casos, 10
    por construção, 10
    por contradição, 10
tabelas da verdade, 4
tamanho de palavra, 40
teorema da dedução, 8

Teorema de Rice, 269
tese de Church-Turing, 252
transição, 61
transições compatíveis, 149

universo de discurso, 6

validade, 6
valor-verdade, 4
variáveis encadeadas, 182
variável útil, 174
variável anulável, 180